高等职业教育土木建筑类专业新形态教材

工程建设法规

（第3版）

主　编	陈晓明	崔怀祖	卢　滔
副主编	李　琳	曹金保	吴姗姗
	宋丽丽		
参　编	刘宏霞	马卫明	王　婧
主　审	刘志红	宋丽伟	

北京理工大学出版社
BEIJING INSTITUTE OF TECHNOLOGY PRESS

内 容 提 要

本书根据高职高专院校人才培养目标以及专业教学改革的需要,依据工程建设最新法律法规和标准规范进行编写。全书共分为10章,主要内容包括工程建设法规概论、建设工程许可法规、城乡规划法规、土地管理法规、建设工程勘察设计法规、建设工程发承包法律制度、建设工程合同与劳动合同法规、建设工程质量管理法规、建设工程安全生产法规、建设工程环境保护与节能法规等。

本书可作为高职高专院校建筑工程技术等相关专业的教材,也可供建筑工程施工现场相关技术和管理人员工作时参考使用。

版权专有　侵权必究

图书在版编目（CIP）数据

工程建设法规 / 陈晓明，崔怀祖，卢滔主编. —3版. —北京：北京理工大学出版社，2018.8（2020.12重印）

ISBN 978-7-5682-6071-8

Ⅰ.①工… Ⅱ.①陈… ②崔… ③卢… Ⅲ.①建筑法－中国－高等职业教育－教材 Ⅳ.①D922.297

中国版本图书馆CIP数据核字（2018）第184898号

出版发行 /	北京理工大学出版社有限责任公司
社　　址 /	北京市海淀区中关村南大街5号
邮　　编 /	100081
电　　话 /	（010）68914775（总编室）
	（010）82562903（教材售后服务热线）
	（010）68948351（其他图书服务热线）
网　　址 /	http://www.bitpress.com.cn
经　　销 /	全国各地新华书店
印　　刷 /	北京紫瑞利印刷有限公司
开　　本 /	787毫米×1092毫米　1/16
印　　张 /	18
字　　数 /	425千字
版　　次 /	2018年8月第3版　2020年12月第3次印刷
定　　价 /	49.00元

责任编辑 / 钟　博
文案编辑 / 钟　博
责任校对 / 周瑞红
责任印制 / 边心超

图书出现印装质量问题，请拨打售后服务热线，本社负责调换

第3版前言

我国建筑行业正处于飞速发展的时期，各个建筑领域都有着长足的进步，建筑业的市场也在不断扩大，但是建筑市场的发育却尚不完善。对于发育尚不完整的建筑市场，通过实行建设法规管理，使我国的建设工程管理体制开始向社会化、专业化、规范化的管理模式转变，建设法规的出现有力的促进了我国建筑业的快速发展，也在我国工程管理工作中发挥着巨大作用。

本书自出版发行以来，经有关院校教学使用，深受广大专业任课老师及学生的欢迎及好评，他们对书中内容提出了很多宝贵的意见和建议，编者对此表示衷心的感谢。为了使内容能更好地体现当前高职高专院校"工程建设法规"课程的需要，我们组织有关专家学者结合近年来高职高专院校教学改革动态，依据最新工程建设法规的相关规定对本书进行了修订。

本书以第2版为基础进行编写。修订时坚持以理论知识够用为度，遵循"立足实用、打好基础、强化能力"的原则，以培养面向生产第一线的应用型人才为目的，强调提高学生的实践能力和动手能力，力求做到内容精简、由浅入深，在文字上尽量做到通俗易懂。通过本课程的学习，学生能够了解和掌握建设工程法规的基本概念、基础知识和基本理论，熟悉有关建设企业及建设工程施工的法律、法规，本书培养学生的工程建设法律意识，使学生具备运用所学建设法律、法规的基本知识解决工程建设中相关法律问题的实际能力，能够在法律允许的范围内从事工程建设。

为了方便教师的教学和学生的学习，本次修订时除对各章节内容进行了必要更新外，还对有关章节的顺序进行了合适的调整，并结合广大读者、专家的意见和建议，对书中的错误与不合适之处进行了修正；还对各章节的"知识目标"及"能力目标"进行了重新编写，明确了学习目标，以便于教学重点的掌握。本次修订对各章后的"思考与练习"进行了适当补充，有利于学生课后复习，强化应用所学理论知识解决工程实际问题的能力。

本书由江西交通职业技术学院陈晓明、江西工程职业学院崔怀祖、常德职业技术学院卢滔担任主编，吉林职业技术学院李琳、江西城市职业学院曹金保、河北能源职业技术学院吴姗姗、吉林职业技术学院宋丽丽担任副主编，吉林工程职业学院刘宏霞、郑州电力职业技术学院马卫明与王婧参与编写。具体编写分工为：陈晓明编写第一章、第三章、第十章，崔怀祖编写第二章、第四章，卢滔编写第八章，李琳、宋丽丽共同编写第七章，曹金保编写第九章，吴姗姗、刘宏霞共同编写第六章，马卫明、王婧共同编写第五章。全书由潍坊工商职业学院刘志红、吉林电子信息职业技术学院宋丽伟主审。

在本次修订过程中，参阅了国内同行的多部著作，部分高职高专院校的老师提出了很多宝贵的意见供我们参考，在此表示衷心的感谢！对于参与本书第2版编写但未参与本次修订的老师、专家和学者，本次修订的所有编写人员向你们表示敬意，感谢你们对高职高专教育教学改革作出的不懈努力，希望你们对本书保持持续关注并多提宝贵意见。

本书虽经反复讨论修改，但限于编者的学识及专业水平和实践经验，修订后的图书仍难免有疏漏和不妥之处，恳请广大读者指正。

编　者

第 2 版前言

近年来,随着我国国民经济持续快速发展和改革开放不断深化,工程建设的规模与影响也日益扩大,为适应工程建设的迅猛发展形势,工程建设领域的立法工作也正不断深入开展,一批新的法律、部门法规及规定陆续颁布实施,一些原有的法律法规也得到了修改完善,因此,本书第1版中的部分内容已不能满足现阶段工程建设的需要。

根据各院校使用者的建议,结合近年来高职高专教育教学改革的动态,我们对本书进行了修订。本次修订旨在强化教材的实用性和可操作性,坚持以理论知识够用为度,以培养面向生产第一线的应用型人才为目的,进一步提升学生的实践能力和动手能力,从而更好地满足高职高专院校教学工作的需要。

本次修订严格依据近年来工程建设领域所颁布实施的法律、部门法规、规定及司法解释,除在内容上进行了较大幅度的修改与充实外,还对原有章节进行了较大改动。如新增一章"工程建设法规概论",对工程建设法规的概念、作用、渊源及调整的对象,工程建设法律关系,建筑法的立法状况以及工程建设法律责任进行了阐述,对其他章节也适当进行了调整与合并。为方便"老师的教"和"学生的学",增强教材的实用性,本次修订对每章之后的思考与练习进行了适当的扩充,从而使学生能更好地对相关法律法规知识的学习效果进行自我测评。

本教材修订后共包括十章,主要包括工程建设法规概论,城乡规划法规,建设工程勘察设计法规,建设工程许可法规,建设工程发包、承包与招投标法规,建设工程合同管理法规,建设工程质量管理法规,建设工程安全生产法规,建设工程监理法规,建设工程环境保护与节能法规等内容。

本教材由陈晓明、崔怀祖、栾奕担任主编,由卢滔、李渐波、付德成、曹金保担任副主编,石乃敏、奚元嶂、王玲参与编写,由刘志红、宋丽伟担任主审。本教材在修订过程中,参阅了国内同行的多部著作,部分高职高专院校老师提出了很多宝贵意见供我们参考,在此表示衷心的感谢!对于参与本教材第1版编写但未参加本次修订的老师、专家和学者,本版教材的所有编写人员向你们表示敬意,感谢你们对高等职业教育教学改革所作出的不懈努力,希望你们对本教材保持持续关注并多提宝贵意见。

限于编者的学识及专业水平和实践经验,修订后的教材仍难免有疏漏或不妥之处,恳请广大读者指正。

编 者

第1版前言

高等职业教育作为高等教育的一个重要组成部分，为我国人才的培养和输送作出了突出的贡献。高等职业教育的教材建设对于保证教育质量与规格，规范教育行为与过程，突出高等职业教育特色都有着非常重要的现实意义。

在工程建设活动中，工程建设法规在规范从业者行为的同时，也保护着从业者的利益，提高工程建设人员的素质，规范施工管理行为，保证工程质量和施工安全，避免工程建设人员"有法不知、有法不依"现象的发生，这也是建设法规的基本宗旨和基本要求。

学法、懂法、守法是每个公民的义务。学习建设法规、掌握建设法规、遵守建设法规是工程建设行业及其相关领域的工作者应当具备的法律素质。作为未来的工程建设工作者，学习和掌握必要的工程建设法律法规，既是将来工作的需要，也是时代的要求。

为满足高等职业院校教育教学的要求，提高高职院校学生的法律素质，我们特组织编写了本教材。本书以《中华人民共和国建筑法》《中华人民共和国招标投标法》《中华人民共和国安全生产法》《中华人民共和国标准化法》《中华人民共和国合同法》《建设工程质量管理条例》《建设工程勘察设计管理条例》《建设工程安全生产管理条例》等法律法规为依据，对我国建设法规制度作了简洁而全面的论述，对工程建设中的一些法律术语作了必要的解释，将相关的法律法规对同一个问题所作的规定进行了归纳总结，对勘察设计、施工、监理、招标代理、造价咨询等岗位所涉及的工程法律法规进行了阐述，并对违反工程建设法规应负的法律责任作了必要的介绍。

本书由陈晓明、崔怀祖、宋丽伟任主编，费占玉、肖昆、胡云卿、苗飞任副主编，李新刚、王成平、张海龙、卢滔参与了编写。本书在编写过程中，考虑到各专业的特点，在内容结构上按照法律法规所针对的特定范围进行编排，大体分为城乡规划类、建设标准类、勘察设计类、施工管理类、建筑市场（工程发包与承包）类、建设监理类、质量管理类、安全生产类、合同管理类与环保节能类等。

本书共分十章，分别介绍了城乡规划与村镇建设法规、工程建设标准化法规、建设工程勘察设计法规、建设工程施工管理法规、建设工程发包与承包法规、建设工程监理法规、建设工程质量管理法规、工程建设安全生产管理法规、建设工程合同管理法规、环境保护与建筑节能法规，使学生可了解各法律法规的概念、立法原则，熟悉各法律法规的地位、作用，了解学习各法律法规的目的和意义，掌握工程建设所涉及的重要法律法规条文，并能结合案例进行分析。

本书在各章前设置了【学习重点】和【培养目标】，分别以章节提要和知识要点的形式，给学生学习和老师教学作了引导。在各章后面设置了【本章小结】和【思考与练习】，【本章小结】以学习重点为框架，对各章内容作了归纳总结，【思考与练习】则以简答题的形式，从更深层次给学生以思考、复习的切入点，从而构建了一个"引导—学习—总结—练习"的教学全过程。

本书可作为高职高专院校土建学科相关专业教学用书，也可供土建专业的设计人员和施工人员参考使用。在本书的编写过程中，参阅了国内同行的多部著作，同时部分高职高专院校老师也提出了很多宝贵意见，在此，向他们表示衷心的感谢！

限于编者的专业水平和实践经验，书中若有疏漏或不妥之处，恳请广大读者指正。

编　者

目 录

第一章 工程建设法规概论 …………………… 1
第一节 概述 ………………………………… 1
一、工程建设法规的概念与特征 ………… 1
二、工程建设法规的调整对象 …………… 3
三、工程建设法规的作用 ………………… 3
四、法的形式和效力层级 ………………… 4
第二节 工程建设法律关系 ………………… 7
一、工程建设法律关系的概念与特征 …… 7
二、工程建设法律关系的构成要素 ……… 8
三、建设法律、行政法规和相关法律的关系 ……………………………………… 9
四、工程建设法律关系的产生、变更和终止 …………………………………… 10
第三节 工程建设法律体系 ………………… 11
一、工程建设法律体系的概念 …………… 11
二、法律体系的基本框架 ………………… 12
第四节 建筑法立法概况 …………………… 13
一、建筑法的概念及立法宗旨 …………… 13
二、建筑法的基本原则 …………………… 14
三、建筑法的调整对象与范围 …………… 14
四、建筑法确定的基本制度 ……………… 15
第五节 工程建设法律责任 ………………… 16
一、法律责任的概念与特征 ……………… 16
二、法律责任的构成要件 ………………… 17
三、工程建设法律责任的分类 …………… 17
四、工程建设法律责任的归责与免责 …… 19
本章小结 ………………………………………… 20
思考与练习 ……………………………………… 20

第二章 建设工程许可法规 …………………… 22
第一节 建设工程施工许可法律制度 ……… 22
一、建设工程施工许可制度的概念 ……… 22
二、施工许可证的申请主体与范围 ……… 23
三、申请领取施工许可证的条件与程序 ………………………………………… 24
四、延期开工、核验和重新办理批准的规定 …………………………………… 25
五、违法行为应承担的法律责任 ………… 26
第二节 建设工程从业单位资格许可法律制度 ………………………………… 27
一、建设工程从业单位的条件 …………… 27
二、建设施工企业从业资格许可制度 …… 29
三、工程建设监理企业从业资格许可制度 ……………………………………… 32
四、工程勘察设计企业资质法律制度 …… 37
第三节 建设工程专业技术人员执业资格法律制度 ……………………… 38
一、注册结构工程师执业资格法律制度 ………………………………………… 38
二、注册建造师执业资格法律制度 ……… 39
三、注册土木工程师（岩土）执业资格制度 …………………………………… 44
本章小结 ………………………………………… 45
思考与练习 ……………………………………… 46

第三章 城乡规划法法规 ……………………… 48
第一节 城乡规划法法规概述 ……………… 48
一、城乡与城乡规划法规的概念 ………… 48
二、《城乡规划法》的立法宗旨及适用范围 …………………………………… 49
三、实施《城乡规划法》的重要意义 …… 49
第二节 城乡规划的制定 …………………… 50
一、城乡规划的制定原则 ………………… 50
二、城乡规划的分类及编制内容 ………… 50

三、城乡规划的审批……………………51
第三节 城乡规划的实施……………………53
　一、城乡规划实施的概念………………53
　二、城乡规划实施应遵守的原则………53
　三、城乡规划公布制度…………………53
　四、城市新区开发和旧区改建…………54
　五、建设项目选址意见书………………54
第四节 城乡规划的修改与监督检查………55
　一、省域城镇体系规划、城市总体
　　　规划、镇总体规划的修改……………55
　二、城乡规划的修改补偿制度…………56
　三、城乡规划的监督检查………………56
第五节 历史文化名城和文物保护…………56
　一、历史文化名城保护和文物保护的
　　　概念及意义……………………………56
　二、历史文化名城和文物保护的内容…57
　三、历史文化名城保护规划管理………57
第六节 违反《城乡规划法》的法律
　　　　责任………………………………58
　一、建设单位的法律责任………………58
　二、城乡规划编制单位的法律责任……59
　三、城市规划行政主管部门工作人员
　　　的法律责任……………………………59
本章小结……………………………………60
思考与练习…………………………………60

第四章　土地管理法规……………………62
第一节 土地管理概述………………………62
　一、土地的概念及分类…………………62
　二、土地管理法规………………………63
第二节 土地所有权和使用权………………63
　一、土地所有权…………………………63
　二、土地使用权…………………………65
第三节 建设用地法律制度…………………66
　一、建设用地的概念……………………66
　二、国有建设用地………………………67
　三、农民集体建设用地…………………70
第四节 违反土地管理法规的法律责任……71
　一、土地违法案件的处理机关及处理
　　　方式……………………………………71
　二、因买卖或者以其他形式非法转让
　　　土地行为应承担的法律责任…………72
　三、因破坏耕地的法律责任……………73
　四、因非法占用土地的法律责任………74

五、因非法侵占、挪用征地费的法律
　　责任……………………………………75
本章小结……………………………………75
思考与练习…………………………………75

第五章　建设工程勘察设计法规…………78
第一节 建设工程勘察设计概述……………78
　一、建设工程勘察设计的概念…………78
　二、建设工程勘察设计的任务与原则…79
　三、建设工程勘察设计法规的概念及
　　　调整对象………………………………81
　四、建设工程勘察设计工作原则及
　　　人员资格管理…………………………81
　五、建设工程勘察设计的发包与承包…83
第二节 建设工程勘察设计资质管理………83
　一、建设工程勘察设计资质管理概述…84
　二、建设工程勘察设计资质的分类和
　　　分级……………………………………84
　三、建设工程勘察设计资质的申请
　　　条件……………………………………84
　四、建设工程勘察设计资质申请提供
　　　的材料…………………………………85
　五、建设工程勘察设计资质的撤销与
　　　注销……………………………………87
第三节 工程勘察设计文件的编制与
　　　　审批………………………………87
　一、建设工程勘察设计文件的编制的
　　　原则和依据……………………………87
　二、建设工程勘察设计文件的基本
　　　内容和深度……………………………88
　三、建设工程勘察设计文件的审批与
　　　修改……………………………………91
　四、施工图设计文件审查………………91
第四节 建设工程勘察设计监督管理………92
　一、建设工程勘察设计质量管理………92
　二、建设工程勘察设计市场管理………95
　三、工程勘察设计咨询业知识产权
　　　保护与管理……………………………98
本章小结……………………………………105
思考与练习…………………………………105

第六章　建设工程发承包法律制度………107
第一节 建设工程发包制度…………………107
　一、建设工程发包的概念及方式………107

二、建筑工程发包的基本规定…………108
三、建设工程发包的行为规范…………108
第二节　建设工程承包制度……………110
一、建设工程承包的概念及方式………110
二、承包单位的资质管理………………110
三、建设工程总承包的规定……………111
四、建设工程联合承包制度……………112
五、建设工程分包制度…………………113
第三节　建设工程招标投标制度………115
一、建设工程招投标概述………………115
二、建设工程招投标范围及必须进行
　　招标的项目……………………………116
三、建设工程招标方式…………………117
四、建设工程招标基本程序……………119
五、建设工程投标人、投标文件的
　　法定要求和投标保证金………………126
六、共同投标……………………………129
七、有关投标人的法律禁止性规定……131
第四节　建筑市场信用体系建设………132
一、建筑市场诚信行为信息的分类……132
二、建筑市场施工单位不良行为记录
　　认定标准………………………………133
三、建筑市场诚信行为的公布和奖惩
　　机制……………………………………135
四、建筑市场主体的诚信评价…………137
第五节　违法行为应承担的法律责任…138
一、招标人违法行为应承担的法律
　　责任……………………………………138
二、招标代理机构违法行为应承担的
　　法律责任………………………………139
三、评标委员会成员违法行为应承担
　　的法律责任……………………………140
四、投标人违法行为应承担的法律
　　责任……………………………………140
五、中标人违法行为应承担的法律
　　责任……………………………………141
六、政府主管部门和国家工作人员
　　违法行为应承担的法律责任…………142
七、其他法律责任………………………142
本章小结……………………………………143
思考与练习…………………………………143

第七章　建设工程合同与劳动合同法规…146
第一节　合同法概述……………………146

一、合同的概念、要素及分类…………146
二、合同法的基本原则与调整范围……148
三、合同的要约与承诺…………………150
四、合同的效力…………………………151
五、合同的履行、变更、转让、撤销
　　和终止…………………………………154
六、合同的索赔…………………………159
第二节　建设工程合同制度……………163
一、建设工程合同的概念及分类………163
二、建设工程勘察设计合同……………164
三、建设工程施工合同…………………165
四、建设工程委托监理合同……………167
第三节　劳动合同及劳动关系制度……171
一、劳动合同订立的规定………………171
二、劳动合同的基本条款………………172
三、订立劳动合同应当注意的事项……172
四、集体合同……………………………173
五、劳动合同的履行、变更、接触和
　　终止……………………………………174
六、劳动保护的规定……………………176
本章小结……………………………………183
思考与练习…………………………………183

第八章　建设工程质量管理法规…………186
第一节　工程建设标准…………………186
一、工程建设标准的概念………………186
二、工程建设标准的分类………………187
三、工程建设强制性保证实施的
　　规定……………………………………189
第二节　政府对建设工程质量的监督
　　　　　管理……………………………191
一、建设工程主体的监督管理制度……191
二、建设工程质量的监督制度…………191
三、建设工程质量的检测制度…………192
四、建设工程质量的验评及奖励
　　制度……………………………………193
五、建设工程质量的监督报告…………194
六、工程质量的监督档案和信息
　　管理……………………………………195
七、建设工程质量的监督工程师资格
　　管理……………………………………195
第三节　建设工程行为主体的质量责任
　　　　　和义务…………………………198
一、建设单位的质量责任和义务………198

二、勘察设计单位的质量责任和
　　　　义务……………………………202
　　三、施工单位的质量责任和义务……205
　　四、工程监理单位相关的质量责任和
　　　　义务……………………………208
　第四节　建设工程竣工验收制度………210
　　一、竣工验收的条件和类型…………210
　　二、竣工验收的相关内容……………211
　　三、规划、消防、节能、环保等相关
　　　　部门的验收制度………………212
　　四、竣工结算、质量争议的规定……215
　　五、竣工验收备案管理制度…………217
　第五节　建设工程保修及损害赔偿……218
　　一、建设工程保修制度………………218
　　二、建设工程损害赔偿………………220
　本章小结……………………………………223
　思考与练习…………………………………223

第九章　建设工程安全生产法规…………226
　第一节　建设工程安全生产概述………226
　　一、建设工程安全生产概念…………226
　　二、建设工程安全生产法的立法
　　　　现状……………………………226
　　三、建设工程安全生产的管理机构与
　　　　职责……………………………227
　　四、建设工程安全生产的基本方针…227
　　五、建设工程安全生产的责任制度…227
　第二节　建设工程安全生产管理基本
　　　　　制度……………………………228
　　一、建设工程安全生产许可证………228
　　二、建设工程安全生产教育培训
　　　　制度……………………………230
　　三、施工负责人施工现场带班制度…231
　　四、重大事故隐患治理挂牌督办
　　　　制度……………………………232
　　五、违反《安全生产法》的法律
　　　　责任……………………………233
　第三节　建设工程安全生产责任体系…236
　　一、建设单位的安全责任……………236
　　二、施工单位的安全责任……………237
　　三、勘察设计、工程监理及其他有关
　　　　单位的安全责任………………239
　　四、建设工程安全生产监督管理……241

　　五、安全生产事故的应急救援和调查
　　　　处理……………………………241
　　六、违反《建设工程安全生产管理条例》
　　　　的法律责任……………………242
　第四节　建设工程施工现场安全防护
　　　　　制度……………………………245
　　一、编制安全技术措施、专项施工
　　　　方案和安全技术交底的规定…245
　　二、施工现场安全防护、安全生产费用
　　　　和特种设备安全管理的规定…247
　　三、施工现场的消防管理制度………250
　第五节　建设工程安全事故的处理……252
　　一、建设工程伤亡事故的分类………252
　　二、建设工程事故报告………………252
　　三、建设工程事故的调查……………254
　　四、建设工程事故处理………………255
　本章小结……………………………………256
　思考与练习…………………………………256

第十章　建设工程环境保护与节能法规…258
　第一节　建设工程环境保护法规………258
　　一、环境保护法规的概念……………258
　　二、环境保护法的立法目的与适用
　　　　范围……………………………259
　　三、环境监督管理……………………259
　　四、保护和改善环境…………………259
　　五、防治环境污染和其他公害………259
　　六、违规处罚…………………………260
　第二节　施工现场环境保护制度………261
　　一、施工现场噪声污染防治的规定…261
　　二、施工现场废气、废水污染防治的
　　　　规定……………………………263
　　三、施工现场固体废弃污染防治的
　　　　规定……………………………265
　　四、违法行为应承担的法律责任……266
　第三节　建设工程节约能源法规………270
　　一、节能的概念………………………270
　　二、民用建筑节能……………………270
　本章小结……………………………………273
　思考与练习…………………………………274

参考文献……………………………………276

第一章　工程建设法规概论

 知识目标

1. 了解工程建设法规的概念与特征。
2. 掌握工程建设法规的调整对象与作用。
3. 熟悉工程建设法律体系。
4. 掌握《中华人民共和国建筑法》(以下简称《建筑法》)的立法宗旨、基本制度。
5. 了解工程建设法律责任的归责与免责。

 能力目标

1. 具备工程建设的法律意识。
2. 能够运用所学工程建设法规的知识解决工程建设中相关的法律问题。

第一节　概　　述

一、工程建设法规的概念与特征

(一)工程建设法规的概念

工程建设法规属于法规的范畴，而法规是宪法、法律、法令和国家机关制定的一切规范性文件的总称。有时法规也特指国家机关制定的规范性文件(如我国国务院制定和颁布的行政法规；省、自治区、直辖市人民代表大会及其常务委员会制定和颁布的地方性法规)。

工程建设法规是指国家立法机关或其授权的行政机关制定的旨在调整国家及其有关机构、企事业单位、社会团队、公民之间，在建设活动中或建设行政管理活动中发生的各种社会关系的法律、法规的总称。其是国家法律体系的重要组成部分。

【提示】　工程建设法规体现国家对城市建设、乡村建设、市政及社会公用事业等各项建设活动进行组织、管理、协调的方针、政策和基本原则。

(二)工程建设法规的特征

工程建设法规除具备一般法律的基本特征外,还具有以下特征。

1. 行政强制性

行政强制性是建设法规的主要特征。工程建设活动投入资金量大,需要消耗大量的人力、物力、财力及土地等资源,涉及面广,影响力大且持久。不仅如此,工程建设产品的质量还关系到人民的生命和财产安全,这也造就了它的特殊性。这一特殊性决定了工程建设法规必然要采用直接体现行政权力活动的调整方法,即以行政指令为主的调整方式。工程建设法规调整方式的特点主要体现为行政强制性,其调整方式有:

(1)授权。国家通过工程建设法律规范授予国家工程建设管理机关某种管理权限,或具体的权力,对建设业进行监督管理。如《建筑法》规定:"建筑工程招标的开标、评标、定标由建设单位依法组织实施,并接受有关行政主管部门的监督等的行为。"

(2)命令。国家通过工程建设法律规范赋予工程建设法律关系主体某种作为的义务。如《建筑法》规定:"建筑工程勘察设计、施工的质量必须符合国家有关建筑工程安全标准的要求,具体管理办法由国务院规定。"

(3)禁止。国家通过工程建设法律规范赋予工程建设法律关系主体某种不作为的义务。如《建筑法》规定"发包单位及其工作人员在建筑工程发包中不得收受贿赂、回扣或者索取其他好处;承包单位及其工作人员不得利用向发包单位及其工作人员行贿、提供回扣或者给予其他好处等不正当手段承揽工程"等。

(4)许可。国家通过工程建设法律规范允许特别的主体在法律允许范围内有某种作为的权利。如《建筑法》规定:"允许取得房屋建筑工程施工总承包一级资质的企业,可承担40层以下、各类跨度的房屋建筑工程。"

(5)免除。国家通过工程建设法律规范对主体依法应履行的义务在特定情况下予以免除。如工程投资额在30万元以下或者建筑面积在$300 m^2$以下的建筑工程,可以不申请办理施工许可证。对个人购买并居住超过一年的普通住房,销售时免征营业税。用炉渣、粉煤灰等废渣作为主要原料生产建筑材料的可享有减、免税的优惠等。

(6)确认。国家通过工程建设法律规范授权工程建设管理机关依法对争议的法律事实和法律关系进行认定,并确定其是否存在,是否有效。如各级建设工程质量监督站检查受监工程的勘察设计、施工单位和建筑构件厂的资质等级和从业范围,监督勘察设计、施工单位和建筑构件厂严格执行技术标准,检查其工程(产品)质量等。

(7)计划。国家通过工程建设法律规范对工程建设业进行计划调节。计划一般可分为指令性计划与指导性计划两种。指令性计划具有法律约束力,具有强制性。当事人必须严格执行,违反指令性计划的行为,将要承担法律责任。指令性计划本身就是行政管理;指导性计划一般不具有约束力,是可以变动的,但是在条件可能的情况下也是应该遵守的。

(8)撤销。国家通过工程建设法律规范授予工程建设行政管理机关运用行政权力对某些权利能力或法律资格予以撤销或消灭。如国家对无证设计、无证施工的取缔就属于撤销。

2. 经济性

工程建设法律规范属于经济法部门的法律法规,其主要特征是工程建设活动中的工程项目投资、房地产开发经营等活动占用的资金量大,直接受到国家宏观调控的影响。国家运用法律、法规的手段调控工程建设活动,这些法律、法规即是工程建设法规的一部分。

经济性是工程建设法规的又一重要特征。工程建设法规的经济性既包含财产性，也包含其与生产、分配、交换、消费的联系性。

3. 技术性

技术性是工程建设法律规范的一个十分重要的特征。工程建设活动是一项技术性强、安全系数要求高的活动，为保证工程建设产品的质量和人民生命财产的安全，大量的工程建设法规是以部门规章、技术规范等形式出现的。

二、工程建设法规的调整对象

工程建设法规的调整对象是指在工程建设活动中所发生的各种社会关系。这些社会关系主要包括行政管理关系、经济协作关系及其相关的民事关系。

1. 工程建设活动中的行政管理关系

工程建设活动中的行政管理关系是当国家及其行政管理主管部门对工程建设活动进行管理时，就会与建设单位（业主）、设计单位、施工单位、建筑材料和设备的生产供应单位及工程建设监理等中介服务单位产生管理与被管理关系，而这种关系由相应的工程建设法规来规范、调整。

2. 工程建设活动中的经济协作关系

工程建设活动中的经济协作关系是一种平等、自愿、互利的建设活动，需要诸多单位和个人的参与，共同协作来完成，存在大量的寻求合作伙伴和相互协作的问题。在这些协作过程中所产生的权利、义务关系，也由工程建设法规来加以规范和调整。

3. 工程建设活动中的民事关系

在工程建设活动中必然会涉及诸如土地征用、房屋拆迁、从业人员及相关人员的人身与财产的伤害、财产及相关权利的转让等公民的个人权利的问题。由此而产生的国家、单位和公民之间的民事权利与义务关系，即民事关系。工程建设活动中的民事关系既涉及国家、社会利益，又直接关系着企业、公民个人的利益与自由，因此，必须按照民法和工程建设法律、法规中的民事法律规范予以调整。

【注意】 工程建设活动的三种关系都是因从事工程建设活动所形成的社会关系，都必须以工程建设法规来加以规范与调整。

三、工程建设法规的作用

工程建设法规的作用主要体现在规范指引、确认和保护合法工程建设行为以及处罚性三个方面。

1. 规范、指引的作用

工程建设法律规范对人们所实施工程建设行为的规范性，主要表现为：

(1) 义务性的工程建设行为规定。如《建筑法》第五十八条规定："建筑施工企业必须按照设计图纸和施工技术标准施工。"

(2) 禁止性的工程建设行为规定。如《建筑法》第二十八条规定："禁止承包单位将其承包的全部建筑工程转包给他人，禁止承包单位将其承包的全部工程建设工程肢解以后以分包的名义分别转包给他人。"

(3) 授权性的工程建设行为规定。如《建筑法》第二十四条规定："建筑工程的发包单位可以将建筑工程的勘察、设计、施工、设备采购一并发包给一个工程总承包单位,也可以将建筑工程勘察设计、施工、设备采购中的一项或者多项发包给一个工程总承包单位。"

2. 对合法工程建设行为的确认与保护

工程建设法规的作用不仅在于对工程建设行为主体所实施的工程建设行为加以规范和指导,而且还对一切符合法律、法规的工程建设行为给予确认和保护。

3. 对违法工程建设行为的处罚

工程建设法规要对违法工程建设行为给予应有的处罚。如《建筑法》第六十五条规定:"以欺骗手段取得资质证书的,吊销资质证书,处以罚款;构成犯罪的,依法追究刑事责任。"

四、法的形式和效力层级

(一)法的形式

法的形式是指法律创制方式和外部表现形式。它包括四层含义:①法律规范创制机关的性质及级别;②法律规范的外部表现形式;③法律规范的效力等级;④法律规范的地域效力。

【提示】 法的形式决定于法的本质。

我国法的形式是制定法形式,具体可分为以下七类。

1. 宪法

宪法是由全国人民代表大会依照特别程序制定的具有最高效力的根本法,其主要功能是制约和平衡国家权力,保障公民权利。宪法是我国的根本大法,在我国法律体系中具有最高的法律地位和法律效力,是我国最高的法律形式。

2. 法律

法律是指由全国人民代表大会和全国人民代表大会常务委员会制定颁布的规范性法律文件,即狭义的法律。法律分为基本法律和一般法律(又称非基本法律、专门法)两类。基本法律是由全国人民代表大会制定的调整国家和社会生活中带有普遍性的社会关系的规范性法律文件的统称,如刑法、民法、诉讼法以及有关国家机构的组织法等法律。一般法律是由全国人民代表大会常务委员会制定的调整国家和社会生活中某种具体社会关系或其中某一方面内容的规范性文件的统称。

建设法律既包括专门的建设领域的法律,也包括与建设活动相关的其他法律。例如,前者有《建筑法》《城乡规划法》《城市房地产管理法》等,后者有《民法通则》《合同法》《行政许可法》等。

3. 行政法规

行政法规是国家最高行政机关国务院根据宪法和法律就有关执行法律和履行行政管理职权的问题,以及依据全国人民代表大会及其常务委员会特别授权所制定的规范性文件的总称。

现行的建设行政法规主要有《建设工程质量管理条例》《建设工程安全生产管理条例》《建设工程勘察设计管理条例》《城市房地产开发经营管理条例》等。

4. 地方性法规、自治条例和单行条例

省、自治区、直辖市的人民代表大会及其常务委员会根据本行政区域的具体情况和实际需要,在不与宪法、法律、行政法规相抵触的前提下,可以制定地方性法规。设区的市的人民代表大会及其常务委员会根据本市的具体情况和实际需要,在不与宪法、法律、行政法规和本省、自治区的地方性法规相抵触的前提下,可以对城乡建设与管理、环境保护、历史文化保护等方面的事项制定地方性法规。设区的市的地方性法规须报省、自治区的人民代表大会常务委员会批准后施行。省、自治区的人民代表大会常务委员会对报请批准的地方性法规,应当对其合法性进行审查,与宪法、法律、行政法规和本省、自治区的地方性法规不抵触的,应当在四个月内予以批准。省、自治区的人民代表大会常务委员会在对报请批准的设区的市的地方性法规进行审查时,发现其与本省、自治区的人民政府的规章相抵触的,应当作出处理决定。

地方性法规可以就下列事项作出规定:①为执行法律、行政法规的规定,需要根据本行政区域的实际情况作具体规定的事项;②属于地方性事务需要制定地方性法规的事项。

省、自治区、直辖市的人民代表大会制定的地方性法规由大会主席团发布公告予以公布。省、自治区、直辖市的人民代表大会常务委员会制定的地方性法规由常务委员会发布公告予以公布。设区的市、自治州的人民代表大会及其常务委员会制定的地方性法规报经批准后,由设区的市、自治州的人民代表大会常务委员会发布公告予以公布。自治条例和单行条例报经批准后,分别由自治区、自治州、自治县的人民代表大会常务委员会发布公告予以公布。

目前,各地方都制定了大量的规范建设活动的地方性法规、自治条例和单行条例,如《北京市建筑市场管理条例》《天津市建筑市场管理条例》《新疆维吾尔自治区建筑市场管理条例》等。

5. 部门规章

国务院各部、委员会、中国人民银行、审计署和具有行政管理职能的直属机构所制定的规范性文件称为部门规章。部门规章由部门首长签署命令予以公布,部门规章签署公布后,及时在国务院公报或者部门公报和中国政府法制信息网以及在全国范围内发行的报纸上刊载。

部门规章规定的事项应当属于执行法律或者国务院的行政法规、决定、命令的事项,其名称可以是"规定""办法"和"实施细则"等。没有法律或者国务院的行政法规、决定、命令的依据,部门规章不得设定减损公民、法人和其他组织权利或者增加其义务的规范,不得增加本部门的权力或者减少本部门的法定职责。目前,大量的建设法规是以部门规章的方式发布,如住房和城乡建设部发布的《房屋建筑和市政基础设施工程质量监督管理规定》《房屋建筑和市政基础设施工程竣工验收备案管理办法》《市政公用设施抗灾设防管理规定》,国家发展和改革委员会发布的《招标公告发布暂行办法》《工程建设项目招标范围和规模标准规定》等。

涉及两个以上国务院部门职权范围的事项,应当提请国务院制定行政法规或者由国务院有关部门联合制定规章。目前,国务院有关部门已联合制定了一些规章,如2013年3月国家发展和改革委员会、工业和信息化部、财政部、住房和城乡建设部、交通运输部、铁道部、水利部、国家广播电影电视总局、中国民用航空局经修改后联合发布的《评标委员会和评标方法暂行规定》等。

6. 地方政府规章

省、自治区、直辖市和设区的市、自治州的人民政府,可以根据法律、行政法规和本省、自治区、直辖市的地方性法规，制定地方政府规章。地方政府规章由省长或者自治区主席或者市长签署命令予以公布。地方政府规章签署公布后，及时在本级人民政府公报和中国政府法制信息网以及在本行政区域范围内发行的报纸上刊载。

地方政府规章可以就下列事项作出规定：①为执行法律、行政法规、地方性法规的规定需要制定规章的事项；②属于本行政区域的具体行政管理事项。设区的市、自治州的人民政府制定地方政府规章，限于城乡建设与管理、环境保护、历史文化保护等方面的事项。已经制定的地方政府规章，涉及上述事项范围以外的，继续有效。

【注意】 没有法律、行政法规、地方性法规的依据，地方政府规章不得设定减损公民、法人和其他组织权利或者增加其义务的规范。

7. 国际条约

国际条约是指我国与国外缔结、参加、签订、加入、承认的双边、多边的条约、协定和其他具有条约性质的文件。国际条约的名称，除条约外，还有公约、协议、协定、议定书、宪章、盟约、换文和联合宣言等。除我国在缔结时宣布持保留意见不受其约束的以外，这些条约的内容都与国内法具有一样的约束力，所以，也是我国法的形式。例如，我国加入WTO后，WTO中与工程建设有关的协定也对我国的建设活动产生约束力。

(二)法的效力层级

法的效力层级是指法律体系中的各种法的形式，由于制定的主体、程序、时间、适用范围等的不同，具有不同的效力，形成法的效力等级体系。

1. 宪法至上

宪法是具有最高法律效力的根本大法，具有最高的法律效力。宪法不仅是根本法和母法，还是其他立法活动的最高法律依据。任何法律、法规都必须遵循宪法而产生，无论是维护社会稳定、保障社会秩序，还是规范经济秩序，都不能违背宪法的基本准则。

2. 上位法优于下位法

在我国法律体系中，法律的效力是仅次于宪法而高于其他法的形式。行政法规的法律地位和法律效力仅次于宪法和法律，高于地方性法规和部门规章。地方性法规的效力，高于本级和下级地方政府规章。省、自治区人民政府制定的规章的效力，高于本行政区域内的较大的市级人民政府制定的规章。自治条例和单行条例依法对法律、行政法规、地方性法规作变通规定的，在本自治地方适用自治条例和单行条例的规定。经济特区法规根据授权对法律、行政法规、地方性法规作变通规定的，在本经济特区适用经济特区法规的规定。部门规章之间、部门规章与地方政府规章之间具有同等效力，在各自的权限范围内施行。

3. 特别法优于一般法

特别法优于一般法是指公法权力主体在实施公权力行为中，当一般规定与特别规定不一致时，优先适用特别规定。《立法法》规定，同一机关制定的法律、行政法规、地方性法规、自治条例和单行条例、规章，特别规定与一般规定不一致的，适用特别规定。

4. 新法优于旧法

当新法、旧法对同一事项有不同规定时，新法的效力优于旧法。《立法法》规定，同一机关制定的法律、行政法规、地方性法规、自治条例和单行条例、规章，新的规定与旧的规定不一致的，适用新的规定。

5. 需要由有关机关裁决适用的特殊情况

法律之间对同一事项的新的一般规定与旧的特别规定不一致,不能确定如何适用时,由全国人民代表大会常务委员会裁决。

行政法规之间对同一事项的新的一般规定与旧的特别规定不一致,不能确定如何适用时,由国务院裁决。

在地方性法规、规章之间不一致时,由有关机关依照下列规定的权限作出裁决:

(1)同一机关制定的新的一般规定与旧的特别规定不一致时,由制定机关裁决。

(2)地方性法规与部门规章之间对同一事项的规定不一致,不能确定如何适用时,由国务院提出意见,国务院认为应当适用地方性法规的,应决定在该地方适用地方性法规的规定;认为应当适用部门规章的,应提请全国人民代表大会常务委员会裁决。

(3)当部门规章之间、部门规章与地方政府规章之间对同一事项的规定不一致时,由国务院裁决。

【提示】 根据授权制定的法规与法律规定不一致,不能确定如何适用时,由全国人民代表大会常务委员会裁决。

第二节 工程建设法律关系

一、工程建设法律关系的概念与特征

(一)工程建设法律关系的概念

工程建设法律关系是指法律规范调整一定社会关系所形成的权利和义务关系,是工程建设法律规范在社会主义国家经济建设与生活中实施的结果。只有社会组织按照工程建设法律规范进行工程建设活动,形成具体的权利和义务关系时才产生工程建设法律关系。

(二)工程建设法律关系的特征

1. 综合性

工程建设法律规范是由工程建设行政法律、工程建设民事法律和工程建设技术法规构成的。这三种法律规范在调整工程建设活动中是相互作用、综合运用的。如国家建设主管部门行使组织、管理、监督的职权,依据工程建设程序、工程建设计划,组织、指导、协调、检查建设单位和勘察设计、施工、安装等企业工程建设活动,就必然会导致某种法律关系的产生。这种法律关系决定了工程建设法律关系的综合性。

2. 广泛性与复杂性

工程建设法律关系是一种涉及面广、内容复杂的权利义务关系。工程建设活动关系到国民经济和人民生活。如建设单位要进行工程建设,则必须使自己的建设项目获得批准,列入国家计划,由此产生了建设单位与业务主管机关、计划批准机关的关系。工程建设计划被批准后,又需进行筹备资金、购置材料、招投标,进一步组织设计、施工、安装,以便将工程建设计划付诸实施，这样又产生了建设单位与银行，物资供应部门、勘察设计、施工、安装等企业的关系，由此决定了工程建设法律关系的广泛性与复杂性。

3. 严格性

建设单位与承建单位在签订勘察设计、施工、安装、购货等合同时，对于制订的工程建设计划必须严格执行。

【提示】 不同的法律关系有着不同的特征，构成其特征的条件是不同法律关系的主体及其所依据的法律规范。

二、工程建设法律关系的构成要素

法律关系的三要素主要包括法律关系主体、法律关系客体和法律关系内容。工程建设法律关系则是由工程建设法律关系主体、工程建设法律关系客体和工程建设法律关系内容构成。

(一)工程建设法律关系主体

工程建设法律关系主体是指管理和参加工程建设活动，受工程建设法律规范调整，在法律上享有权利、承担义务的当事人，也就是工程建设活动的管理者和参与者。工程建设法律关系主体包括以下三种。

1. 国家机关

(1)国家发展和改革委员会以及各级地方人民政府发展和改革委员会。其职权是负责编制长、中期和年度建设计划，组织计划的实施，督促各部门严格执行工程建设程序等。

(2)国家住房城乡建设主管部门。其主要指国家住房和城乡建设部以及各级地方住房城乡建设主管部门，其职权是制定工程建设法规，对城市建设、村镇建设、工程建设、建筑业、房地产业、市政公用事业进行组织管理和监督。

(3)国家建设监督部门。其主要包括国家财政机关、中国人民银行、国家审计机关、国家统计机关等。

(4)国家建设各业务主管部门。如交通部、水利部、铁道路等部门，负责本部门、本行业的建设管理工作。

2. 社会组织

作为工程建设法律关系主体的社会组织一般应为法人。法人是指具有权利能力和行为能力、依法享有权利和承担义务的组织。依据《民法通则》第二十一条的规定："法人必须依法成立；有必要的财产或者经费；有自己的名称、组织机构和场所；能够独立承担民事责任。"工程建设法律关系主体的社会组织包括建设单位、勘察设计单位、建筑业企业、房地产开发企业及建设中介机构等。

3. 公民个人

公民个人在工程建设活动中也可以成为工程建设法律关系的主体。如建筑施工企业的从业人员与建筑施工企业签订了劳动用工合同后，即成为工程建设法律关系的主体。

(二)工程建设法律关系客体

工程建设法律关系客体是指参加工程建设法律关系的主体享有权利和承担义务所共同指向的对象。合同法律关系中的客体习惯上被称之为标的。工程建设法律关系客体分为以下四种类型。

1. 表现为物的客体

工程建设法律关系中表现为物的客体，如建筑物、设备、钢材和水泥等。

2. 表现为财的客体

工程建设法律关系中表现为财的客体主要是指资金及各种有价证券。

3. 表现为行为的客体

工程建设法律关系中表现为行为的客体主要是指人有意识的活动，包括作为和不作为。在工程建设法律关系中，行为多表现为完成一定的工作，如勘察设计、施工安装和检查验收等活动。

4. 表现为非物质财富的客体

工程建设法律关系中表现为非物质财富的客体是指脑力方面的成果或智力方面的创作，也称为智力成果，通常属于知识产权的客体。如设计单位对设计成果享有著作权，软件公司对自己开发的项目管理软件拥有版权(著作权)等。

(三)工程建设法律关系内容

工程建设法律关系的内容即工程建设法律关系主体享有的权利和应承担的义务。这种内容要由相关的法律或合同来确定。如开发权、所有权、经营权以及保证工程质量的经济义务和法律责任都是工程建设法律关系的内容。根据工程建设法律关系主体地位的不同，其权利义务关系表现为两种不同情况：一是基于主体双方地位平等基础上的对等的权利义务关系；二是基于主体双方地位不平等的基础上产生的不对等的权利义务关系，如政府有关部门对建设单位和施工企业依法进行的监督和管理活动形成的法律关系。

三、建设法律、行政法规和相关法律的关系

(一)建设法律、行政法规与行政法的关系

建设法律、行政法规在调整建设活动中产生的社会关系时，会形成行政监督管理关系。行政监督管理关系是指国家行政机关或者其正式授权的有关机构对建设活动的组织、监督、协调等形成的关系。建设活动事关国计民生，与国家、社会的发展，与公民的工作、生活以及生命财产的安全等，都有直接的关系。因此，国家必然要对建设活动进行监督和管理。

我国政府一直高度重视对建设活动的监督管理。在国务院和地方各级人民政府都设有专门的建设行政管理部门，对建设活动的各个阶段依法进行监督管理，包括立项、资金筹集、勘察设计、施工、验收等。国务院和地方各级人民政府的其他有关行政管理部门，也承担了相应的建设活动监督管理的任务。行政机关在这些监督管理中形成的社会关系就是建设行政监督管理关系。

【注意】 建设行政监督管理关系是行政法律关系的重要组成部分。

(二)建设法律、行政法规与民法商法的关系

建设法律、行政法规在调整建设活动中产生的社会关系，会形成民事商事法律关系。建设民事商事法律关系是建设活动中由民事商事法律规范所调整的社会关系。建设民事商事法律关系有以下特点：

(1)建设民事商事法律关系是主体之间的民事商事权利和民事商事义务关系。民法商法调整一定的财产关系和人身关系，赋予当事人以民事商事权利和民事商事义务。在民事商

事法律关系产生以后，民事商事法律规范所确定的抽象的民事商事权利和民事商事义务便落实为约束当事人行为的具体的民事商事权利和民事商事义务。

(2)建设民事商事法律关系是平等主体之间的关系。民法商法调整平等主体之间的财产关系和人身关系，这就决定了参加民事商事关系的主体地位平等、相互独立、互不隶属。同时，由于主体地位平等，决定了其权利义务一般也是对等的。任何一方在享受权利的同时，也要承担相应的义务。

(3)建设民事商事法律关系主要是财产关系。民法商法以财产关系为主要调整对象。因此，民事商事关系也主要表现为财产关系。民事商事关系虽然也有人身关系，但在数量上较少。

(4)建设民事商事法律关系的保障措施具有补偿性和财产性。民法商法调整对象的平等性和财产性，也表现在民事商事关系的保障手段上，即民事商事责任以财产补偿为主要内容，惩罚性和非财产性责任不是主要的民事商事责任形式。在建设活动中，各类民事商事主体，如建设单位、施工单位、勘察设计单位、监理单位等，都是通过合同建立起相互的关系。合同关系就是一种民事商事关系。

建设民事商事法律关系是民事商事关系的重要组成部分。

(三)建设法律、行政法规与社会法的关系

建设法律、行政法规在调整建设活动中产生的社会关系，会形成社会法律关系。例如，施工单位应当做好员工的劳动保护工作，建设单位也要提供相应的保障；建设单位、施工单位、监理单位、勘察设计单位都会与自己的员工建立劳动关系。

【注意】 建设社会关系是社会关系的重要组成部分。

四、工程建设法律关系的产生、变更和终止

(一)工程建设法律关系产生、变更和终止的概念

1. 工程建设法律关系的产生

工程建设法律关系的产生是指工程建设法律关系主体之间形成一定的权利义务关系。建设单位与施工单位签订了工程建设承包合同，主体双方产生了相应的权利与义务。此时，受工程建设法规调整的工程建设法律关系随即产生。

2. 工程建设法律关系的变更

工程建设法律关系的变更是指工程建设法律关系的三要素发生了变化。

(1)主体变更。主体变更是指建设工程法律关系主体数目的增多或减少。在工程建设合同中客体不变，相应权利义务也不变，此时主体改变称为合同转让。

(2)客体变更。客体变更是指工程建设法律关系中权利义务所指向的事物发生变化。客体变更可以是其范围变更，也可以是其性质变更。

(3)内容变更。工程建设法律关系主体与客体的变更，必然导致相应的权利和义务的变更，即内容的变更。

3. 工程建设法律关系的终止

工程建设法律关系的终止是指主体之间的权利义务关系不复存在，彼此丧失了约束力。工程建设法律关系的终止包括自然终止、协议终止和违约终止。

(1)自然终止。工程建设法律关系自然终止是指某类工程建设法律关系所规范的权利义

务顺利得到履行,并取得了各自的利益,从而使该法律关系达到完结。

(2)协议终止。工程建设法律关系协议终止是指工程建设法律关系主体之间协商解除某类工程建设法律关系规范的权利义务,致使该法律关系归于消灭。

(3)违约终止。工程建设法律关系违约终止是指工程建设法律关系主体一方违约,或因不可抗力因素致使某类工程建设法律关系规范的权利不能实现。

(二)工程建设法律关系产生、变更和终止的原因

法律事实是工程建设法律关系产生、变更和终止的原因。所谓法律事实,是指能够引起法律关系产生、变更和终止的客观现象和客观事实。

工程建设法律事实是工程建设法律规范所确定的,能够引起工程建设法律关系产生、变更或消灭的客观现象和客观事实。

工程建设法律事实按是否包含当事人的意志可分为事件和行为两类。

1. 事件

事件是指不以当事人的意志为转移而产生的自然现象。当工程建设法律规范规定把某种自然现象和建设权利义务关系联系在一起时,这种现象就成为法律事实的一种,即事件。

事件可分为自然事件、社会事件及意外事件三种情况。

(1)自然事件。自然现象引起的,如地震、台风、水灾、火灾等自然灾害。

(2)社会事件。社会现象引起的,如战争、暴乱、政府禁令等。

(3)意外事件。即突发事故,如失火、爆炸、触礁等自然事件和社会事件。

2. 行为

行为是指人的有意识的活动。行为包括积极的作为和消极的不作为,这些都能引起工程建设法律关系的产生、变更或消灭。行为通常表现为民事法律行为、违法行为、行政行为和立法行为四种。

(1)民事法律行为。民事法律行为是指公民或者法人设立、变更、终止民事权利和民事义务的合法行为,如签约行为、投标行为等。

(2)违法行为。违法行为包括违约行为和侵权行为。

(3)行政行为。行政行为是指国家授权机关依法行使对工程建设业的管理权而产生法律后果的行为。

建设工程法人制度

(4)立法行为。立法行为是指国家机关在法定权限内通过规定的程序,制定、修改、废止工程建设法律规范性文件的活动。

第三节 工程建设法律体系

一、工程建设法律体系的概念

法律体系也称为法的体系,其通常是指由一个国家现行的各个部门法构成的有机联系

的统一整体。在我国法律体系中，根据所调整的社会关系性质不同，可以划分为不同的部门法。部门法又称为法律部门，是根据一定标准、原则所制定的同类法律规范的总称。

建设工程法律具有综合性的特点，虽然主要是经济法的组成部分，但还包括了行政法、民法商法等的内容。建设工程法律同时又具有一定的独立性和完整性，具有自己的完整体系。建设工程法律体系是指把已经制定的和需要制定的建设工程方面的法律、行政法规、部门规章和地方法规、地方规章有机结合起来，形成的一个相互联系、相互补充、相互协调的完整统一的体系。

二、法律体系的基本框架

2011年3月10日，吴邦国委员长在十一届全国人民代表大会第四次会议上正式宣布：一个立足中国国情和实际、适应改革开放和社会主义现代化建设需要、集中体现党和人民意志的，以宪法为统帅，以宪法相关法、民法商法等多个法律部门的法律为主干，由法律、行政法规、地方性法规等多个层次的法律规范构成的中国特色社会主义法律体系已经形成，国家经济建设、政治建设、文化建设、社会建设以及生态文明建设的各个方面实现有法可依。

(一)宪法及宪法相关法

宪法是国家的根本大法，是特定社会政治经济和思想文化条件综合作用的产物，集中反映各种政治力量的实际对比关系，确认革命胜利成果和现实的民主政治，规定国家的根本任务和根本制度，即社会制度、国家制度的原则和国家政权的组织以及公民的基本权利义务等内容。

宪法相关法是指《全国人民代表大会组织法》《地方各级人民代表大会和地方各级人民政府组织法》《全国人民代表大会和地方各级人民代表大会选举法》《中华人民共和国国籍法》《中华人民共和国国务院组织法》《中华人民共和国民族区域自治法》等法律。

(二)民法商法

民法是规定并调整平等主体的公民间、法人间及公民与法人间的财产关系和人身关系的法律规范的总称。商法是调整市场经济关系中商人及其商事活动的法律规范的总称。

我国采用的是民商合一的立法模式。商法被认为是民法的特别法和组成部分。《中华人民共和国民法通则》(以下简称《民法通则》)、《中华人民共和国合同法》(以下简称《合同法》)、《中华人民共和国物权法》(以下简称《物权法》)、《中华人民共和国侵权责任法》(以下简称《侵权责任法》)、《中华人民共和国公司法》(以下简称《公司法》)、《中华人民共和国招标投标法》(以下简称《招标投标法》)等属于民法商法。

(三)行政法

行政法是调整行政主体在行使行政职权和接受行政法制监督过程中而与行政相对人、行政法制监督主体之间发生的各种关系，以及行政主体内部发生的各种关系的法律规范的总称。

行政法调整对象的行政关系主要包括行政管理关系、行政法制监督关系、行政救济关系、内部行政关系。《中华人民共和国行政处罚法》(以下简称《行政处罚法》)、《中华人民共和国行政复议法》(以下简称《行政复议法》)、《中华人民共和国行政许可法》(以下简称《行政许可法》)、《中华人民共和国环境影响评价法》(以下简称《环境影响评价法》)、《中华人民共和国城市房地产管理法》(以下简称《城市房地产管理法》)、《中华人民共和国城乡规划法》(以下简称《城乡规划法》)、《中华人民共和国建筑法》(以下简称《建筑法》)等属于行政法。

(四)经济法

经济法是调整在国家协调、干预经济运行的过程中发生的经济关系的法律规范的总称。《中华人民共和国统计法》(以下简称《统计法》)、《中华人民共和国土地管理法》(以下简称《土地管理法》)、《中华人民共和国标准化法》(以下简称《标准化法》)、《中华人民共和国税收征收管理法》(以下简称《税收征收管理法》)、《中华人民共和国预算法》(以下简称《预算法》)、《中华人民共和国审计法》(以下简称《审计法》)、《中华人民共和国节约能源法》(以下简称《节约能源法》)、《中华人民共和国政府采购法》(以下简称《政府采购法》)、《中华人民共和国反垄断法》(以下简称《反垄断法》)等属于经济法。

(五)社会法

社会法是调整劳动关系、社会保障和社会福利关系的法律规范的总称。

社会法是在国家干预社会生活过程中逐渐发展起来的一个法律门类,所调整的是政府与社会之间、社会不同部分之间的法律关系。《中华人民共和国残疾人保障法》(以下简称《残疾人保障法》)、《中华人民共和国矿山安全法》(以下简称《矿山安全法》)、《中华人民共和国劳动法》(以下简称《劳动法》)、《中华人民共和国职业病防治法》(以下简称《职业病防治法》)、《中华人民共和国安全生产法》(以下简称《安全生产法》)、《中华人民共和国劳动合同法》(以下简称《劳动合同法》)等属于社会法。

(六)刑法

刑法是关于犯罪和刑罚的法律规范的总称。2015年8月经修改后公布的《中华人民共和国刑法》(以下简称《刑法》)是这一法律部门的主要内容。

(七)诉讼与非诉讼程序法

诉讼法指的是规范诉讼程序的法律的总称。我国三大诉讼法,即《中华人民共和国民事诉讼法》(以下简称《民事诉讼法》)、《中华人民共和国刑事诉讼法》(以下简称《刑事诉讼法》)、《中华人民共和国行政诉讼法》(以下简称《行政诉讼法》)。非诉讼的程序法主要是《中华人民共和国仲裁法》(以下简称《仲裁法》)。

第四节 建筑法立法概况

一、建筑法的概念及立法宗旨

(一)建筑法的概念

建筑法是指调整建筑活动的法律规范的总称。建筑活动是指各类房屋及其附属设施的建造和与其配套的线路、管道、设备的安装活动。

建筑法有狭义与广义之分。狭义的建筑法是指1997年11月1日由第八届全国人民代表大会常务委员会第二十八次会议通过的，于1998年3月1日起施行的《中华人民共和国建筑法》(以下简称《建筑法》)。该法是调整我国建筑活动的基本法律，共八章，八十五条。《建筑法》包括总则、建筑许可、建筑工程发包与承包、建筑工程监理、建筑安全生产管理、建筑工程质量管理、法律责任和附则等内容，并确定建筑活动中的一些基本法律制度。

广义的建筑法，除《建筑法》之外，还包括所有调整建筑活动的法律规范性文件。这些法律规范分布在我国的宪法、法律、行政法规、部门规章、地方法规、地方规章以及国际条约与国际惯例中。由这些不同法律层次的调整建筑活动的法律规范所组成的体系即为广义的建筑法。更为广义的建筑法是指调整建设工程活动的法律规范的总称。

(二)建筑法的立法宗旨

《建筑法》第一条规定："为了加强对建筑活动的监督管理，维护建筑市场秩序，保证建筑工程的质量和安全，促进建筑业健康发展，制定本法。"此条即规定了我国《建筑法》的立法宗旨。

二、建筑法的基本原则

建筑法的基本原则是指我国《建筑法》所特有的，贯穿于全部建筑法的，进行建筑活动所必须遵守的法律原则。《建筑法》把坚持质量、安全和效益相统一作为建筑法的基本原则。

(一)建筑活动应当确保工程质量和安全

确保工程质量和安全是《建筑法》立法的主题之一。建设活动是一项向社会提供建筑产品、固定资产和社会基础设施的特殊社会活动，这些产品就是社会的物质财富，确保工程质量和安全就是确保全社会物质财富的价值。

(二)符合国家的建筑工程安全标准

按照《中华人民共和国标准化法》(以下简称《标准化法》)的规定："国家标准、行业标准分为强制性标准和推荐性标准。保障人体健康、人身、财产安全的标准和法律、行政法规规定强制执行的标准是强制性标准。"依照《建筑法》和《标准化法》的规定："凡是依法制定的有关建筑工程安全的国家标准和行业标准，属于强制性标准，必须严格执行。"

(三)国家扶持建筑业的发展，支持建筑科学技术研究

国家扶持建筑业的发展，支持建筑科学技术研究，提高房屋建筑设计水平，鼓励节约资源和保护环境，提倡采用先进技术、先进设备、先进工艺、新型建筑材料和现代管理方式。

三、建筑法的调整对象与范围

(一)建筑法的调整对象

《建筑法》第二条规定："在中华人民共和国境内从事建筑活动，实施对建筑活动的监督管理，应当遵守本法。"

1. 建筑法调整对象所称的建筑活动

建筑法调整对象所称的建筑活动是指各类房屋建筑及其附属设施的建造和与其配套的

线路、管道、设备的安装活动。

2. 建筑法调整对象所称的"各类房屋建筑"

建筑法调整对象所称的"各类房屋建筑"是指具有顶盖、梁柱和墙壁，供人们生产、生活等使用的建筑物，包括民用住宅、厂房、仓库、办公楼、影院、体育馆和学校宿舍等各类房屋；"附属设施"是指与房屋建筑配套建造的围墙、水塔等附属的建筑设施；"配套的线路、管道、设备的安装活动"是指与建筑配套的电气、通信、煤气、给水、排水、空气调节、电梯、消防等线路、管道和设备的安装活动。

(二)建筑法的调整范围

建筑法的调整范围包含三层含义：

1. 调整的地域范围

调整的地域范围为中华人民共和国境内除香港、澳门、台湾地区以外的地区。

2. 调整的主体

调整的主体是指建设单位、勘察设计单位、施工企业、监理单位和建筑行政管理机关，同时也包括从事建筑活动的个人，如注册建筑师、注册结构师、注册建造师、注册监理师和注册造价师等。

3. 调整的行为

调整的行为是指各类房屋建筑及其设施的新建、改建、扩建、维修、拆除、装饰装修活动，以及线路、管道、设备的安装活动。

需要说明的是，《建筑法》虽然是调整各类房屋建筑的建筑活动法规，但《建筑法》所确定的基本制度，也是适用于其他专业(如铁路工程、民航工程、交通运输工程和水利工程等)建筑活动的。为此，《建筑法》第八十一条规定："本法关于施工许可、建筑施工企业资质审查和建筑工程发包、承包，禁止转包，以及建筑工程监理、建筑工程安全和质量管理的规定，适用于其他专业建筑工程的建筑活动，具体办法由国务院规定。"

此外，还需要注意的是，有些工程不可能完全按照《建筑法》规定的要求去进行，如省、自治区、直辖市人民政府确定的小型零星建筑工程；有些工程需要依照有关法律执行，如古建筑等的修缮；有些工程根本不适合《建筑法》的规定，如抢险救灾等工程；有些工程需要另行制定管理办法，如军用房屋建筑工程等。《建筑法》充分考虑到了这一点，在第八十三条中规定："省、自治区、直辖市人民政府确定的小型房屋建筑工程的建筑活动，参照本法执行。依法核定作为文物保护的纪念建筑物及古建筑等的修缮，依照文物保护法的有关规定执行。抢险救灾及其他临时性房屋建筑和农民自建自用低层住宅的建筑活动，不适用本法。"《建筑法》第八十四条规定："军用房屋建筑工程建筑活动的具体管理办法，由国务院、中央军事委员会依据本法制定。"

四、建筑法确定的基本制度

《建筑法》是一部规范建筑活动的法律，其主要确立了建筑许可制度、建筑工程发包与承包制度、建筑工程监理制度、建筑安全生产管理制度和建筑工程质量监督制度等。

(一)建筑工程许可制度

建筑工程许可制度是住房城乡建设主管部门根据建设单位的申请，依法对建筑工程是否具备施工条件进行审查，对符合条件者，准许该建筑工程开始施工并颁发建筑许可证的一种制度。

《建筑法》规定："建筑工程在开工前，建设单位应按照国家有关规定向所在地的县级以上行政主管部门申请领取施工许可证。由此确定了我国建筑工程施工许可制度。"为了具体实施此制度，原建设部于1999年10月15日第71号令发布了《建筑工程施工许可管理办法》，并于2001年7月4日发布了《建设部发布关于修改〈建筑工程施工许可管理办法的决定〉》。

(二)建筑工程发包与承包制度

《建筑法》第三章规定应当实行建筑工程发包与承包制度，并规定了建筑工程发包与承包应当遵循的基本原则及行为规范，如实行招标发包与直接发包的要求、不得违法将建筑工程肢解发包、总承包单位分包时须通过建设单位的认可、禁止承包单位将其承包的建筑工程转包给他人等。

(三)建筑工程监理制度

建筑工程监理制度是我国建设体制深化改革的一项重大措施，它是适应市场经济的产物。建筑工程监理制度随着建筑市场的日益国际化，得到了普遍推行。

《建筑法》第四章明确规定了建筑工程监理的范围、任务，工程监理单位的资质和责任以及有关要求。

(四)建筑安全生产管理制度

建筑安全生产管理制度通常是由安全生产责任制度、安全技术措施制度、安全教育制度、安全检查制度、建筑安全生产政府监督管理制度和伤亡事故报告制度等组成。

《建筑法》第五章明确规定了对建筑活动全过程的监督管理，明确了建筑安全生产的基本方针。

(五)建筑工程质量管理制度

建筑工程质量管理制度是指由政府有关部门委托的专门机构对建筑工程质量进行管理的一种制度。

《建筑法》第六章明确规定了建筑活动各有关方面在保证建筑工程质量中的责任，并在建筑工程质量管理方面明确规定了企业质量体系认证制度、企业质量责任制度、建筑工程竣工验收制度和建筑质量保修制度等。

第五节　工程建设法律责任

一、法律责任的概念与特征

(一)法律责任的概念

法律责任又称为违法责任，其是指法律关系的主体由于其行为违法，按照法律、法规规定必须承担的消极法律后果。这一概念包括以下几层含义：第一，承担法律责任的主体既包括公民、法人，也包括机关和其他社会组织；既包括中国人，也包括外国人和无国籍人；第二，违法行为的实施是承担法律责任的核心要件；第三，法律责任是一种消极的法律后果，即是一种法律上的惩戒性负担。

(二)法律责任的特征

(1)法律责任具有国家强制性。法律责任是以国家强制力为后盾的。所谓国家强制力，主要是指国家司法机关或者国家授权的行政机关采取强制措施强迫违法行为人承担法律责任。而社会责任中的道德责任，只能通过舆论监督等途径保证执行，而不能通过国家强制力保证执行。

(2)法律责任的大小是与违法行为相联系的。违反法律责任的内容多、程度深，法律责任就大。相反，违反法律责任的内容少、程度浅，法律责任就小。

(3)法律责任需由专门的国家机关和部门认定。法律责任是指根据法律的规定须由违法者承担的一定责任，是法律适用的一个组成部分。

(4)法律的内容是法律规范明确加以具体规定的。法律责任必须由有立法权的机关根据职权，依照法定程序制定的有关法律、行政法规、地方法规、部门规章或者地方规章来加以明文规定，否则就不构成法律责任。

二、法律责任的构成要件

通常，有违法行为就要承担法律责任，受到法律的制裁。根据违法行为的一般特点，我们把法律责任的构成要件概括为：主体、过错、违法行为、损害事实和因果关系五个方面。

(1)主体。法律责任主体是指违法主体或者承担法律责任的主体。责任主体不完全等同于违法主体。

(2)过错。过错即承担法律责任的主观故意或者过失。

(3)违法行为。违法行为是指违反法律规定的义务、超越权利的界限行使权利以及侵权行为的总称，一般认为违法行为包括犯罪行为和一般违法行为。

(4)损害事实。损害事实即受到的损失和伤害的事实，包括对人身、财产和精神(或者三方面兼有)造成的损失和伤害。

(5)因果关系。因果关系即行为与损害之间的因果关系，它是存在于自然界和人类社会中各种因果关系的特殊形式。

三、工程建设法律责任的分类

工程建设法律责任是指在工程建设活动中对违法行为所应承担的带有强制性的法律责任。依照违法行为和违法者承担法律责任的方式不同，法律责任可分为刑事责任、民事责任、行政责任、经济责任与违宪责任。

(一)刑事责任

刑事责任是指行为人因其犯罪行为必须承受的，由司法机关代表国家确定的否定性法律后果。产生刑事责任的原因在于行为人行为的严重社会危害性，只有行为人的行为具有严重的社会危害性即构成犯罪，才能追究行为人的刑事责任。

《刑法》第一百三十七条规定了工程建设领域的建筑工程重大安全罪，其主要特征是：建筑重大安全罪是指建设单位、建筑设计单位、施工单位、工程监理单位违反国家规定，故意降低工程标准，造成重大安全事故的行为，应追究刑事责任。

(二)民事责任

民事责任是指按照民法规定，民事主体违反民事义务时应承担的法律责任，以产生责任的法律基础为标准。承担民事责任的方式主要有：停止侵害、排除妨碍、消除危险、恢复原状、修理、重做、更换、消除影响、恢复名誉、赔礼道歉、赔偿损失、支付违约金和返还财产。

根据承担民事责任的原因，可将民事责任分为违约责任、一般侵权责任和特殊侵权责任。违约责任与侵权责任的区别是：

(1)所违反的义务及所依据的法律不同。违约责任是行为人违反了约定的合同义务；侵权责任是行为人违反了法律规定的不得侵犯他人权利的义务，不以当事人之间事先存在的合同关系为前提，它主要依据民事法律中有关侵权行为致人损害的条款来确定。

(2)受侵害的权利和利益的性质不同。违约行为侵害的是合同相对人的债权，属于相对权，侵犯的是特定个人的利益；侵权行为侵犯的是受害人的健康权、人格权、生命权以及财产权。某些侵权行为所侵犯的是社会利益。

(3)责任的构成不同。违约责任以违约行为的存在为核心；一般侵权责任则要求不仅存在侵权行为，而且存在损害事实、侵权行为与损害事实之间的因果关系，以及行为人的主观过错。

(三)行政责任

行政责任是指因违反行政法律和法规而必须承担的法律责任。行政责任一般分为行政处分和行政处罚两类。

(1)行政处分。行政处分是指国家机关、企事业单位和社会团体依照行政管理法规、规章、制度、纪律等，按干部、人事管理权限对机关工作人员和职工所做的处罚。它是一种内部处罚，若对这种处罚不服，不能提起诉讼，只能向作出处罚决定的机关、单位或者上级主管部门提出申诉或者提请劳动仲裁。

(2)行政处罚。行政处罚是指特定的国家行政机关对违反行政管理法规的单位或者个人依法给予的制裁。行政处罚是行政责任的核心，是国家法律责任制度的重要组成部分，是行政机关依法管理的重要手段之一。

(四)经济责任

经济责任是指经济关系主体因违反经济法律和法规而应承担的法律责任。经济责任的承担方式主要是行政责任和民事责任，如果违反经济法律和法规的行为触犯了刑法的规定，则必须承担刑事责任。

(五)违宪责任

违宪责任是指有关国家机关制定的某种法律和法规、规章，或者有关国家机关、社会组织或公民的活动与宪法规定相抵触而产生的法律责任。违宪责任的产生原因是违宪行为。

四、工程建设法律责任的归责与免责

(一)工程建设法律责任的归责

归责又称为法律责任的归结,其是指由特定国家机关或国家授权的机关依法对行为人的法律责任进行判断和确认。我国通常将归责原则分为过错责任原则、无过错责任原则和公平责任原则三种。

1. 过错责任原则

过错责任原则是指以行为人的过错为承担民事责任要件的归责原则。《民法通则》第一百零六条第二款规定:"公民、法人由于过错侵害国家的、集体的财产,侵害他人财产、人身的,应当承担民事责任。"

2. 无过错责任原则

无过错责任原则又称为无过失责任原则,其是指在法律规定的情况下,不以过错的存在判断行为人是否应承担民事责任的归责原则。《民法通则》第一百零六条第三款规定:"没有过错,但法律规定应当承担民事责任的,应当承担民事责任。包括高度危险作业致人损害,饲养动物致人损害,因环境污染引起的损害等。"

3. 公平责任原则

公平责任原则是指在法律没有规定适用无过错责任原则,而适用过错责任又显失公平时,依公平的原则在当事人之间分配损害的归责原则。《民法通则》第一百三十二条规定:"当事人对造成损害都没有过错的,可以根据实际情况,由当事人分担民事责任。"《民通意见》第一百五十七条规定,当事人对造成损害均无过错,但一方是在为对方的利益或者共同的利益进行活动的过程中受到损害的,可以责令对方或者受益人给予一定的经济补偿。以上两条可以看作是公平责任原则的适用。

(二)法律责任的免责

法律责任的免责也称为法律责任的免除,其是指法律责任由于出现法定条件被部分或全部地免除。主要有以下几种免责形式。

1. 时效免责

时效免责即法律责任经过一定期限后而免除。时效免责的意义在于,保障当事人的合法权益,督促法律关系的主体及时行使权利,结清权利义务关系,提高司法机关的工作效率,稳定社会生活秩序,促进社会经济的发展。

2. 法定免责

法定免责是指法律直接规定免除责任,主要是指不可抗力。不可抗力是指不能预见、不能避免且不能克服的情况。

3. 不诉及协议免责

不诉及协议免责是指受害人或有关当事人不向法院起诉要求追究行为人的法律责任。行为人的法律责任实际上被免除,或者受害人与加害人在法律允许的范围内协商同意的免责。

本章小结

本章主要介绍了工程建设法规的基本概念、工程建设法律关系、工程建设法律体系、建筑法立法概况及工程建设法律责任。通过本章的学习能了解建设工程法律关系的产生、变更和终止，能掌握建设工程法律责任的主要内容。

思考与练习

一、填空题

1. _____体现国家对城市建设、乡村建设、市政及社会公用事业等各项建设活动进行组织、管理、协调的方针、政策和基本原则。
2. 工程建设法规的经济性既包含财产性，也包含其与生产、分配、交换、消费的_____。
3. 工程建设法规的调整对象是在_____中所发生的各种社会关系。
4. _____是指我国与外国缔结、参加、签订、加入、承认的双边、多边的条约、协定和其他具有条约性质的文件。
5. _____是指法律体系中的各种法的形式，由于制定的主体、程序、时间、适用范围等的不同，具有不同的效力，形成法的效力等级体系。
6. 法律关系的三要素主要包括_____、_____和_____。
7. 工程建设法律关系的终止包括_____、_____和_____。
8. 工程建设法律事实按是否包含当事人的意志分为事件和_____两类。
9. _____是指在工程建设活动中对违法行为所应承担的带有强制性的法律责任。

二、选择题

1. (　　)是由全国人民代表大会依照特别程序制定的具有最高效力的根本法，其主要功能是制约和平衡国家权力，保障公民权利。
   A. 宪法　　　　　B. 法律　　　　　C. 行政法规　　　　D. 部门规章
2. 工程建设法律关系是法律规范调整一定社会关系所形成的(　　)关系。
   A. 协议　　　　　B. 合同　　　　　C 契约　　　　　　D. 权利和义务
3. 工程建设法律关系主体包括(　　)类型。
   A. 国家机关　　　B. 法人　　　　　C. 社会组织
   D. 公民个人　　　E. 某企业中工厂车间的班组
4. (　　)不是工程建设法律关系的客体。
   A. 物　　　　　　B. 行为　　　　　C. 智力成果　　　　D. 特定人身
5. 工程建设法律关系的变更包括(　　)。
   A. 主体变更　　　B. 客体变更　　　C. 内容变更
   D. 时间变更　　　E. 法律法规变更
6. 行为是指人的有意识的活动。行为通常表现为(　　)。

A. 民事法律行为　　B. 意外事件　　C. 违法行为
D. 行政行为　　　　E. 立法行为

7. 建筑法的调整范围不包含(　　)。

A. 地域范围　　　B. 主体　　　C. 行为　　　D. 客体

8. 建设法律责任的归责原则是(　　)。

A. 过错责任原则　　　　　　　B. 无过错责任原则
C. 公平责任原则　　　　　　　D. 公正公开原则

三、简答题

1. 工程建设法规除了具备一般法律的基本特征外还具有哪些特征？
2. 工程建设法规调整方式的特点主要体现为行政强制性，调整方式有哪些？
3. 工程建设法规的调整对象的各种关系主要包括哪些？
4. 工程建设法律规范对人们所实施工程建设行为具有的规范性主要表现为哪些？
5. 法的形式是指法律创制方式和外部表现形式，它包括哪四层含义？
6. 简述建设法律、行政法规与民法商法的关系。
7. 建筑法的基本原则是什么？
8. 依照违法行为和违法者承担法律责任的方式不同，法律责任可分为哪些？

第二章 建设工程许可法规

知识目标

1. 了解建设工程施工许可制度的概念，施工许可证的申请主体与范围。
2. 掌握申请领取施工许可证的条件与程序，延期开工、核验和重新办理批准的规定。
3. 熟悉建设工程从业单位资格许可法律制度、建设工程专业技术人员执业资格法律制度。

能力目标

1. 能进行许可证的申请与日常管理。
2. 能解释不同类别从业单位资格许可法律制度。
3. 能解释各类建设工程专业技术人员注册资格考试的报考条件。

第一节 建设工程施工许可法律制度

一、建设工程施工许可制度的概念

2011年4月经修改后公布的《建筑法》规定，建筑工程开工前，建设单位应当按照国家有关规定向工程所在地县级以上人民政府住房城乡建设主管部门申请领取施工许可证；但是，国务院住房城乡建设主管部门确定的限额以下的小型工程除外。按照国务院规定的权限和程序批准开工报告的建筑工程，不再领取施工许可证。

施工许可证制度是由国家授权的有关行政主管部门，在建设工程开工之前对其是否符合法定的开工条件进行审核，对符合条件的建设工程允许其开工建设的法定制度。建立施工许可制度，有利于保证建设工程的开工符合必要条件，避免不具备条件的建设工程盲目开工而给当事人造成损失或导致国家财产的浪费，从而使建设工程在开工后能顺利实施，也便于有关行政主管部门了解和掌握所辖范围内有关建设工程的数量、规模以及施工队伍等基本情况，对其依法进行指导和监督，保证建设工程活动依法有序进行。

二、施工许可证的申请主体与范围

1. 施工许可证的申请主体

《建筑法》规定,建设单位应当按照国家有关规定向工程所在地县级以上人民政府住房城乡建设主管部门申请领取施工许可证。

这是因为建设单位(又称业主或项目法人)是建设项目的投资者,如果建设项目是政府投资,则建设单位为该建设项目的管理单位或使用单位。为建设工程开工和施工单位进场做好各项前期准备工作,是建设单位应尽的义务。

【提示】 施工许可证的申请领取,应该是由建设单位负责,而不是施工单位或其他单位。

2. 施工许可证的范围

根据《建筑法》和《建筑工程施工许可管理办法》的规定,以下六类工程不需要办理施工许可证:

(1)国务院住房城乡建设主管部门确定的限额以下的小型工程。《建筑工程施工许可管理办法》第二条规定,限额以下的小型工程指的是:工程投资额在30万元以下或者建筑面积在300平方米以下的建筑工程。同时,《建筑工程施工许可管理办法》也进一步作出了说明,省、自治区、直辖市人民政府住房城乡建设主管部门可以根据当地的实际情况,对限额进行调整,并报国务院住房城乡建设主管部门备案。

(2)作为文物保护的建筑工程。《建筑法》第八十三条第二款规定:"依法核定作为文物保护的纪念建筑物和古建筑等的修缮,依照文物保护的有关法律规定执行。"

(3)抢险救灾工程。由于此类工程的特殊性,《建筑法》第八十三条同样规定此类工程开工前不需要申请施工许可证。

(4)临时性房屋建筑和农民自建低层住宅。工程建设中经常会出现临时性房屋建筑,例如,工人的宿舍、食堂等。这些临时性建筑由于其生命周期短,《建筑法》也规定此类工程不需要申请施工许可证。农民自建的低层住宅,由于其建筑规模较小,也没有必要申请施工许可证。

(5)军用房屋建筑。由于此类工程涉及军事秘密,不宜过多公开信息,《建筑法》第八十四条明确规定:"军用房屋建筑工程建筑活动的具体管理办法,由国务院、中央军事委员会依据本法制定。"

(6)按照国务院规定的权限和程序批准开工报告的建筑工程。此类工程开工的前提是已经有经批准的开工报告,而不是施工许可证,因此,此类工程自然是不需要申请施工许可证的。

除以上六类工程不需要办理施工许可证外,其余所有在我国境内从事各类房屋建筑及其附属设施的建造、装修装饰和与其配套的线路、管道、设备的安装,以及城镇市政基础设施工程的施工,建设单位在开工前应当依照规定,向工程所在地的县级以上地方人民政府住房城乡建设主管部门(以下简称发证机关)申请领取施工许可证。

【注意】 从以上的规定中可以看出,并不是所有的建筑工程都必须申请领取施工许可证,而只是对投资额较大、结构较复杂的工程,才领取施工许可证。限定领取施工许可证的范围,一是考虑到我国正在进行大规模的经济建设,工程建设的任务繁重,如果工程不分大小均要领取施工许可证,既无必要,也难以做到;二是考虑到要突出政府对工程管理的重点,提高行政办事效率;三是避免与开工报告重复审批。

三、申请领取施工许可证的条件与程序

1. 申请领取施工许可证的条件

根据《建筑法》的规定,申请领取施工许可证应当具备一定的条件,具体条件如下:

(1) 已经办理该建筑工程用地批准手续。办理用地批准手续是建筑工程依法取得土地使用权的必经程序,只有依法取得土地使用权,建筑工程才能开工。按照《土地管理法》的有关规定,建筑工程用地的批准手续包括以下内容:

1) 建设单位持经批准的设计任务书或者初步设计、年度基本建设计划等有关文件,向被征用土地所在的县级以上地方人民政府土地管理部门申请建设用地;

2) 县级以上地方人民政府土地管理部门对建设用地申请进行审核,划定用地范围,并组织建设单位与被征地单位以及有关单位依法商定征用土地的补偿、安置方案,报县级以上人民政府批准;

3) 建设用地依照法定批准权限报经县级以上人民政府批准后,由被征用土地所在的县级以上人民政府发给建设用地批准书,土地管理部门根据建设进度一次或者分期划拨建设用地;

4) 建设项目竣工后,建设项目主管部门组织有关部门验收时,由县级以上人民政府土地管理部门核查实际用地,城市规划区内的建设项目竣工后,由城市规划行政主管部门会同土地管理部门核查实际用地,经认可后办理土地登记手续,核发国有土地使用证。

(2) 在城市规划区的建筑工程,已经取得规划许可证。这是在城市规划区内的建筑工程开工建设的前提条件。按照《城市规划法》的有关规定:"在城市规划区内的建筑工程,建设单位在依法办理用地批准手续之前,还必须先取得该工程的建设用地规划许可证。""规划许可证"是指建设单位在向土地管理部门申请征用或划拨土地前,持有关批准文件向城市规划行政主管部门提出申请,由城市规划行政主管部门根据城市规划提出的规划设计要求确认该建设项目的位置和范围符合城市规划的法定凭证。要求城市规划区内的建筑工程在开工时必须取得规划许可证,不仅可以确保该项工程的土地利用符合城市规划,而且还可以使建设单位按照规划使用土地的合法权益不被侵犯。

(3) 需要拆迁的,其拆迁进度符合施工要求。在建筑工程开始施工时,拆迁的进度必须符合工程开工的要求,这是保证该建筑工程正常施工的基本条件。

(4) 已经确定建筑施工企业。建筑施工企业是具体负责实施建筑施工作业的单位,施工总承包企业的资质等级分为一级和二级,施工承包企业的资质等级分为一、二、三、四级。在工程开工前,建设单位必须已依法通过招标发包或直接发包的方式确定了具备同该工程建设规模和技术要求等相适应的资质条件的建筑施工企业。

(5) 有满足施工需要的施工图纸及技术资料。施工图纸是根据建筑技术设计文件而绘制的供施工使用的图纸,施工图纸包括土建和设备安装两部分,技术资料包括工程说明书、结构计算书和施工图预算等。

(6) 有保证工程质量和安全的具体措施。

(7) 建设资金已经落实。申请领取施工许可证时必须有已经落实的建设资金,以避免在工程开工后因缺乏资金而使施工活动无法继续进行,同时还可以防止某些建设单位要求施工企业垫资或带资承包的现象发生;对建设资金来源不落实、资金到位无保障的建设项目

不能颁发施工许可证。

(8) 法律、行政法规规定的其他条件。建筑工程申请领取施工许可证，除了应当具备以上七项条件外，还应当具备其他法律、行政法规规定的有关建筑工程开工的条件。

有关住房城乡建设主管部门在接到建设单位提交的领取施工许可证的申请后，应当在十五日之内审查完毕，对符合《建筑法》第八条第一款规定条件的申请单位发给许可证，对经审查不符合条件的，则应当通知建设单位，不予颁发施工许可证。同时，按照我国《行政诉讼法》的规定："建设单位如果认为其申请颁发施工许可证的建筑工程符合《建筑法》第八条第一款规定的施工条件，而住房城乡建设主管部门拒绝颁发施工许可证或者住房城乡建设主管部门在《建筑法》规定的十五日内不予答复的，则有权向发证机关的上一级行政机关申请行政复议，对复议决定不服的，可以向人民法院提起行政诉讼，建设单位也可以直接向人民法院提起行政诉讼。"

2. 施工许可证的申领程序

申请办理施工许可证，应当按照下列程序进行：

(1) 建设单位向发证机关领取《建筑工程施工许可证申请表》。

(2) 建设单位持加盖单位及法定代表人印鉴的《建筑工程施工许可证申请表》，并附《建筑工程施工许可管理办法》第四条规定的证明文件，向发证机关提出申请。

(3) 发证机关在收到建设单位报送的《建筑工程施工许可证申请表》和所附证明文件后，对于符合条件的，应当自收到申请之日起 15 日内颁发施工许可证；对于证明文件不齐全或者失效的，应当场或者 5 日内一次告知建设单位需要补正的全部内容。审批时间可以自证明文件补正齐全后作相应顺延；对于不符合条件的，应当自收到申请之日起 15 日内书面通知建设单位，并说明理由。

【提示】 建筑工程在施工过程中，建设单位或者施工单位发生变更的，应当重新申请领取施工许可证。

四、延期开工、核验和重新办理批准的规定

1. 申请延期的规定

《建筑法》规定，建设单位应当自领取施工许可证之日起 3 个月内开工，因故不能按期开工的，应当向发证机关申请延期；延期以两次为限，每次不超过 3 个月。既不开工又不申请延期或者超过延期时限的，施工许可证自行废止。

2. 核验施工许可证的规定

《建筑法》规定，在建的建筑工程因故中止施工的，建设单位应当自中止施工之日起 1 个月内，向发证机关报告，并按照规定做好建筑工程的维护管理工作。当建筑工程恢复施工时，应当向发证机关报告；在中止施工满 1 年的工程恢复施工前，建设单位应当报发证机关核验施工许可证。

对于因故中止施工的，建设单位应当按照规定的时限向发证机关报告，并按照规定做好建设工程的维护管理工作，以防止建设工程在中止施工期间遭受不必要的损失，保证在恢复施工时可以尽快启动。例如，建设单位与施工单位应当确定合理的停工部位，并协商提出善后处理的具体方案，明确双方的职责、权利和义务；建设单位应当派专人负责，定期检查中止施工工程的质量状况，发现问题及时解决；建设单位要与施工单位

共同做好中止施工的工地现场安全、防火、防盗、维护等各项工作，防止因工地脚手架、施工铁架、外墙挡板等腐烂、断裂、坠落、倒塌等导致发生人身安全事故，并保管好工程技术档案资料。

在恢复施工时，建设单位应当向发证机关报告恢复施工的有关情况。中止施工满1年的，在建设工程恢复施工前，建设单位还应当报发证机关核验施工许可证，看是否仍具备组织施工的条件，经核验符合条件的，应允许恢复施工，施工许可证继续有效；经核验不符合条件的，应当收回其施工许可证，不允许恢复施工，待条件具备后，由建设单位重新申领施工许可证。

3. 重新办理批准手续的规定

对于实行开工报告制度的建设工程，《建筑法》规定，按照国务院有关规定批准开工报告的建筑工程，因故不能按期开工或者中止施工的，应当及时向批准机关报告情况。因故不能按期开工超过6个月的，应当重新办理开工报告的批准手续。

按照国务院有关规定批准开工报告的建筑工程，一般都属于大中型建设项目。对于这类工程因故不能按期开工或者中止施工的，在审查和管理上应该更严格。

五、违法行为应承担的法律责任

办理施工许可证或开工报告违法行为应承担的主要法律责任如下。

1. 未经许可擅自开工应承担的法律责任

《建筑法》规定，未取得施工许可证或者开工报告未经批准擅自施工的，责令改正，对不符合开工条件的责令停止施工，可以处以罚款。

《建设工程质量管理条例》规定，建设单位未取得施工许可证或者开工报告未经批准，擅自施工的，责令停止施工，限期改正，处工程合同价款1%以上2%以下的罚款。

2. 规避办理施工许可证应承担的法律责任

《建筑工程施工许可管理办法》规定，对于未取得施工许可证或者为规避办理施工许可证将工程项目分解后擅自施工的，由有管辖权的发证机关责令停止施工，限期改正，对建设单位处工程合同价款1%以上2%以下罚款；对施工单位处3万元以下罚款。

3. 骗取和伪造施工许可证应承担的法律责任

《建筑工程施工许可管理办法》规定，建设单位采用欺骗、贿赂等不正当手段取得施工许可证的，由原发证机关撤销施工许可证，责令停止施工，并处1万元以上3万元以下罚款；构成犯罪的，依法追究刑事责任。

建设单位隐瞒有关情况或者提供虚假材料申请施工许可证的，发证机关不予受理或者不予许可，并处1万元以上3万元以下罚款；构成犯罪的，依法追究刑事责任。

建设单位伪造或者涂改施工许可证的，由发证机关责令停止施工，并处1万元以上3万元以下罚款；构成犯罪的，依法追究刑事责任。

4. 对单位主管人员等处罚的规定

给予单位罚款处罚的，对单位直接负责的主管人员和其他直接责任人员处单位罚款数额5%以上10%以下罚款。单位及相关责任人受到处罚的，作为不良行为记录予以通报。

第二节 建设工程从业单位资格许可法律制度

一、建设工程从业单位的条件

《建筑业企业资质管理规定》规定建筑业企业是指从事土木工程、建筑工程、线路管道设备安装工程的新建、扩建、改建等施工活动的企业。根据建筑法的规定，从事建筑互动的建筑施工企业、勘察设计单位和工程监理单位，应当具备下列条件。

(一)有符合国家规定的注册资本

注册资本反映的是企业法人的财产权，也是判断企业经济力量的依据之一。建筑从业单位的资产必须适应从事建筑活动的需要，不得低于规定的限额。

(1)住房和城乡建设部颁布的《建筑业企业资质标准》对施工总承包企业的资产最低限额作出的规定是：一级企业净资产1亿元以上；二级企业净资产4 000万元以上；三级企业净资产800万元以上。

(2)根据《建设工程勘察设计管理条例》和《建设工程勘察和设计资质管理规定》对工程勘察设计单位的注册资本的最低限额作出了明确规定：

1)工程勘察综合类资质注册资本金不少于800万元；工程勘察专业类甲级资质注册资本金不少于150万元，乙级不少于80万元，丙级不少于50万元。

2)工程设计综合类资质注册资本金不少于6 000万元；工程设计行业类甲级资质注册资本金不少于600万元，乙级不少于300万元，丙级不少于100万元；工程设计专业类甲级资质注册资本金不少于300万元，乙级不少于100万元，丙级不少于50万元。

(3)原建设部颁布的《工程监理企业资质管理规定》对工程监理单位注册资本的最低限额作出的规定是：工程监理综合类资质注册资本金不少于600万元；工程监理专业类甲级资质注册资本金不少于300万元，乙级不少于100万元，丙级不少于50万元。

(4)原建设部颁布的《工程造价咨询企业管理办法》对工程造价咨询单位注册资本的最低限额作出的规定是：甲级工程造价咨询企业注册资本不少于人民币100万元；乙级工程造价咨询企业注册资本不少于人民币50万元。

(二)有符合规定的主要人员

工程建设施工活动是一种专业性、技术性很强的活动。因此，建筑业企业必须拥有注册建造师及其他注册人员、工程技术人员、施工现场管理人员和技术工人。

以建筑工程施工总承包企业为例，《建筑业企业资质标准》中规定，一级企业：①建筑工程、机电工程专业一级注册建造师合计不少于12人，其中，建筑工程专业一级注册建造师不少于9人。②技术负责人具有10年以上从事工程施工技术管理工作经历，且具有结构专业高级职称；建筑工程相关专业中级以上职称人员不少于30人，且结构、给水排水、暖通、电气等专业齐全。③持有岗位证书的施工现场管理人员不少于50人，且施工员、质量员、安全员、机械员、造价员、劳务员等人员齐全。④经考核或培训合格的中级工以上技术工人不少于150人。

二级企业：①建筑工程、机电工程专业注册建造师合计不少于12人，其中建筑工程专业注册建造师不少于9人。②技术负责人具有8年以上从事工程施工技术管理工作经历，且具有结构专业高级职称或建筑工程专业一级注册建造师执业资格；建筑工程相关专业中级以上职称人员不少于15人，且结构、给水排水、暖通、电气等专业齐全。③持有岗位证书的施工现场管理人员不少于30人，且施工员、质量员、安全员、机械员、造价员、劳务员等人员齐全。④经考核或培训合格的中级工以上技术工人不少于75人。

三级企业：①建筑工程、机电工程专业注册建造师合计不少于5人，其中，建筑工程专业注册建造师不少于4人。②技术负责人具有5年以上从事工程施工技术管理工作经历，且具有结构专业中级以上职称或建筑工程专业注册建造师执业资格；建筑工程相关专业中级以上职称人员不少于6人，且结构、给水排水、电气等专业齐全。③持有岗位证书的施工现场管理人员不少于15人，且施工员、质量员、安全员、机械员、造价员、劳务员等人员齐全。④经考核或培训合格的中级工以上技术工人不少于30人。⑤技术负责人（或注册建造师）主持完成过本类别资质二级以上标准要求的工程业绩不少于2项。

(三)有符合规定的已完成工程业绩

工程建设施工活动是一项重要的实践活动。有无承担过相应工程的经验及其业绩好坏，是衡量其实际能力和水平的一项重要标准。以房屋建筑工程施工总承包企业为例，其业绩要求如下。

一级企业：近5年承担过下列4类中的2类工程的施工总承包或主体工程承包，工程质量合格。①地上25层以上的民用建筑工程1项或地上18～24层的民用建筑工程2项。②高度为100 m以上的构筑物工程1项或高度为80～100 m(不含)的构筑物工程2项。③建筑面积3万 m^2 以上的单体工业、民用建筑工程1项或建筑面积2万～3万 m^2(不含)的单体工业、民用建筑工程2项。④钢筋混凝土结构单跨30 m以上(或钢结构单跨36 m以上)的建筑工程1项或钢筋混凝土结构单跨27～30 m(不含)或钢结构单跨30～36 m(不含)的建筑工程2项。

二级企业：近5年承担过下列4类中的2类工程的施工总承包或主体工程承包，工程质量合格。①地上12层以上的民用建筑工程1项或地上8～11层的民用建筑工程2项；②高度为50 m以上的构筑物工程1项或高度为35～50 m(不含)的构筑物工程2项；③建筑面积1万 m^2 以上的单体工业、民用建筑工程1项或建筑面积0.6万～1万 m^2(不含)的单体工业、民用建筑工程2项；④钢筋混凝土结构单跨21 m以上(或钢结构单跨24 m以上)的建筑工程1项或钢筋混凝土结构单跨18～21 m(不含)[或钢结构单跨21～24 m(不含)]的建筑工程2项。

三级企业不再要求已完成的工程业绩。

(四)有符合规定的技术装备

随着工程建设机械化程度的不断提高，大跨度、超高层、结构复杂的建设工程越来越多，施工单位必须使用与其从事施工活动相适应的技术装备。同时，为提高机械设备的使用率和降低施工成本，我国的机械租赁市场发展也很快，许多大中型机械设备都可以采用租赁或融资租赁的方式取得。因此，目前的企业资质标准对技术装备的要求并不多，主要是企业应具有与其承包工程范围相适应的施工机械和质量检测设备。

二、建设施工企业从业资格许可制度

(一) 资质序列、资质类别和工程承接范围

《建筑业企业资质管理规定》规定：建筑业企业应当按照其拥有的注册资本、专业技术人员、技术装备和已完成的建筑工程业绩等条件申请资质，经审查合格，取得建筑业企业资质证书后，方可在资质许可的范围内从事建筑施工活动。

1. 资质序列、资质类别、资质等级

建筑业企业资质分为施工总承包、专业承包和劳务分包三个序列。

施工总承包资质、专业承包资质、劳务分包资质序列这三类建筑业企业按照各自的工程性质和技术特点分别划分为若干资质类别。其中，施工总承包企业资质划分为12个资质类别，专业承包企业划分为60个资质类别，劳务分包企业划分为13个资质类别。

各资质类别按照各自规定的条件划分为若干资质等级：

(1) 施工总承包企业资质分为特级，一、二、三级。

(2) 专业承包企业资质分为一、二、三级或无级别。例如，地基与基础工程专业承包企业资质分为一级、二级、三级；桥梁工程专业承包企业资质分为一级、二级；预应力工程专业承包企业资质分为二级、三级；城市轨道交通工程专业承包企业资质不分等级。

(3) 劳务分包企业资质分为一、二级或无级别。例如，木工作业分包企业资质分为一级、二级；抹灰作业分包企业资质不分等级。

2. 工程承接范围

取得施工总承包资质的企业，可以承接施工总承包工程。施工总承包企业可以对所承接的施工总承包工程内各专业工程全部自行施工，也可以将专业工程或劳务作业依法分包给具有相应资质的专业承包企业或劳务分包企业。

取得专业承包的企业，可以承接施工总承包企业分包的专业工程和建设单位依法发包的专业工程。专业承包企业可以对所承接的专业工程全部自行施工，也可以将劳务作业依法分包给具体相应资质的劳务分包企业。

取得劳务分包资质的企业，可以承接施工总承包企业或专业承包企业分包的劳务作业。

(二) 资质许可

我国对建筑业企业的资质管理，实行分级实施与有关部门相配合的管理模式。

1. 施工企业资质管理体制

《建筑业企业资质管理规定》中规定，国务院住房城乡建设主管部门负责全国建筑业企业资质的统一监督管理。国务院交通运输、水利、工业信息化等有关部门配合国务院住房城乡建设主管部门实施相关资质类别建筑业企业资质的管理工作。

省、自治区、直辖市人民政府住房城乡建设主管部门负责本行政区域内建筑业企业资质的统一监督管理。省、自治区、直辖市人民政府交通运输、水利、通信等有关部门配合同级住房城乡建设主管部门实施本行政区域内相关资质类别建筑业企业资质的管理工作。

企业违法从事建筑活动的，违法行为发生地的县级以上地方人民政府住房城乡建设主

管部门或者其他有关部门应当依法查处,并将违法事实、处理结果或者处理建议及时告知该建筑业企业资质的许可机关。

2. 施工企业资质的许可权限

(1)下列建筑业企业资质,由国务院住房城乡建设主管部门许可:

1)施工总承包资质序列特级资质、一级资质及铁路工程施工总承包二级资质;

2)专业承包资质序列公路、水运、水利、铁路、民航方面的专业承包一级资质及铁路、民航方面的专业承包二级资质;涉及多个专业的专业承包一级资质。

(2)下列建筑业企业资质,由企业工商注册所在地省、自治区、直辖市人民政府住房城乡建设主管部门许可:

1)施工总承包资质序列二级资质及铁路、通信工程施工总承包三级资质;

2)专业承包资质序列一级资质(不含公路、水运、水利、铁路、民航方面的专业承包一级资质及涉及多个专业的专业承包一级资质);

3)专业承包资质序列二级资质(不含铁路、民航方面的专业承包二级资质);铁路方面专业承包三级资质;特种工程专业承包资质。

(3)下列建筑业企业资质,由企业工商注册所在地设区的市人民政府住房城乡建设主管部门许可:

1)施工总承包资质序列三级资质(不含铁路、通信工程施工总承包三级资质);

2)专业承包资质序列三级资质(不含铁路方面专业承包资质)及预拌混凝土、模板脚手架专业承包资质;

3)施工劳务资质;

4)燃气燃烧器具安装、维修企业资质。

(三)施工企业资质证书的申请、延续和变更

1. 企业资质的申请

《建筑业企业资质管理规定》中规定,建筑业企业可以申请一项或多项建筑业企业资质;企业首次申请或增项申请资质,应当申请最低等级资质。

企业申请建筑业企业资质,应当提交以下材料:

(1)建筑业企业资质申请表及相应的电子文档。

(2)企业营业执照正副本复印件。

(3)企业章程复印件。

(4)企业资产证明文件复印件。

(5)企业主要人员证明文件复印件。

(6)企业资质标准要求的技术装备的相应证明文件复印件。

(7)企业安全生产条件有关材料复印件。

(8)按照国家有关规定应提交的其他材料。

2. 企业资质证书的延续

资质证书有效期为5年。建筑业企业资质证书有效期届满,企业继续从事建筑施工活动的,应当于资质证书有效期届满3个月前,向原资质许可机关提出延续申请。

【提示】 资质许可机关应当在建筑业企业资质证书有效期届满前做出是否准予延续的决定;逾期未做出决定的,视为准予延续。

3. 企业资质证书的变更

(1)办理企业资质证书变更手续的程序。在资质证书有效期内，企业名称、地址、注册资本、法定代表人等发生变更的，应当在工商部门办理变更手续后1个月内办理资质证书变更手续。

由国务院住房城乡建设主管部门颁发的建筑业企业资质证书的变更，企业应当向企业工商注册所在地省、自治区、直辖市人民政府住房城乡建设主管部门提出变更申请，省、自治区、直辖市人民政府住房城乡建设主管部门应当自受理申请之日起2日内将有关变更证明材料报国务院住房城乡建设主管部门，由国务院住房城乡建设主管部门在2日内办理变更手续。

前款规定以外的资质证书的变更，由企业工商注册所在地的省、自治区、直辖市人民政府住房城乡建设主管部门或者设区的市人民政府住房城乡建设主管部门依法另行规定。变更结果应当在资质证书变更后15日内，报国务院住房城乡建设主管部门备案。

涉及公路、水运、水利、通信、铁路、民航等方面的建筑业企业资质证书的变更，办理变更手续的住房城乡建设主管部门应当将建筑业企业资质证书变更情况告知同级有关部门。

(2)企业更换、遗失补办建筑业企业资质证书。企业需更换、遗失补办建筑业企业资质证书的，应当持建筑业企业资质证书更换、遗失补办申请等材料向资质许可机关申请办理。资质许可机关应当在2个工作日内办理完毕。

【注意】 企业遗失建筑业企业资质证书的，在申请补办前应当在公众媒体上刊登遗失声明。

(3)企业发生合并、分立、改制的资质办理。企业发生合并、分立、重组以及改制等事项，需承继原建筑业企业资质的，应当申请重新核定建筑业企业资质等级。

4. 不予批准企业资质升级申请和增项申请的规定

企业申请建筑业企业资质升级、资质增项，在申请之日起前1年至资质许可决定作出前，有下列情形之一的，资质许可机关不予批准其建筑业企业资质升级申请和增项申请：

(1)超越本企业资质等级或以其他企业的名义承揽工程，或允许其他企业或个人以本企业的名义承揽工程的。

(2)与建设单位或企业之间相互串通投标，或以行贿等不正当手段谋取中标的。

(3)未取得施工许可证擅自施工的。

(4)将承包的工程转包或违法分包的。

(5)违反国家工程建设强制性标准施工的。

(6)恶意拖欠分包企业工程款或者劳务人员工资的。

(7)隐瞒或谎报、拖延报告工程质量安全事故，破坏事故现场、阻碍对事故调查的。

(8)按照国家法律、法规和标准规定需要持证上岗的现场管理人员和技术工种作业人员未取得证书上岗的。

(9)未依法履行工程质量保修义务或拖延履行保修义务的。

(10)伪造、变造、倒卖、出租、出借或者以其他形式非法转让建筑业企业资质证书的。

(11)发生过较大以上质量安全事故或者发生过两起以上一般质量安全事故的。

(12)其他违反法律、法规的行为。

5. 企业资质证书的撤回、撤销和注销

(1)撤回。取得建筑业企业资质证书的企业，应当保持资产、主要人员、技术装备等方面满足相应建筑业企业资质标准要求的条件。企业不再符合相应建筑业企业资质标准要求条件的，县级以上地方人民政府住房城乡建设主管部门、其他有关部门，应当责令其限期改正并向社会公告，整改期限最长不超过 3 个月；企业整改期间不得申请建筑业企业资质的升级、增项，不能承揽新的工程；逾期仍未达到建筑业企业资质标准要求条件的，资质许可机关可以撤回其建筑业企业资质证书。

被撤回建筑业企业资质证书的企业，可以在资质被撤回后 3 个月内，向资质许可机关提出核定低于原等级同类别资质的申请。

(2)撤销。有下列情形之一的，资质许可机关应当撤销建筑业企业资质：

1)资质许可机关工作人员滥用职权、玩忽职守准予资质许可的；
2)超越法定职权准予资质许可的；
3)违反法定程序准予资质许可的；
4)对不符合资质标准条件的申请企业准予资质许可的；
5)依法可以撤销资质许可的其他情形。

以欺骗、贿赂等不正当手段取得资质许可的，应当予以撤销。

(3)注销。有下列情形之一的，资质许可机关应当依法注销建筑业企业资质，并向社会公布其建筑业企业资质证书作废，企业应当及时将建筑业企业资质证书交回资质许可机关：

1)资质证书有效期届满，未依法申请延续的；
2)企业依法终止的；
3)资质证书依法被撤回、撤销或吊销的；
4)企业提出注销申请的；
5)法律、法规规定的应当注销建筑业企业资质的其他情形。

三、工程建设监理企业从业资格许可制度

(一)资质等级与资质标准

工程监理企业资质分为综合资质、专业资质和事务所资质。其中，专业资质按照工程性质和技术特点划分为若干工程类别。综合资质、事务所资质不分级别。专业资质分为甲级、乙级；其中，房屋建筑、水利水电、公路和市政公用专业资质可设立丙级。

工程监理企业的资质等级标准如下：

1. 综合资质标准

(1)具有独立法人资格且注册资本不少于 600 万元。

(2)企业技术负责人应为注册监理工程师，并具有 15 年以上从事工程建设工作的经历或者具有工程类高级职称。

(3)具有 5 个以上工程类别的专业甲级工程监理资质。

(4)注册监理工程师不少于 60 人，注册造价工程师不少于 5 人，一级注册建造师、一级注册建筑师、一级注册结构工程师或者其他勘察设计注册工程师合计不少于 15 人次。

(5)企业具有完善的组织结构和质量管理体系，有健全的技术、档案等管理制度。

(6)企业具有必要的工程试验检测设备。

(7)申请工程监理资质之日前一年内没有《工程监理企业资质管理规定》第十六条禁止的行为。

(8)申请工程监理资质之日前一年内没有因本企业监理责任造成重大质量事故。

(9)申请工程监理资质之日前一年内没有因本企业监理责任发生三级以上工程建设重大安全事故或者发生两起以上四级工程建设安全事故。

2. 专业资质标准

(1)甲级工程监理企业的标准：①具有独立法人资格且注册资本不少于300万元。②企业技术负责人应为注册监理工程师，并具有15年以上从事工程建设工作的经历或者具有工程类高级职称。③注册监理工程师、注册造价工程师、一级注册建造师、一级注册建筑师、一级注册结构工程师或者其他勘察设计注册工程师合计不少于25人次。其中，相应专业注册监理工程师不少于《专业资质注册监理工程师人数配备表》中要求配备的人数，注册造价工程师不少于2人。④企业近2年内独立监理过3个以上相应专业的二级工程项目，但是，具有甲级设计资质或一级及以上施工总承包资质的企业申请本专业工程类别甲级资质的除外。⑤企业具有完善的组织结构和质量管理体系，有健全的技术、档案等管理制度。⑥企业具有必要的工程试验检测设备。⑦申请工程监理资质之日前一年内没有《工程监理企业资质管理规定》第十六条禁止的行为。⑧申请工程监理资质之日前一年内没有因本企业监理责任造成重大质量事故。⑨申请工程监理资质之日前一年内没有因本企业监理责任发生三级以上工程建设重大安全事故或者发生两起以上四级工程建设安全事故。

(2)乙级工程监理企业的标准：①具有独立法人资格且注册资本不少于100万元。②企业技术负责人应为注册监理工程师，并具有10年以上从事工程建设工作的经历。③注册监理工程师、注册造价工程师、一级注册建造师、一级注册建筑师、一级注册结构工程师或者其他勘察设计注册工程师合计不少于15人次。其中，相应专业注册监理工程师不少于《专业资质注册监理工程师人数配备表》中要求配备的人数，注册造价工程师不少于1人。④有较完善的组织结构和质量管理体系，有技术、档案等管理制度。⑤有必要的工程试验检测设备。⑥申请工程监理资质之日前一年内没有《工程监理企业资质管理规定》第十六条禁止的行为。⑦申请工程监理资质之日前一年内没有因本企业监理责任造成重大质量事故。⑧申请工程监理资质之日前一年内没有因本企业监理责任发生三级以上工程建设重大安全事故或者发生两起以上四级工程建设安全事故。

(3)丙级工程监理企业的标准：①具有独立法人资格且注册资本不少于50万元。②企业技术负责人应为注册监理工程师，并具有8年以上从事工程建设工作的经历。③相应专业的注册监理工程师不少于《专业资质注册监理工程师人数配备表》中要求配备的人数。④有必要的质量管理体系和规章制度。⑤有必要的工程试验检测设备。

3. 事务所资质标准

(1)取得合伙企业营业执照，具有书面合作协议书。

(2)合伙人中有3名以上注册监理工程师，合伙人均有5年以上从事建设工程监理的工作经历。

(3)有固定的工作场所。

(4)有必要的质量管理体系和规章制度。

(5)有必要的工程试验检测设备。

(二)资质申请与审批

(1)申请综合资质、专业甲级资质的,应当向企业工商注册所在地的省、自治区、直辖市人民政府建设主管部门提出申请。

省、自治区、直辖市人民政府建设主管部门应当自受理申请之日起20日内初审完毕,并将初审意见和申请材料报国务院建设主管部门。

国务院建设主管部门应当自省、自治区、直辖市人民政府建设主管部门受理申请材料之日起60日内完成审查,公示审查意见,公示时间为10日。其中,涉及铁路、交通、水利、通信、民航等专业工程监理资质的,由国务院建设主管部门送国务院有关部门审核。国务院有关部门应当在20日内审核完毕,并将审核意见报国务院建设主管部门,由国务院建设主管部门根据初审意见审批。

(2)专业乙级、丙级资质和事务所资质由企业所在地省、自治区、直辖市人民政府建设主管部门审批。专业乙级、丙级资质和事务所资质许可、延续的实施程序由省、自治区、直辖市人民政府建设主管部门依法确定。

省、自治区、直辖市人民政府建设主管部门应当自作出决定之日起10日内,将准予资质许可的决定报国务院建设主管部门备案。

(3)工程监理企业资质证书分为正本和副本,每套资质证书包括一本正本,四本副本。正、副本具有同等法律效力。

工程监理企业资质证书的有效期为5年。工程监理企业资质证书由国务院建设主管部门统一印制并发放。

(4)申请工程监理企业资质,应当提交以下材料:

1)工程监理企业资质申请表(一式三份)及相应电子文档;

2)企业法人、合伙企业营业执照;

3)企业章程或合伙人协议;

4)企业法定代表人、企业负责人和技术负责人的身份证明、工作简历及任命(聘用)文件;

5)工程监理企业资质申请表中所列注册监理工程师及其他注册执业人员的注册执业证书;

6)有关企业质量管理体系、技术和档案等管理制度的证明材料;

7)有关工程试验检测设备的证明材料。

取得专业资质的企业申请晋升专业资质等级或者取得专业甲级资质的企业申请综合资质的,除前款规定的材料外,还应当提交企业原工程监理企业资质证书正、副本复印件,企业《监理业务手册》及近两年已完成代表工程的监理合同、监理规划、工程竣工验收报告及监理工作总结。

(5)资质有效期届满,工程监理企业需要继续从事工程监理活动的,应当在资质证书有效期届满60日前,向原资质许可机关申请办理延续手续。对在资质有效期内遵守有关法律、法规、规章、技术标准,信用档案中无不良记录,且专业技术人员满足资质标准要求的企业,经资质许可机关同意,可将其有效期延续5年。

(6)工程监理企业在资质证书有效期内名称、地址、注册资本、法定代表人等发生变更的,应当在工商行政管理部门办理变更手续后30日内办理资质证书变更手续。涉及综合资质、专业甲级资质证书中企业名称变更的，由国务院建设主管部门负责办理，并自受理申请之日起3日内办理变更手续。

前款规定以外的资质证书变更手续，由省、自治区、直辖市人民政府建设主管部门负责办理。省、自治区、直辖市人民政府建设主管部门应当自受理申请之日起3日内办理变更手续，并在办理资质证书变更手续后15日内将变更结果报国务院建设主管部门备案。

(7)申请资质证书变更，应当提交以下材料：
1)资质证书变更的申请报告；
2)企业法人营业执照副本原件；
3)工程监理企业资质证书正、副本原件。工程监理企业改制的，除前款规定材料外，还应当提交企业职工代表大会或股东大会关于企业改制或股权变更的决议、企业上级主管部门关于企业申请改制的批复文件。

(8)工程监理企业不得有下列行为：
1)与建设单位串通投标或者与其他工程监理企业串通投标，以行贿手段谋取中标；
2)与建设单位或者施工单位串通弄虚作假、降低工程质量；
3)将不合格的建设工程、建筑材料、建筑构配件和设备按照合格签字；
4)超越本企业资质等级或以其他企业名义承揽监理业务；
5)允许其他单位或个人以本企业的名义承揽工程；
6)将承揽的监理业务转包；
7)在监理过程中实施商业贿赂；
8)涂改、伪造、出借、转让工程监理企业资质证书；
9)其他违反法律、法规的行为。

(9)工程监理企业合并的，合并后存续或者新设立的工程监理企业可以承继合并前各方中较高的资质等级，但应当符合相应的资质等级条件。

工程监理企业分立的，分立后企业的资质等级，根据实际达到的资质条件，按照《工程监理企业资质管理规定》的审批程序核定。

(10)企业需增补工程监理企业资质证书的(含增加、更换、遗失补办)，应当持资质证书增补申请及电子文档等材料向资质许可机关申请办理。遗失资质证书的，在申请补办前应当在公众媒体刊登遗失声明。资质许可机关应当自受理申请之日起3日内予以办理。

(三)业务范围

工程监理企业资质相应许可的业务范围如下：
(1)综合资质。可以承担所有专业工程类别建设工程项目的工程监理业务。
(2)专业资质。
1)专业甲级资质：可承担相应专业工程类别建设工程项目的工程监理业务，以及相应类别建设工程的项目管理、技术咨询等相关服务。
2)专业乙级资质：可承担相应专业工程类别二级以下(含二级)建设工程项目的工程监理业务，以及相应类别建设工程的项目管理、技术咨询等相关服务。
3)专业丙级资质：可承担相应专业工程类别三级建设工程项目的工程监理业务，以及相应类别建设工程的项目管理、技术咨询等相关服务。
(3)事务所资质。可承担三级建设工程项目的工程监理业务，但是，国家规定必须实行强制监理的工程除外。工程监理企业可以开展相应类别建设工程的项目管理、技术咨询等业务。

(四)监督管理

(1)县级以上人民政府建设主管部门和其他有关部门应当依照有关法律、法规和《工程监理企业资质管理规定》,加强对工程监理企业资质的监督管理。

(2)建设主管部门履行监督检查职责时,有权采取下列措施:

1)要求被检查单位提供工程监理企业资质证书、注册监理工程师注册执业证书,有关工程监理业务的文档,有关质量管理、安全生产管理、档案管理等企业内部管理制度的文件;

2)进入被检查单位进行检查,查阅相关资料;

3)纠正违反有关法律、法规和《工程监理企业资质管理规定》及有关规范和标准的行为。

(3)建设主管部门进行监督检查时,应当有两名以上监督检查人员参加,并出示执法证件,不得妨碍被检查单位的正常经营活动,不得索取或者收受财物、谋取其他利益。有关单位和个人对依法进行的监督检查应当协助与配合,不得拒绝或阻挠。监督检查机关应当将监督检查的处理结果向社会公布。

(4)工程监理企业违法从事工程监理活动的,违法行为发生地的县级以上地方人民政府建设主管部门应当依法查处,并将违法事实、处理结果或处理建议及时报告该工程监理企业资质的许可机关。

(5)工程监理企业取得工程监理企业资质后不再符合相应资质条件的,资质许可机关根据利害关系人的请求或者依据职权,可以责令其限期改正;逾期不改的,可以撤回其资质。

(6)有下列情形之一的,资质许可机关或者其上级机关,根据利害关系人的请求或者依据职权,可以撤销工程监理企业资质:

1)资质许可机关工作人员滥用职权、玩忽职守作出准予工程监理企业资质许可的;

2)超越法定职权作出准予工程监理企业资质许可的;

3)违反资质审批程序作出准予工程监理企业资质许可的;

4)对不符合许可条件的申请人作出准予工程监理企业资质许可的;

5)依法可以撤销资质证书的其他情形。

6)以欺骗、贿赂等不正当手段取得工程监理企业资质证书的,应当予以撤销。

(7)有下列情形之一的,工程监理企业应当及时向资质许可机关提出注销资质的申请,交回资质证书,国务院建设主管部门应当办理注销手续,公告其资质证书作废:

1)资质证书有效期届满,未依法申请延续的;

2)工程监理企业依法终止的;

3)工程监理企业资质依法被撤销、撤回或吊销的;

4)法律、法规规定的应当注销资质的其他情形。

(8)工程监理企业应当按照有关规定,向资质许可机关提供真实、准确、完整的工程监理企业的信用档案信息。

工程监理企业的信用档案应当包括基本情况、业绩、工程质量和安全、合同违约等情况。被投诉举报和处理、行政处罚等情况应当作为不良行为记入其信用档案。

【提示】 工程监理企业的信用档案信息按照有关规定向社会公示,公众有权查阅。

四、工程勘察设计企业资质法律制度

(一)工程勘察资质的分类、分级和工程承接范围

《建设工程勘察设计企业资质管理规定》规定,建设工程勘察企业应当按照其拥有的注册资本、专业技术人员、技术装备和勘察设计业绩等条件申请资质。经审查合格,取得建设工程勘察资质证书后,方可在资质等级许可的范围内从事建设工程勘察活动。

工程勘察资质范围包括建设项目的岩土工程、水文地质勘察和工程测量等专业。其中,岩土工程是指岩土工程勘察、岩土工程设计、岩土工程测试监测检测、岩土工程咨询监理、岩土工程治理。

1. 工程勘察资质的分类

工程勘察资质分为工程勘察综合资质、工程勘察专业资质和工程勘察劳务资质三个类别。综合类包括工程勘察所有专业;专业类是指岩土工程、水文地质勘察、工程测量专业中的某一项,其中,岩土工程专业类可以是岩土工程勘察、设计、测试、监测、检测、咨询、监理中的一项或全部;劳务类是指岩土工程治理、工程钻探、凿井等。

2. 工程勘察资质的分级

(1)工程勘察综合资质的分级:工程勘察综合资质只设甲级。

(2)工程勘察专业资质的分级:工程勘察专业资质设甲级、乙级,根据工程性质和技术特点,部分专业可以设丙级。

(3)工程勘察劳务资质的分级:工程勘察劳务资质不分等级。

3. 工程承接范围

取得工程勘察综合资质的企业,可以承接各专业(海洋工程勘察除外)、各等级工程勘察业务;取得工程勘察专业资质的企业,可以承接相应等级、相应专业的工程勘察业务;取得工程勘察劳务资质的企业,可以承接岩土工程治理、工程钻探、凿井等工程勘察劳务业务。

(二)工程设计资质的分类、分级和工程承接范围

1. 工程设计资质的分类

工程设计资质分为工程设计综合资质、工程设计行业资质、工程设计专业资质和工程设计专项资质四个类别。

(1)工程设计综合资质是指涵盖21个行业的设计资质。

(2)工程设计行业资质是指涵盖某个行业资质标准中的全部设计类型的设计资质。

(3)工程设计专业资质是指某个行业资质标准中的某一个专业的设计资质。

(4)工程设计专项资质是指为适应和满足行业发展的需求,对已形成产业的专项技术独立进行设计以及设计、施工一体化而设立的资质。

2. 工程设计资质的分级

(1)工程设计综合资质的分级:工程设计综合资质只设甲级。

(2)工程设计行业资质设甲、乙两个级别;根据行业需要,建筑、市政公用、水利、电力(限送变电)、农林和公路行业可设立工程设计丙级资质,建筑工程设计专业资质可以设丁级。建筑行业根据需要设立建筑工程设计事务所资质。工程设计专项资质可根据行业需要设置等级。

(3)工程设计专业资质设甲、乙两个级别；根据行业需要，建筑、市政公用、水利、电力(限送变电)、农林和公路行业可设立工程设计丙级资质，建筑工程设计专业资质可以设丁级。建筑行业根据需要设立建筑工程设计事务所资质。

(4)工程设计专项资质可根据行业需要设置等级。

3. 工程承接范围

取得工程设计综合资质的企业，可以承接各行业、各等级的建设工程设计业务；取得工程设计行业资质的企业，可以承接相应行业相应等级的工程设计业务及本行业范围内同级别的相应专业、专项(设计施工一体化资质除外)工程设计业务；取得工程设计专业资质的企业，可以承接本专业相应等级的专业工程设计业务及同级别的相应专项工程设计业务(设计施工一体化资质除外)；取得工程设计专项资质的企业，可以承接本专项相应等级的专项工程设计业务。

(三)资质许可

《建设工程勘察设计资质管理规定》第二、三条规定：从事建设工程勘察、工程设计活动的企业，应当按照其拥有的注册资本、专业技术人员、技术装备和勘察设计业绩等条件申请资质，经审查合格，取得建设工程勘察、工程设计资质证书后，方可在资质许可的范围内从事建设工程勘察、工程设计活动。建设工程勘察设计的资质许可包括资质申请和审批、资质升级和资质增项、资质证书延续、资质证书变更等。

建设工程勘察、设计企业的资质实行分级审批。工程勘察、工程设计资质证书分为正本和副本，正本1份，副本6份，由国务院建设主管部门统一印制，正、副本具备同等法律效力。资质证书有效期为5年。

工程造价咨询企业资质许可管理制度

第三节 建设工程专业技术人员执业资格法律制度

一、注册结构工程师执业资格法律制度

注册结构工程师是指取得注册结构工程师执业资格证书和注册证书，从事房屋结构、桥梁结构及塔架结构等工程设计及相关业务的专业技术人员。根据《注册结构工程师执业资格制度暂行规定》，注册结构工程师分为一、二两级。一级注册结构工程师执业的范围不受工程规模及工程复杂程度的限制，而二级结构工程师则要受一定限制，具体限制范围由住建部另行规定。

1. 注册结构工程师报考条件

(1)结构工程专业工学硕士或研究生毕业及以上学位获得者，建筑工程(不含岩土工程)专业工学学士学位获得者，其他相近专业，如建筑工程的岩土工程、交通土建工程、矿井建设、水利水电建筑工程、港口航道及治河工程、海岸与海洋工程、农业建筑与环境工程、

建筑学、工程力学等专业取得工学学士以上学位或本科毕业者均可直接报考,不受专业工作年限限制。

(2)上述各专业专科毕业的,或其他工科专业工学学士或本科毕业及以上学位获得者,专业工作年限满1年的,也可直接报考。

(3)不具备上述规定学历的人员,1971年(含1971年)以后毕业,从事建筑工程设计工作累计15年以上,且具备下列条件之一的,也可申报一级注册结构工程师资格考试基础科目的考试:

1)作为专业负责人或主要设计人,完成建筑工程分类标准三级以上项目4项(全过程设计),其中,二级以上项目不少于1项。

2)作为专业负责人或主要设计人,完成中型工业建筑工程以上项目4项(全过程设计),其中,大型项目不少于1项。

2. 注册结构工程师的注册

取得注册结构工程师执业资格者,要从事结构工程设计业务的,必须先行注册。有下列情形之一的,将不能获准注册:

(1)不具备完全民事行为能力。

(2)因受刑事处罚,自处罚完毕之日起至申请之日止不满5年。

(3)因在结构工程设计及相关业务中犯有错误受到行政处罚或撤职以上处分,自处罚决定之日起至申请注册之日止不满2年。

(4)受吊销注册工程师证书处罚,自处罚决定之日起至申请之日止不满5年。

(5)住建部和国务院有关部门规定不予注册的其他情形。

注册结构工程师注册后,发生下列情形之一的,注册结构工程师管理委员会将撤销其注册,并收回注册证书:

1)完全丧失民事行为能力;

2)受刑事处罚;

3)因在工程设计或相关业务中造成工程事故,受到行政处罚或撤职以上行政处分;

4)自行停止注册结构工程师业务满2年。

【提示】 注册被撤销的,可按规定要求重报机关申请注册。

3. 注册结构工程师的执业

注册结构工程师可从事结构工程设计;结构工程设计技术咨询;建筑物、构筑物、工程设施等的调查和鉴定;对本人主持设计的项目进行施工指导和监督及住房和城乡建设部和国务院有关部门规定的其他业务。

4. 注册结构工程师的继续教育

注册结构工程师的继续教育按照注册工程师专业类别设置,分为必修课和选修课,每一注册期各60学时。

二、注册建造师执业资格法律制度

注册建造师是指经全国统一考试合格并核准注册的从事建设工程项目总承包及施工管理的专业技术人员。注册建造师分为一级、二级,由于各行业的工程都具有各自的特点,对从事建造活动的专业技术人员的专业知识和技能也有着各自的特殊要求。

2002年12月5日,人事部、原建设部联合下发了《关于印发〈建造师执业资格制度暂行规定〉的通知》，明确规定在我国对从事建设工程项目总承包及施工管理的专业技术人员实行注册建造师执业资格制度。这项制度已于文件发布之日起30日开始正式建立。

(一)建造师的执业资格考试

1. 考试的级别和科目

我国建造师执业资格考试分为一级建造师执业资格考试和二级建造师执业资格考试两个级别。

(1)一级建造师执业资格考试。一级建造师执业资格考试实行"统一大纲、统一命题、统一组织"的考试制度，由国家统一组织，人力资源和社会保障部、住房和城乡建设部共同负责具体组织实施，原则上每年举行一次。

一级建造师执业资格考试设《建设工程经济》《建设工程法规及相关知识》《建设工程项目管理》和《专业工程管理与实务》4个科目。前3个科目属综合知识与能力部分，第4个科目属于专业知识与能力部分。《专业工程管理与实务》按照建设工程的专业要求进行，由考生根据工作需要选择10个专业的其中1个专业参加考试。这10个专业分别是：建筑工程、公路工程、铁路工程、民航机场工程、港口与航道工程、水利水电工程、市政公用工程、通信与广电工程、矿业工程和机电工程。

一级建造师执业资格考试分4个半天，以纸笔作答方式进行。《建设工程经济》科目的考试时间为2小时，《建设工程法规及相关知识》和《建设工程项目管理》科目的考试时间均为3小时，《专业工程管理与实务》科目的考试时间为4小时。

(2)二级建造师执业资格考试。二级建造师执业资格实行全国统一大纲，各省、自治区、直辖市组织命题考试的制度。同时，考生也可以选择参加二级建造师执业资格全国统一考试。全国统一考试由国家统一组织命题和考试。

二级建造师执业资格考试设《建设工程施工管理》《建设工程法规及相关知识》《专业工程管理与实务》3个科目。《专业工程管理与实务》按照建设工程的专业分为建筑工程、公路工程、水利水电工程、市政公用工程、矿业工程和机电工程6个专业类别。

两个级别的考试成绩均实行2年为1个周期的滚动管理办法，即必须在连续的两个考试年度内通过全部科目。

2. 考试报名条件

申请参加注册建造师考试，必须符合国家规定的教育标准和职业实践要求。

(1)一级注册建造师考试报名的条件。凡中华人民共和国公民，遵守国家法律、法规，恪守职业道德，并具备下列条件之一者，可以申请参加一级建造师执业资格考试：

1)取得工程类或工程经济类大学专科学历，工作满6年，其中，从事建设工程项目施工管理工作满4年。

2)取得工程类或工程经济类大学本科学历，工作满4年，其中，从事建设工程项目施工管理工作满3年。

3)取得工程类或工程经济类双学士学位或研究生班毕业，工作满3年，其中，从事建设工程项目施工管理工作满2年。

4)取得工程类或工程经济类硕士学位，工作满2年，其中，从事建设工程项目施工管理工作满1年。

5)取得工程类或工程经济类博士学位，从事建设工程项目施工管理工作满1年。

已取得一级建造师执业资格证书的人员，也可根据实际工作需要，选择《专业工程管理与实务》科目的相应专业，报名参加考试。考试合格后核发国家统一印制的相应专业合格证明。该证明作为注册时增加执业专业类别的依据。

（2）二级注册建造师考试报名的条件。凡遵纪守法并具备工程类或工程经济类中等专科以上学历并从事建设工程项目施工管理工作满2年，可报名参加二级建造师执业资格考试。

3. 考试合格证书的颁发

参加一级建造师执业资格考试合格，由各省、自治区、直辖市人事部门颁发人力资源和社会保障部统一印制，人力资源和社会保障部、住房和城乡建设部用印的《中华人民共和国一级建造师执业资格证书》。该证书在全国范围内有效。

二级建造师执业资格考试合格者，由省、自治区、直辖市人事部门颁发由人力资源和社会保障部、住房和城乡建设部统一格式的《中华人民共和国二级建造师执业资格证书》。该证书在所在行政区域内有效。其中通过二级建造师资格考核认定，或参加全国统考取得二级建造师资格证书的，该证书在全国范围内有效。

（二）建造师的注册

注册建造师实行注册执业管理制度。取得建造师执业资格证书的人员，必须经过注册登记，方可以注册建造师的名义执业。建造师的注册，根据注册内容的不同分为四种形式，即初始注册、延续注册、变更注册和增项注册。注册证书和执业印章是注册建造师的执业凭证，由注册建造师本人保管、使用。

（1）建造师的注册管理机构。住房和城乡建设部或其授权的机构为一级建造师执业资格的注册管理机构。省、自治区、直辖市住房城乡建设主管部门或其授权的机构为二级建造师执业资格的注册管理机构。

（2）初始注册。

1）申请初始注册的条件。申请初始注册时应当具备以下条件：

①经考核认定或考试合格取得资格证书；

②受聘于一个相关单位。

初始注册者，可自资格证书签发之日起3年内提出申请。逾期未申请者，除具备上述两个条件外，还须符合本专业继续教育的要求后方可申请初始注册。

2）申请初始注册需要提交的材料。申请初始注册需要提交下列材料：

①注册建造师初始注册申请表；

②资格证书、学历证书和身份证明复印件；

③申请人与聘用单位签订的聘用劳动合同复印件或其他有效证明文件；

④逾期申请初始注册的，应当提供达到继续教育要求的证明材料。

3）不予注册（包括初始注册、延续注册、变更注册、增项注册）的情形。建造师申请人有下列情形之一的，不予初始注册（延续注册、变更注册或增项注册）：

①不具有完全民事行为能力的；

②申请在两个或者两个以上单位注册的；

③未达到注册建造师继续教育要求的；

④受到刑事处罚，刑事处罚尚未执行完毕的；

⑤因执业活动受到刑事处罚，自刑事处罚执行完毕之日起至申请注册之日止不满

5年的；

⑥因前项规定以外的原因受到刑事处罚，自处罚决定之日起至申请注册之日止不满3年的；

⑦被吊销注册证书，自处罚决定之日起至申请注册之日止不满2年的；

⑧在申请注册之日前3年内担任项目经理期间，所负责项目发生过重大质量和安全事故的；

⑨申请人的聘用单位不符合注册单位要求的；

⑩年龄超过65周岁的。

4)初始注册的有效期。注册建造师初始注册的有效期限为3年，自核准注册之日起计算。

(3)延续注册。注册有效期满需继续执业的，应当在注册有效期届满30日前，按规定申请延续注册。延续注册的，有效期为3年。

申请延续注册的，应当提交下列材料：①注册建造师延续注册申请表；②原注册证书；③申请人与聘用单位签订的聘用劳动合同复印件或其他有效证明文件；④申请人注册有效期内达到继续教育要求的证明材料。

(4)变更注册。在注册有效期内，注册建造师变更执业单位，应当与原聘用单位解除劳动关系，并按规定的程序办理变更注册手续，变更注册后仍延续原注册有效期。

申请变更注册的，应当提交下列材料：①注册建造师变更注册申请表；②注册证书和执业印章；③申请人与新聘用单位签订的聘用合同复印件或有效证明文件；④工作调动证明（与原聘用单位解除聘用合同或聘用合同到期的证明文件、退休人员的退休证明）。

因变更注册申报不及时影响注册建造师执业、导致工程项目出现损失的，由注册建造师所在聘用企业承担责任，并作为不良行为记入企业信用档案。

(5)增项注册。注册建造师需要增加执业专业的，应当按规定申请专业增项注册，并提供相应的资格证明。

(6)注册证书和执业印章的补办。注册建造师因遗失、污损注册证书或执业印章，需要补办的，应当持在公众媒体上刊登的遗失声明的证明，向原注册机关申请补办。原注册机关应当在5日内办理完毕。

(7)重新申请注册。被注销注册或者不予注册的，在重新具备注册条件后，可按前述规定重新申请注册。

(三)注册建造师的执业

取得建造师资格证书的人员应当受聘于一个具有建设工程勘察、设计、施工、监理、招标代理、造价咨询等一项或者多项资质的单位，经注册后有权以注册建造师名义从事建设工程项目总承包管理或施工管理，建设工程项目管理服务，建设工程技术经济咨询，以及法律、行政法规和国务院建设主管部门规定的其他业务。

担任施工单位项目负责人的，应当受聘并注册于一个具有施工资质的企业。注册建造师不得同时在两个及两个以上的建设工程项目上担任施工单位项目负责人。

建设工程施工活动中形成的有关工程施工管理文件，应当由注册建造师签字并加盖执业印章。施工单位签署质量合格的文件上，必须有注册建造师的签字盖章。注册建造师签章完整的工程施工管理文件方为有效。

1. 注册建造师的执业范围

注册建造师执业工程规模标准依据不同专业设置为多个工程类别，不同的工程类别又进一步细分为不同的项目。这些项目依据相应的、不同的计量单位分为大型、中型和小型工程。大中型工程项目施工负责人必须由本专业注册建造师担任，其中，大型工程项目负责人必须由本专业一级注册建造师担任。

建造师执业工程范围

2. 注册建造师的执业技术能力

（1）一级注册建造师应当具备的执业技术能力：

1）具有一定的工程技术、工程管理理论和相关经济理论水平，并具有丰富的施工管理专业知识；

2）能够熟练掌握和运用与施工管理业务相关的法律、法规、工程建设强制性标准和行业管理的各项规定；

3）具有丰富的施工管理实践经验和资历，有较强的施工组织能力，能保证工程质量和安全生产；

4）有一定的外语水平。

（2）二级注册建造师应当具备的执业技术能力：

1）了解工程建设的法律、法规、工程建设强制性标准及有关行业管理的规定；

2）具有一定的施工管理专业知识；

3）具有一定的施工管理实践经验和资历，有一定的施工组织能力，能保证工程质量和安全生产。

（四）注册建造师的继续教育

注册建造师在每一个注册有效期内应当达到国务院建设主管部门规定的继续教育要求。继续教育是申请逾期初始注册、延续注册、增项注册和重新申请注册的条件之一。

注册建造师的继续教育分为必修课和选修课，每注册期各为60学时。在必修课和选修课的60学时中，30学时为公共课、30学时为专业课。注册两个及以上专业的，除接受公共课的继续教育外，每年应接受相应注册专业的专业课各20学时的继续教育。

（五）注册机关的监督管理

《注册建造师管理规定》中规定，县级以上人民政府建设主管部门和有关部门履行监督检查职责时，有权采取下列措施：①要求被检查人员出示注册证书；②要求被检查人员所在聘用单位提供有关人员签署的文件及相关业务文档；③就有关问题询问签署文件的人员；④纠正违反有关法律、法规、本规定及工程标准规范的行为。

有下列情形之一的，注册机关依据职权或者根据利害关系人的请求，可以撤销注册建造师的注册：①注册机关工作人员滥用职权、玩忽职守作出准予注册许可的；②超越法定职权作出准予注册许可的；③违反法定程序作出准予注册许可的；④对不符合法定条件的申请人颁发注册证书和执业印章的；⑤依法可以撤销注册的其他情形。申请人以欺骗、贿赂等不正当手段获准注册的，应当予以撤销。

《注册建造师执业管理办法（试行）》规定，注册建造师违法从事相关活动的，违法行为发生地的县级以上地方人民政府建设主管部门或有关部门应当依法查处，并将违法事实、处理结果告知注册机关；依法应当撤销注册的，需将违法事实、处理建议及有关材料报注册机关，注册机关或有关部门应当在7个工作日内作出处理，并告知行为发生地人民政府住房城乡建设主管部门或有关部门。

注册建造师异地执业的，工程所在地省级人民政府建设主管部门应将处理建议转交注册建造师注册所在地省级人民政府建设主管部门。注册所在地省级人民政府建设主管部门应当在14个工作日内作出处理，并告知工程所在地省级人民政府住房城乡建设主管部门。

三、注册土木工程师(岩土)执业资格制度

注册土木工程师(岩土)是指取得《中华人民共和国注册土木工程师(岩土)执业资格证书》和《中华人民共和国注册土木工程师(岩土)执业资格注册证书》，从事岩土工程工作的专业技术人员。2002年4月8日建设部、人事部联合发布的《注册土木工程师(岩土)执业资格制度暂行规定》(人发〔2002〕35号)，对注册土木工程师(岩土)的执业资格做出了规定。

目前，注册土木工程师(岩土)执业资格制度已纳入国家专业技术人员执业资格制度，由人力资源和社会保障部、住房和城乡建设部批准建立。

(一)注册土木工程师(岩土)的执业资格考试

注册土木工程师(岩土)执业资格考试实行全国统一大纲、统一命题、统一组织的办法，原则上每年举行一次。

岩土工程专业委员会受建设部委托负责拟定岩土工程专业考试大纲和命题、编写培训教材或指定考试用书等工作，统一规划考前培训工作。全国勘察设计注册工程师管理委员会负责审定考试大纲、年度试题、评分标准与合格标准。

注册土木工程师(岩土)执业资格考试由基础考试和专业考试组成。通过基础考试的人员从事岩土工程工作的业务满规定年限，方可申请参加专业考试。

(1)基础考试报告条件。凡中华人民共和国公民，遵守国家法律、法规，恪守职业道德，并具备以下条件之一者，可申请参加基础考试：

1)取得本专业(指勘察技术与工程、土木工程、水利水电工程、港口航道与海岸工程专业，下同)或相近专业(指地质勘探、环境工程、工程力学专业，下同)大学本科及以上学历或学位。

2)取得本专业或相近专业大学专科学历，从事岩土工程专业工作满1年。

3)取得其他工科专业大学本科及以上学历或学位，从事岩土工程专业工作满1年。

(2)专业考试报名条件。基础考试合格，并具备以下条件之一者，可申请参加专业考试：

1)取得本专业博士学位，累计从事岩土工程专业工作满2年；或取得相近专业博士学位，累计从事岩土工程专业工作满3年。

2)取得本专业硕士学位，累计从事岩土工程专业工作满3年；或取得相近专业硕士学位，累计从事岩土工程专业工作满4年。

3)取得本专业双学士学位或研究生班毕业，累计从事岩土工程专业工作满4年；或取得相近专业双学士学位或研究生班毕业，累计从事岩土工程专业工作满5年。

4)取得本专业大学本科学历，累计从事岩土工程专业工作满5年；或取得相近专业大学本科学历，累计从事岩土工程专业工作满6年。

5)取得本专业大学专科学历,累计从事岩土工程专业工作满6年;或取得相近专业大学专科学历,累计从事岩土工程专业工作满7年。

6)取得其他工科专业大学本科及以上学历或学位,累计从事岩土工程专业工作满8年。

(3)考试合格证书的颁发。注册土木工程师(岩土)执业资格考试合格者,由省、自治区、直辖市人事行政部门颁发人事部统一印制,人事部、建设部用印的《中华人民共和国注册土木工程师(岩土)执业资格证书》。

(二)注册土木工程师(岩土)的注册

取得《中华人民共和国注册土木工程师(岩土)执业资格证书》者,应向所在省、自治区、直辖市勘察设计注册工程师管理委员会提出申请,由该委员会向岩土工程专业委员会报送办理注册的有关材料。由岩土工程专业委员会向准予注册的申请人核发由全国勘察设计注册工程师管理委员会统一制作的《中华人民共和国注册土木工程师(岩土)执业资格注册证书》和执业印章。经注册后,方可在规定的业务范围内执业。

注册土木工程师(岩土)的执业资格注册有效期为2年。有效期满需继续执业的,应在期满前30日内办理再次注册手续。

(三)注册土木工程师(岩土)的执业

注册土木工程师(岩土)的执业范围如下:

(1)岩土工程勘察。

(2)岩土工程设计。

(3)岩土工程咨询与监理。

(4)岩土工程治理、检测与监测。

(5)环境岩土工程和与岩土工程有关的水文地质工程业务。

(6)国务院有关部门规定的其他业务。

注册土木工程师(岩土)必须加入一个具有工程勘察或工程设计资质的单位方能执业。注册土木工程师(岩土)执业,由其所在单位接受委托并统一收费。因岩土工程技术质量事故造成的经济损失,接受委托单位应承担赔偿责任,并可向签字的注册土木工程师(岩土)追偿。

(四)注册土木工程师的继续教育

注册土木工程师(岩土)应按规定接受继续教育,并作为再次注册的依据。

本章小结

本章主要介绍了建设工程施工许可法律制度、建设工程从业单位资格许可法律制度和建设工程专业技术人员执业资格法律制度。通过本章的学习能运用所学的建设工程许可法规的知识处理相关问题。

思考与练习

一、填空题

1. 施工许可证的申请领取,应该是由_____负责。
2. 建设单位应当自领取施工许可证之日起_____内开工,因故不能按期开工的,应当向发证机关申请延期。
3. 中止施工满1年的,在建设工程恢复施工前,建设单位还应当_____核验施工许可证。
4. 《建设工程质量管理条例》规定,建设单位未取得施工许可证或者开工报告未经批准,擅自施工的,责令停止施工,限期改正,处工程合同价款_____的罚款。
5. 取得_____的企业,可以承接施工总承包企业或专业承包企业分包的劳务作业。
6. 申请综合资质、专业甲级资质的,应当向_____提出申请。
7. 工程监理企业资质证书分为_____和_____。
8. 工程勘察资质分为_____、_____和_____三个类别。
9. 我国建造师执业资格考试分为_____和_____两个级别。

二、选择题

1. 某开发公司欲在某城区开发项目,按照国家的有关规定,需向工程所在地区的政府建设局申请领取施工许可证。申请领取施工许可证的时间最迟应当在(   )。
   A. 确定施工单位前   B. 住宅小区工程开工前
   C. 确定监理单位前   D. 住宅小区工程竣工验收前

2. 根据《建筑法》和《建筑工程施工许可管理办法》的规定,(   )工程不需要办理施工许可证。
   A. 普通民用房屋建筑
   B. 国务院住房城乡建设主管部门确定的限额以下的小型工程
   C. 作为文物保护的建筑工程
   D. 抢险救灾工程
   E. 临时性房屋建筑和农民自建低层住宅

3. 住房和城乡建设部颁布的《建筑业企业资质标准》对施工总承包企业的资产最低限额作出的规定是(   )。
   A. 一级企业净资产1亿元以上
   B. 二级企业净资产4 000万元以上
   C. 三级企业净资产800万元以上
   D. 甲级工程造价咨询企业注册资本不少于人民币100万元
   E. 乙级工程造价咨询企业注册资本不少于人民币50万元

4. 按照建筑业企业资质管理的有关规定,我国建筑企业的三个资质序列是(   )。
   A. 施工总承包、专业承包、劳务分包

B. 工程总承包、专业总承包、劳务承包
C. 综合总承包、建筑专业承包、建筑劳务承包
D. 项目总承包、建筑总承包、劳务专业分包

5. 有( )情形的,资质许可机关应当撤销建筑业企业资质。
A. 资质许可机关工作人员滥用职权、玩忽职守准予资质许可的
B. 超越法定职权准予资质许可的
C. 故意将承包的工程转包的
D. 对不符合资质标准条件的申请企业准予资质许可的
E. 以欺骗、贿赂等不正当手段取得资质许可的,应当予以撤销

6. 工程监理企业不得有( )行为。
A. 与建设单位串通投标或者与其他工程监理企业串通投标,以行贿手段谋取中标
B. 与建设单位或者施工单位串通弄虚作假、降低工程质量
C. 将不合格的建设工程、建筑材料、建筑构配件和设备按照合格签字
D. 超越本企业资质等级或以其他企业名义承揽监理业务
E. 不允许其他单位或个人以本企业的名义承揽工程

7. 有( )情形的,工程监理企业应当及时向资质许可机关提出注销资质的申请,交回资质证书,国务院建设主管部门应当办理注销手续,公告其资质证书作废。
A. 资质证书有效期届满,未依法申请延续的
B. 对不符合许可条件的申请人作出准予工程监理企业资质许可的
C. 工程监理企业依法终止的
D. 工程监理企业资质依法被撤销、撤回或吊销的
E. 法律、法规规定的应当注销资质的其他情形

三、简答题

1. 根据《建筑法》的规定,申请领取施工许可证应当具备哪些条件?
2. 申请办理施工许可证,应当按照哪些程序进行?
3. 企业申请建筑业企业资质,应当提交哪些材料?
4. 甲级工程监理企业的标准有哪些?
5. 有哪些情形时注册结构工程师将不能获准注册?

第三章 城乡规划法法规

知识目标

1. 了解城乡规划的基本概念。
2. 熟悉城乡规划的制定与审批。
3. 掌握城乡规划的实施与修改。

能力目标

能运用所学城乡规划法规的知识解决工程建设中相关的法律问题。

第一节 城乡规划法法规概述

一、城乡与城乡规划法规的概念

(一)城乡与城乡规划的概念

1. 城乡的概念

城乡包括城市、集镇和村庄。

(1)城市。城市是指一定区域内政治、经济、文化的中心,包括国家按行政建制设立的直辖市、市、建制镇。

(2)集镇。集镇是指乡、民族乡人民政府所在地和经县级人民政府确认由集市发展而形成的作为农村一定区域经济文化和生活服务中心的非建制镇。

(3)村庄。村庄是指农村村民居住和从事各种生产的聚居点。

2. 城乡规划的概念

城乡规划包括城镇体系规划、城市规划、镇规划、乡规划和村庄规划。城市规划、镇规划分为总体规划和详细规划。详细规划分为控制性详细规划和修建性详细规划。

规划区是指城市、镇和村庄的建成区以及因城乡建设和发展需要,必须实行规划控制的区域。规划区的具体范围由有关人民政府在组织编制的城市总体规划、镇总体规划、乡规划和村庄规划中,根据城乡经济社会发展水平和统筹城乡发展的需要划定。

(二)城乡规划法法规的概念

城乡规划法有狭义和广义之分。广义的城乡规划法是指调整城市、镇及村庄规划制定、实施和管理过程中各种社会关系的法律规范的总称;狭义的城乡规划法是指《中华人民共和国城乡规划法(2015修正)》(以下简称《城乡规划法》),该法是在1989年12月26日通过、1990年4月1日起施行的《中华人民共和国城市规划法》扩充和修改基础上重新制定的,共七章七十条,于2007年10月28日由中华人民共和国第十届全国人民代表大会常务委员会第三十次会议通过,自2008年1月1日起施行。2015年4月24日第十二届全国人民代表大会常务委员会第十四次会议对该法进行修正,《中华人民共和国城市规划法》同时废止。

二、《城乡规划法》的立法宗旨及适用范围

(一)《城乡规划法》的立法宗旨

立法宗旨又称立法目的,《城乡规划法》的立法宗旨是加强城乡规划管理、协调城乡空间布局,改善人们的居住环境,促进经济社会全面协调可持续发展。

(二)《城乡规划法》的适用范围

《城乡规划法》第三条规定:"城市和镇应当依照本法制定城市规划和镇规划。城市、镇规划区内的建设活动应当符合规划要求。县级以上地方人民政府根据本地农村经济社会发展水平,按照因地制宜、切实可行的原则,确定应当制定乡规划、村庄规划的区域。在确定区域内的乡、村庄时,应当依照本法制定规划,规划区内的乡、村庄建设应当符合规划要求。"

城乡规划法的适用范围包括两个方面:

(1)城市和镇应当依据城乡规划法制定城市规划和镇规划。这里的规划包括总体规划和详细规划。

(2)某些特定区域内的乡、村庄,应当依照城乡规划法制定规划,并且规划区内的乡、村庄建设应当符合规划要求。

三、实施《城乡规划法》的重要意义

《城乡规划法》是在总结十几年来《城市规划法》和《村庄和集镇规划建设管理条例》施行的基础上,以及在总结改革开放以来特别是近十年来我国城乡规划管理工作经验的基础上,以科学发展观为指导所制定的法律。《城乡规划法》的施行,将进一步强化城乡规划的综合调控作用,在城乡经济发展与建设中,加强对自然资源和文化遗产的保护与合理利用,加强对环境的保护,坚持社会的平衡发展,从而促进城乡经济社会全面协调可持续发展,实现全面建设小康社会的目标。《城乡规划法》的施行,还将加强对国家机关工作人员和政府及所属各有关部门行政行为的监督检查,提高国家机关工作人员依法行政的自觉性。要从加强依法执政能力建设、构建和谐社会的高度,充分认识实施《城乡规划法》的重大意义,增强做好城乡规划工作的责任感和使命感,把城乡规划工作做得更好。

第二节 城乡规划的制定

一、城乡规划的制定原则

(1) 坚持城乡统筹。各地在制定城乡规划的过程中应统筹考虑城市、镇、乡和村庄发展，根据各类规划的内容要求和特点，编制好相关规划。实施城乡规划时，要根据城乡特点，强化对乡村规划建设的管理，完善乡村规划许可制度，坚持便民利民和以人为本。

(2) 节约资源、保护环境，坚持可持续发展。必须充分认识我国人口众多、人均资源短缺和环境容量压力大的基本国情。在制定城乡规划时，认真分析城乡建设发展的资源环境条件，明确为保护环境、资源需要严格控制的区域，合理确定发展规模、建设步骤和建设标准，推进城乡建设发展方式从粗放型向集约型转变，增强可持续发展能力。

(3) 关注民生。要按照《城乡规划法》的有关要求，在制定和实施城乡规划时进一步重视社会公正和改善民生。要有效配置公共资源，合理安排城市基础设施和公共服务设施，改善人们的居住环境，方便群众生活。要关注中、低收入阶层的住房问题，做好住房建设规划。要加强对公共安全的研究，提高城乡居民点的综合防灾减灾能力。

(4) 提高规划的科学性和规划实施的依法行政。要进一步改进规划编制方法，充实规划内容，落实规划"四线"等强制性内容。要坚持"政府组织、专家领衔、部门合作、公众参与、科学决策"的规划编制组织方式，严格执行规划编制、审批、修改、备案的程序性要求。要按照《城乡规划法》的规定和要求，建立完善规划公开和公众参与的程序和制度。要依法做好城乡规划实施效果的评估和总结。规划的实施要严格按法定程序要求进行，保证规划许可内容和程序的合法性。

(5) 先规划后建设。要按照《城乡规划法》的要求，依法编制城乡规划，包括近期建设规划、控制性详细规划、乡和村庄规划。坚持以经依法批准的上位规划为依据，编制下位规划不得违背上位规划的要求，编制城乡规划不得违背国家有关的技术标准、规范。各地及城乡规划主管部门必须依据经法定程序批准的规划实施规划管理。县级以上人民政府及其城乡规划主管部门应当按照《城乡规划法》规定的事权进行监督检查，查处、纠正违法行为。

二、城乡规划的分类及编制内容

(一) 城镇体系规划

城镇体系规划是指在一定地域范围内，以区域生产力合理布局和城镇职能分工为依据，确定不同人口规模等级和职能分工的城镇的分布和发展规划，是政府综合协调辖区内城镇发展和空间资源配置的依据和手段。城市体系规划分为全国城镇体系规划和省域城镇体系规划。

(1) 全国城镇体系规划。全国城镇体系规划用于指导省域城镇规划体系、城市总体规划的编制。

(2) 省域城镇体系规划。省域城镇体系规划是合理配置和保护利用空间资源，统筹全省、自治区城镇空间布局，综合安排基础设施和公共设施建设，促进省域内各级各类城镇协调发展的综合型规划。其主要内容如下：

1) 做好城镇空间布局和规模控制；
2) 确定重大基础设施的布局；
3) 划分保护生态环境、资源等需要严格控制的区域。

(二)城镇总体规划

城市总体规划、镇总体规划的内容应当包括：城市、镇的发展布局，功能分区，用地布局，综合交通体系，禁止、限制和适宜建设的地域范围，各类专项规划等。

城市总体规划、镇总体规划的强制性内容包括：规划区范围、规划区内建设用地规模、基础设施和公共服务设施用地、水源地和水系、基本农田和绿化用地、环境保护、自然与历史文化遗产保护以及防灾减灾等。

(三)城镇的详细规划

城市和镇在总体规划的基础上，编制详细规划。详细规划是以总体规划为依据，详细规定建设用地的各项控制指标和其他规划管理要求，或者直接对建设作出具体的安排和规划设计。

详细规划分为控制性详细规划和修建性详细规划。控制性详细规划以城市总体规划或分区规划为依据，确定建设地区的土地使用性质和使用强度的控制指标、道路和工程管线控制性位置以及空间环境控制的规划要求。《城市规划编制办法》规定，根据城市规划的深化和管理的需要，一般应当编制控制性详细规划，以控制建设用地性质、使用强度和空间环境，作为城市规划管理的依据，并指导修建性详细规划的编制。对于当前要进行建设的地区，应当编制修建性详细规划，用以指导各项建筑和工程设施的设计和施工。

(四)修建性详细规划

修建性详细规划是指以总体规划或控制性详细规划为依据，制定用以指导各项建筑和工程设施及其施工的规划设计。它一般针对的是某一具体地块，能够直接用于指导建筑和工程施工。修建性详细规划内容包括：规划地块的建设条件分析和综合经济论证，建筑和绿地的空间布局、景观规划设计，布置总平面图，道路系统规划设计，绿地系统规划设计，工程管线规划设计，竖向规划设计，估算工程量、拆迁量和总造价，分析投资效益。修建性详细规划的成果由规划说明书和图纸组成。

三、城乡规划的审批

(一)城镇体系规划的审批

1. 全国城镇体系规划

全国城镇体系规划由国务院城乡规划主管部门会同国务院有关部门组织编制，由国务院城乡规划主管部门报国务院审批。

全国城镇体系规划涉及经济、社会、人文、资源环境、基础设施等相关内容，需要各部门的共同参与。由国务院城乡规划主管部门会同国务院有关部门组织编制全国城镇体系规划。在编制过程中，要充分听取各省、自治区、直辖市人民政府的意见，提高规划的针对性和可操作性，广泛听取各方面的意见和建议，充分发挥各领域专家的作用，坚持"专家领衔、科学决策"的规划编制原则，组织对规划各阶段的成果进行专家咨询和论证。

2. 省域城镇体系规划

省域城镇体系规划由省、自治区人民政府组织编制，报国务院审批。

省、自治区人民政府组织编制省域城镇体系规划，在报国务院审批前，必须先经本级人民代表大会常务委员会审议，并且应当将省域城镇体系规划草案予以公告，并采取论证会、听证会或者其他方式征求专家和公众的意见，人大常委会的审议意见和根据审议意见修改省域城镇体系规划的情况以及公众意见的采纳情况及理由一并报送国务院。国务院应当组织专家和有关部门进行审查。

(二)城市总体规划的审批

直辖市的城市总体规划由直辖市人民政府报国务院审批；省、自治区人民政府所在地的城市以及国务院确定的城市总体规划，由省、自治区人民政府审查同意后，报国务院审批。其他城市的总体规划，由城市人民政府报省、自治区人民政府审批。

(三)镇总体规划的审批

县人民政府组织编制县人民政府所在的镇的总体规划，报上一级人民政府审批。其他镇的总体规划由镇人民政府组织编制，报上一级人民政府审批。

县人民政府所在的镇是整个县的经济发展、文化的中心，是联系大、中城市和农村地区的纽带，需要统筹考虑全县的经济发展、社会发展及全县的城乡空间布局及城镇规模，必须由县人民政府直接组织编制。县人民政府组织编制的镇总体规划应报上一级人民政府批准，这里的上一级人民政府主要是设区的市人民政府。

除县人民政府所在的镇以外的其他镇的总体规划则由镇人民政府根据镇的发展需要，依据《城乡规划法》有关规定组织编制。其他镇的总体规划也应报上一级人民政府审批，这里的上一级人民政府主要是指县人民政府，包括不设区的市人民政府。

镇总体规划在报上级人民政府审批前，应当先经本级人民代表大会审议，审议意见和根据审议意见的修改情况应与规划成果一并报送审批。组织编制机关还应当依法将城市总体规划草案予以公告，采取论证会、听证会或者其他方式征求专家和公众的意见，并在报送审批的材料中附具意见采纳情况及理由。在镇总体规划批准前，审批机关应当组织专家和有关部门进行审查。

(四)城市控制性详细规划的审批

城市人民政府城乡规划主管部门根据城市总体规划的要求，组织编制城市的控制性详细规划，经本级人民政府批准后，报本级人民代表大会常务委员会和上一级人民政府备案。

(五)镇控制性详细规划的审批

镇人民政府根据镇总体规划的要求，组织编制镇的控制性详细规划，报上一级人民政府审批。县人民政府所在的镇的控制性详细规划，由县人民政府城乡规划主管部门根据镇总体规划的要求组织编制，经县人民政府批准后，报本级人民代表大会常务委员会和上一级人民政府备案。

(六)修建性详细规划的审批

城市、县人民政府城乡规划主管部门和镇人民政府可以组织编制重要地块的修建性详细规划。修建性详细规划应当符合控制性详细规划。

《城乡规划法》并没有规定修建性详细规划应经批准或备案,主要是因为修建性详细规划是用以指导某一具体地块的建筑或工程的设计和施工,已经属于控制性详细规划的具体落实,再报经批准或备案的意义也就不大了。

(七)乡规划和村庄规划的审批

乡、镇人民政府组织编制乡规划、村庄规划,报上一级人民政府审批。

乡村规划并不是所有乡、村庄都要编制,只有那些县级以上地方人民政府根据当地农村经济社会发展水平,按照因地制宜、切实可行的原则,认为应当制定乡、村庄规划的区域才制定乡、村庄规划,其他区域也可以制定规划,但法律并没有作强制性要求。

乡规划由乡人民政府组织编制,报送县级人民政府审批。村庄规划应以行政村为单位,由所在地的镇或乡人民政府组织编制。村委会应指定人员参与村庄规划编制过程,村庄规划完成后,必须经村民会议或者村民代表讨论同意后,方可由所在地的镇或乡人民政府报上一级人民政府审批。

第三节 城乡规划的实施

一、城乡规划实施的概念

城乡规划的实施是指城乡规划经法定程序批准生效后,即具有了法律效力,在城乡规划区内的任何土地利用及各项建设活动,都必须符合城乡规划,满足城乡规划的要求,使生效的城乡规划得以实现。

二、城乡规划实施应遵守的原则

根据《城乡规划法》的规定:"地方各级人民政府应当根据当地经济社会发展水平实施城乡规划,量力而行,尊重群众意愿原则,有计划、分步骤地组织实施原则。"城市的建设和发展,应当优先安排基础设施以及公共服务设施的建设,妥善处理新区开发与旧区改建的关系,统筹兼顾进城务工人员生活和周边农村经济社会发展、村民生产与生活的需要。镇的建设和发展,应结合农村经济社会发展和产业结构调整进行,优先安排公共服务设施的建设,为周边农村提供服务。乡、村庄的建设和发展应因地制宜;节约用地;发挥村民自治组织的作用;引导村民合理进行建设,改善农村生产、生活条件。

三、城乡规划公布制度

城乡规划公布制度是指在规划报批前和批准后,采用适当的方式向全社会公布。《城乡规划法》第二十六条规定:"城乡规划报送审批前,组织编制机关应当依法将城乡规划草案予以公告,并采取论证会、听证会或者其他方式征求专家和公众的意见。公告的时间不得少于30日。城乡规划批准后,组织编制机关应及时公布城乡规划,法律、行政法规规定不得公开的内容除外。"

四、城市新区开发和旧区改建

(一)城市新区开发

1. 城市新区开发的概念

城市新区开发是指随着城市经济与社会的发展,为满足城市建设的需要,按照城市总体规划的部署,在城市现有建成区以外的地段,进行集中成片、综合配套的开发建设活动。

城市新区开发的形式主要有新市区的开发建设、经济技术开发区的建设、卫星城镇的开发建设以及新工矿区的开发建设四种。

根据《城乡规划法》的规定:"城市新区的开发和建设,应当合理确定建设规模和时序,充分利用现有市政基础设施和公共服务设施,严格保护自然资源和生态环境,体现地方特色。在城市总体规划、镇总体规划确定的建设用地范围以外,不得设立各类开发区和城市新区。"

2. 城市新区开发的原则

城市新区开发的原则主要有应当确定合理的建设规模和时序;应充分利用现有市政基础设施和公共服务设施;应当严格保护自然资源和生态环境;应当体现地方特色。

(二)城市旧区改建

1. 城市旧区改建的概念

城市旧区是在长期的历史发展过程中逐步形成的,虽然其历史格局和传统风貌比较完整,但同时旧区也存在城市格局尺度比较小、人口密度高而且居民中低收入人群占的比例较高、基础设施比较陈旧、房屋质量比较差等问题。因此,城市旧区需要进行更新和改善。

所谓旧城区的改建,是指按照统一规划,对现有城区进行有计划、有步骤的改造,以适应城市经济、社会发展整体需要的建设活动。

2. 城市旧区改建原则

根据《城乡规划法》的规定:"旧城区的改建,应当保护历史文化遗产和传统风貌,合理确定拆迁和建设规模,有计划地对危房集中、基础设施落后等地段进行改建。"

另外,城乡建设和发展实施城乡规划过程中涉及风景名胜时,必须严格保护和合理利用风景名胜资源,统筹安排风景名胜区及周边镇、乡、村庄的建设。

城市地下空间的开发和利用应当考虑与经济和技术发展水平相适应的原则,应当遵循统筹安排、综合开发、合理利用的原则;应当充分考虑防灾减灾、人民防空和通信等需要的原则;应当符合城市规划,履行规划审批手续原则。

五、建设项目选址意见书

(一)建设项目选址意见书的概念

建设项目选址意见书是指建设工程(主要是新建的大、中型工业与民用建设项目)在立项过程中,由城乡规划行政主管部门出具的该建设项目是否符合城乡规划要求的意见书。

《城乡规划法》第三十六条规定:"按照国家规定需要有关部门批准或者核准的建设项目,以划拨形式提供国有土地使用权的,建设单位在报送有关部门批准或者核准前,应当向城乡规划主管部门申请核发选址意见书。前款规定以外的建设项目不需要申请选址意见书。"

(二)建设项目选址意见书的内容

1. 建设项目的基本情况

建设项目的基本情况主要包括：建设项目的名称、性质、用地与建设规模；供水、能源的需求量、运输方式与运输量；废水、废气、废渣的排放方式和排放量等。

2. 建设项目规划选址的主要依据

建设项目规划选址的主要依据有：经批准的项目建议书；建设项目与城市规划布局的协调建设项目与城乡交通、通信、能源、市政、防灾规划的衔接与协调等；建设项目配套的生活设施与城乡生活居住及公共设施规划的衔接与协调；建设项目对于城乡环境可能造成的污染影响，以及与城乡环境保护规划和风景名胜、文物古迹保护规划的协调。

3. 建设项目选址、用地范围和具体规划要求

建设项目选址意见书还应当包括除建设项目地址和用地范围外的附图以及明确有关问题的附件。附图和附件是建设项目选址意见书的配套证件，具有同等的法律效力。附图和附件由发证单位根据法律、法规规定和实际情况制定。

(三)申请选址意见书的程序

1. 选址申请

需要申请核发选址意见书的项目，建设单位必须向当地市、县人民政府城乡规划行政主管部门提出选址申请，即填写建设项目选址申请表。城乡规划行政主管部门根据《建设项目选址规划管理办法》第七条的规定"分级核发建设项目选址意见书"。

2. 参加选址工作

按规定应由上级城乡规划行政主管部门核发选址意见书的建设项目，市、县城乡规划行政主管部门应对建设单位的选址报告进行审核，并提出选址意见，报上级城乡规划行政主管部门核发建设项目选址意见书。

3. 进行选址审查

城乡规划行政主管部门经过调查研究，分析和采用多方比较论证，根据城乡规划要求对该建设项目选址进行审查。

4. 核发选址意见书

城乡规划主管部门经过选址审查后，核发选址意见书。

第四节 城乡规划的修改与监督检查

一、省域城镇体系规划、城市总体规划、镇总体规划的修改

省域城镇体系规划、城市总体规划、镇总体规划的组织编制机关，应当组织有关部门和专家定期对规划实施情况进行评估，并采取论证会、听证会或者其他方式征求公众意见。

《城乡规划法》规定，有下列情形之一的，组织编制机关方可按照规定的权限和程序修

改省域城镇体系规划、城市总体规划、镇总体规划：
(1)上级人民政府制定的城乡规划发生变更，提出修改规划要求的。
(2)行政区划调整确需修改规划的。规划区域范围一般按行政区划划定。
(3)因国务院批准重大建设工程需要修改规划的。
(4)经评估确需修改规划的。
(5)城乡规划的审批机关认为应当修改规划的其他情形。

二、城乡规划的修改补偿制度

在选址意见书、建设用地规划许可证、建设工程规划许可证或者乡村建设规划许可证发放后，因依法修改城乡规划给被许可人合法权益造成损失的，应当依法给予补偿。

经依法审定的修建性详细规划、建设工程设计方案的总平面图不得随意修改；确需修改的，城乡规划主管部门应当采取听证会等形式，听取利害关系人的意见；因修改给利害关系人合法权益造成损失的，应当依法给予补偿。

三、城乡规划的监督检查

根据《城乡规划法》第五十一条的规定："县级以上人民政府及其城乡规划主管部门应当加强对城乡规划编制、审批、实施、修改的监督检查。"县级以上人民政府城乡规划主管部门对城乡规划的实施情况进行监督检查，有权采取以下措施：
(1)要求有关单位和人员提供与监督事项有关的文件、资料，并进行复制。
(2)要求有关单位和人员就监督事项涉及的问题作出解释和说明，并根据需要进入现场进行勘测。
(3)责令有关单位和人员停止违反有关城乡规划法律、法规的行为。

【注意】 城乡规划监督检查情况和处理结果应当依法公开，供公众查阅和监督。

第五节　历史文化名城和文物保护

一、历史文化名城保护和文物保护的概念及意义

1. 历史文化名城和文物保护的概念

根据《中华人民共和国文物保护法》的规定："历史文化名城是指'保存文物特别丰富，具有重大历史文化价值和革命意义的城市'。"

文物是指遗存在社会上或埋藏在地下的历史文化遗物，从建设规划角度理解，通常所说的文物主要是指革命遗址、纪念建筑物、古文化遗址、古墓葬、古建筑、石窟寺和石刻等。

历史文化名城和文物的保护就是经过规划管理、维护修缮，使历史文化遗产保存下来、延续下去，造福人类。

2. 历史文化名城和文物保护的意义

历史文化名城和文物是中华民族极其宝贵的物质财富和精神财富，加强对它们的保护无论是对继承中华民族悠久的历史文化遗产，还是对人们学习、借鉴历史及陶冶情操都具有极其深远的现实意义和历史意义。

二、历史文化名城和文物保护的内容

历史文化名城反映了城市的特定性质，它应当在城市规划中体现出来，应该保护城市的文物古迹和历史地段，保护和延续古城的风貌特点，继承和发扬城市的传统文化。

历史文化名城和文物保护应当突出保护重点，特别要注意对面临破坏的历史实物遗存的抢救和保护，使其不再继续遭到破坏。

三、历史文化名城保护规划管理

1. 历史文化名城、名镇、名村的条件

《历史文化名城名镇名村保护条例》(经 2008 年 4 月 2 日国务院第 3 次常务委员会通过，自 2008 年 7 月 1 日起施行)第七条规定："具备下列条件的城市、镇、村庄，可申报历史文化名城、名镇、名村：

(1)保存文物特别丰富。

(2)历史建筑集中成片。

(3)保留着传统格局和历史风貌。

(4)历史上曾经作为政治、经济、文化、交通中心或者军事要地，或者发生过重要历史事件，或者其传统产业、历史上建设的重大工程对本地区的发展产生过重要影响，或者能够集中反映本地区建筑的文化特色、民族特色。"

申报历史文化名城的，在所申报的历史文化名城保护范围内还应当有两个以上的历史文化街区。

申报历史文化名城，由省、自治区、直辖市人民政府提出申请，经国务院建设主管部门会同国务院文物主管部门组织有关部门、专家进行论证，提出审查意见，报国务院批准公布。

申报历史文化名镇、名村，由所在地县级人民政府提出申请，经省、自治区、直辖市人民政府确定的保护主管部门会同同级文物主管部门组织有关部门、专家进行论证，提出审查意见，报省、自治区、直辖市人民政府批准公布。

2. 历史文化名城、名镇、名村的保护规划

历史文化名城批准公布后，所在地人民政府应当组织编制历史文化名城保护规划；历史文化名镇、名村批准公布后，所在地县级人民政府应当组织编制历史文化名镇、名村护规划。保护规划应当自历史文化名城、名镇、名村批准公布之日起一年内编制完成。

历史文化名城、名镇、名村的保护规划应当包括下列内容：

(1)保护原则、保护内容和保护范围。

(2)保护措施、开发强度和建设控制要求。

(3)传统格局和历史风貌保护要求。

(4)历史文化街区、名镇、名村的核心保护范围和建设控制地带。

(5)保护规划分期实施方案。

3. 历史文化名城、名镇、名村的保护措施

在历史文化名城、名镇、名村保护范围内从事建设活动，应当符合保护规划的要求，不得损害历史文化遗产的真实性和完整性，不得对其传统格局和历史风貌构成破坏性影响。

在历史文化名城、名镇、名村保护范围内禁止进行下列活动：

(1) 开山、采石、开矿等破坏传统格局和历史风貌的活动。

(2) 占用保护规划确定保留的园林绿地、河湖水系、道路等。

(3) 修建生产、储存爆炸性、易燃性、放射性、毒害性、腐蚀性物品的工厂、仓库等。

(4) 在历史建筑上刻画、涂污。

在历史文化名城、名镇、名村保护范围内进行下列活动时，应当保护其传统格局、历史风貌和历史建筑；制定保护方案，经城市、县人民政府城乡规划主管部门会同同级文物主管部门批准，并依照有关法律、法规的规定办理相关手续：

施工发现文物
报告和保护的规定

(1) 改变园林绿地、河湖水系等自然状态的活动。

(2) 在核心保护范围内进行影视摄制、举办大型群众性活动。

(3) 其他影响传统格局、历史风貌或者历史建筑的活动。

第六节 违反《城乡规划法》的法律责任

在规划区内进行建设活动，必须遵守《城乡规划法》，有关部门和任何单位应自觉遵守，否则应承担相应的法律责任。《城乡规划法》第六十九条规定："违反本法规定，构成犯罪的，依法追究刑事责任。"

一、建设单位的法律责任

(1) 未取得建设工程规划许可证或者未按照建设工程规划许可证的规定进行建设的，由县级以上地方人民政府城乡规划主管部门责令停止建设；尚可采取改正措施消除对规划实施的影响的，限期改正，处建设工程造价百分之五以上百分之十以下的罚款；无法采取改正措施消除影响的，限期拆除；不能拆除的，没收实物或者违法收入，并处建设工程造价百分之十以下的罚款。

(2) 在乡、村庄规划区内未依法取得乡村建设规划许可证或者未按照乡村建设规划许可证的规定进行建设的，由乡、镇人民政府责令停止建设、限期改正；逾期不改正的，可以拆除。

(3) 建设单位或者个人有下列行为之一的，由所在地城市、县人民政府城乡规划主管部门责令限期拆除，可以并处临时建设工程造价一倍以下的罚款：

1) 未经批准进行临时建设的；

2) 未按照批准内容进行临时建设的；

3) 临时建筑物、构筑物超过批准期限不拆除的。

(4) 建设单位未在建设工程竣工验收后六个月内向城乡规划主管部门报送有关竣工验收

资料的，由所在地城市、县人民政府城乡规划主管部门责令限期补报；逾期不补报的，处一万元以上五万元以下的罚款。

(5)城乡规划主管部门作出责令停止建设或者限期拆除的决定后，当事人不停止建设或者逾期不拆除的，建设工程所在地县级以上地方人民政府可以责令有关部门采取查封施工现场、强制拆除等措施。

二、城乡规划编制单位的法律责任

(1)城乡规划编制单位有下列行为之一的，由所在地城市、县人民政府城乡规划主管部门责令限期改正，处合同约定的规划编制费一倍以上两倍以下的罚款；情节严重的，责令停业整顿，由原发证机关降低资质等级或者吊销资质证书；造成损失的，依法承担赔偿责任：

1)超越资质等级许可的范围承揽城乡规划编制工作的；

2)违反国家有关标准编制城乡规划的。

(2)未依法取得资质证书承揽城乡规划编制工作的，由县级以上地方人民政府城乡规划主管部门责令停止违法行为，依照相关规定处以罚款；造成损失的，依法承担赔偿责任。

(3)以欺骗手段取得资质证书承揽城乡规划编制工作的，由原发证机关吊销资质证书，依照相关规定处以罚款；造成损失的，依法承担赔偿责任。

(4)城乡规划编制单位取得资质证书后，不再符合相应的资质条件的，由原发证机关责令限期改正；逾期不改正的，降低资质等级或者吊销资质证书。

三、城市规划行政主管部门工作人员的法律责任

(1)对依法应当编制城乡规划而未组织编制，或者未按法定程序编制、审批、修改城乡规划的，由上级人民政府责令改正，通报批评；对有关人民政府负责人和其他直接责任人员依法给予处分。

(2)城乡规划组织编制机关委托不具有相应资质等级的单位编制城乡规划的，由上级人民政府责令改正，通报批评；对有关人民政府负责人和其他直接责任人员依法给予处分。

(3)镇人民政府或者县级以上人民政府城乡规划主管部门有下列行为之一的，由本级人民政府、上级人民政府城乡规划主管部门或者监察机关依据职权责令改正，通报批评；对直接负责的主管人员和其他直接责任人员依法给予处分：

1)未依法组织编制城市的控制性详细规划、县人民政府所在地镇的控制性详细规划的；

2)超越职权或者对不符合法定条件的申请人核发选址意见书、建设用地规划许可证、建设工程规划许可证、乡村建设规划许可证的；

3)对符合法定条件的申请人未在法定期限内核发选址意见书、建设用地规划许可证、建设工程规划许可证、乡村建设规划许可证的；

4)未依法对经审定的修建性详细规划、建设工程设计方案的总平面图予以公布的；

5)同意修改修建性详细规划、建设工程设计方案的总平面图前未采取听证会等形式听取利害关系人意见的；

6)发现未依法取得规划许可或者违反规划许可的规定在规划区内进行建设的行为，而不予查处或者接到举报后不依法处理的。

(4)县级以上人民政府有关部门有下列行为之一的，由本级人民政府或者上级人民政府

有关部门责令改正，通报批评；对直接负责的主管人员和其他直接责任人员依法给予处分：

1）对未依法取得选址意见书的建设项目核发建设项目批准文件的；

2）对未依法在国有土地使用权出让合同中确定规划条件或者改变国有土地使用权出让合同中依法确定规划条件的；

3）对未依法取得建设用地规划许可证的建设单位划拨国有土地使用权的。

本章小结

本章主要介绍了城乡规划法法规概述、城乡规划的制定、城乡规划的实施、城乡规划的修改与监督检查、历史文化名城和文物保护以及违反《城乡规划法》的法律责任。通过本章的学习能应用《城乡规划法》相关知识在规定区内依法从事工程建设活动。

思考与练习

一、填空题

1. _____是指一定区域内政治、经济、文化的中心，包括国家按行政建制设立的直辖市、市、建制镇。

2. 城市和镇应当依据_____制定城市规划和镇规划。

3. _____是指调整城市、镇及村庄规划制定、实施和管理过程中各种社会关系的法律规范的总称。

4. _____用于指导省域城镇规划体系、城市总体规划的编制。

5. 城市新区开发的形式主要有新市区的_____、_____、_____以及_____四种。

二、选择题

1.《城乡规划法》自（　　）起施行。

A. 2007年10月28日　　　　　　B. 2007年12月1日

C. 2008年1月1日　　　　　　　D. 2008年2月1日

2.《城乡规划法》中所称的城乡规划，包括城镇体系规划、城市规划、镇规划以及（　　）。

A. 乡村规划　　　　　　　　　　B. 村庄规划

C. 乡规划　　　　　　　　　　　D. 乡规划和村庄规划

3. 镇总体规划在报上级人民政府审批前，应当先经（　　）审议。

A. 本级党委　　　　　　　　　　B. 本级人民代表大会

C. 本级人大常委会　　　　　　　D. 本级人民政协

4. 城乡规划报送审批前，组织编制机关应当依法将城乡规划草案予以公告，并采取论证会、听证会或者其他方式征求专家和公众的意见。公告的时间不得少于（　　）日。

A. 10　　　　　B. 15　　　　　C. 20　　　　　D. 30

5. 根据城市规划的深化和管理的需要，一般应当编制（　　），以控制建设用地性质、使用强度和空间环境，作为城市规划管理的依据，并指导修建性详细规划的编制。

　　A. 控制性详细规划　　　　　　　B. 修建性详细规划
　　C. 总体规划　　　　　　　　　　D. 城镇体系规划

6. 城市新区的开发和建设，应当合理确定（　　）、建设规模和时序，充分利用现有市政基础设施和公共服务设施，严格保护自然资源和生态环境，体现地方特色。

　　A. 建设规模　　　　　　　　　　B. 建设周期
　　C. 建设项目费用　　　　　　　　D. 建设规模和时序

7. 按照国家规定需要有关部门批准或者核准的建设项目，以划拨方式提供国有土地使用权的，建设单位在报送有关部门批准或者核准前，应当向城乡规划主管部门申请核发（　　）。

　　A. 选址意见书　　　　　　　　　B. 建设用地规划许可证
　　C. 建设工程规划许可证　　　　　D. 规划条件通知书

三、简答题

1. 城乡规划法立法的目的是什么？
2. 城乡规划包括哪些规划？何谓规划区？
3. 建设项目选址意见书的概念及内容是什么？
4. 申请选址意见书的程序有哪些？
5. 何谓建设用地规划许可证？取得建设用地规划许可证要经过哪些程序？
6. 省域城镇体系规划、城市总体规划、镇总体规划的修改条件是什么？
7. 历史文化名城和文物保护的内容及意义是什么？
8. 简述违反《城乡规划法》的法律责任。

四、案例分析

　　位于某市城市规划区内的一个乡养鸡场的规划村镇建设用地，改为建设一所敬老院，建筑面积为 4 000 m^2，2～3 层主要为供老人使用的住宿、食堂、活动室、医疗保健室等，还有一些工作人员用房。

　　问题　这种土地使用性质改变要不要办理建设用地规划许可证？

第四章 土地管理法规

知识目标

1. 了解土地的概念及分类，熟悉土地管理法规。
2. 熟悉土地所有权的概念、特征、范围；土地使用权的概念、特征、类型、收回。
3. 了解建筑用地的概念，熟悉常用国有建设用地、农民集体建设用地。
4. 掌握违反土地管理法规的法律责任。

能力目标

1. 能够正确运用土地管理法规和相关建筑法规的基本知识。
2. 能解决工程建设用地中的相关法律问题。

第一节 土地管理概述

一、土地的概念及分类

1. 土地的概念

对于土地，以不同学科、不同研究角度对土地的认识也各有不同。一般可以把土地的概念粗略地划分成狭义的和广义的两种。

狭义的土地，仅指陆地部分。较有代表性的是土地规划和自然地理学家的观点。土地规划学者认为，"土地是指地球陆地表层，它是自然历史的产物，是由土壤、植被、地表水及表层的岩石和地下水等诸多要素组成的自然综合体"；自然地理学者认为，"土地是地理环境（主要是陆地环境）中互相联系的各自然地理成分所组成，包括人类活动影响在内的自然地域综合体"。

广义的土地，不仅包括陆地部分，而且还包括光、热、空气、海洋。英国著名的经济学家马歇尔认为："土地是指大自然为了帮助人类，在陆地、海洋、空气、光和热各方面所赠与的物质和力量。"美国土地经济学家伊利认为："土地这个词的意思不仅是指土地的表面，因为它还包括土地上、下的东西。"

从土地管理角度应当怎样定义土地呢？原国家土地管理局1992年出版的《土地管理基础知识》中这样定义土地："土地是地球表面上由土壤、岩石、气候、水文、地貌、植被等组成的自然综合体，它包括人类过去和现在的活动结果。"土地是一个综合体，是自然的产物，是人类过去和现在活动的结果。

2. 土地的分类

土地根据不同的角度和标准有不同的分类。

(1)按照土地所有权人不同，土地可以分为国家所有的土地和私人所有的土地。在我国，土地按所有权人不同，可分为国有土地(全民所有土地)、集体所有的土地，而公民个人对土地没有所有权，只能依法享有土地使用权和其他权益。

(2)从土地的用途上来看，根据《中华人民共和国土地管理法》规定，土地可分为农用地、建设用地、未利用土地。农用地是指用于农业生产的土地，包括耕地、林地、草地、农田水利用地、养殖水面等。建设用地是指建造建筑物、构筑物的土地，包括城乡住宅公共设施用地、工矿用地、交通水利设施用地、旅游用地、军事设施用地等。未利用土地是指农用地和建设用地以外的土地。

二、土地管理法规

土地管理法规是国家制定的关于规范土地权属、使用、开发、管理、监督等一系列活动的行为规范的总和，包括土地管理的法律、行政法规、地方性法规和行政规章等。我国的土地管理法规是以《中华人民共和国土地管理法》(以下简称《土地管理法》)为主体的有关土地管理法律规范的总和。

中华人民共和国
土地管理法

2004年8月28日第3次修订后公布的《土地管理法》(中华人民共和国主席令第28号)共8章：①总则；②土地的所有权和使用权；③土地利用总体规划；④耕地保护；⑤建设用地；⑥监督检查；⑦法律责任；⑧附则。

第二节 土地所有权和使用权

一、土地所有权

1. 土地所有权的概念

土地所有权是指土地所有权人对其拥有的土地实行占有、使用、收益、处分的权利，是土地所有制在法律上的体现。这一概念主要有以下三个方面的含义：

(1)土地所有权是土地所有制的法律表现形式。

(2)土地所有权的内容表现为土地所有者对土地的占有、使用、收益和处分的权利。土地的占有权是指土地所有人对于属于自己所有的土地在事实上的支配权和实际控制权；土地使用权是指土地所有人利用自己所有的土地满足自己生产和生活需要的权利；土地收益权是指土地所有者从自己所有的土地上获取经济利益的权利；土地处分权是指土地所有权人根据自己的意愿处分其土地从而使自己的土地所有权归于灭失的权利。

(3)土地所有权必须在法律允许的范围内行使。任何权利都必须在法律允许的范围内行使，超出法律允许的范围便构成权利滥用，不仅得不到法律的保护，反而会招致法律的制裁。

2. 土地所有权的特征

(1)土地所有权具有法定的有限性。我国宪法和法律对土地所有权的限定表现在三个方面：其一，对土地所有权种类的限定。我国实行土地的社会主义公有制，即全民所有制土地和劳动群众集体所有制土地，相应地存在国有土地和农民集体所有土地这两种所有权形式。其二，对土地所有权处分的限定。对于财产的处分，一般分为两种形式：事实的处分，即对物的消耗；法律上的处分，即所有人按自己的意愿依法转让所有权。土地作为一种特殊的客体，不可能消耗掉，即不存在事实上的处分问题。我国宪法规定，禁止买卖和以其他方式非法转让土地。国有土地的所有权只能属于国家；农民集体所有的土地也不能进行自由转让，只有国家根据建设需要可以征用，但征用显然不属于法律意义上的处分。其三，对土地所有权取得方式的限定。一般财产所有权取得方式有两种，即原始取得和继受取得。因土地所有权不得自由转让，继受取得土地所有权成为不可能，故设立土地所有权只有原始取得一种方式。

(2)土地所有权的形式具有两权分离性。在我国，土地所有权的主体只能是国家和劳动群众集体组织，而在许多情况下，国家和拥有土地所有权的集体不可能亲自使用土地，这就需要土地所有权和使用权广泛实行两权分离。《土地管理法》第九条规定："国有土地和农民集体所有的土地，可以依法确定给单位或者个人使用。"这一规定，既是土地所有权和使用权相分离的基本法律依据，也反映了我国土地制度的基本情况。

(3)土地所有权具有排他性。同一块土地上只能有一个所有权存在，不能同时存在两个以上的所有权，土地管理法首先规定城市市区的土地属于国家所有；同时又规定，农村和城市郊区的土地除法律规定属于国家所有的以外，属于农民集体所有；宅基地和自留地、自留山属于农民集体所有。这样规定，可以涵盖所有的城乡土地，在一块土地上只能有一种所有权，排除了确认土地时可能出现的遗漏、重叠或交叉。

3. 国有土地和集体所有土地的客体范围

(1)国有土地的范围。全民所有制土地又叫国有土地，是国家所有土地的所有权由国务院代表国家行使。根据1998年12月27日国务院发布，2014年修订的《土地管理法实施条例》第二条规定，属于全民所有即国家所有的土地有：

1)城市市区的土地；

2)农村和城市郊区中已经依法没收、征收、征购为国有的土地；

3)国家依法征收的土地；

4)依法不属于集体所有的林地、草地、荒地、滩涂及其他土地；

5)农村集体经济组织全部成员转为城镇居民的，原属于其他集体所有的土地；

6)因国家组织移民、自然等原因，农民成建制地集体迁移后不再使用的原属于迁移农民集体所有的土地。

(2)集体所有土地的范围。劳动群众集体所有制土地一般简称集体所有土地,农民集体所有的土地依法属于村农民集体所有的,由村集体经济组织或者村民委员会经营、管理。根据《中华人民共和国宪法》第十条规定:"农村和城市郊区的土地,除由法律规定属于国家所有的以外属于集体所有;宅基地和自留地、自留山也属于集体所有。"《土地管理法》第八条重申了上述规定。

二、土地使用权

1. 土地使用权的概念

土地使用权是指土地使用者在法律规定的范围内对所有的土地享有占有、使用、部分收益和处分的权利。我国的土地使用权类似于传统土地产权理论的地上权,属于他物权中的用益物权。

土地使用权具有的占有、使用、收益、处分这四项权能,与土地所有权相比,均受到一定的限制,因而不是绝对、全面的权利。其中,占有权是指土地使用者对土地实际控制、支配的权利,是产生使用权的前提和基础;使用权是指土地使用者对土地进行经营、利用的权利,土地使用者必须按照法律和合同的规定使用土地,未经法定程序批准,不得改变土地的用途,不得危害他人的合法权益;收益权是指土地使用者通过经营和使用土地,获取一定的收益的权利;处分权是指土地使用者依照法律和合同的规定转让土地使用权的权利。

《土地管理法》第九条规定:"国有土地和农民集体所有的土地,可以依法确定给单位和个人使用。使用土地的单位和个人,有保护、管理和合理利用土地的义务。"《土地管理法实施条例》第三条规定:"国家依法实行土地登记发证制度。依法登记的土地所有权和土地使用权受法律保护,任何单位和个人不得侵犯。"

2. 土地使用权的特征

(1)土地使用权是基于法律的规定而产生的。如果没有法律规定,便不会有土地使用权的合法性。

(2)土地使用权是在国有土地和农民集体土地所有权的基础上派生出来的一种权利。也就是说土地使用是依据土地所有权的存在而存在,没有土地所有权便没有土地使用权。

(3)土地使用权是一种对土地的直接支配权。

(4)土地使用权的目的是获得土地的使用价值,从土地使用活动中获得经济利益和为其他活动提供空间场所。

(5)土地使用权具有一定稳定性。一方面土地使用权人只要依法使用土地即不受他人干涉;另一方面土地使用权有一个相对较长的期限。

(6)土地使用权一般仅限于地面。根据宪法和有关法律规定,地下矿藏、文物、埋藏物等属于国家。

3. 土地使用权的类型

(1)国有土地使用权。国有土地的使用权包括单位和个人的使用权。国有土地,依其所处的地理位置,可以分为城市规划区内的国有土地和其他国有土地。

1)城市规划区内的国有土地使用权。《城市房地产管理法》第三条规定:"国家依法实行国有土地有偿、有期限使用制度。但是，国家在本法规定的范围内划拨国有土地的除外。"这里的"国有土地"是指城市规划区内的国有土地，国有土地使用权的取得方式有四种途径：一是通过行政划拨；二是与国家签订土地出让合同，缴纳土地出让金，从国家直接取得土地使用权；三是与依法享有土地使用权人签订土地使用权转让合同，以合同约定取得土地使用权；四是通过继承或承担的方式取得，即公民死亡后，其在城市的国有土地使用权由其继承人继承。在法人终止时，其土地使用权由承担其权利和义务的组织享有。

2）其他国有土地使用权。其他国有土地使用权是指位于城市规划区以外的国有土地，包括一部分在城市以外的国有企事业单位用地，国有农场、林场、牧场用地，国有荒山、荒地，国有草原、森林、水面覆盖的土地等。

(2)集体土地使用权。集体土地所有权的主体是农民集体。集体土地主要用于农业生产。在我国实行家庭联产承包责任制后，集体土地广泛实行了土地所有权与使用权的分离。目前，集体土地使用权的形式主要包括土地承包经营权，宅基地使用权，乡镇企业对农民集体土地的使用权，乡(镇)和村公共设施、公益事业建设对农民集体所有土地的使用权等。

4. 土地使用权的收回

《土地管理法》第五十八条规定，有下列情形之一的，由有关人民政府土地行政主管部门报经原批准用地的人民政府或者有批准权的人民政府批准，可以收回国有土地使用权：

(1)为公共利益需要使用土地的。

(2)为实施城市规划进行旧城区改建，需要调整使用土地的。

(3)土地出让等有偿使用合同约定的使用期限届满，土地使用者未申请续期或者申请续期未获批准的。

(4)因单位撤销、迁移等原因，停止使用原划拨的国有土地的。

(5)公路、铁路、机场、矿场等经核准报废的。

【提示】 依照前两条规定收回国有土地使用权的，对土地使用权人应当给予适当补偿。

第三节 建设用地法律制度

一、建设用地的概念

建设用地包括土地利用总体规划中已确定的建设用地和因经济及社会发展的需要，由规划中的非建设用地转成的建设用地。前者可称为规划内建设用地；后者则可称为规划外建设用地。

1. 规划内建设用地

规划内建设用地是指土地利用总体规划的建设用地，可用于进行工程项目建设。我国土地分属国家和农民集体所有，所以，又有国家所有的建设用地和农民集体所有的建设用地。《土地管理法》及《实施条例》规定：

(1)农民集体所有的建设用地只可用于村民住宅建设、乡镇企业建设和乡(镇)村公共设施及公益事业建设等与农业有关的乡村建设，不得出让、转让或出租给他人用于非农业建设。当非农业建设确需占用农民集体所有的土地时，必须先由国家将所需土地征为国有，再依法交由用地者使用。

(2)对于规划为建设用地，而现在实为农用地的土地，在土地利用总体规划确定的建设用地规模范围内，由原批准土地利用总体规划的机关审批，按土地利用年度计划，分批次将农用地批转为建设用地。在为实施城市规划而占用土地时，必须先由市县人民政府按土地利用年度计划拟定农用地转用方案，补充耕地方案、征收土地方案，分批次上报给有批准权的人民政府，由其土地行政主管部门先行审查，提出意见，再经其批准后，方可实施。为实施村庄集镇规划而占用土地的，也需按上述规定报批，但报批方案中没有征收土地方案。在已批准的农用地转为建设用地的范围内，具体建设项目用地可由市、县人民政府批准。

(3)具体建设项目需占用国有城市建设用地的，其可行性论证中的用地事项，必须交土地行政主管部门审查并出具预审报告；其可行性报告报批时，必须附具该预审报告。在项目批准后，建设单位需持有关批准文件，向市、县人民政府土地行政主管部门提出用地申请，由该土地行政主管部门审查通过后，再拟定供地方案，报市县人民政府批准，然后由市县人民政府向建设单位颁发建设用地批准书。

2. 规划外建设用地

土地利用总体规划中，除建设用地外，土地还分为农用地和未利用土地。将国有未利用土地转为建设用地，按各省、自治区、直辖市的相关规定办理，但国家重点建设项目、军事设施和跨省、自治区、直辖市的建设项目以及国务院规定的其他建设项目用地，需报国务院批准。将农用地转为建设用地，对于耕地稀缺的我国来说，会严重影响国民经济的发展和社会的稳定，也与我国切实保护耕地的基本国策不符。因此，《土地管理法》对此做了严格的限制，也规定了严格的审批程序。

(1)省、自治区、直辖市人民政府批准的道路、管线工程和大型基础设施建设项目以及国务院批准的建设项目的用地，涉及农用地转为建设用地的，必须经国务院批准。

(2)其他建设项目的用地，涉及农用地转为建设用地的，由省、自治区、直辖市人民政府批准。

二、国有建设用地

国有建设用地是指国家进行各项经济、文化、国防建设以及举办社会公共事业所需要使用的土地，包括城市市区的土地，铁路、公路、机场、国有企业、港口等国家所有土地中的建设用地。《土地管理法》第四十三条规定，"任何单位和个人进行建设，需要使用土地的，必须依法申请使用国有土地；但是，兴办乡镇企业和村民建设住宅经依法批准使用本集体经济组织农民集体所有的土地的，或者乡(镇)村公共设施和公益事业建设经依法批准使用农民集体所有的土地的除外。"《土地管理法》第五十三条规定："经批准的建设项目需要使用国有建设用地的，建设单位应当持法律、行政法规规定的有关文件，向有批准权的县级以上人民政府土地行政主管部门提出建设用地申请，经土地行政主管部门审查，报本级人民政府批准。"

国有建设用地按其来源可以分为两大类：一类为存量国有建设用地；另一类为增量国有建设用地，即申请使用国有农用地或集体所有的建设用地和农用地。按照法律规定，前者只需要向当地县级以上人民政府土地行政主管部门申请，经土地行政主管部门审查后报同级人民政府批准即可；后者还需要先行办理农用地转用和征地审批手续。

（一）农用地转用

《土地管理法》第四十四条规定："建设占用土地，涉及农用地转为建设用地的、应当办理农用地转用审批手续。"

1. 农用地转用的依据

（1）土地利用总体规划。土地用途管制制度的核心是土地利用总体规划，通过土地利用总体规划划分每一块土地的用途和土地使用条件，向社会公告。农用地能否转为建设用地，主要依据土地利用总体规划。如果土地利用总体规划确定的用途，即在建设用地范围内，可以转为建设用地，否则将不得转为建设用地。

（2）土地利用年度计划。土地利用年度计划是国家根据国民经济和社会发展计划、国家产业政策、土地利用总体规划以及建设用地和土地利用的实际情况编制。土地利用年度计划中包括农用地转为建设用地的计划，是政府审批农用地转用的依据，政府批准农用地转用必须在土地利用年度计划控制指标范围之内，不得超计划批准农用地转用。

（3）建设用地供应政策。国家通过制定建设用地的供应政策，不但有利于控制建设用地总量，防止大量占用农用地，同时，还可以优化投资结构，防止重复建设，促进国民经济协调发展。对国家明确禁止投资的建设项目，要禁止为其办理农用地转用和供地，对国家鼓励投资的建设项目，应当优先为其办理农用地转用和供地。

2. 农用地专用的批准权限

根据省、自治区、直辖市人民政府批准的道路、管线工程和大型基础设施建设项目、国务院批准的建设项目占用土地，涉及农用地转为建设用地的，由国务院批准。

在土地利用总体规划确定的城市和村庄、集镇建设用地规模范围内，为实施该规划而将农用地转为建设用地的，按土地利用年度计划分批次由原批准土地利用总体规划的机关批准。在已批准的农用地转用范围内，具体建设项目用地可以由市、县人民政府批准。

上述两种情况以外的建设项目占用土地，涉及农用地转为建设用地的，由省、自治区、直辖市人民政府批准。

（二）土地征收与征用

1. 土地征收与征用的概念

（1）土地征收。土地征收是国家为了社会公共利益的需要，将集体所有土地转变为国有土地强制措施和唯一途径。《物权法》第四十二条第二款规定："征收集体所有的土地，应当依法足额支付土地补偿费、安置补助费、地上附着物和青苗的补偿费等费用，安排被征地农民的社会保障费用，保障被征地农民的生活，维护被征地农民的合法权益。"

（2）土地征用。与土地征收不同，土地征用只是土地使用权的改变。《物权法》第四十四条规定："因抢险、救灾等紧急需要，依照法律规定的权限和程序可以征用单位、个人的不动产或者动产。被征用的不动产或者动产使用后，应当返还被征用人。单位、个人的不动产或者动产被征用或者征用后损毁、灭失的，应当给予补偿。"

2. 征地审批

我国在实行土地用途管制制度后，征地审批权限上收为国务院和省级人民政府。根据

《土地管理法》第四十五条规定，征收下列土地，需由国务院批准：

(1)基本农田。

(2)基本农田以外的耕地超过三十五公顷的。

(3)其他土地超过七十公顷的。

征收其他土地的，由省、自治区、直辖市人民政府批准，并报国务院备案。

征收农用地的，应当先行办理征地审批；经省、自治区、直辖市人民政府在征地批准权限内批准农用地专用的，同时办理征地审批手续，不再另行办理征地审批，超过征地批准权限的，应当另行办理征地审批。

3. 征地补偿

《土地管理法》第四十七条规定："征收土地的，按照被征收土地的原用途给予补偿。征收耕地的补偿费用包括土地补偿费、安置补助费以及地上附着物和青苗的补偿费。"

(1)土地补偿费。征收耕地的土地补偿费，为该耕地被征收前三年平均年产值的六至十倍。

(2)安置补助费。征收耕地的安置补助费，按照需要安置的农业人口数计算。需要安置的农业人口数，按照被征收的耕地数量除以征地前被征收单位平均每人占有耕地的数量计算。每一个需要安置的农业人口的安置补助费标准，为该耕地被征收前三年平均年产值的四至六倍。但是，每公顷被征用耕地的安置补助费，最高不得超过被征用前三年平均年产值的十五倍。

(3)地上附着物和青苗补偿费。被征收土地上的附着物和青苗的补偿标准，由省、自治区、直辖市规定。

(4)新菜地开发建设基金。征收城市郊区的菜地，用地单位应当按照国家有关规定缴纳新菜地开发建设基金。

依照前述标准支付土地补偿费和安置补助费，还不能使需要安置的农民保持原有生活水平的，经省、自治区、直辖市人民政府批准，可以增加安置补助费。土地补偿费和安置补助费的总和不得超过土地被征收前三年平均年产值的30倍。

国务院根据社会、经济发展水平，在特殊情况下，可以提高征收耕地的土地补偿费和安置补助费的标准。

征收其他土地的土地补偿费和安置补助费标准，由省、自治区、直辖市参照征用耕地的土地补偿费和安置补助费的标准规定。

(三)国有建设用地的取得方式

国有建设用地的取得方式有两种：一种是通过土地使用权出让等有偿使用方式；另一种是通过行政划拨的无偿使用方式。

1. 土地使用权划拨的概念

土地使用权划拨是指县级以上人民政府依法批准在土地使用者缴纳补偿、安置等费用后，将该幅土地交付土地使用者使用，或者将国有土地使用权无偿交付土地使用者使用的行为。以划拨方式取得土地使用权的，除法律、行政法规另有规定外，没有使用期限的限制。

2. 土地使用权划拨的范围

《土地管理法》第五十四条规定，建设单位使用国有土地，应当以出让等有偿使用方式取得，但是，下列建设用地，经县级以上人民政府依法批准，可以以划拨方式取得：

(1)国家机关用地和军事用地。

(2)城市基础设施用地和公益事业用地。
(3)国家重点扶持的能源、交通、水利等基础设施用地。
(4)法律、行政法规规定的其他用地。

(四)国有建设用地的使用与收回

建设单位应当按照土地使用权出让等有偿使用合同的约定或者土地使用权划拨批准文件的规定使用国有建设用地;确需改变该幅土地建设用途的,应当先经有关城市规划行政主管部门同意,报原批准用地的人民政府批准。其中,在城市规划区内改变土地用途的,在报批前,应当先经过有关城市规划行政主管部门同意。

《土地管理法》第五十八条规定,有下列情形之一的,由有关人民政府土地行政主管部门报经原批准用地的人民政府或者有批准权的人民政府批准,可以收回国有土地使用权:

(1)为公共利益需要使用土地的。
(2)为实施城市规划进行旧城改建,需要调整使用土地的。
(3)土地出让等有偿使用合同约定的使用期限届满,土地使用者未申请续期或者申请续期未获批准的。
(4)因单位撤销、迁移等原因,停止使用原划拨的国有土地的。
(5)公路、铁路、机场、矿场等经核准报废的。

依照前款第(1)项、第(2)项的规定收回国有土地使用权的,对土地使用权人应当给予适当补偿。

三、农民集体建设用地

(一)使用农民集体所有建设用地的范围

按照《土地管理法》第四十三条规定,可以使用农民集体所有的建设用地有下列三种情况。

(1)兴办乡镇企业使用本集体经济组织农民集体所有的土地。乡镇企业建设使用本集体经济组织农民集体所有的土地包括乡镇办企业使用本乡镇集体所有土地,村办企业使用本村集体所有土地,村民组办企业使用本村民组集体所有土地。这就要求,乡镇办企业不能使用村或村民组所有的集体土地。村民企业也不能使用村民小组所有的土地。但是,村、村民组可以使用本集体所有的土地与其他单位和个人联办企业。

(2)农村村民建设住宅使用本经济组织农民集体所有土地。即村民建设住宅使用本乡或本村、村民组所有的土地,村民不能申请其他乡或村、村民组所有的土地。城市居民也不得到农村申请使用农民集体所有土地建设住宅。

(3)乡(镇)村公共设施和公益事业建设经依法批准使用的农民集体所有的土地。乡(镇)村公共设施包括:乡村级道路、乡村级行政办公、农技推广、供水排水、电力、电信、公安、邮电等行政办公、文化科学、生产服务和公用事业设施;公共事业包括:学校、幼儿园、托儿所、医院(所)、敬老院等教育、医疗卫生设施。这些设施无论是用本集体还是其他集体所有的土地,经批准是允许的。

(二)使用农民集体所有建设用地的审批

《土地管理法》第五十九条规定,乡镇企业、乡(镇)村公共设施、公益事业、农村村民住宅等乡(镇)村建设,应当按照村庄和集镇规划,合理布局,综合开发,配套建设;建设用地,

应当符合乡(镇)土地利用总体规划和土地利用年度计划,并依照下列规定办理审批手续:

(1)乡镇企业用地审批。农村集体经济组织使用乡(镇)土地利用总体规划确定的建设用地兴办企业或者与其他单位、个人以土地使用权入股、联营等形式共同兴办企业的,应当持有关批准文件,向县级以上地方人民政府土地行政主管部门提出申请,按照省、自治区、直辖市规定的批准权限,由县级以上地方人民政府批准;其中,涉及占用农用地的,依照农用地转用的有关规定办理审批手续。

按照前款规定兴办企业的建设用地,必须严格控制。省、自治区、直辖市可以按照乡镇企业的不同行业和经营规模,分别规定用地标准。

(2)乡(镇)村公共设施、公益事业建设用地审批。乡(镇)村公共设施、公益事业建设,需要使用土地的,经乡(镇)人民政府审核,向县级以上地方人民政府土地行政主管部门提出申请,按照省、自治区、直辖市规定的批准权限,由县级以上地方人民政府批准;其中,涉及占用农用地的,依照农用地转用的有关规定办理审批手续。

(3)农村住宅用地的审批及有关规定。农村村民一户只能拥有一处宅基地,其宅基地的面积不得超过省、自治区、直辖市规定的标准。农村村民建住宅,应当符合乡(镇)土地利用总体规划,并尽量使用原有的宅基地和村内空闲地。

农村村民住宅用地,经乡(镇)人民政府审核,由县级人民政府批准;其中,涉及占用农用地的,依照农用地转用的有关规定办理审批手续。农村村民出卖、出租住房后,再申请宅基地的,不予批准。

(三)集体建设用地的收回

《土地管理法》第六十五条规定,农村集体经济组织报经原批准用地的人民政府批准,可以收回土地使用权,这是指可以收回农民集体建设用地的使用权,不包括农用地使用权和农村集体土地的承包经营权。按照规定,可以收回土地使用权的情况为:

(1)为乡(镇)村公共设施和公益事业建设,需要使用土地的。
(2)不按照批准的用途使用土地的。
(3)因撤销、迁移等原因而停止使用土地的。

收回集体土地使用权不能由所有权人任意行使,应当经过原批准用地人民政府批准。为乡(镇)村公共设施和公益事业建设,需要使用土地的,应收回农民集体所有的土地使用权的,对土地使用权人应当给予适当补偿。

第四节 违反土地管理法规的法律责任

一、土地违法案件的处理机关及处理方式

1. 土地违法案件的处理机关

土地违法案件是指违反土地管理法律、法规,必须追究法律责任的案件。土地违法案件由县级以上地方政府土地管理部门依法处理。

(1)县级土地管理部门处理本行政区域内的下列案件：

1)全民所有制单位、城市集体所有制单位和乡(镇)村集体非法占用土地的案件；

2)城镇非农业户口居民非法占用土地案件；

3)买卖或以其他形式非法转让土地案件；

4)非法批准占用土地案件；

5)非法占用征地补偿费和安置补助费案件；

6)临时使用土地期满不归还，或土地使用权被收回，拒不交出土地的案件；

7)违反法律规定，在耕地上挖土、挖砂、采石、采矿等，严重毁坏种植条件或因开发土地，造成土地严重沙化、盐渍化、水土流失的案件；

8)侵犯土地所有权或使用权案件；

9)违反土地复垦规定的案件；

10)其他违反土地管理法律、法规的案件；

11)同级人民政府和上级土地管理部门交办的案件。

(2)地、市、州、盟土地管理部门处理下列案件：

1)在本行政区域内有较大影响的案件；

2)同级人民政府和上级土地管理部门交办的案件。

(3)省、自治区、直辖市土地管理部门处理下列案件：

1)在本行政区域内有重大影响的案件；

2)同级人民政府和国家土地管理部门交办的案件。

2. 土地违法案件的处理方式

承办土地违法案件的人员在案件调查结束后，应根据事实和法律，提出《土地违法案件调查报告》，经领导集体审议，分情况予以处理。

(1)认定举报不实或者证据不足，未发现违法事实的，立案予以撤销。重大案件的撤销，应报上一级土地管理部门备案。

(2)认定违法事实清楚、证据确凿的，土地管理部门依法做出行政处罚决定，发出《土地违法案件行政处罚决定书》，送达当事人。

(3)认定侵犯土地所有权或者使用权的，土地管理部门依法做出处理决定，发出《土地侵权行为处理决定书》，送达当事人。

(4)认定当事人拒绝、阻碍土地管理人员依法执行职务的，应提请公安机关处理。

(5)认定国家工作人员违法，依法应给予行政处分的，必须提出书面建议，并附调查报告和有关证据，移送当事人所在单位或者上级机关、行政监察机关处理。处理结果应抄送移送案件的机关。

(6)认定违法行为构成犯罪的，应将案件及时移送司法机关，依法追究刑事责任。

二、因买卖或者以其他形式非法转让土地行为应承担的法律责任

1. 买卖或者以其他形式非法转让土地的违法行为的表现形式

(1)买卖、非法转让国有土地、农民集体所有土地的所有权的行为。

(2)非法转让国有土地使用权的行为。《城市房地产管理法》《城镇国有土地使用权出让和转让暂行条例》等对国有土地使用权的转让活动做出了规定。违反上述规定转让国有土地

所有权的,即构成规定的非法转让土地使用权的行为。

(3)违反《土地管理法》第六十三条的规定,转让农民集体所有的土地的使用权用于非农业建设的行为。

2. 对买卖或者以其他形式非法转让土地行为的处罚

《土地管理法》第七十三条规定:"买卖或者以其他形式非法转让土地的,由县级以上人民政府土地行政主管部门没收违法所得;对违反土地利用总体规划擅自将农用地改为建设用地的,限期拆除在非法转让的土地上新建的建筑物和其他设施,恢复土地原状,对符合土地利用总体规划的,没收在非法转让的土地上新建的建筑物和其他设施;可以并处罚款;对直接负责的主管人员和其他直接责任人员,依法给予行政处分;构成犯罪的,依法追究刑事责任。"

对买卖、非法转让土地的处罚措施,主要有以下五条:

(1)没收违法所得,即没收买卖或者非法转让土地时所获得的全部价款。

(2)对违反土地利用总体规划擅自将农用地改为建设用地,在非法转让的土地上新建设的建筑物或者设施,应当根据有关土地利用总体规划的要求,分别酌情处理。对于违反土地利用总体规划新建的建筑物和其他设施,由有关土地行政主管部门对其做出限期拆除,恢复土地原状的处罚决定;对于符合土地利用总体规划要求的,可以不拆除,由土地行政主管部门予以没收。

(3)对非法转让土地的双方当事人分别做出前述处罚决定的同时,可以做出并处罚款的决定。

(4)行政处分。给予行政处分的对象,是买卖或者以其他形式非法转让土地的单位的直接负责的主管人员和其他直接责任人员。行使行政处分的机关是有关责任人所在单位或者上级机关。

(5)刑事责任。主要是指买卖或者以其他形式非法转让土地情节严重,符合《中华人民共和国刑法》第二百二十八条规定(以牟利为目的,违反土地管理法规,非法转让、倒卖土地使用权,情节严重的,处三年以下有期徒刑或者拘役,并处或者单处非法转让、倒卖土地使用权价额百分之五以上百分之二十以下罚金;情节特别严重的,处三年以上七年以下有期徒刑,并处非法转让、倒卖土地使用权价额百分之五以上百分之二十以下罚金)即构成非法转让土地使用权罪的,应当依法由检察机关提起公诉,依照刑事诉讼的有关规定追究刑事责任。

三、因破坏耕地的法律责任

1. 破坏耕地的表现形式

破坏耕地的行为有以下三种表现形式:一是非法占用耕地建窑、建坟的行为;二是擅自在耕地上建房、挖砂、采石、采矿、取土等破坏种植条件的行为;三是因开发土地造成土地荒漠化、盐渍化的行为。

2. 对破坏耕地行为的处罚

《土地管理法》第七十四条规定:"违反本法规定,占用耕地建窑、建坟或者擅自在耕地上建房、挖砂、采石、采矿、取土等,破坏种植条件的,或者因开发土地造成土地荒漠化、盐渍化的,由县级以上人民政府土地行政主管部门责令限期改正或者治理,可以并处罚款,构成犯罪的，依法追究刑事责任。"

具体处罚主要包括以下三个方面：

(1)责令限期改正或者治理。即责令违法者在规定的期限内停止违法活动，包括清除所建砖窑等违法建筑物、停止取土、停止开发开垦土地的活动；限期治理，是指在清除违法建筑物、停止取土等的同时，对造成耕地破坏的，采取措施、恢复土地原状、达到耕地要求的种植条件等，或者对开发、开垦造成的土地沙漠化、盐渍化的，责令负责、组织开发的单位和个人采取补救措施或者其他必要措施进行整治。

(2)罚款。做出责令限期改正或者治理决定的同时，依据具体情节，可以做出并处罚款的决定。

(3)刑事责任。当破坏耕地的行为符合《中华人民共和国刑法》第三百四十二条规定(违反土地管理法规、非法占用耕地改作他用、数量较大，造成耕地大量毁坏的，处五年以下有期徒刑或者拘役，并处或者单处罚金)即构成破坏耕地罪，应承担相应的刑事责任。

四、因非法占用土地的法律责任

1. 非法占用土地的表现形式

(1)建设单位或者个人未经用地审批或者采取欺骗手段骗取批准而占用土地的。

(2)涉及农用地改为建设用地、未取得农用地转用审批或者采取欺骗手段骗取农用地转用审批的。

(3)超过批准的数量占用土地的。

2. 对非法占用土地的处罚

《土地管理法》第七十六条规定："未经批准或者采取欺骗手段骗取批准，非法占用土地的，由县级以上人民政府土地行政主管部门责令退还非法占用的土地；对违反土地利用总体规划擅自将农用地改为建设用地的，限期拆除在非法占用的土地上新建的建筑物和其他设施，恢复土地原状；对符合土地利用总体规划的，没收在非法占用的土地上新建的建筑物和其他设施，可以并处罚款；对非法占用土地单位的直接负责人员和其他直接责任人员、依法给予行政处分；构成犯罪的，依法追究刑事责任。超过批准的数量占有土地，多占的土地以非法占有土地论处。"

(1)责令退还非法占用土地。即将非法占用的土地返还给土地的合法所有者或使用者。

(2)恢复土地原状。对违反土地利用总体规划擅自将农用地改为建设用地的，限期拆除在非法转让的土地上翻建的建筑物和其他设施，恢复土地原状。

(3)没收。对符合土地利用总体规划的，没收在非法转让的土地上新建的建筑物和其他设施。

(4)罚款。有关土地行政主管部门在做出有关行政处罚决定的同时，根据情况，可以做出并处罚款的决定。

(5)行政处分。给予行政处分的对象是非法占用土地的单位的直接负责的主管人和其他直接责任人员。行使行政处分的机关是有关责任人所在单位或者上级机关。

(6)刑事责任。主要是指非法占用土地的行为情节严重，触犯《中华人民共和国刑法》第三百四十二条规定，即构成非法占用土地罪，应承担相应的刑事责任，包括有期徒刑或者拘役、单处或者并处罚金。

五、因非法侵占、挪用征地费的法律责任

1. 非法侵占、挪用征地费行为的表现形式

非法侵占征地费是单位或个人将属于农民集体所有的土地补偿费、安置补助费以及农民个人的土地附着物和青苗补偿费据为己有的行为；非法挪用征地费是单位或个人将征用土地的土地补偿费、安置补助费、土地附着物和青苗补偿费挪作他用，以谋取利益的行为。

2. 对非法侵占、挪用征地费行为的处罚

(1)行政处分。《土地管理法》第七十九条规定："侵占、挪用被征用土地单位的征地补偿费用和其他有关费用，构成犯罪的，依法追究刑事责任；尚不构成犯罪的，依法给予行政处分。"

(2)刑事责任。非法侵占征地费的行为，按《中华人民共和国刑法》第二百七十一条规定进行处理："公司、企业或者其他单位的人员利用职务上的便利，将本单位的财物非法占为己有，数额较大的，处五年以下有期徒刑或者拘役；数额巨大的，处五年以上有期徒刑可以并处没收财产。"非法挪用征地费，情节严重，按《中华人民共和国刑法》第二百七十二条规定进行处理："公司、企业或者其他单位的工作人员利用职务上的便利，挪用本单位资金归个人使用或者借贷他人，数额较大，超过三个月未还的，或者虽未超过三个月，但数额较大、进行营利活动的，或者进行非法活动的，处三年以下有期徒刑或者拘役；挪用本单位资金数额巨大的，或者数额较大不退还的，处三年以上十年以下有期徒刑。"

本章小结

本章主要介绍了土地管理概述、土地所有权和使用权、建设用地法律制度、违反土地管理法规的法律责任；通过本章的学习能够根据《土地管理法》依法从事工程建设活动。

思考与练习

一、填空题

1. 按照土地所有权人不同，土地可以分为_____和_____。
2. _____是国家制定的关于规范土地权属、使用、开发、管理、监督等一系列活动的行为规范的总和。
3. _____是指土地所有权人对其拥有的土地实行占有、使用、收益、处分的权利，是土地所有制在法律上的体现。
4. _____是指土地所有者从自己所有的土地上获取经济利益的权利。
5. 土地所有权必须在_____的范围内行使。
6. _____是指土地使用者在法律规定的范围内对所使用的土地享有占有、使用、部分收益和处分的权利。
7. 国有土地的使用权包括_____和_____的使用权。

8. 集体土地所有权的主体是_____。

9. 省、自治区、直辖市人民政府批准的道路、管线工程和大型基础设施建设项目以及国务院批准的建设项目的用地，涉及农用地转为建设用地的，必须经_____批准。

二、选择题

1. 从土地的用途上来看，土地可分为（　　）。
A. 农用地　　　　B. 建设用地　　　　C. 工业用地
D. 未利用土地　　E. 城乡用地

2. 土地管理法规包括（　　）。
A. 土地管理的法律　　　　B. 行政法规
C. 地方性法规　　　　　　D. 行政规章
E. 郊区性法规

3. （　　）是指土地所有人对于属于自己所有的土地在事实上的支配权和实际控制权。
A. 土地的占有权　　　　B. 土地使用权
C. 土地收益权　　　　　D. 土地处分权

4. 土地使用权的特征包括（　　）。
A. 土地使用权是基于法律的规定而产生的
B. 土地使用权是在国有土地和农民集体土地所有权的基础上派生出来的一种权利
C. 土地使用权是一种对土地的直接支配权
D. 土地使用权的目的是获得土地的使用价值，从土地利用活动中获得经济利益和为其他活动提供空间场所
E. 土地使用权具有一定的交易性

5. （　　）是国家为了社会公共利益的需要，将集体所有土地转变为国有土地强制措施和唯一途径。
A. 土地征用　　　　B. 土地征收
C. 土地利用　　　　D. 土地权限

6. 根据《土地管理法》第四十五条规定，征收（　　）土地，需由国务院批准。
A. 基本农田
B. 基本农田以外的耕地超过三十五公顷的
C. 其他土地超过七十公顷的
D. 土地补偿费
E. 新菜地开发建设基金

三、简答题

1. 土地的广义含义和狭义含义指哪些？
2. 土地所有权的特征有哪些？
3. 简述国有土地和集体所有土地的客体范围。
4. 土地使用权与土地所有权有哪些区别？
5. 土地规划内建设用地有哪些规定？
6. 国有建设用地的取得方式有哪两种？
7. 对买卖、非法转让土地的处罚措施主要有哪些？

四、案例分析

某中学位于市中心商业繁华地段，2010年，该校未经土地管理部门批准，拆掉临街的一栋简易食堂，利用原食堂的地基，修建了占地400 m²的两层商业铺面楼，全部用于出租经商，所获收益全部用于教师福利。

2014年，市土地管理部门发现这一情况后，立即立案查处。经查该中学拆旧房建新房只经过市建委同意，未向土地管理部门办理划拨土地使用用途变更手续，商业铺面修好后用于出租，也未将出租商业铺面的租金中所含土地收益上交给国家，为此，由于市土地管理局决定依照规定没收该中学的非法所得并处以罚款。但因没有搜集到证据，没有下达行政处罚决定书。

不料，在搜集证据时遇到了阻碍。校方拒绝向市土地管理局提供房屋出租合同，又对承租方施压，不准他们向土地管理局提供证据，市土地管理局不能依法取得该中学违法出租土地的非法所得的准确数额，计算不出罚款金额。故依据《行政处罚法》的规定，不能对该中学下达行政处罚决定书。因为一旦下达行政处罚书，对方向法院提起行政诉讼，市土地管理局因行政处罚所依据的证据不充分，可能会败诉。因此，市土地管理局依法请市房地产估价机构进行价格评估，每平方米的月租金为550元。据此，市土地管理局对该中学下达了行政处罚决定书：

(1)责令该中学补办划拨土地使用权出租审批、登记手续；

(2)没收违法所得10万元，并处罚款5万。

某中学受到行政处罚书后，拒不执行，也没有依法向人民法院提起诉讼，市土地管理局依法申请人民法院强制执行。

问题：

本案例中某中学有哪些违法行为？市土地管理局对该中学下达的行政处罚决定书是否正确？

第五章　建设工程勘察设计法规

> **知识目标**

1. 了解建设工程勘察设计的概念、任务与原则，建设工程勘察设计法规的概念及调整对象。
2. 了解建设工程勘察设计工作原则及人员资格管理，建设工程勘察设计的发包与承包。
3. 熟悉建设工程勘察设计资质管理的分类和分级、申请条件及资质申请提供的材料，建设工程勘察设计资质的撤销与注销。
4. 掌握建设工程勘察设计文件的编制与审批，建设工程勘察设计监督管理。

> **能力目标**

1. 能运用所学建设工程勘察设计的知识对勘察设计单位进行资质管理。
2. 能运用所学建设工程勘察设计法规的知识解决工程建设中相关的法律问题。

第一节　建设工程勘察设计概述

一、建设工程勘察设计的概念

建设工程勘察是指为工程建设的规划、设计、施工、运营及综合治理等，对地形、地质及水文等要素进行测绘、勘探、测试及综合评定，并提供可行性评价与建设所需要的勘察成果资料，以及进行岩土工程勘察设计、处理、监测的活动。

建设工程设计是指运用工程技术理论及技术经济方法，按照现行技术标准，对新建、扩建、改建项目的工艺、土建、公用工程、环境工程等进行综合性设计（包括必需的非标准设备设计）及技术经济分析，并提供作为建设依据的设计文件和图纸的活动。

在工程建设的过程中，勘察设计、施工安装与材料设备的生产供应是主要环节，而勘察设计又是关键环节。勘察是设计的基础依据，设计是整个工程建设的灵魂。勘察设计在整个建设程序中占有十分重要的地位，因此，制定勘察设计法规并依法进行管理是其重要内容。

二、建设工程勘察设计的任务与原则

(一)勘察工作的任务和作用

1. 勘察工作的概念和任务

这里所说的勘察,不是指广泛意义上的地质和矿产资源等方面的勘察,而是指为建设项目的立项、设计和施工服务的,包括工程测量、水文地质勘察的工程地质勘察在内的工程勘探和考察,是为查明拟建项目建设地点的地形地貌、地层地基的土性、岩性、地质构造、水文地质状况、各种自然地质现象和特殊地质条件而进行的以测量、测绘、测试、观察、地质调查、勘探、试验、分析、研究、鉴定和评价等方面为内容的各种工作。

2. 勘察工作的目的和作用

由于勘察工作是项目建设的首要环节,其最终目的是为拟建项目厂(场)址的选择、工程的设计和施工提供科学、可靠的根据,所以,勘察工作的深度是否符合规定,勘察成果的质量和精度能否满足工作需要,不仅同厂(场)址的选择是否正确得当和工程建设成本的高低紧密相关,而且同项目建成投产后经济效益和社会效益的好坏也有很大关系。因此,负责工程勘察和项目建设的各有关单位,务必把这项工作彻底做好,按照没有勘察就不能决定拟建项目的厂(场)址,没有决定厂(场)址就不能进行设计,没有设计就不能施工的原则办事。

(二)工程设计的任务

1. 工程设计的任务

工程设计的根本任务是把计划与理想变成现实蓝图。工程设计是项目建设中的一个关键环节,是基本建设程序中必不可少的一个重要组成部分。在规划、厂(场)址和可行性研究等已定的情况下,它是项目建设中一个决定性的环节。

一个建设项目的资源利用是否合理,厂区总图布置是否紧凑、适度,设备选型是否得当,技术、工艺、流程是否先进、合理,生产组织是否科学、严谨,能否以较少的投资,取得较大效益的综合效果,在很大程度上取决于设计质量的好坏和水平的高低。设计对建设项目在建设过程中能否节约投资,在建成投产以后能否充分发挥生产能力和取得最大的综合效益起着举足轻重的作用。

2. 工程设计与可行性研究的区别

根据可行性研究报告规定的内容所进行的设计工作,是建设项目进入实施阶段的主要技术准备工作。它与可行性研究既有联系又有区别,具体表现为以下三点:

(1)所处的时间和阶段不同。从时间角度来看,可行性研究在前,而设计在后。从项目在整个形成过程中所处的阶段来看,可行性研究是处于项目的研究或立项阶段,而设计则是处于项目实施前的准备阶段。

(2)任务和功能不同。可行性研究的根本任务是研究、考察和探索所设想或拟议中的建设项目在技术、经济、政策和法律等方面能否成立,所以说,它具有一种"鉴别"的功能。从研究的结果看,能够成立或不能成立这两种可能同时存在;而设计的根本任务则是在建设项目能够成立的前提下,根据已经批准的可行性研究报告和评估意见的要求,把项目的计划变为实施蓝图,使项目的构想成为现实的具体实施方案,所以说,它具有一种"转换"

的功能。

(3)在建设和管理中的作用不同。从项目建设和项目管理的角度看,可行性研究和设计的作用是大不相同的。从我国现行的有关规定来看,经有关主管部门批准的可行性研究(包括其评估意见或评估报告)是设计的依据;而设计是安排项目建设和施工的依据。

(三)工程设计的原则

工程设计是工程建设的主导环节,在建设项目确定前,为项目决策提供科学依据;在项目确定后,为工程建设提供设计文件。工程设计的质量和水平,对于资源能否合理配置,工程建设能否保证质量并节约投资,建成投产或交付使用后能否发挥良好的效益,都起着决定性作用。

为了保证工程设计能发挥其应有的作用,总结国内外长期工程建设实践经验,工程设计应当遵循以下主要原则:

(1)贯彻经济、社会发展规划、城乡规划和产业政策的原则。基本建设计划是国民经济、社会发展规划的重要体现,工程设计是对基本建设计划所规定的建设项目的进一步具体化,即从技术、经济上对拟建工程进行详细规划工作。工程设计应当贯彻国民经济和社会发展规划,体现产业政策。城市、村庄和集镇规划是指为了实现一定时期内的经济和社会发展目标,确定城市、村庄和集镇性质、规模和发展方向,合理利用城市、村庄和集镇土地,协调城市、村庄和集镇空间布局和各项建设的综合部署的具体安排。工程设计应当符合城市、村庄和集镇规划。

(2)实行资源综合利用、节约资源、符合环保要求的原则。根据国家需要、技术可能和经济合理的原则,要充分考虑矿产、能源、水、农、林、牧、渔等资源的综合利用。在工业建设项目设计中,要选用耗能少的生产工艺和设备;在民用建设项目中,也要采取节约能源措施。要提倡区域性集中供热,重视余热利用。城市的新建、扩建和改建工程项目,应当配套建设节约用水设施。一切工程建设,都必须因地制宜,提高土地利用率。建设项目的厂址选择,应尽量利用荒地、劣地,不占或少占耕地。总平面的布置,要紧凑合理。在进行各类工程设计时,应积极改进工艺,采取行之有效的技术措施,防止粉尘、毒物、废水、废气、废渣、噪声、放射性物质及其他有害因素对环境造成的污染,并进行综合治理和利用,使设计符合国家环境保护规定的标准。

(3)遵守强制性工程建设技术标准的原则。工程建设标准分为强制性标准和推荐性标准。工程建设中有关安全、卫生和环境保护等方面的标准是强制性标准,工程设计必须严格遵守。对于不符合工程建设强制性技术标准的设计文件,不得批准和使用。

(4)采用新技术、新工艺、新材料、新设备的原则。许多科研成果需要通过设计才能转化为生产力。对于工程建设中的新技术、新工艺,通过工业试验取得工程应用的条件和设计数据,并落实新材料的生产和新设备的制造,使新开发的技术成果及时用于设计。工程设计应当广泛吸收国内外先进的科研和技术成果,结合我国的国情和工程实际,积极采用新技术、新工艺、新材料、新设备,以保证建设工程的先进性和可靠性。

(5)重视技术和经济结合的原则。工程设计应当努力做到技术上先进,经济上合理。技术先进,从其最终结果来看,是生产效率高、产量多、质量好、成本低。但采用先进的技术,建设的投资往往要多一些,建设时间要长一些。因此,工程设计应当重视技术和经济的结合,节约建设工程投资,提高建设工程的经济效益、社会效益和环境效益。

(6)公共建筑和住宅设计注重美观、适用、协调的原则。建筑既要满足生产、生活的物质需要，也要满足人们精神享受的需要；它既是实用功能和美感作用的统一，又是科学技术和艺术技巧的统一。公共建筑和住宅设计应当巧于构思、造型新颖、各具风格、功能适用、结构合理，重视建筑物与周围环境的协调，注意保护自然景观。

三、建设工程勘察设计法规的概念及调整对象

(一)工程勘察设计法规的概念

工程勘察设计法规是指调整工程勘察设计活动中所产生的各种社会关系的法律规范的总称。工程勘察设计法规涉及范围广，内容多，包括工程勘察设计专门法规和有关工程勘察设计方面的法律规定。

(二)工程勘察设计法规的调整对象

工程勘察设计规范的调整对象包括：

(1)勘察设计主管部门对从事勘察设计活动的单位和个人实施许可制度而发生的行政管理关系。

(2)勘察设计主管部门与建设单位和勘察设计单位之间，因编制、审批、执行勘察设计文件、资料而发生的审批关系。

(3)因工程建设的实施，发生于建设单位与勘察设计单位之间的经济合同关系。

(4)因各种技术规定、制度和操作规程，发生于勘察设计单位内部的计划管理、技术管理、质量管理以及各种形式的经济责任制等内部管理关系。

四、建设工程勘察设计工作原则及人员资格管理

(一)工程勘察设计工作原则

1. 勘察工作应坚持的原则

(1)勘察工作必须遵守国家的法律、法规，贯彻国家有关经济建设的方针、政策和基本建设程序，以及要贯彻执行提高经济效益和促进技术进步的方针。

(2)勘察成果要反映客观地形、地质情况，确保原始资料的准确性，结合工程具体特点和要求提出明确的评价、结论和建议。

(3)勘察工作既要防止技术保守或片面追求产值，任意加大工作量，又要防止不适当地减少工作量而影响勘察成果的质量，给工程建设造成事故或浪费。

(4)要积极采用新理论、新技术、新方法、新手段，并结合工程和勘察地区的具体情况，因地制宜地采用先进可靠的勘察手段和评价方法，努力提高勘察水平。

(5)勘察工作不仅要评价当前环境和地质条件对工程建设的适应性，而且要预测工程建设对地质和环境条件的影响。要从环境出发，做好环境地质评价工作。

(6)勘察工作前期应全面搜集、综合分析，充分使用已有的勘察资料。

(7)要加强对勘察职工的安全生产教育，严格遵守安全规程，避免人身、机具和工程事故。

此外，勘察单位还应当站在国家立场上，认真贯彻执行党的方针政策，树立全局观念，维护国家利益，坚持按建设程序办事，严格执行勘察设计程序；积极采用先进技术，加强

质量管理；努力提高工作效率，把完成国家计划任务放在首位，保证完成国家重点项目勘察任务和上级核定的工作量指标。

2. 设计工作应坚持的原则

根据1983年原国家计委印发的《基本建设设计工作管理暂行办法》的有关规定，设计工作应坚持以下原则：

(1)要遵守国家的法律、法规，贯彻执行国家经济建设的方针、政策和基本建设程序，特别应贯彻执行提高经济效益和促进技术进步的方针。

(2)要从全局出发，正确处理工业与农业、工业内部、沿海与内地、城市与乡村、远期与近期、平时与战时、技改与新建、生产与生活、安全质量与经济效益等方面的关系。

(3)要根据国家有关规定和工程的不同性质、不同要求，从我国实际情况出发，合理确定设计标准。对生产工艺、主要设备和主体工程要做到先进、适用、可靠。对非生产性的建设，应坚持适用、经济、在可能条件下注意美观的原则。

(4)要实行资源的综合利用。根据国家需要、技术可能和经济合理的原则，充分考虑矿产、能源、水、农、林、牧、渔等资源的综合利用。

(5)要节约能源。在工业建设项目设计中，要选用耗能少的生产工艺和设备；在民用建设项目中，也要采取节约能源措施。要提倡区域性供热，重视余热利用。

(6)要保护环境。在进行各类工程设计时，应积极改进工艺，采用行之有效的技术措施，防止粉尘、毒物、废水、废气、废渣、噪声、放射性物质及其他有害因素造成环境污染，并进行综合治理和利用，使设计符合国家规定的标准。

(7)要注意专业化和协作。建设项目应根据专业化和协作的原则进行建设，其辅助生产设施、公用设施、运输设施以及生活福利设施等，都应尽可能同邻近有关单位密切协作。

(8)要节约用地。一切工程建设，都必须因地制宜，提高土地利用率。建设项目的厂址选择，应尽量利用荒地、劣地，不占或少占耕地。总平面的布置，要紧凑合理。

(9)要合理使用劳动力。在建设项目的设计中，要合理选择工艺流程、设备、线路，合理组织人流、物流，合理确定生产和非生产定员。

(10)要立足于自力更生。引进国外先进技术必须符合我国国情，着眼于提高国内技术水平和制造能力。凡引进技术、进口关键设备能满足需要的，就不应引进成套项目；凡能自行设计或合作设计的，就不应委托或单独依靠国外设计。

(二)对勘察设计人员的要求

(1)热爱祖国，热爱勘察设计事业，树立大公无私的思想，全心全意为人民服务。

(2)站在国家立场，贯彻执行党的方针政策，遵守职业道德，坚持勘察设计工作的科学性和公正性。

(3)刻苦学习，勇于创新，不断提高勘察设计水平。

(4)理论联系实际，深入调查研究，使勘察设计符合实际。

(5)树立全局观念、质量第一思想，忠于职守，敢于同不良风气作斗争。

(6)在工程设计中不得私自收取、私分设备制造厂家和建材生产厂家及业主的佣金、回扣，不得采用淘汰的商品和伪劣产品。

五、建设工程勘察设计的发包与承包

建设工程勘察设计的发包与承包应遵循以下原则：

(1)建设工程勘察设计发包依法实行招标发包或者直接发包。

(2)建设工程勘察设计应当依照《中华人民共和国招标投标法》的规定，实行招标发包。

(3)建设工程勘察设计方案评标，应当以投标人的业绩、信誉和勘察设计人员的能力以及勘察、设计方案的优劣为依据，进行综合评定。

(4)建设工程勘察设计的招标人应当在评标委员会推荐的候选方案中确定中标方案。但是，建设工程勘察设计的招标人认为评标委员会推荐的候选方案不能最大限度满足招标文件规定的要求的，应当依法重新招标。

(5)下列建设工程的勘察设计，经有关主管部门批准，可以直接发包：

1)采用特定的专利或者专有技术的；

2)建筑艺术造型有特殊要求的；

3)国务院规定的其他建设工程的勘察设计。

(6)发包方不得将建设工程勘察设计业务发包给不具有相应勘察设计资质等级的建设工程勘察设计单位。

(7)发包方可以将整个建设工程的勘察设计发包给一个勘察设计单位；也可以将建设工程的勘察设计分别发包给几个勘察设计单位。

(8)除建设工程主体部分的勘察设计外，经发包方书面同意，承包方可以将建设工程其他部分的勘察设计再分包给其他具有相应资质等级的建设工程勘察设计单位。

(9)建设工程勘察、设计单位不得将所承揽的建设工程勘察设计转包。

(10)承包方必须在建设工程勘察设计资质证书规定的资质等级和业务范围内承揽建设工程的勘察设计业务。

(11)建设工程勘察设计的发包方与承包方，应当执行国家规定的建设工程勘察设计程序。

(12)建设工程勘察设计的发包方与承包方应当签订建设工程勘察设计合同。

(13)建设工程勘察设计发包方与承包方应当执行国家有关建设工程勘察设计费的管理规定。

第二节 建设工程勘察设计资质管理

为了加强对建设工程勘察设计活动的监督管理，保证建设工程勘察设计质量，根据《中华人民共和国行政许可法》《建筑法》《建设工程质量管理条例》和《建设工程勘察设计管理条例》等法律、行政法规，2006年12月30日经原建设部第114次常务会议讨论通过《建设工程勘察设计资质管理规定》，自2007年9月1日起施行。在中华人民共和国境内申请建设工程勘察、工程设计资质，实施对建设工程勘察、工程设计资质的监督管理，适用建设工程勘察设计资质管理规定。

一、建设工程勘察设计资质管理概述

从事建设工程勘察设计活动的企业，应当按照其拥有的注册资本、专业技术人员、技术装备和勘察设计业绩等条件申请资质，经审查合格，取得建设工程勘察、工程设计资质证书后，方可在资质许可的范围内从事建设工程勘察设计活动。

国务院建设主管部门负责全国建设工程勘察设计资质的统一监督管理。国务院铁路、交通、水利、信息产业、民航等有关部门配合国务院建设主管部门实施相应行业的建设工程勘察、设计资质管理工作。省、自治区、直辖市人民政府建设主管部门负责本行政区域内建设工程勘察、设计资质的统一监督管理。省、自治区、直辖市人民政府交通、水利、信息产业等有关部门配合同级建设主管部门实施本行政区域内相应行业的建设工程勘察设计资质管理工作。

二、建设工程勘察设计资质的分类和分级

(一)工程勘察资质的分类和分级

工程勘察资质分为工程勘察综合资质、工程勘察专业资质和工程勘察劳务资质。

工程勘察综合资质只设甲级；工程勘察专业资质设甲级、乙级，根据工程性质和技术特点，部分专业可以设丙级；工程勘察劳务资质不分等级。

取得工程勘察综合资质的企业，可以承接各专业(海洋工程勘察除外)、各等级工程勘察业务；取得工程勘察专业资质的企业，可以承接相应等级相应专业的工程勘察业务；取得工程勘察劳务资质的企业，可以承接岩土工程治理、工程钻探、凿井等工程勘察劳务业务。

(二)工程设计资质的分类和分级

工程设计资质分为工程设计综合资质、工程设计行业资质、工程设计专业资质和工程设计专项资质。

工程设计综合资质只设甲级；工程设计行业资质、工程设计专业资质、工程设计专项资质设甲级、乙级。根据工程性质和技术特点，个别行业、专业、专项资质可以设丙级，建筑工程专业资质可以设丁级。取得工程设计综合资质的企业，可以承接各行业、各等级的建设工程设计业务；取得工程设计行业资质的企业，可以承接相应行业相应等级的工程设计业务及本行业范围内同级别的相应专业、专项(设计施工一体化资质除外)工程设计业务；取得工程设计专业资质的企业，可以承接本专业相应等级的专业工程设计业务及同级别的相应专项工程设计业务(设计施工一体化资质除外)；取得工程设计专项资质的企业，可以承接本专项相应等级的专项工程设计业务。

三、建设工程勘察设计资质的申请条件

(1)凡在中华人民共和国境内，依法取得工商行政管理部门颁发的企业法人营业执照的企业，均可申请建设工程勘察工程设计资质。依法取得合伙企业营业执照的企业，只可申报建筑工程设计事务所资质。

(2)因建设工程勘察未对外开放，资质审批部门不受理外商投资企业(含新成立、改制、

重组、合并、并购等)申请建设工程勘察资质。

(3)工程设计综合资质涵盖所有工程设计行业、专业和专项资质。凡具有工程设计综合资质的企业不需单独申请工程设计行业、专业或专项资质证书。工程设计行业资质涵盖该行业资质标准中全部设计类型的设计资质。凡具有工程设计某行业资质的企业不需单独申请该行业内的各专业资质证书。

(4)具备建筑工程行业或专业设计资质的企业,可承担相应范围相应等级的建筑装饰工程设计、建筑幕墙工程设计、轻型钢结构工程设计、建筑智能化系统设计、照明工程设计和消防设施工程设计等专项工程设计业务,不需单独申请以上专项工程设计资质。

(5)有下列资质情形之一的,资质审批部门应按照升级申请办理:
1)具有工程设计行业、专业、专项乙级资质的企业,申请与其行业、专业、专项资质对应的甲级资质的;
2)具有工程设计行业乙级资质或专业乙级资质的企业,申请现有资质范围内的一个或多个专业甲级资质的;
3)具有工程设计某行业或专业甲、乙级资质的企业,其本行业和本专业工程设计内容中包含了某专项工程设计内容,申请相应的专项甲级资质的;
4)具有丙级、丁级资质的企业,直接申请乙级资质的。

(6)新设置的分级别的工程勘察设计资质,自正式设置起,设立两年过渡期。在过渡期内,允许企业根据实际达到的条件申请资质等级,不受最高不超过乙级申请的限制,且申报材料不需提供企业业绩。

(7)具有乙级及以上施工总承包资质的企业可直接申请同类别或相近类别的工程设计甲级资质。具有乙级及以上施工总承包资质的企业申请不同类别的工程设计资质的,应从乙级资质开始申请(不设乙级的除外)。

(8)企业的专业技术人员、工程业绩、技术装备等资质条件,均是以独立企业法人为审核单位。企业(集团)的母、子公司在申请资质时,各项指标不得重复计算。

(9)允许每个大专院校有一家所属勘察设计企业可以聘请本校在职教师和科研人员作为企业的主要专业技术人员,但是其人数不得大于资质标准中要求的专业技术人员总数的三分之一,且聘期不得少于2年。在职教师和科研人员作为非注册人员考核时,其职称应满足讲师或助理研究员及以上要求,从事相应专业的教学、科研和设计时间10年及以上。

四、建设工程勘察设计资质申请提供的材料

(一)企业首次申请提供的资料

(1)工程勘察设计资质申请表。
(2)企业法人、合伙企业营业执照副本复印件。
(3)企业章程或合伙人协议。
(4)企业法定代表人、合伙人的身份证明。
(5)企业负责人、技术负责人的身份证明、任职文件、毕业证书、职称证书及相关资质标准要求提供的材料。
(6)工程勘察设计资质申请表中所列注册执业人员的身份证明、注册执业证书。

(7)工程勘察设计资质标准要求的非注册专业技术人员的职称证书、毕业证书、身份证明及个人业绩材料。

(8)工程勘察设计资质标准要求的注册执业人员、其他专业技术人员与原聘用单位解除聘用劳动合同的证明及新单位的聘用劳动合同。

(9)资质标准要求的其他有关材料。工程勘察设计资质证书分为正本和副本,正本一份,副本六份,由国务院建设主管部门统一印制,正、副本具备同等法律效力。资质证书有效期为5年。

(二)企业申请资质升级提供的资料

(1)企业首次申请工程勘察工程设计资质规定中第(1)、(2)、(5)、(6)、(7)、(9)项所列资料。

(2)工程勘察工程设计资质标准要求的非注册专业技术人员与本单位签订的劳动合同及社保证明。

(3)原工程勘察工程设计资质证书副本复印件。

(4)满足资质标准要求的企业工程业绩和个人工程业绩。

(三)企业增项申请提供的资料

(1)企业首次申请工程勘察工程设计资质规定中第(1)、(2)、(5)、(6)、(7)、(9)项所列资料。

(2)工程勘察工程设计资质标准要求的非注册专业技术人员与本单位签订的劳动合同及社保证明。

(3)原资质证书正、副本复印件。

(4)满足相应资质标准要求的个人工程业绩证明。资质有效期届满,企业需要延续资质证书有效期的,应当在资质证书有效期届满60日前,向原资质许可机关提出资质延续申请。对在资质有效期内遵守有关法律、法规、规章、技术标准,信用档案中无不良行为记录,且专业技术人员满足资质标准要求的企业,经资质许可机关同意,有效期延续5年。

(四)企业申请资质证书变更提供的资料

(1)资质证书变更申请。

(2)企业法人、合伙企业营业执照副本复印件。

(3)资质证书正、副本原件。

(4)与资质变更事项有关的证明材料。

企业改制的,除提供前款规定资料外,还应当提供改制重组方案、上级资产管理部门或股东大会的批准决定、企业职工代表大会同意改制重组的决议。

企业首次申请、增项申请工程勘察、工程设计资质,其申请资质等级最高不超过乙级,且不考核企业工程勘察、工程设计业绩。

已具备施工资质的企业首次申请同类别或相近类别的工程勘察、工程设计资质的,可以将相应规模的工程总承包业绩作为工程业绩予以申报。其申请资质等级最高不超过其现有施工资质等级。

五、建设工程勘察设计资质的撤销与注销

(一)工程勘察设计资质撤销的情形

有下列情形之一的,资质许可机关或者其上级机关,根据利害关系人的请求或者依据职权,可以撤销工程勘察、工程设计资质:

(1)资质许可机关工作人员滥用职权、玩忽职守作出准予工程勘察、工程设计资质许可的。

(2)超越法定职权作出准予工程勘察、工程设计资质许可的。

(3)违反资质审批程序作出准予工程勘察、工程设计资质许可的。

(4)对不符合许可条件的申请人作出工程勘察、工程设计资质许可的。

(5)依法可以撤销资质证书的其他情形。

【注意】 以欺骗、贿赂等不正当手段取得工程勘察、工程设计资质证书的,应当予以撤销。

(二)工程勘察设计资质注销的情形

有下列情形之一的,企业应当及时向资质许可机关提出注销资质的申请,交回资质证书,资质许可机关应当办理注销手续,公告其资质证书作废:

(1)资质证书有效期届满未依法申请延续的。

(2)企业依法终止的。

(3)资质证书依法被撤销、撤回,或者吊销的。

(4)法律、法规规定的应当注销资质的其他情形。

有关部门应当将监督检查情况和处理意见及时告知建设主管部门。资质许可机关应当将涉及铁路、交通、水利、信息产业、民航等方面的资质被撤回、撤销和注销的情况及时告知有关部门。

第三节 工程勘察设计文件的编制与审批

一、建设工程勘察设计文件的编制的原则和依据

(一)建设工程勘察设计文件编制的原则

工程勘察设计是工程建设的主导环节,对工程建设的质量、投资效益起着决定性的作用。为保证工程勘察设计的质量和水平,根据相关法规规定,工程勘察设计必须遵循以下主要原则。

(1)贯彻经济规划、社会发展规划、城乡规划和产业政策。经济、社会发展规划及产业政策,是国家某一时期的建设目标和指导方针,工程设计必须贯彻其精神;城市规划、村庄和集镇规划一经批准公布,即成为工程建设必须遵守的规定,工程设计活动也必须符合

其要求。

(2) 综合利用资源，满足环保要求。在工程设计中，要充分考虑矿产、能源、水、农、林、牧、渔等资源的综合利用。要因地制宜，提高土地利用率。同时，要尽量利用荒地、劣地，不占或少占耕地。工业项目中要选用能耗较少的生产工艺和设备；民用项目中，要采取节约能源的措施，提倡区域集中供热，重视余热利用。城市新建、扩建和改建项目，应配套建设节约用水设施。在工程设计时，还应积极改进工艺，采取行之有效的技术措施，防止粉尘、毒物、废水、废气、废渣、噪声、放射性物质及其他有害因素造成环境污染，要进行综合治理和利用，使设计符合国家环保标准。

(3) 遵守工程建设技术标准。工程建设中安全、卫生和环境保护等方面的标准都是强制性标准，在工程设计时必须严格遵守。如必须遵守《工程建设标准强制性条文》中各个部分的规定。

(4) 采用新技术、新工艺、新材料和新设备，以保证建设工程的先进性和可靠性。

(5) 重视技术与经济效益的结合。采用先进的技术，可提高生产效率，增加产量，降低成本，但往往会增加建设成本和建设工期。要注重技术和经济效益的结合，从总体上全面考虑工程的经济效益、社会效益和环境效益。在具体工程建设时，有时这些新的要求会增加一次性投入成本，但在后期的使用过程中会体现出优势。这种情况需要有关部门有力的扶持和帮助，使我国的建设水平提高，使整个社会效益提高。

(6) 公共建筑和住宅要注意美观、适用和协调。建筑既要有实用功能，又要能美化城市，给人们提供精神享受。公共建筑和住宅设计应巧于构思，造型新颖，独具特色，并应与周围环境相协调，保护自然环境；同时，还要满足功能适用、结构合理的要求。在公共建筑方面，特别强调要求"以人为本"的设计思想，对残疾人士的照顾也是必需的，对弱势群体的照顾是必需的，对弱势群体的关心要体现在具体的设计中。

(二) 工程勘察设计文件编制的依据

《建设工程勘察设计管理条例(2015 修订)》规定，编制建设工程勘察设计文件，应当以下列规定为依据：

(1) 项目批准文件。
(2) 城乡规划。
(3) 工程建设强制性标准。
(4) 国家规定的建设工程勘察设计深度要求。

铁路、交通、水利等专业建设工程，还应当以专业规划的要求为依据。

二、建设工程勘察设计文件的基本内容和深度

1. 总体设计的内容和深度

总体设计这个名称是对一个大型联合企业或一个小区(包括矿区、油区、林区或建筑小区等)内若干建设项目中的每一个单项工程而言的，是与这些单项工程的设计相对应而存在的设计。它本身并不代表一个单独的设计阶段。

(1) 总体设计的主要任务是对一个小区、一个大型联合企业中的每个单项工程根据生产运行上的内在联系或开发建设上的先后顺序，在相互衔接、配合等方面进行统一的规划、部署和安排，使整个工程在布置上紧凑，流程上顺畅，技术上可靠，生产上方便，经济上

合理。

(2)总体设计的内容一般应包括以下各方面的文字说明和相应的图纸、资料：

1)建设规模；

2)产品方案；

3)原料来源；

4)工艺流程概况；

5)主要设备配置；

6)主要建筑物、构筑物；

7)公用、辅助设施；

8)"三废"治理、环境保护方案；

9)占地面积估计；

10)总图布置及运输方案；

11)生产组织概况和劳动定员估计；

12)生活区规划设想；

13)施工基地部署、地方材料来源及存放；

14)施工总进度及相互配合要求；

15)总投资估算；

16)主要技术经济指标；

17)效益估计。

(3)总体设计的深度，应能满足的要求；

1)初步设计的开展；

2)主要大型、专用设备的生产安排；

3)大宗、特种材料的预安排；

4)土地征用及拆迁谈判。

2. 初步设计的内容和深度

对需要进行总体设计的项目而言，初步设计及其内容应在总体设计的原则指导下进行和确定。

(1)在一般情况下，工业大中型项目初步设计的主要内容应包括以下各方面的文字说明和相应的图纸、资料：

1)设计的主要依据；

2)设计的指导思想和主要原则；

3)建设规模；

4)产品方案；

5)原料、燃料、动力的用量、来源和要求；

6)主要生产设备的选型及配置；

7)工艺流程；

8)总图布置、运输方案；

9)主要建筑物、构筑物；

10)公用、辅助设施；

11)主要材料用量及要求;
12)外部协作条件;
13)综合利用、"三废"治理、环境评价及保护措施;
14)抗震及人防设施;
15)生产组织及劳动定员;
16)生活区建设;
17)占地面积、征用数量、场地利用情况;
18)主要技术经济指标分析及评价;
19)建设顺序及年限;
20)设计总概算;
21)主要效益指标、分析及评价等。

(2)小型工业项目,特殊、复杂的高技术项目,其初步设计的内容,根据项目的性质和实际的需要,可以在上述内容的基础上,适当地精简或增加。

(3)民用项目初步设计的内容,主要应根据使用和功能的需要确定。

(4)初步设计的深度,应能满足的要求:
1)各种设计方案的比选和确定;
2)主要设备、材料的订货、生产或采购;
3)土地征用及拆迁;
4)基建投资的筹措或年度投资计划的安排;
5)施工图设计的进行;
6)施工组织设计的编制;
7)施工准备和生产准备等。

3. 技术设计的内容和深度

技术设计是对重大项目和特殊项目为进一步解决某些具体技术问题,或确定某些技术方案而进行的设计。它是为在初步设计阶段中无法解决而又需要进一步研究的那些问题的解决所设置的一个设计阶段。其主要任务是解决类似以下几个方面的问题:

(1)特殊工艺流程方面的试验、研究及确定。
(2)新型设备、材料、部件方面的试验、制作及确定。
(3)大型建筑物、构筑物(如水坝、桥梁等)或某些关键部位的模型、样品等方面的试验、研究及确定。
(4)某些技术复杂,需谨慎对待的问题的研究及确定。

4. 施工图设计的内容和深度

施工图设计的内容,主要是根据批准的初步设计的内容和要求,对建设项目所有主、辅生产厂房、附属设施及其主要关键部位的土建和安装绘制出正确、完整和尽可能详尽的图纸,其深度应能满足以下各方面的需要:

(1)设备、材料的采购、运输和安排。
(2)各种非标准设备、工具的制作、采购和运输。
(3)建筑、安装工程量的计算和材料用量估算。
(4)施工图预算的编制。

(5)土建、安装工程的进行。
(6)施工组织设计的编制。

三、建设工程勘察设计文件的审批与修改

1. 勘察设计文件的审批

在我国,建设项目设计文件的审批实行分级管理,分级审批的原则。

(1)大中型建设项目的初步设计和总概算按隶属关系,由国务院主管部门或省、市、自治区组织审查,提出审查意见,报国家发改委批准;特大、特殊项目,由国务院批准。

(2)中型建设项目的初步设计和总概算,在国务院主管部门备案,由省、市、自治区审查批准。

(3)小型建设项目初步设计的审批权限,由主管部门或省、市、自治区自行规定。

(4)总体规划设计(或总体设计)的审批权限与初步设计的审批权限相同。

(5)施工图设计要按有关规定进行审查。

2. 勘察设计文件的修改

设计文件是工程建设的主要依据,经批准后,就具有一定的严肃性,不得任意修改和变更,建设单位、施工单位、监理单位都不得修改建设工程勘察设计文件;确需修改的,应由原勘察设计单位修改。经原勘察设计单位书面同意,建设单位也可以委托其他具有相应资质的建设工程勘察设计单位修改。修改单位对修改的勘察设计文件承担相应责任。

施工单位、监理单位发现建设工程勘察设计文件不符合工程建设强制性标准、合同约定的质量要求的,应当报告建设单位。建设单位有权要求建设工程勘察设计单位对建设工程勘察设计文件进行补充、修改。

建设工程勘察设计文件内容需要作重大修改的,建设单位应当报经原审批机关批准后,方可修改。

建设工程勘察设计文件中规定采用的新技术、新材料,可能影响建设工程质量和安全,又没有国家技术标准的,应当由国家认可的检测机构进行试验、论证,出具检测报告,并经国务院有关部门或者省、自治区、直辖市人民政府有关部门组织的建设工程技术专家委员会审定后,方可使用。

四、施工图设计文件审查

1. 施工图设计文件审查的含义

施工图设计文件(以下简称施工图)审查是指国务院住房城乡建设主管部门和省、市、自治区、直辖市人民政府住房城乡建设主管部门依法认定的设计审查机构,根据国家的法律、法规、技术标准与规范,对施工图进行结构安全和强制性标准、规范执行情况等的独立审查。施工图审查是国务院《建设工程质量管理条例》和《建设工程勘察设计管理条例》规定的基本建设程序和制度,是政府对勘察设计市场行为和勘察设计质量监督管理的重要环节,是基本建设必不可少的程序,是治理、规范建筑市场的重要内容,工程建设各方必须认真贯彻执行。

2000年2月,原建设部下发了《建筑工程施工图设计文件审查暂行办法》(以下简称《暂行办法》),对具体事项做出了相关规定。

2. 施工图设计文件审查的范围

《暂行办法》规定,施工图审查范围为建筑工程设计等级分级标准中的各类新建、改建、扩建的建筑工程及市政基础设施工程勘察设计文件。抢险救灾、临时性房屋建筑和农民自建低层住宅不进行审查。

【注意】 按规定应进行施工图审查而未审查或经审查不合格的施工图,一律不得使用。

3. 施工图设计文件审查的内容

《暂行办法》规定,施工图审查的主要内容包括:

(1)建筑物的稳定性与安全性,包括地基基础及结构主体的安全。

(2)是否符合消防、节能、环保、抗震、卫生、人防等有关强制性标准、规范的规定。

(3)是否达到规定的施工图设计深度的要求。

(4)是否损害公共利益。

4. 施工图审查与设计咨询内容的不同

施工图审查的目的是维护社会公共利益,保护公民生命安全和社会公众财产安全,主要涉及社会公众利益与公众安全方面的问题。设计方案在经济上是否合理、技术上是否保守、设计方案是否可以改进等这些主要涉及业主利益的问题,是属于设计咨询范畴的内容,不属于施工图审查的内容。当然,在施工图审查中,如发现这些方面的问题,也可提出建议,由业主自行决定是否进行修改。如业主另行委托,也可进行这方面的审查。

第四节　建设工程勘察设计监督管理

一、建设工程勘察设计质量管理

勘察设计文件的质量直接影响建筑工程的质量,勘察设计单位为了保证勘察设计文件的质量,必须按资格等级承担相应的勘察设计任务,建立健全质量保证体系,加强设计过程的质量控制,健全设计文件的审核会签制度,严格按照国家现行的有关规定、技术标准和合同进行勘察设计。

(一)工程设计文件的编制依据和程序

工程设计是工程建设的主要环节,在工程建设项目确定前,为建设项目科学决策提供依据,在建设项目确定以后,为工程建设提供设计文件。

项目建议书是编制设计文件的主要依据,工程设计单位必须积极参加计划任务书的编制、建设地址的选择、建设规划和试验研究等方面的设计前期工作。对于大型厂矿、大型水利枢纽、跨省区铁路干线等重点项目,在计划任务书批准前,可根据长远规划的要求进行必要的资源补查、工程地质、水文地质勘察、经济调查和各种方案的技术经济比较等方面的准备工作,并从中了解和掌握有关情况,收集必要的设计基础资料,为编制设计文件做好准备。

设计工作必须严格执行相应程序。没有批准的计划任务书、资源报告、厂址选择报告，则不能提供初步设计文件，更不能进行设计审批。没有批准的初步设计，则不能提供设备订货清单和施工图纸。

(二) 设计文件的审批与修改

设计文件的审批，实行分级管理、分级审批的原则。大型建设项目的初步设计和概算，按隶属关系，由国务院主管部门或省、市、自治区组织审查，提出审查意见，报国家发改委批准；特大、特殊项目，由国务院批准。技术设计按隶属关系，由国务院主管部门或省、自治区、直辖市审批。

中型建设项目的初步设计和总概算，在国务院主管部门备案，由省、自治区、直辖市审查批准。

小型建设项目初步设计的审批权限，由主管部门或省、自治区、直辖市自行规定。总体设计(总体规划设计)的审批权限与初步设计相同。各部委直管代管的下放项目的初步设计，以国务院主管部门为主，会同有关省、自治区、直辖市审查或批准。

施工图设计除主管部门指定要审查外，一般不再审批。设计单位要对施工图质量负责，并向生产、施工单位进行技术交底，听取意见。

设计文件经批准后不得任意修改；确需修改，应报原审批机关批准。修改工作由原设计单位负责进行。施工图的修改，须经原设计单位同意。

(三) 工程勘察企业的质量责任和义务

(1) 建设单位应当为勘察工作提供必要的现场工作条件，保证合理的勘察工期，提供真实、可靠的原始资料。

建设单位应当严格执行国家收费标准，不得迫使工程勘察企业以低于成本的价格承揽任务。

(2) 工程勘察企业必须依法取得工程勘察资质证书，并在资质等级许可的范围内承揽勘察业务。工程勘察企业不得超越其资质等级许可的业务范围或者以其他勘察企业的名义承揽勘察业务；不得允许其他企业或者个人以本企业的名义承揽勘察业务；不得转包或者违法分包所承揽的勘察业务。

(3) 工程勘察企业应当健全勘察质量管理体系和质量责任制度。

(4) 工程勘察企业应当拒绝用户提出的违反国家有关规定的不合理要求，有权提出保证工程勘察质量所必需的现场工作条件和合理工期。

(5) 工程勘察企业应当参与施工验槽，及时解决工程设计和施工中与勘察工作有关的问题。

(6) 工程勘察企业应当参与建设工程质量事故的分析，并对因勘察原因造成的质量事故，提出相应的技术处理方案。

(7) 工程勘察项目负责人、审核人、审定人及有关技术人员应当具有相应的技术职称或者注册资格。

(8) 项目负责人应当组织有关人员做好现场踏勘、调查，按照要求编写《勘察纲要》，并对勘察过程中各项作业资料验收和签字。

(9) 工程勘察企业的法定代表人、项目负责人、审核人、审定人等相关人员，应当在勘察文件上签字或者盖章，并对勘察质量负责。

工程勘察企业法定代表人对本企业勘察质量全面负责；项目负责人对项目的勘察文件负主要质量责任；项目审核人、审定人对其审核、审定项目的勘察文件负审核、审定的质量责任。

(10)工程勘察工作的原始记录应当在勘察过程中及时整理、核对，确保取样、记录的真实和准确，严禁离开现场追记或者补记。

(11)工程勘察企业应当确保仪器、设备的完好。钻探、取样的机具设备、原位测试、室内试验及测量仪器等应当符合有关规范、规程的要求。

(12)工程勘察企业应当加强职工技术培训和职业道德教育，提高勘察人员的质量责任意识。观测员、试验员、记录员、机长等现场作业人员应当接受专业培训方可上岗。

(13)工程勘察企业应当加强技术档案的管理工作。工程项目完成后，必须将全部资料分类编目，装订成册，归档保存。

(四)工程勘察的监督管理

工程勘察文件应经县级以上人民政府住房城乡建设主管部门或其他有关部门(以下简称工程勘察质量监督部门)审查。工程勘察质量监督部门可以委托施工图设计文件审查机构(以下简称审查机构)对工程勘察文件进行审查。审查机构应当履行以下职责：

(1)监督检查工程勘察企业有关质量管理文件、文字报告、计算书、图纸图表和原始资料等是否符合有关规定和标准。

(2)发现勘察质量问题，及时报告有关部门依法处理。

(3)工程勘察质量监督部门应当对工程勘察企业质量管理程序的实施、试验室是否符合标准等情况进行检查，并将检查结果与企业资质年检管理挂钩，定期向社会公布检查和处理结果。

(4)当工程勘察发生重大质量、安全事故时，有关单位应当按照规定向工程勘察质量监督部门报告。

(5)任何单位和个人有权向工程勘察质量监督部门检举、投诉工程勘察质量、安全问题。

(五)工程勘察企业违规管理

工程勘察企业违反《建设工程勘察设计管理条例(2015修订)》《建设工程质量管理条例》的，由工程勘察质量监督部门按有关规定给予处罚。

(1)建设单位未为勘察工作提供必要的现场工作条件或者未提供真实、可靠原始资料的，由工程勘察质量监督部门责令改正；造成损失的，依法承担赔偿责任。

(2)工程勘察企业未按照工程建设强制性标准进行勘察，弄虚作假、提供虚假成果资料的，由工程勘察质量监督部门责令改正，处10万元以上30万元以下的罚款；造成工程质量事故的，责令停业整顿，降低资质等级；情节严重的，吊销资质证书；造成损失的，依法承担赔偿责任。

(3)工程勘察企业有下列行为之一的，由工程勘察质量监督部门责令改正，处1万元以上3万元以下的罚款：

1)勘察文件没有责任人签字或者签字不全的；

2)原始记录不按照规定记录或者记录不完整的;
3)不参加施工验槽的;
4)项目完成后,勘察文件不归档保存的。

(4)审查机构未按照规定审查,给建设单位造成损失的,依法承担赔偿责任;情节严重的,由工程勘察质量监督部门撤销委托。

(5)给予勘察企业罚款处罚的,由工程勘察质量监督部门对企业的法定代表人和其他直接责任人员处以企业罚款数额的5%以上10%以下的罚款。

(6)国家机关工作人员在建设工程勘察质量监督管理工作中玩忽职守、滥用职权、徇私舞弊的,依法给予行政处分;构成犯罪的,依法追究刑事责任。

二、建设工程勘察设计市场管理

(一)工程勘察设计经营管理

1. 工程勘察设计单位经营资格申请

1991年原建设部、国家工商行政管理局根据有关规定,制定了《工程勘察设计单位登记管理暂行办法》。该办法规定,工程勘察设计单位经工商行政管理机关核准登记,领取《企业法人营业执照》后,方可开展经营活动,未经工商行政管理机关登记注册的工程勘察设计单位不得开展经营活动。

工程勘察设计单位申请企业法人登记,应具备下列条件:

(1)经国家规定的机构、编制审批部门批准成立,并持有相应的文件。

(2)持有国家规定发证机关颁发的《工程勘察证书》《工程设计证书》和《工程勘察收费资格证书》或《工程设计收费资格证书》。

(3)有国家授予经营管理的财产或自有财产,并能够以其财产独立承担民事责任。

(4)有健全的财会制度,能够实行独立核算,自负盈亏,自收自支,独立编制资金平衡表或者资产负债表。

(5)有与经营范围相适应的注册资金、经营场地和技术人员,其中从事工程项目建设总承包业务的勘察设计单位,其注册资金不得少于500万元,其他工程勘察设计单位的注册资金不得少于20万元。

(6)法律、法规规定的其他条件。

2. 勘察设计单位的经营权限

勘察设计单位的经营范围包括:工程勘察;工程设计;工程项目建设总承包;岩土工程;工程监理;技术服务;咨询服务;其他兼营业务等。勘察设计单位承担勘察设计任务时,应当严格按照所持有的资质证书的等级和行业分类,对照由国务院有关部门颁发的该行业勘察设计资质分级标准的具体规定,承担相应的勘察设计任务。

(1)工程勘察。其包括为工程建设、城市规划而进行的测绘、勘探、测试及综合评定(包括工程地质、水文地质、工程测量、地形测量、工程物探等)。

(2)工程设计。其包括为新建、扩建、改建的工程项目和技术改造项目而进行的设计(含工艺、土建、公用工程、配套工程、建筑装饰、非标准设备设计,以及工矿区、生活区总体设计等)和编制概预算文件等工作。

(3)工程项目建设总承包。其包括勘察设计、设备询价、订货及材料采购、建筑安装招标发包、项目监理、试车考核直至单套或成套交付使用全过程的承包或部分承包。

(4)岩土工程。其包括解决和处理在工程建设过程中出现的与岩体、土体有关的工程技术问题(含岩土工程勘察、岩土工程设计、岩土工程处理和岩土工程监测)。

(5)工程监理。其包括受主管部门或建设单位的委托,负责某项工程建设的监督、管理以及技术服务工作。

(6)技术服务。其包括建设项目中的有关工艺、材料及科技成果的技术开发、技术协作、技术承包、技术转让、技术培训和相应的技术服务以及相关软件的开发和转让。

(7)咨询服务。其包括建设项目(含立项前)和技术改造项目有关的工程咨询与技术咨询活动:

1)工程项目投资前的项目机会研究、初步可行性研究、可行性研究;

2)工程项目的规划方案、可行性研究报告以及项目投产后的评估;

3)为工程项目提供技术情报、信息、实测分析、设备测绘、技术攻关以及从事产品发展方向的专门研究和废物处理与利用;

4)论著评价、科研成果审查;

5)为经济纠纷案件的仲裁和审判提供技术分析;

6)工程事故分析、危房鉴定、抗震加固、工程项目的现场技术指导服务;

7)代建设单位收集和提供技术资料,编制招、投标文件,评定投标,编制设计任务书等服务工作;

8)受建设单位的委托,负责建厂监督、试生产、项目投产初期的技术咨询;

9)其他有关工程建设的咨询服务。

(8)其他兼营业务。工程勘察设计单位可以兼营本单位开发的产品,与工程项目有关的材料、设备,有关信息服务,以及发挥技术装备条件对外承揽加工任务等。

(二)勘察设计业务的委托

在国家建设工程设计资质分级标准规定范围内的建设工程项目,均应当委托勘察设计业务。委托工程设计业务的建设工程项目应具备以下条件:

(1)建设工程项目可行性研究报告或项目建议书已获批准。

(2)已经办理了建设用地规划许可证等手续。

(3)法律、法规规定的其他条件。

工程勘察业务可以根据工程进展情况和需要进行委托。工程勘察设计业务的委托可以通过竞选委托或直接委托的方式进行。竞选委托可以采取公开竞选或邀请竞选的形式。建设项目总承包业务或专业性工程也可以通过招标的方式进行。

委托方应当将工程勘察设计业务委托给具有相应工程勘察设计资质证书且与其证书规定的业务范围相符的承接方。

委托方原则上应将整个建设工程项目的设计业务委托给一个承接方,也可以在保证整个建设项目完整性和统一性的前提下,将设计业务按技术要求,分别委托给几个承接方。委托方将整个建设工程项目的设计业务分别委托给几个承接方时,必须选定其中一个承接方作为主体承接方,负责对整个建设工程项目设计的总体协调。实施工程项目总承包的建设工程项目按有关规定执行。

委托方应向承接方提供编制勘察设计文件所必需的基础资料和有关文件,并对提供的文件资料负责。

委托方在委托业务中不得有下列行为：

(1)收受贿赂、索取回扣或者其他好处。

(2)指使承接方不按法律、法规、工程建设强制性标准和设计程序进行勘察设计。

(3)不执行国家的勘察设计收费规定，以低于国家规定的最低收费标准支付勘察设计费或不按合同约定支付勘察设计费。

(4)未经承接方许可，擅自修改勘察设计文件，或将承接方专有技术和设计文件用于本工程以外的工程。

(5)法律、法规禁止的其他行为。

(三)勘察设计业务的承接

(1)承接方必须持有由住房城乡建设主管部门颁发的工程勘察资质证书或工程设计资质证书，在证书规定的业务范围内承接勘察设计业务，并对其提供的勘察设计文件的质量负责。严禁无证或超越本单位资质等级的单位和个人承接勘察设计业务。

(2)从事勘察设计活动的专业技术人员只能在一个勘察设计单位从事勘察设计工作，不得私自挂靠承接勘察设计业务。严禁勘察设计专业技术人员和执业注册人员出借、转让、出卖执业资格证书、执业印章和职称证书。

(3)具有乙级及以上勘察设计资质的承接方可以在全国范围内承接勘察设计业务；在异地承接勘察设计业务时，必须到项目所在地的住房城乡建设主管部门备案。

(4)承接方应当自行完成承接的勘察设计业务，不得接受无证组织和个人的挂靠。经委托方同意，承接方也可以将承接的勘察设计业务中的一部分委托给其他具有相应资质条件的分承接方，但须签订分委托合同，并对分承接方所承担的业务负责。分承接方未经委托方同意，不得将所承接的业务再次分委托。

(5)承接方可以聘用技术劳务人员协助完成承接的勘察设计业务，但必须签订聘用合同。技术劳务管理办法由国务院住房城乡建设主管部门另行制定。

(6)国外勘察设计单位及其在中国境内的办事机构，不得单独承接中国境内建设项目的勘察设计业务。承接中国境内建设项目的勘察设计业务，必须与中方勘察设计单位进行合作勘察或设计，也可以成立合营单位，领取相应的勘察设计资质证书，按国家有关中外合作、合营勘察设计单位的管理规定和相关规定开展勘察设计业务活动。

中国港、澳、台地区的勘察设计单位承接内地工程建设项目的勘察设计业务，原则上参照上款规定执行。

(7)承接方在承接业务中不得有下列行为：

1)不执行国家的勘察设计收费规定，以低于国家规定的最低收费标准进行不正当竞争；

2)采用行贿、提供回扣或给予其他好处等手段进行不正当竞争；

3)不按规定程序修改、变更勘察设计文件；

4)使用或推荐使用不符合质量标准的材料或设备；

5)未经委托方同意，擅自将勘察设计业务分包给第三方，或者擅自向第三方扩散、转让委托方提交的产品图纸等技术经济资料；

6)法律、法规禁止的其他行为。

(四)中外合营工程设计机构审批管理

1. 合营双方应具备的设计资格

中外合营工程设计机构的中方合营者,应是持有中国甲、乙级工程设计证书的设计单位。中方个人或个体企业及其他无设计证书的单位,不得与国外设计机构成立中外合营工程设计机构。

中外合营工程设计机构的外方合营者,应是在其所在国或地区有较好的社会信誉,在国际设计市场上有较强竞争能力的注册设计机构或注册建筑师、注册工程师。

2. 成立申请与审批

中外合营工程设计机构的设立由商务部负责审批。中外合营工程设计机构的设计资格由住房和城乡建设部负责统一审定和管理。中外合营工程设计机构持批准书、营业执照及设计资格审定意见书到住房和城乡建设部办理中外合营工程设计机构工程设计证书和工程设计收费资格证书后,方可开展经营活动。

(五)工程勘察设计监督管理

(1)住房城乡建设主管部门和有关管理部门应按各自职责分工,加强对工程勘察设计市场活动的监督管理,依法查处工程勘察设计市场活动中的违法行为,维护和保障工程勘察设计市场秩序。

(2)住房城乡建设主管部门、有关管理部门及委托单位,应当加强对勘察设计单位资质和执业注册人员、专业技术人员资格的动态管理,对勘察设计单位实行资质年度检查制度并公布检查结果。不得越权审批、颁发单位资质和个人资格证书,不得颁发其他与证书效力相同的证件,不得给不具备条件的单位和个人颁发资质证书或资格证书。

(3)住房城乡建设主管部门应对勘察设计合同履行情况进行监督。

(4)住房城乡建设主管部门应当会同有关管理部门建立健全勘察设计文件审查制度、质量监督制度和工程勘察设计事故报告处理制度,定期公布有关结果。国家鼓励勘察设计单位参加勘察设计质量保险。

(5)住房城乡建设主管部门应当加强对设计市场各方当事人执行国家法律、法规和工程建设强制性标准的监督和检查。

三、工程勘察设计咨询业知识产权保护与管理

工程勘察设计、咨询是富有创造性的智力劳动。为了保护与管理勘察设计、咨询企业的知识产权,鼓励技术创新和发明创造,丰富与发展原创性智力成果,增加企业自主知识产权的数量并提高其质量,增强企业自主创新能力和市场竞争力,同时,尊重并合法利用他人的知识产权,原建设部、国家知识产权局根据国家有关知识产权的法律、法规,制定了《工程勘察设计咨询业知识产权保护与管理导则》。

知识产权简介

(一)工程勘察设计咨询的内容

工程勘察设计咨询的内容,包括工程勘察、工程设计和工程咨询。

(1)工程勘察是指根据建设工程和法律、法规的要求,查明、分析、评价建设场地的地质地理环境特征和岩土工程条件,编制建设工程勘察文件的活动。工程勘察包括工程测量,

岩土工程勘察、设计、治理、监测，水文地质勘察，环境地质勘察等工作。

(2)工程设计是指根据建设工程和法律、法规的要求，对建设工程所需的技术、经济、资源、环境等条件进行综合分析、论证，编制建设工程设计文件，提供相关服务的活动，包括总图、工艺、设备、建筑、结构、动力、储运、自动控制、技术经济等工作。

(3)工程咨询是指运用工程技术、科学技术、经济管理和法律、法规等方面的知识，为工程建设项目决策和管理提供的咨询活动，包括前期立项阶段咨询、勘察设计阶段咨询、施工阶段咨询、投产或交付使用后的评价等工作。

(二)知识产权的范围

(1)勘察设计咨询业的著作权主要包括勘察设计、咨询活动和科研活动中形成的，以各种载体所表现的文字作品、图形作品、模型作品、建筑作品等勘察设计咨询作品的著作权。勘察设计咨询作品包括以下内容：

1)工程勘察投标方案，专业工程设计投标方案，建筑工程设计投标方案(包括创意或概念性投标方案)，工程咨询投标方案等；

2)工程勘察和工程设计阶段的原始资料、计算书、工程设计图及说明书、技术文件和工程总结报告等；

3)工程咨询的项目建议书、可行性研究报告、专业性评价报告、工程评估书、监理大纲等；

4)科研活动的原始数据、设计图及说明书、技术总结和科研报告等；

5)企业自行编制的计算机软件、企业标准、导则、手册、标准设计等。

(2)勘察设计咨询业的专利权是指获得授权并有效的发明专利权、实用新型专利权和外观设计专利权，包括各种具有新颖性、创造性和实用性的新工艺、新设备、新材料、新结构等新技术和新设计，以及对原有技术的新改进、新组合等的专利权。

(3)勘察设计咨询业的专有技术权是指对没有申请专利，具有实用性，能为企业带来利益，并采取了保密措施，不为公众所熟知的技术享有的权利，包括各种新工艺、新设备、新材料、新结构、新技术、产品配方、各种技术诀窍及方法等。

(4)勘察设计咨询业除上条所述技术秘密以外的其他商业秘密是指具有实用性，能为企业带来利益，并采取了保密措施，不为公众所熟知的经营信息，包括生产经营、企业管理、科技档案、客户名单、财务账册、统计报表等。

(5)勘察设计咨询业的商标权及相关识别性标志权是指对企业名称、商品商标、服务标志，以及依照法定程序取得的各种资质证明等依法享有的权利。

(6)勘察设计咨询业其他受国家法律、法规保护的知识产权。

(三)知识产权的归属

(1)勘察设计咨询企业著作权及邻接权的归属，一般按以下原则认定：

1)执行勘察设计咨询企业的任务或主要利用企业的物质技术条件完成的，并由企业承担责任的工程勘察设计、咨询的投标方案和各类文件等职务作品，其著作权及邻接权归企业所有。直接参加投标方案和文件编制的自然人(包括企业职工和临时聘用人员，下同)享有署名权。

建设单位(业主)按照国家规定支付勘察设计费和咨询费后所获取的工程勘察设计、咨询的投标方案或各类文件，仅获得在特定建设项目上的一次性使用权，其著作权仍属于勘察设计咨询企业所有。

2）勘察设计咨询企业自行组织编制的计算机软件、企业标准、导则、手册、标准设计等是职务作品，其著作权及邻接权归企业所有。直接参加编制的自然人享有署名权。

3）执行勘察设计咨询企业的任务或主要利用企业的物质技术条件完成的，并由企业承担责任的科技论文、技术报告等职务作品，其著作权及邻接权归企业所有。直接参加编制的自然人享有署名权。

4）勘察设计咨询企业职工的非职务作品的著作权及邻接权归个人所有。

（2）勘察设计咨询业专利权和专有技术权的归属，一般按以下原则认定：

1）执行勘察设计咨询企业的任务，或主要利用本企业的物质技术条件所完成的发明创造或技术成果，属于职务发明创造或职务技术成果，其专利申请权和专利的所有权、专有技术的所有权，以及专利和专有技术的使用权、转让权归企业所有。直接参加专利或专有技术开发、研制等工作的自然人依法享有署名权。

2）勘察设计咨询企业职工的非职务专利或专有技术权归个人所有。

（3）勘察设计咨询企业在科研、生产、经营、管理等工作中所形成的，能为企业带来经济利益的，采取了保密措施，不为公众所熟知的技术、经营、管理信息等商业秘密属于企业所有。

（4）勘察设计咨询企业的名称、商品商标、服务标志，以及依法定程序取得的各种资质证明等的权利为企业所有。

（5）勘察设计咨询企业与其他企事业单位合作所形成的著作权及邻接权、专利权、专有技术权等知识产权，为合作各方所共有，合同另有规定的按照约定确定其权属。

（6）勘察设计咨询企业接受国家、企业、事业单位的委托，或者委托其他企、事业单位所形成的著作权及邻接权、专利权、专有技术权等知识产权，按照合同确定其权属。没有合同约定的，其权属归完成方所有。

（7）勘察设计咨询企业的人员，在离开企业期间形成的知识产权的归属，一般按以下原则认定：

1）企业派遣出国开展合作设计、访问、进修、留学等，或者派遣到其他企事业单位短期工作的人员，在企业尚未完成的勘察设计、咨询、科研等项目，在国外或其他单位完成而可能获得知识产权的，企业应当与派遣人员和接受派遣人员的单位共同签订协议，明确其知识产权的归属。

2）企业的离休、退休、停薪留职、调离、辞退等人员，在离开企业一年内形成的，且与其在原企业承担的工作或任务有关的各类知识产权归原企业所有。

（8）勘察设计咨询企业接收的培训、进修、借用或临时聘用等人员，在接收企业工作或学习期间形成的职务成果的知识产权，按照接收企业与派出方的协议确定归属，没有协议的其权利属于接收企业。

（四）知识产权的保护与管理

（1）勘察设计咨询企业应当重视知识产权保护与管理工作，明确归口管理部门，配备专职或兼职的工作人员，负责知识产权保护与管理工作。知识产权归口管理部门的主要职责是：

1）结合本企业的实际情况，拟定知识产权保护与管理工作的规章制度并监督执行；

2)负责知识产权信息的收集、分析、跟踪与利用,加强知识产权战略研究,提出企业知识产权工作规划并组织实施;

3)负责组织本企业知识产权的鉴定、申请、登记、注册、评估、维持等工作;

4)负责审核本企业的知识产权开发、使用和转让合同;

5)负责技术进出口中的知识产权工作,参与谈判及合同拟定工作;

6)负责组织企业职工知识产权法律、法规的宣传教育和培训,提高企业知识产权保护与管理意识;

7)负责协调解决知识产权方面的争议和纠纷,依法维护本企业的利益,并防止侵犯他人的知识产权;

8)其他在知识产权保护与管理工作中应当履行的职责。

(2)勘察设计咨询企业的职工在知识产权保护与管理中的权利与义务:

1)职工对本企业的知识产权保护与管理工作有监督权和建议权;

2)职工对自己直接参加工作形成的职务发明创造、职务技术成果、职务作品等企业知识产权,依法享有署名权;

3)职工在开发和保护知识产权工作中做出贡献的,有获得报酬和奖励的权利;

4)职工有遵守国家知识产权法律、法规,遵守企业知识产权保护与管理的规章制度,保护本企业知识产权的义务;

5)根据企业有关规定,职工有与企业签订知识产权保护协议书、保密协议、竞业限制协议的义务。

(3)勘察设计咨询企业应当建立健全知识产权保护与管理的规章制度,制定本企业著作权、专利和专有技术、商标及商业秘密管理办法。企业的生产经营、科技开发、档案管理、保密管理等规章制度中应有知识产权保护和管理方面的内容。

(4)勘察设计咨询企业可根据实际情况,与本企业职工签署知识产权保护协议书,或者在与职工签署的劳动合同(聘用合同)中增加知识产权保护的内容。勘察设计咨询企业应与关键岗位的专业技术人员和经营管理人员,以及对本企业的技术、经济权益有重要影响的人员签订竞业限制协议,明确竞业限制的具体范围、期限及违约责任等。

勘察设计咨询企业应与离休、退休、停薪留职、调离、辞退等人员中仍对本企业的技术、经济权益有重要影响的人员达成保密协议,明确保密事项、期限及违约责任等。

(5)勘察设计咨询企业应当规范和加强有关知识产权合同的签订、审核和管理工作。在签订勘察设计咨询合同、技术开发合同、技术引进合同、技术转让合同的同时,应当明确知识产权的归属以及相应的权利、义务等内容。

(6)勘察设计咨询企业的档案管理部门应当对涉及知识产权的档案作为特殊档案妥善管理。未经许可,任何人不得私自保留或向外扩散。

(7)勘察设计咨询企业要加强生产经营和科技开发中的保密工作,对涉及专有技术和其他商业秘密的勘察设计咨询文件、技术方案、科研成果、经营信息等,均应在显著位置明示"专有技术"或"商业秘密"等标志,采取严格的保密措施,认真保护,严格管理。

勘察设计咨询企业的职工在开展国内外技术交流与合作中,对不属于交流与合作范围本企业的其他专有技术和商业秘密要严格保密。

(8)勘察设计咨询企业在勘察设计咨询工作中要做好以下知识产权保护与管理工作:

1)勘察设计咨询企业应当在投标文件中书面提出保护企业知识产权的要求,除招标文件中有特别约定外,企业应当及时索回未中标的投标方案,整理归档,防止企业知识产权流失。

2)勘察设计咨询项目执行过程中,项目负责人对该项目知识产权的保护与管理负责,落实企业知识产权管理制度,杜绝企业知识产权的流失,同时防止侵犯他人的知识产权。

3)勘察设计咨询项目完成后,项目负责人负责将该工程项目的勘察设计文件、设计图及其说明书、计算书、原始记录、修改通知单、工程总结报告等收集、整理,交档案管理部门归档。

(9)勘察设计咨询企业在科研工作中要做好以下知识产权保护与管理工作:

1)在科研工作立项、技术与产品开发前,要进行相关技术专利文献的检索和分析,确立研发对策;研发过程中要进行专利文献跟踪,避免重复研发或涉及他人专利保护范围。

2)在科研、技术开发、产品开发过程中,应当认真填写科研日记,详细记录进展情况、存在问题及启发和构想等。

3)科研工作完成后,项目负责人应当将合同书、背景资料、科研记录、试验数据、科研总结等与科研项目有关的资料收集、整理,交档案管理部门归档。

4)科研工作完成后,企业知识产权管理部门应当及时组织科研成果的审查、鉴定。对其中符合专利申请条件的,应当在科研成果鉴定前办理专利申请手续;对不适宜申请专利但具有商业价值的技术诀窍,应作为专有技术加以保护。

5)直接或间接参加科研工作的人员,未经企业许可,不得在国内外刊物、学术或技术交流会上发表企业科研成果,不得擅自组织和参加技术鉴定会。

(10)建设项目需引进技术或设备时,凡涉及专利或专有技术的,勘察设计咨询企业应当建议并协助建设单位(业主)进行专利法律状况或专有技术情况的调查,提供相关的技术服务。

(11)勘察设计咨询企业将具有自主知识产权的新设备用于建设项目时,新设备制造文件只能提供给签有保密协议的制造厂,对没有签订保密协议的建设单位(业主)只提供总装图、易损件图和使用说明书。

建设单位(业主)要求自行制造的,应当在签订专利、专有技术许可或转让合同,以及专有技术保密协议后再提供新设备制造文件。

(12)勘察设计咨询企业自行开发的计算机软件,应在软件内设置版权保护声明,并采取相应的保护措施,必要时办理软件登记注册。

勘察设计咨询企业应当定期检查监督企业外购及使用中的软件,防止使用盗版软件等侵权事件的发生。

(13)勘察设计咨询企业选派职工出国或到外单位学习、进修、工作、科研6个月以上者,以及企业临时聘用人员,在离开企业前须将工作中涉及知识产权的技术资料交回企业有关部门,不得私自留存或擅自复制、发表、泄露、使用和转让。

(14)勘察设计咨询企业职工在申请非职务专利、登记非职务计算机软件、转让或许可非职务技术成果或非职务作品前,凡与企业经营有关的,应向本企业知识产权管理部门申报,接受审核。对符合非职务条件的,企业应当出具相应的证明。

企业职工对外发表与本职工作有联系的科技论文、作品,参加学术交流会等,应当经企业知识产权管理部门审查，企业知识产权管理部门对不宜公开的技术资料要严格把关。

（15）勘察设计咨询企业要加强对本企业知识产权的管理，随时掌握企业自主知识产权的变化情况。

勘察设计咨询企业以知识产权作价投资入股、合资创办企业，或进行知识产权转让、许可使用的，应当对其进行资产评估。

（16）勘察设计咨询企业应当把知识产权保护法规制度纳入企业教育培训计划，加强对知识产权专业人员的培养，定期开展对企业各级领导和全体职工的培训教育。

（17）勘察设计咨询企业应保证知识产权工作经费，用于知识产权的管理、培训教育，专利申请、审查与维持，商标注册与续展，知识产权诉讼及竞业限制等项开支。

（五）侵权与处理

（1）著作权及邻接权的权利人依法享有著作人身权和财产权，即发表权、署名权、修改权、保护作品完整权、复制权、发行权、改编权、信息网络传播权等。他人未经著作权人同意，不得发表、修改和使用其作品。

发生以下行为或情况的为侵犯或者侵占他人的著作权：

1）勘察设计咨询企业或工程技术人员不遵守行业道德和从业公约，抄袭、剽窃他人的勘察、设计、咨询文件（设计图）及其作品的；

2）勘察设计咨询企业的职工，未经许可擅自将本企业的勘察设计文件（设计图）、工程技术资料、科研资料等复制、摘录、转让给其他单位或个人的；

3）勘察设计咨询企业的职工，将职务作品或计算机软件作为非职务成果进行登记注册或转让的；

4）勘察设计咨询企业的职工未经审查许可，擅自发表、出版本企业业务范围内的科技论文、作品，或许可他人发表的；

5）任何单位或个人，未经著作权人同意或超出勘察设计咨询合同的规定，擅自复制、超范围使用、重复使用、转让他人的工程勘察设计、咨询文件（设计图）及其他作品等。

（2）专利权人对其发明创造享有独占权。任何单位或个人未经专利权人许可不得为生产经营目的进行制造、使用、许诺销售、销售和进口其专利产品，或者未经专利权人许可为生产经营目的使用其专利方法，以及使用、许诺销售、销售和进口依照其专利方法直接获得的产品。专有技术是受国家法律保护的具备法定条件的技术秘密，任何单位或个人不得以不正当手段获取、使用他人的技术秘密，不得以任何形式披露、转让他人的技术秘密。

发生以下情况的为侵犯或者侵占他人的专利权或专有技术权：

1）勘察设计咨询企业的职工违反规定，在工程项目或科研工作完成后，不按时将有关勘察设计文件、设计图、技术资料等归档，私自保留、据为己有的；

2）勘察设计咨询企业的职工违反规定，将应属于单位的职务发明创造和科技成果申请为非职务专利，或者将其据为己有的；

3）勘察设计咨询企业的职工擅自转让本企业或他人的专利或专有技术的；

4）勘察设计咨询企业或工程技术人员，未经权利人允许，擅自在工程勘察设计中使用他人具有专利权或专有技术权的新工艺、新设备、新技术的；

5）任何单位或个人，采用盗窃、利诱、胁迫或者其他不正当手段获取、使用或者披露他人含有专有技术标志的文件、设计图及说明的；

6)任何单位或个人,违反双方保密约定,将含有专有技术标志的文件、设计图及说明转让给第三方,以及第三方明知是他人的保密文件、设计图及说明仍擅自使用等。

(3)商标权的所有人对其注册商标依法享有专用权。他人未经商标权人的同意,不得在经营活动中擅自使用。发生以下行为或情况的为侵犯他人的商标及相关识别性标志权:

1)勘察设计咨询企业擅自在其勘察设计咨询文件上使用其他勘察设计咨询企业的名称、注册商标、资质证明、图签、出图专用章等企业标志的;

2)任何单位或个人,未经勘察设计咨询企业授权,以勘察设计咨询企业的名义进行生产经营活动或其他活动的。

(4)国家依法保护公民和法人的商业秘密。发生以下行为或情况的为侵犯他人的商业秘密:

1)勘察设计咨询企业的职工,私自将与本企业签有正式业务合同的客户介绍给其他企业,给本企业造成损失的;

2)勘察设计咨询企业的职工,违反企业保守商业秘密的要求,泄露或私自许可他人使用其所掌握商业秘密的;

3)第三人明知或应知有上述第(1)、(2)条所述的违法行为,仍获取、使用或者披露该商业秘密等。

(5)勘察设计咨询企业的离休、退休、离职、停薪留职人员将离开企业一年内形成的,且与其在原企业承担的工作或任务有关的知识产权视为己有或转让给他人的,均为侵犯了企业的知识产权。

勘察设计咨询企业的离休、退休、离职、停薪留职人员泄露在职期间知悉的企业商业秘密的,均为侵犯了企业的商业秘密权。

(6)发生侵犯或侵占知识产权行为的,权利人在获得确切的证据后,可以直接向侵权者发出信函,要求其停止侵权,并说明侵权的后果。双方当事人可就赔偿等问题进行协商,达成协议的按照协议解决;达不成协议的,可以采取调解、仲裁或诉讼等方式解决。

(六)奖励与处罚

(1)勘察设计咨询企业应当依法保护下列人员的合法权益,对其中做出突出贡献的人员给予物质和精神奖励:

1)直接参加职务发明创造、职务技术成果及职务作品的工程勘察设计、咨询、研究人员;

2)直接参加企业专利、专有技术开发的工程勘察设计、咨询、研究人员;

3)对企业知识产权的产生、发展、保护与管理做出贡献的人员。

(2)勘察设计咨询企业将其知识产权或职务发明创造、职务技术成果转让给他人或许可他人使用的,按照国家有关规定,应当从转让或许可使用所取得的净收入中,提取一定的比例,奖励在该项职务发明创造、职务技术成果及其转化工作中做出突出贡献的人员。

上述人员的奖励可以以奖金方式兑现,也可以作为技术入股,投入本企业或本企业投资的其他企业。奖金折算为相应的股份份额或出资比例投入企业的注册资本后,该持股人依据其所持股份份额或出资比例享有相应的权益。

(3)勘察设计咨询企业的职工有侵害本企业知识产权行为的,企业有权责令其改正,并可依据情节轻重和造成的损失情况,分别给予行为人不同的处分及经济处罚。

（4）勘察设计咨询企业的各级管理人员，因忽视知识产权保护工作给本单位造成重大损失的，应追究直接责任人和主要负责人的责任，并视其情节轻重，给予相应处分及经济处罚。

本章小结

本章主要介绍了建设工程勘察设计概述、建设工程勘察设计资质管理、工程勘察设计文件的编制与审批、建设工程勘察设计监督管理；通过本章的学习能够运用勘察设计法规的理论和知识解决有关勘察设计的法律问题，能够按照勘察设计法规依法从事工程建设活动。

思考与练习

一、填空题

1. _____是指调整工程勘察设计活动中所产生的各种社会关系的法律规范的总称。

2. 工程勘察综合资质只设甲级；工程勘察专业资质设_____、_____，根据工程性质和技术特点，部分专业可以设_____；工程勘察劳务资质_____等级。

3. _____是对重大项目和特殊项目为进一步解决某些具体技术问题，或确定某些技术方案而进行的设计。

4. 中外合营工程设计机构的中方合营者，应是持有_____、_____的设计单位。

5. 勘察设计咨询企业应当规范和加强有关知识产权合同的_____、_____和_____工作。

二、选择题

1. 我国对从事建设工程勘察设计活动的单位，实行（　　）制度。
   A. 市场管理　　　　　　　　　　B. 资质管理
   C. 注册管理　　　　　　　　　　D. 部门管理

2. 工程勘察资质可分为（　　）。
   A. 工程勘察综合资质　　　　　　B. 工程勘察专业资质
   C. 工程勘察劳务资质　　　　　　D. 工程勘察分类
   E. 海洋工程勘察资质

3. 工程勘察、工程设计资质证书分为正本和副本，由国务院建设部门统一印制，资质证书有效期为（　　）年。
   A. 10　　　　　B. 15　　　　　C. 5　　　　　D. 8

4. 有（　　）资质情形之一的，资质审批部门不应办理升级申请。
   A. 具有工程设计行业、专业、专项乙级资质的企业，申请与其行业、专业、专项资质对应的甲级资质的
   B. 具有工程设计行业乙级资质或专业乙级资质的企业，申请现有资质范围内的一个或多个专业甲级资质的

C. 具有工程设计某行业或专业甲、乙级资质的企业，其本行业和本专业工程设计内容中包含了某专项工程设计内容，申请相应的专项甲级资质的

D. 具有丙级、丁级资质的企业，直接申请甲级资质的

5. 有（　　）情形之一的，资质许可机关或者其上级机关，根据利害关系人的请求或者依据职权，可以撤销工程勘察、工程设计资质。

A. 资质许可机关工作人员滥用职权、玩忽职守作出准予工程勘察、工程设计资质许可的

B. 超越法定职权作出准予工程勘察、工程设计资质许可的

C. 违反资质审批程序作出准予工程勘察、工程设计资质许可的

D. 对符合许可条件的申请人作出工程勘察、工程设计资质许可的

E. 依法可以撤销资质证书的其他情形

三、简答题

1. 什么是建设工程勘察设计？
2. 勘察工作的目的和作用是什么？
3. 工程勘察设计规范的调整对象包括哪几点？
4. 勘察工作应坚持哪些原则？对勘察设计人员有哪些要求？
5. 总体设计的主要任务和内容是什么？

四、案例分析

施工图审查的目的是维护社会公共利益，保护公民生命安全和社会公众财产安全，主要涉及社会公众利益与公众安全方面的问题。设计方案在经济上是否合理、技术上是否保守、设计方案是否可以改进等这些主要涉及业主利益的问题，是属于设计咨询范畴的内容，不属于施工图审查的内容。当然，在施工图审查中，如发现这些方面的问题，也可提出建议，由业主自行决定是否进行修改。如业主另行委托，也可进行这方面的审查。

某厂 A 新建一车间，分别与市设计院 B 和市建某公司 C 签订设计合同和施工合同。工程竣工后，厂房北侧墙壁发生裂缝。为此 A 向法院起诉 C。经勘验，裂缝是由于地基不均匀沉降引起，结论是结构设计图纸所依据的地质资料不准，于是 A 又起诉 B。B 答辩称，设计院是根据 A 提供的地质资料设计的，不应承担事故责任。经法院查证：A 提供的地质资料不是新建车间的地质资料，而是与该车间相邻的某厂的地质资料，事故发生前设计院 B 也不知该情况。

问题

(1) 事故的责任者是谁？

(2) 该事件中产生的诉讼费应由谁承担？

第六章 建设工程发承包法律制度

1. 了解建设工程发包的概念及方式、建设工程发包的基本规定、行为规范;了解建设工程承包的概念及方式。
2. 熟悉承包单位的资质管理,掌握建设工程总承包的规定、建设工程联合承包制度、建设工程分包制度。
3. 了解建设工程招投标范围及必须进行招标的项目,熟悉建设工程投标人、投标文件的法定要求,掌握建设工程招标方式、基本程序及投标人的法律禁止性规定。
4. 了解建筑市场诚信行为信息的分类,熟悉建筑市场诚信行为的公布和奖罚机制、市场主体的诚信评价,掌握违法行为应承担的法律责任。

1. 能根据建设工程发承包法律法规开展工程建设项目招标与投标工作。
2. 能够运用《招标投标法》的相关知识进行工程建设活动。

第一节 建设工程发包制度

一、建设工程发包的概念及方式

建设工程发包是建设工程的建设单位(或总承包单位)将建设工程任务通过招标发包或直接发包的方式,交付给具有法定从业资质的单位完成,并按照合同约定支付报酬的行为。建设工程的发包方式主要有招标发包和直接发包两种。

1. 招标发包

招标发包是指建设单位通过招标确定承包单位的一种发包方式。招标发包又分为两种方式:一种是公开招标发包,即由建设单位按照法定程序,在规定的公开的媒体上发布招标公告，公开提供招标文件，使所有潜在的投标人都可以平等参加投标竞争，从中择优选定中标人；另一种方式是邀请招标发包，即招标人根据自己所掌握的情况，预先确定一定数量的符合招标项目基本要求的潜在投标人并发出邀请，从中确定承包单位。全部或者部分使用国有资金投资或者国家融资的建设工程，应当依法采用招标发包方式。

2. 直接发包

直接发包是指发包方直接与承包方签订承包合同的一种发包方式。如建设单位直接同一个有资质证书的建筑施工企业商谈建筑工程的事宜，通过商谈来确定承包单位。采用特定专利技术、专有技术，或者建筑艺术造型有特殊要求的建设工程的勘察、设计、施工，经省、自治区、直辖市住房城乡建设主管部门或有关部门批准，可以直接发包。

【提示】 建筑工程一般应实行招标发包，不适于招标发包的保密工程、特殊专业工程等可以直接发包。

二、建筑工程发包的基本规定

《建筑法》规定，建筑工程实行招标发包的，发包单位应当将建筑工程发包给依法中标的承包单位。建筑工程实行直接发包的，发包单位应当将建筑工程发包给具有相应资质条件的承包单位。

按照合同约定，建筑材料、建筑构配件和设备由工程承包单位采购的，发包单位不得指定承包单位购入用于工程的建筑材料、建筑构配件和设备或者指定生产厂、供应商。

2016年1月颁发的《国务院办公厅关于全面治理拖欠农民工工资问题的意见》中规定，在工程建设领域推行工程款支付担保制度，采用经济手段约束建设单位履约行为，预防工程款拖欠。加强对政府投资工程项目的管理，对建设资金来源不落实的政府投资工程项目不予批准。政府投资项目一律不得以施工企业带资承包的方式进行建设，并严禁将带资承包有关内容写入工程承包合同及补充条款。

规范工程款支付和结算行为。全面推行施工过程结算，建设单位应按合同约定的计量周期或工程进度结算并支付工程款。工程竣工验收后，对建设单位未完成竣工结算或未按合同支付工程款且未明确剩余工程款支付计划的，探索建立建设项目抵押偿付制度，有效解决拖欠工程款问题。对长期拖欠工程款结算或拖欠工程款的建设单位，有关部门不得批准其新项目开工建设。

2014年8月住房和城乡建设部发布的《建筑工程施工转包违法分包等违法行为认定查处管理办法(试行)》进一步规定，存在下列情形之一的，属于违法发包：①建设单位将工程发包给个人的；②建设单位将工程发包给不具有相应资质或安全生产许可的施工单位的；③未履行法定发包程序，包括应当依法进行招标未招标，应当申请直接发包未申请或申请未核准的；④建设单位设置不合理的招投标条件，限制、排斥潜在投标人或者投标人的；⑤建设单位将一个单位工程的施工分解成若干部分发包给不同的施工总承包或专业承包单位的；⑥建设单位将施工合同范围内的单位工程或分部分项工程又另行发包的；⑦建设单位违反施工合同约定，通过各种形式要求承包单位选择其指定分包单位的；⑧法律法规规定的其他违法发包行为。

三、建设工程发包的行为规范

建设工程发包单位必须依照法律、法规规定的发包要求发包建筑工程。

(1)发包单位应当将建筑工程发包给合格的承包人。《建筑法》规定："实行招标发包的建筑工程，发包人应当将建筑工程发包给依法中标的承包人；实行直接发包的建筑工程，发包人应将建筑工程发包给具有相应资质的承包人。"

为保证建筑工程质量和安全，承包单位必须具备资质证书，所建工程的要求和承包单位的资质证书级别必须一致。

(2)发包单位应当按照合同的约定，及时拨付工程款项。拖欠工程款，是目前建筑市场普遍存在的问题，它不仅严重地影响了企业的生产经营，制约了企业的发展，而且也影响了工程建设的顺利进行，制约了投资效益的提高。《建筑法》对此作出规定，不仅规范了发包单位拖欠工程款的行为，同时也为施工企业追回拖欠工程款提供了法律依据。

(3)发包单位及其工作人员不得在发包过程中收受贿赂、回扣或者索取其他好处，《建筑法》规定："发包人应当公平、公正地进行工程发包，不得利用工程发包机会接受承包人提供的贿赂、回扣或者向承包人索取其他好处。"

收受贿赂、回扣或者索取其他好处均属于违法行为。这些违法行为的存在，对于建筑市场的建立极为不利，特别是不利于保证建筑工程的质量与安全，不利于保护国家利益。因此，对此类行为应予以禁止。

(4)发包单位应当依照法律、法规规定的程序和方式进行公开招标，并接受有关行政主管部门的监督。为了确保发包活动符合法律规定，不危害社会公共利益和国家利益，《建筑法》第二十一条规定："建筑工程实行公开招标的，发包单位应当依照法律程序和方式，发布招标公告，提供载有招标工程的主要技术要求、主要的合同条款、评标的标准和方法以及开标、评标、定标的程序等内容的招标文件。开标应当在招标文件规定的时间、地点公开进行，并接受有关行政主管部门的监督。开标后应当按照招标文件规定的评标标准和程序对标书进行评价、比较，在具备相应资质条件的投标者中，择优选定中标者。"

(5)发包人不得将建筑工程肢解发包。肢解发包是指发包人将应当由一个承包人完成的建筑工程肢解成若干部分分别发包给几个承包人。这种行为可导致建筑工程管理上的混乱，不能保证建筑工程的质量与安全，容易造成建筑工期的延长，增加建设成本。因此，《建筑法》第二十四条规定："禁止发包人将建筑工程肢解发包。"

禁止肢解发包并不等于禁止分包。建设单位要加强监督检查，明确责任，保证工程质量和施工安全。

(6)发包人不得向承包人指定购入用于建筑工程的建筑材料、建筑构配件和设备，或指定生产厂、供应商建筑材料、建筑构配件和设备的采购问题应当是合同的一项内容，在合同中应当作出明确的规定。建筑材料、建筑构配件和设备的采购可以由发包单位采购，也可以由承包单位采购。但是，合同一经确定就必须依照合同的约定进行。需要注意的是，建筑材料、建筑构配件和设备，应主要由承包单位负责采购，并明确责任，择优选购，加强检查验收，切实保证材料、设备的质量。发包单位需要自己订货采购的，要在合同中明确其责任和要求。对可能影响工程质量和使用功能的劣质材料、建筑构配件和设备，承包单位有权拒绝使用。如果发包人与承包人在建设工程合同中明确约定由承包人包工包料，那么，承包人按照合同的要求有权自行安排和购买建筑材料、建筑构配件和设备，自由选择生产厂家或者供应商家，发包人无权为承包人进行指定购买，否则就是违反合同约定。《建筑法》对此也作出明确规定，即按照合同规定，建筑材料、建筑构配件和设备由工程承包单位采购的，发包单位不得指定购入用于工程的建筑材料、建筑构配件和设备或指定生产厂、供应商。

第二节 建设工程承包制度

一、建设工程承包的概念及方式

建设工程承包是指具有法定从业资格的单位依法承揽建设工程任务，通过签订合同确定双方的权利与义务，按照合同约定取得相应报酬，并完成建设工程任务的行为。

在建设工程承包中，一个建设项目上往往有不止一个承包单位。承包单位与建设单位之间，以及不同承包单位之间的关系不同，地位不同，也就形成不同的承包方式。常见的建筑工程承包方式有以下三种。

1. 总承包

一个建设项目建设全过程或其中某个阶段（如施工阶段）的全部工作，由一个承包单位负责组织实施。这个承包单位可以将若干专业性工作交给不同的专业承包单位去完成，并统一协调和监督它们的工作。在一般情况下，建设单位仅同这个承包单位发生直接关系，而不同各专业承包单位发生直接关系。这样的承包方式叫作总承包。承担这种任务的单位叫作总承包单位，或简称总包，通常有咨询设计机构、一般土建公司以及设计施工一体化的大建筑公司等。

2. 独立承包

独立承包是指承包单位依靠自身的力量完成承包任务，而不实行分包的承包方式。通常仅适用于规模较小、技术要求比较简单的工程以及修缮工程。

3. 直接承包

直接承包就是在同一工程项目上，不同的承包单位分别与建设单位签订承包合同，各自直接对建设单位负责。各承包商之间不存在总分包关系，现场的协调工作可由建设单位自己去做，或委托一个承包商牵头去做，也可聘请专门的项目经理来管理。

二、承包单位的资质管理

《建筑法》第二十六条规定："承包建筑工程的单位应当持有依法取得的资质证书，并在其资质等级许可的业务范围内承包工程。"

所谓资质证书，是指承包建筑工程的单位承包建筑工程所必需的凭证。承包建筑工程的单位，包括建筑施工企业、监理单位、勘察设计单位。因其单位性质和技术、设备不同，其资质等级也不完全一样。级别不同，所从事的业务范围也不完全相同。一般情况下，高资质等级的企业可以从事低资质等级企业的业务，但低资质等级的企业不能从事高资质等级企业的业务。如果低资质等级单位从事高资质等级单位的业务，则会因其不具备从事高资质等级单位的业务条件，而给承揽的工作带来质量与安全问题。所以，承包建筑工程的单位应当"在其资质等级许可的业务范围内承揽工程"。若违反此项规定,则应当承担法律责任。

《建筑法》第二十六条规定:"禁止建筑施工企业超越本企业资质等级许可的业务范围或者以任何形式用其他建筑施工企业的名义承揽工程。禁止建筑施工企业以任何形式允许其他单位或者个人使用本企业的资质证书、营业执照,以本企业的名义承揽工程。"这就要求建筑施工企业不能以借用其他建筑施工企业的资质或者以挂靠等形式以其他建筑施工企业的名义来承揽工程。另外,建筑施工企业也不得出借或出租自己的资质证书、营业执照,不得允许其他建筑施工企业挂靠在自己企业之下。这些规定都是强制性规定,建筑施工企业必须遵守,否则应承担法律责任。

三、建设工程总承包的规定

1. 建设工程总承包的分类

总承包通常分为工程总承包和施工总承包两大类。

《建筑法》规定,建筑工程的发包单位可以将建筑工程的勘察、设计、施工、设备采购一并发包给一个工程总承包单位,也可以将建筑工程的勘察设计、施工、设备采购的一项或者多项发包给一个工程总承包单位。

工程总承包是指从事工程总承包的企业受建设单位的委托,按照工程总承包合同的约定,对工程项目的勘察设计、采购、施工、试运行(竣工验收)等实行全过程或若干阶段的承包。

施工总承包是指发包人将全部施工任务发包给具有施工总承包资质的建筑业企业,由施工总承包企业按照合同的约定向建设单位负责,承包完成施工任务。

2. 工程总承包的方式

工程总承包是国际通行的工程建设项目组织实施方式,有利于发挥具有较强技术力量和组织管理能力的大承包商的专业优势,综合协调工程建设中的各种关系,强化统一指挥和组织管理,保证工程质量和进度,提高投资效益。

按照2003年2月原建设部发布的《关于培育发展工程总承包和工程项目管理企业的指导意见》,工程总承包主要有下列方式:

(1)设计采购施工(EPC)/交钥匙总承包。设计采购施工总承包是指工程总承包企业按照合同约定,承担工程项目的设计、采购、施工、试运行服务等工作,并对承包工程的质量、安全、工期、造价全面负责。

交钥匙总承包是设计采购施工总承包业务和责任的延伸,最终是向建设单位提交一个满足使用功能、具备使用条件的工程项目。

(2)设计施工总承包(D—B)。设计—施工总承包是指工程总承包企业按照合同约定,承担工程项目设计和施工,并对承包工程的设计和施工的质量、安全、工期、造价负责。

(3)设计—采购总承包(E—P)。设计—采购总承包是指工程总承包企业按照合同约定,承担工程项目设计和采购工作,并对工程项目设计和采购的质量、进度等负责。

(4)采购—施工总承包(P—C)。采购—施工总承包是指工程总承包企业按照合同约定,承担工程项目的采购和施工,并对承包工程的采购和施工的质量、安全、工期、造价负责。

3. 工程总承包单位与工程项目管理

工程项目管理是指从事工程项目管理的企业受建设单位委托，按照合同约定，代表建设单位对工程项目的组织实施进行全过程或若干阶段的管理和服务。工程项目管理企业不直接从事该工程项目的勘察设计、施工等，也不与该工程项目的总承包企业或勘察设计、供货、施工等企业签订合同，但可以按合同约定，协助业主与工程项目的总承包企业或勘察、设计、供货、施工等企业签订合同，并受业主委托监督合同的履行。

《关于培育发展工程总承包和工程项目管理企业的指导意见》规定，工程总承包单位可以接受建设单位委托，按照合同约定承担工程项目管理业务，但不应在同一个工程项目上同时承担工程总承包和工程项目管理业务，也不应与承担工程总承包或者工程项目管理业务的另一方企业有隶属关系或者其他利害关系。

四、建设工程联合承包制度

《建筑法》第二十七条规定："大型建筑工程或者结构复杂的建筑工程，可以由两个以上的承包单位联合共同承包。共同承包的各方对承包合同的履行承担连带责任。两个以上不同资质等级的单位实行联合共同承包的，应当按照资质等级低的单位的业务许可范围承揽工程。"联合承包需注意下面几个问题。

1. 联合承包的前提条件

承包单位联合承包的前提条件是指所要承包的工程为大型建筑工程或者结构复杂的建筑工程。也就是说，一些中小型工程以及结构不复杂的不可以采取联合承包工程的方式。对于什么是大型建筑工程和结构复杂的建筑工程应以国务院、地方政府或者国务院有关部门确定的标准为准。大型建筑工程的划分应当以建筑面积或者总造价来划分为宜；结构复杂的建筑工程一般应是结构专业性较强的建筑工程。

2. 联合承包的责任分担

联合承包的各方对承包合同的履行应承担连带责任。所谓连带责任，是指一方不能履行义务时，由另一方来承担责任。连带责任是对他方而言的，对于联合共同承包的内部各方来讲应当根据自己各自的过错承担责任。联合承包既然是共同施工、共同承包、共享利润，相应地，必须共担风险，共负亏损。这样，联合承包才可以既能发挥企业互补优势的好处，又能通过连带民事责任的规定加强联合承包各企业的责任感，防患于未然，从而使建筑工程联合承包能健康、活跃地进行和发展。

3. 不同类别资质联合承包

两个以上资质类别不同的承包单位实行联合承包的，应当按照联合体的内部分工，各自按资质类别及等级的许可范围承担工程。

4. 高资质与低资质联合承包

在联合承包过程中，如果企业资质等级不同，要按照资质等级低的业务许可范围来承包工程。这样规定是为了防止低资质等级企业通过联合承包这种形式进行投机行为，确保业主的利益。这一规定是一个义务性规定，联合承包各方应当履行这一义务。

五、建设工程分包制度

1. 建设工程分包的类型

建设工程分包分为专业工程分包和劳务作业分包。

专业工程分包是指施工总承包企业将其所承包工程中的专业工程发包给具有相应资质的其他建设企业完成的活动。

劳务作业分包是指施工总承包企业或者专业承包企业将其承包工程中的劳务作业发包给劳务分包企业完成的活动。

2. 建设工程分包的范围

《建筑法》规定，建筑工程总承包单位可以将承包工程中的部分工程发包给具有相应资质条件的分包单位。禁止承包单位将其承包的全部建筑工程转包给他人，禁止承包单位将其承包的全部建筑工程肢解以后以分包的名义分别转包给他人。施工总承包的建筑工程主体结构的施工必须由总承包单位自行完成。

《招标投标法》也规定，中标人按照合同约定或者经招标人同意，可以将中标项目的部分非主体、非关键性工作分包给他人完成。中标人不得向他人转让中标项目，也不得将中标项目肢解后分别向他人转让。《招标投标法实施条例》进一步规定，中标人不得向他人转让中标项目，也不得将中标项目肢解后分别向他人转让。中标人按照合同约定或者经招标人同意，可以将中标项目的部分非主体、非关键性工作分包给他人完成。接受分包的人应当具备相应的资格条件，并不得再次分包。中标人应当就分包项目向招标人负责，接受分包的人就分包项目承担连带责任。

据此，总承包单位承包工程后可以全部自行完成，也可以将其中的部分工程分包给其他承包单位完成，但依法只能分包部分工程，并且是非主体、非关键性工作；如果是施工总承包，其主体结构的施工则须由总承包单位自行完成。这主要是防止以分包为名而发生转包行为。

2014年8月住房和城乡建设部经修改后发布的《房屋建筑和市政基础设施工程施工分包管理办法》还规定，分包工程发包人可以就分包合同的履行，要求分包工程承包人提供分包工程履约担保；分包工程承包人在提供担保后，要求分包工程发包人同时提供分包工程付款担保的、分包工程发包人应当提供。

3. 分包单位的条件与认可

《建筑法》规定，建筑工程总承包单位可以将承包工程中的部分工程发包给具有相应资质条件的分包单位；但是，除总承包合同中约定的分包外，必须经建设单位认可。禁止总承包单位将工程分包给不具备相应资质条件的单位。《招标投标法》也规定，接受分包的人应当具备相应的资格条件。

承包工程的单位须持有依法取得的资质证书，并在资质等级许可的业务范围内承揽工程。这一规定同样适用于工程分包单位。不具备资质条件的单位不允许承包建设工程，也不得承接分包工程。《房屋建筑和市政基础设施工程施工分包管理办法》还规定，严禁个人承揽分包工程业务。

总承包单位如果要将所承包的工程再分包给他人，应当依法告知建设单位并取得认可。这种认可应当依法通过两种方式：①在总承包合同中规定分包的内容；②在总承包合同中没有规定分包内容的，应当事先征得建设单位的同意。需要说明的是，分包工程须经建设单位认可，并不等于建设单位可以直接指定分包人。《房屋建筑和市政基础设施工程施工分包管理办法》中明确规定，"建设单位不得直接指定分包工程承包人。"对于建设单位推荐的分包单位，总承包单位有权作出拒绝或者采用的选择。

4. 分包单位不得再分包

《建筑法》规定，禁止分包单位将其承包的工程再分包。《招标投标法》也规定，接受分包的人不得再次分包。

这主要是防止层层分包，"层层剥皮"，难以保障工程质量安全和工期等。为此，《房屋建筑和市政基础设施工程施工分包管理办法》中规定，除专业承包企业可以将其承包工程中的劳务作业发包给劳务分包企业外，专业分包工程承包人和劳务作业承包人都必须自行完成所承包的任务。

5. 转包、违法分包和挂靠行为的界定

按照我国法律的规定，转包是必须禁止的，而依法实施的工程分包则是允许的。因此，违法分包同样是在法律的禁止之列。

《建设工程质量管理条例》规定，违法分包是指下列行为：①总承包单位将建设工程分包给不具备相应资质条件的单位的；②建设工程总承包合同中未有约定，又未经建设单位认可，承包单位将其承包的部分建设工程交由其他单位完成的；③施工总承包单位将建设工程主体结构的施工分包给其他单位的；④分包单位将其承包的建设工程再分包的。

转包是指承包单位承包建设工程后，不履行合同约定的责任和义务，将其承包的全部建设工程转给他人或者将其承包的全部建设工程肢解以后以分包的名义分别转给其他单位承包的行为。

《建筑工程施工转包违法分包等违法行为认定查处管理办法（试行）》规定，存在下列情形之一的，属于转包：①施工单位将其承包的全部工程转给其他单位或个人施工的；②施工总承包单位或专业承包单位将其承包的全部工程肢解以后，以分包的名义分别转给其他单位或个人施工的；③施工总承包单位或专业承包单位未在施工现场设立项目管理机构或未派驻项目负责人、技术负责人、质量管理负责人、安全管理负责人等主要管理人员，不履行管理义务，未对该工程的施工活动进行组织管理的；④施工总承包单位或专业承包单位不履行管理义务，只向实际施工单位收取费用，主要建筑材料、构配件及工程设备的采购由其他单位或个人实施的；⑤劳务分包单位承包的范围是施工总承包单位或专业承包单位承包的全部工程，劳务分包单位计取的是除上缴给施工总承包单位或专业承包单位"管理费"之外的全部工程价款的；⑥施工总承包单位或专业承包单位通过采取合作、联营、个人承包等形式或名义，直接或变相地将其承包的全部工程转给其他单位或个人施工的；⑦法律法规规定的其他转包行为。

存在下列情形之一的，属于违法分包：①施工单位将工程分包给个人的；②施工单位将工程分包给不具备相应资质或安全生产许可的单位的；③施工合同中没有约定，又未经建设单位认可，施工单位将其承包的部分工程交由其他单位施工的；④施工总承包单位将房屋建筑工程的主体结构的施工分包给其他单位的(钢结构工程除外)；⑤专业分包单位将其承包的专业工程中非劳务作业部分再分包的；⑥劳务分包单位将其承包的劳务再分包的；⑦劳务分包单位除计取劳务作业费用外，还计取主要建筑材料款、周转材料款和大中型施工机械设备费用的；⑧法律法规规定的其他违法分包行为。

存在下列情形之一的，属于挂靠：①没有资质的单位或个人借用其他施工单位的资质承揽工程的；②有资质的施工单位相互借用资质承揽工程的，包括资质等级低的借用资质等级高的，资质等级高的借用资质等级低的，相同资质等级相互借用的；③专业分包的发包单位不是该工程的施工总承包或专业承包单位的，但建设单位依约作为发包单位的除外；④劳务分包的发包单位不是该工程的施工总承包、专业承包单位或专业分包单位的；⑤施工单位在施工现场派驻的项目负责人、技术负责人、质量管理负责人、安全管理负责人中一人以上与施工单位没有订立劳动合同，或没有建立劳动工资或社会养老保险关系的；⑥实际施工总承包单位或专业承包单位与建设单位之间没有工程款收付关系，或者工程款支付凭证上载明的单位与施工合同中载明的承包单位不一致，又不能进行合理解释并提供材料证明的；⑦合同约定由施工总承包单位或专业承包单位负责采购或租赁的主要建筑材料、构配件及工程设备或租赁的施工机械设备，由其他单位或个人采购、租赁，或者施工单位不能提供有关采购、租赁合同及发票等证明，又不能进行合理解释并提供材料证明的；⑧法律法规规定的其他挂靠行为。

发承包单位违法行为
应承担的法律责任

第三节 建设工程招标投标制度

一、建设工程招投标概述

建设工程招标投标是指在市场经济条件下进行工程建设项目的发包与承包时，所采用的一种交易方式。采用招标投标方式进行交易活动的最显著特征，是将竞争机制引入了交易过程，它具有公平竞争、减少或杜绝行贿受贿等腐败和不正当竞争行为、节省和合理使用资金、保证建设项目质量等明显的优越性。为了规范这种交易方式，确立招标投标的法律制度，是十分有必要的。1999年8月30日，第九届全国人大常委会第十一次会议审议并通过了《中华人民共和国招标投标法》，这标志着我国的招标投标活动在法制的轨道上，已经进入到了一个规范的、公平竞争的崭新阶段。这部法共有六章，六十八条。第一章为总则，它是《招标投标法》概括性、纲领性、原则性的规定，对其他各章的规定具有指导作用。第二至四章根据招标投标活动的具体程序和步骤，规定了招标、投标、开标、评标和中标各阶段的行为规则。第五章规定了违反本法应当承担的法律责任。第六章为附则，是该法的附属部分，是对法律正文中未尽事项的规定。整部法律体现了鼓励和保护公平竞争的精神，限制了不利于公平竞争的行政干预，排除了地方、部门的保护主义，确立了以效率、质量取胜的机制，加大了对干扰破坏招标投标秩序行为的惩罚力度。《招标投标法》是招标投标法律体系中的基本法律。继《招标投标法》发布之后，中华人民共和国国家发展计划委员会于2000年5月1日发布了《工程建设项目招标范围和规模标准规定》；2000年7月1日发布了《招标公告发布暂行办法》和《工程建设项目自行招标试行办法》；建设部于 2000 年 6 月 30 日发布了《工程建设项目招标代理机构资格认定办法》，2000 年 10 月 18 日发布了《建筑工程设计招标投标管理办法》，2001 年 6 月 1 日发布了《房屋建筑和市政基础设施工程施工招标投标管理办法》；国家发展计划委员会、建设部、铁道部、交通部、信息产业部、水利部、民航总局等七部（委）于 2001 年 7 月 5 日联合发布了《评标委员会和评标方法》，于 2003 年 3 月 8 日联合发布了《工程建设项目施工招标投标办法》。目前，招标投标法律制度还正处于实施的起始阶段，其现实和长远的意义必将在今后的实施中进一步显现出来。

二、建设工程招投标范围及必须进行招标的项目

1. 建设工程招投标的适用范围

为了规范招标投标活动，保护国家利益、社会公共利益和招标投标活动当事人的合法权益，提高经济效益，保证建设工程项目的质量，《中华人民共和国招标投标法》的适用范围为在中华人民共和国境内进行的所有招标投标活动。

2. 必须进行招标的项目

根据《招标投标法》的相关规定，在中华人民共和国境内进行下列工程建设项目包括项目的勘察设计、施工、监理以及与工程建设有关的重要设备、材料等的采购，必须进行招标：大型基础设施、公用事业等关系社会公共利益、公众安全的项目；全部或者部分使用国有资金投资或者国家融资的项目；使用国际组织或者外国政府贷款、援助资金的项目。

为了增加强制招标工作的可操作性，根据《招标投标法》的授权，国家发展计划委员会制定了《工程建设项目招标范围和规模标准规定》。并且该规定中第二条至第七条确定了必须进行招标的工程建设项目的具体范围和规模标准。

（1）关系社会公共利益、公众安全的基础设施项目的范围包括：①煤炭、石油、天然气、电力、新能源等能源项目；②铁路、公路、管道、水运、航空以及其他交通运输业等交通运输项目；③邮政、电信枢纽、通信、信息网络等邮电通讯项目；④防洪、灌溉、排涝、引（供）水、滩涂治理、水土保持、水利枢纽等水利项目；⑤道路、桥梁、地铁和轻轨交通、污水排放及处理、垃圾处理、地下管道、公共停车场等城市设施项目；⑥生态环境保护项目；⑦其他基础设施项目。

（2）关系社会公共利益、公众安全的公用事业项目的范围包括：①供水、供电、供气、供热等市政工程项目；②科技、教育、文化等项目；③体育、旅游等项目；④卫生、社会福利等项目；⑤商品住宅，包括经济适用住房；⑥其他公用事业项目。

（3）使用国有资金投资项目的范围包括：①使用各级财政预算资金的项目；②使用纳入财政管理的各种政府性专项建设基金的项目；③使用国有企业事业单位自有资金，并且国有资产投资者实际拥有控制权的项目。

（4）国家融资项目的范围包括：①使用国家发行债券所筹资金的项目；②使用国家对外借款或者担保所筹资金的项目；③使用国家政策性贷款的项目；④国家授权投资主体融资的项目；⑤国家特许的融资项目。

（5）使用国际组织或者国外政府资金的项目的范围包括：①使用世界银行、亚洲开发银行等国际组织贷款资金的项目；②使用国外政府及其机构贷款资金的项目；③使用国际组织或者国外政府援助资金的项目。

以上规定范围内的各类工程建设项目，包括项目的勘察设计、施工、监理以及与工程建设有关的重要设备、材料等的采购，达到下列标准之一的，必须进行招标。

(1)施工单项合同估算价在 200 万元人民币以上的。

(2)重要设备、材料等货物的采购，单项合同估算价在 100 万元人民币以上的。

(3)勘察设计、监理等服务的采购，单项合同估算价在 50 万元人民币以上的。

(4)单项合同估算价低于上述三项规定的标准，但项目总投资额在 3 000 万元人民币以上的。

3. 可以不进行招标的工程建设项目

如果建设项目不属于强制招标的项目，则可以招标也可以不招标。但是，即使符合强制招标项目的条件但是属于某些特殊情形的，也可以不进行招标。

(1)可以不进行招标的施工项目。依据《招标投标法》第六十六条和《工程建设项目施工招标投标办法(2013 修订)》第十二条的规定，需要审批的工程建设项目，有下列情形之一的，由审批部门批准，可以不进行施工招标。

1)涉及国家安全、国家秘密、抢险救灾或者属于利用扶贫资金实行以工代赈需要使用农民工等特殊情况，不适宜进行招标的；

2)施工主要技术采用不可替代的专利或者专有技术；

3)已通过招标方式选定的特许经营项目投资人依法能够自行建设；

4)采购人依法能够自行建设；

5)在建工程追加的附属小型工程或者主体加层工程，原中标人仍具备承包能力，并且其他人承担将影响施工或者功能配套要求；

6)国家规定的其他情形。

不需要审批但依法必须招标的工程建设项目，有上述规定情形之一的，可以不进行施工招标。

(2)可以不进行招标的勘察设计项目　依据《建设工程勘察设计管理条例(2015 修订)》第十六条，下列建设工程的勘察设计，经有关主管部门批准，可以直接发包。

1)采用特定的专利或者专有技术的；

2)建筑艺术造型有特殊要求的；

3)国务院规定的其他建设工程的勘察设计。

三、建设工程招标方式

按照不同的标准，招标可分为多种方式。如按其性质划分，可分为公开招标和邀请招标；按竞争范围划分，可分为国际竞争性招标和国内竞争性招标；按价格确定方式划分，可分为固定总价项目招标、成本加酬金项目招标和单价不变项目招标等。无论哪一种招标方式，都离不开招标的基本特性，即公开性、竞争性和公平性。

目前世界各国和相关国际组织有关招标的方式大体上分为公开招标、邀请招标和议标三种。《招标投标法》只规定了公开招标和邀请招标为法定招标方式。

1. 公开招标

公开招标是指招标人在指定的报刊、电子网络或其他媒体上发布招标公告，吸引众多的投标人参加投标竞争，招标人从中择优选择中标单位的招标方式。公开招标是一种无限制的竞争方式，按竞争程度又可以分为国际竞争性招标和国内竞争性招标。这种招标方式可以为所有的承包商提供一个平等竞争的机会，业主有较大的选择余地，有利于降低工程造价，提高工程质量和缩短工期，但可能由于参与竞争的承包商会很多而增加资格预审和评标的工作量；还有可能出现故意压低投标报价的投机承包商以低价挤掉对报价严肃认真而报价较高的承包商。因此，在采用此种招标方式时，业主要加强资格预审，认真评标。

2. 邀请招标

邀请招标也称为选择性招标或有限竞争投标，其是指招标人以投标邀请书的方式邀请特定的法人或者其他组织投标，选择一定数目的法人或其他组织（不少于 3 家）。邀请招标的优点在于：经过选择的投标单位在施工经验、技术力量、经济和信誉上都比较可靠，因而一般能保证进度和质量要求。此外，参加投标的承包商数量少，因而招标时间相对缩短，招标费用也较少。

由于邀请招标在价格、竞争的公平方面仍存在一些不足之处，因此《招标投标法》规定，国家重点项目和省、自治区、直辖市的地方重点项目不宜进行公开招标的，经过批准后可以进行邀请招标。

3. 公开招标与邀请招标在招标程序上的主要区别

（1）招标信息的发布方式不同。公开招标是利用招标公告发布招标信息，而邀请招标则是采用向 3 家以上具备实施能力的投标人发出投标邀请书，请他们参与投标竞争。

（2）对投标人资格预审的时间不同。进行公开招标时，由于投标响应者较多，为了保证投标人具备相应的实施能力，以及缩短评标时间，突出投标的竞争性，通常设置资格预审程序。而邀请招标由于竞争范围小，且招标人对邀请对象的能力有所了解，不需要再进行资格预审，但评标阶段还要对各投标人的资格和能力进行审查和比较，通常称为"资格后审"。

（3）邀请的对象不同。邀请招标邀请的是特定的法人或者其他组织，而公开招标则是向不特定的法人或者其他组织邀请投标。

4. 工程项目招标方式的选择

公开招标与邀请招标相比，可以在较大的范围内优选中标人，有利于投标竞争，但招标花费的费用较高、时间较长。采用何种形式招标应在招标准备阶段进行认真研究，主要分析哪些项目对投标人有吸引力，可以在市场中展开竞争。对于明显可以展开竞争的项目，应首先考虑采用打破地域和行业界限的公开招标。

为了符合市场经济要求和规范招标人的行为，《建筑法》规定："依法必须进行施工招标的工程，全部使用国有资金投资或者国有资金投资占控股或主导地位的，应当公开招标。"

《招标投标法》进一步明确规定："国务院发展计划部门确定的国家重点和省、自治区、直辖市人民政府确定的地方重点项目不适宜公开招标的，经国务院发展计划部门或者省、自治区、直辖市人民政府批准，可以进行邀请招标。"采用邀请招标方式时，招标人应当向三个以上具备承担该工程施工能力、资信良好的施工企业发出投标邀请书。采用邀请招标的项目一般属于以下几种情况之一：

（1）涉及保密的工程项目。

（2）专业性要求较高的工程，一般施工企业缺少技术、设备和经验，采用公开招标响应者较少。

（3）工程量较小、合同额不高的施工项目，对实力较强的施工企业缺少吸引力。

(4)地点分散且属于劳动密集型的施工项目,对外地域的施工企业缺少吸引力。
(5)工期要求紧迫的施工项目,没有时间进行公开招标。
(6)其他采用公开招标所花费的时间和费用与招标人最终可能获得的好处不相适应的施工项目。

四、建设工程招标基本程序

《招标投标法》规定,招标投标活动应当遵循公开、公平、公正和诚实信用的原则。

建设工程招标的基本程序主要包括:履行项目审批手续、委托招标代理机构、编制招标文件及标底、发布招标公告或投标邀请书、资格审查、开标、评标、中标和签订合同,以及终止招标等。

(一)履行项目审批手续

《招标投标法》规定,招标项目按照国家有关规定需要履行项目审批手续的,应当先履行审批手续,取得批准。招标人应当有进行招标项目的相应资金或者资金来源已经落实,并应当在招标文件中如实载明。

《招标投标法实施条例》进一步规定,按照国家有关规定需要履行项目审批、核准手续的依法必须进行招标的项目,其招标范围、招标方式、招标组织形式应当报项目审批、核准部门审批、核准。项目审批、核准部门应当及时将审批、核准确定的招标范围、招标方式、招标组织形式通报有关行政监督部门。

(二)委托招标代理机构

《招标投标法》规定,招标人具有编制招标文件和组织评标能力的,可以自行办理招标事宜。任何单位和个人不得强制其委托招标代理机构办理招标事宜。依法必须进行招标的项目,招标人自行办理招标事宜的,应当向有关行政监督部门备案。

《招标投标法实施条例》进一步规定,招标人具有编制招标文件和组织评标能力,是指招标人具有与招标项目规模和复杂程度相适应的技术、经济等方面的专业人员。

招标代理机构是依法设立、从事招标代理业务并提供相关服务的社会中介组织。《招标投标法》规定,招标人有权自行选择招标代理机构,委托其办理招标事宜。招标代理机构应当具备下列条件:①有从事招标代理业务的营业场所和相应资金;②有能够编制招标文件和组织评标的相应专业力量;③有符合该法定条件、可以作为评标委员会成员人选的技术、经济等方面的专家库。《招标投标法》还规定,从事工程建设项目招标代理业务的招标代理机构,其资格由国务院或者省、自治区、直辖市人民政府的住房城乡建设主管部门认定。具体办法由国务院住房城乡建设主管部门会同国务院有关部门制定。据此,原建设部于2000年6月颁布了《工程建设项目招标代理机构资格认定办法》,2015年5月住房和城乡建设部经修改后重新发布。

按照《招标投标实施条例》的规定,招标代理机构在其资格许可和招标人委托的范围内开展招标代理业务,任何单位和个人不得非法干涉。招标代理机构不得在所代理的招标项目中投标或者代理投标,也不得为所代理的招标项目的投标人提供咨询。

(三)编制招标文件及标底

一般情况下,在发布招标公告或发出投标邀请书前,招标方就应根据招标项目的特点和要求编制招标文件并确定标底(标底一经审定,应封标至开标,在此之前要绝对保密)。在发布招标公告或发出投标邀请书的基础上,按照招标公告中载明的时间和地点,向有意参加投标的供应商或承包商提供招标文件。

1. 编制招标文件应遵守的原则

为了规范招标人的行为,保证招标文件的公正合理,《招标投标法》及其相关法规要求招标人在编制招标文件时,应当遵守如下基本原则:

(1)招标人应当根据招标项目的特点和需要编制招标文件。招标文件应当包括招标项目的技术要求、对投标人资格审查的标准、投标报价要求和评标标准等所有实质性要求和条件以及拟签订合同的主要条款。

(2)国家对招标项目的技术、标准有规定的,招标人应当按照其规定在招标文件中提出相应要求。

(3)招标项目需要划分标段、确定工期的,招标人应当合理划分标段、确定工期,并在招标文件中载明。

(4)招标文件不得要求或者标明特定的生产供应者以及含有倾向或者排斥潜在投标人的其他内容。

2. 关于时间方面招标文件应遵守的规定

(1)可以澄清、修改招标文件的时间。《招标投标法》第二十三条规定:"招标人对已发出的招标文件进行必要的澄清或者修改的,应当在招标文件要求提交投标文件截止时间至少十五日前,以书面形式通知所有招标文件收受人。该澄清或者修改的内容为招标文件的组成部分。"

(2)确定编制投标文件的时间。《招标投标法》第二十四条规定:"招标人应当确定投标人编制投标文件所需要的合理时间;但是,依法必须进行招标的项目,自招标文件开始发出之日起至投标人提交投标文件截止之日止,最短不得少于二十日。"

(3)确定投标有效期。投标有效期,是招标文件中规定的投标文件有效期。《招标投标法实施条例》第二十五条规定:"招标人应当在招标文件中载明投标有效期。投标有效期从提交投标文件的截止之日起算。"

3. 施工招标文件的编制

《工程建设项目施工招标投标办法》规定,招标人根据施工招标项目的特点和需要编制招标文件。招标人应当在招标文件中规定实质性要求和条件,并用醒目的方式标明。

招标文件一般包括下列内容:

(1)招标公告或投标邀请书。

(2)投标人须知。包括工程概况,招标范围,资格审查条件,工程资金来源或者落实情况(包括银行出具的资金证明),标段划分,工期要求,质量标准,现场踏勘和答疑安排,投标文件编制、提交、修改、撤回的要求,投标报价要求,投标有效期,开标的时间和地点,评标的方法和标准等。

(3)合同主要条款。

(4)投标文件格式。

(5)采用工程量清单招标的,应当提供工程量清单。

(6)技术条款。

(7)设计图纸。
(8)评标标准和方法。
(9)投标辅助材料。如投标保证金或其他形式的担保。

4. 标底及其编制

建设工程的标底是指招标人认可的招标项目的预算价格。它由招标人或委托住房城乡建设主管部门批准的具有相应资格和能力的中介机构,根据批准的初步设计、投资概算,依据有关计价办法,参照有关工程定额,结合市场供求状况,综合考虑投资、工期和质量等方面的因素合理确定。

《工程建设项目施工招标投标办法(2013修订)》第三十四条规定:"招标人可根据项目特点决定是否编制标底。编制标底的,标底编制过程和标底在开标前必须保密。""标底由招标人自行编制或委托中介机构编制。一个工程只能编制一个标底。""任何单位和个人不得强制招标人编制或报审标底,或干预其确定标底。"

招标人可根据项目特点决定是否编制标底。招标项目也可以不设标底,进行无标底招标。

(四)发布招标公告或投标邀请书

《招标投标法》规定,招标人采用公开招标方式的,应当发布招标公告。招标公告应当载明招标人的名称和地址、招标项目的性质、数量、实施地点和时间以及获取招标文件的办法等事项。

招标人采用邀请招标方式的,应当向三个以上具备承担招标项目的能力、资信良好的特定的法人或者其他组织发出投标邀请书。投标邀请书也应当载明招标人的名称和地址、招标项目的性质、数量、实施地点和时间以及获取招标文件的办法等事项。

招标人可以根据招标项目本身的要求,在招标公告或者投标邀请书中,要求潜在投标人提供有关资质证明文件和业绩情况,并对潜在投标人进行资格审查。招标人不得以不合理的条件限制或者排斥潜在投标人,不得对潜在投标人实行歧视待遇。

招标人不得向他人透露已获取招标文件的潜在投标人的名称、数量以及可能影响公平竞争的有关招标投标的其他情况。招标人设有标底的,标底必须保密。招标人根据招标项目的具体情况,可以组织潜在投标人踏勘项目现场。

《招标投标法实施条例》进一步规定,招标人应当按照资格预审公告、招标公告或者投标邀请书规定的时间、地点发售资格预审文件或者招标文件。资格预审文件或者招标文件的发售期不得少于5日。招标人发售资格预审文件、招标文件收取的费用应当限于补偿印刷、邮寄的成本支出,不得以营利为目的。

(五)资格审查

招标人可以根据招标项目本身的特点和需要,要求潜在投标人或者投标人提供满足其资格要求的文件,对潜在投标人或者投标人进行资格审查。

1. 资格预审

资格预审是指在投标前对潜在投标人进行的资格审查。采取资格预审的,招标人可以发布资格预审公告,并应在资格预审文件中载明资格预审的文件、标准和方法。经资格预审后,招标人应当向资格预审合格的潜在投标人发出资格预审合格通知书,告知获取招标文件的时间、地点和方法,并同时向资格预审不合格的潜在投标人告知资格预审结果。资格预审不合格的潜在投标人不得参加投标。

2. 资格后审

资格后审,是指在开标后对投标人进行的资格审查。进行资格预审的,一般不再进行资格后审,但招标文件另有规定的除外。采取资格后审的,招标人应当在招标文件中载明对投标人资格要求的条件、标准和方法等。资格后审不合格的投标人的投标应作废标处理。

3. 资格审查的内容

资格审查主要审查潜在投标人或者投标人是否符合下列条件:

(1)具有独立订立合同的权利。

(2)具有履行合同的能力,包括专业、技术资格和能力,资金、设备和其他物质设施状况,管理能力,经验、信誉和相应的从业人员。

(3)没有处于被责令停业,投标资格被取消,财产被接管、冻结,破产状态。

(4)在最近3年内没有骗取中标和严重违约及重大工程质量问题。

(5)法律、行政法规规定的其他资格条件。在资格审查时,招标人不得以不合理的条件限制、排斥潜在投标人或者投标人,不得对潜在投标人或者投标人实行歧视待遇。任何单位和个人不得以行政手段或者其他不合理方式限制投标人的数量。

(六)开标

1. 开标的时间与地点

开标是指招标人将所有投标人的投标文件启封揭晓。我国《招标投标法》规定:"开标应当在招标通告中约定的地点、招标文件确定的提交投标文件截止时间的同一时间公开进行。开标由招标人主持,邀请所有投标人参加。"开标时,要当众宣读投标人名称、投标价格、有无撤标情况以及招标单位认为其他合适的内容。

2. 开标程序

根据《招标投标法》及相关规定,开标应当遵守如下程序:

(1)宣布开标纪律。

(2)公布在投标截止时间前递交投标文件的投标人名称,并点名确认投标人是否派人到场。

(3)宣布开标人、唱标人、记录人、监标人等有关人员姓名。

(4)按照投标人须知前附表规定检查投标文件的密封情况。

(5)按照投标人须知前附表的规定确定并宣布投标文件开标顺序。

(6)设有标底的,公布标底。

(7)按照宣布的开标顺序当众开标,公布投标人名称、标段名称、投标保证金的递交情况、投标报价、质量目标、工期及其他内容,并记录在案。

(8)投标人代表、招标人代表、监标人、记录人等有关人员在开标记录上签字确认。

(9)开标结束。

3. 投标无效

投标单位法定代表人或授权代表未参加开标会议的视为自动弃权。投标文件有下列情形之一的将视为无效:

(1)投标文件未按照招标文件的要求予以密封的。

(2)投标文件中的投标函未加盖投标人的企业及企业法定代表人印章的，或者企业法定代表人委托代理人没有合法、有效的委托书(原件)及委托代理人印章的。

(3)投标文件的关键内容字迹模糊、无法辨认的。

(4)投标人未按照招标文件的要求提供投标保函或者投标保证金的。

(5)组成联合体投标的，投标文件未附联合体各方共同投标协议的。

(6)逾期送达。对未按规定时间送达的投标书，应视为废标，原封退回。但对于因非投标者的过失(因邮政、战争、罢工等原因)，而在开标之前未送达的，投标单位可考虑接受该迟到的投标书。

(七)评标

开标后进入评标阶段，即采用统一的标准和方法，对符合要求的投标进行评比，来确定每项投标对招标人的价值，最后达到选定最佳中标人的目的。

1. 评标机构

《招标投标法》规定，评标由招标人依法组建的评标委员会负责。依法必须招标的项目，评标委员会由招标人的代表和有关技术、经济等方面的专家组成，成员人数为5人以上的单数，其中，技术、经济等方面的专家不得少于成员总数的2/3。技术、经济等专家应当从事相关领域工作满8年且具有高级职称或具有同等专业水平，由招标人从国务院有关部门或省、自治区、直辖市人民政府有关部门提供的专家名册或者招标代理机构的专家库内的相关专业的专家名单中确定；一般招标项目可以采取随机抽取方式，特殊招标项目可以由招标人直接确定。与投标人有利害关系的人不得进入相关项目的评标委员会，已经进入的应当更换。评标委员会成员的名单在中标结果确定前应当保密。

2. 评标的保密性与独立性

按照《招标投标法》的规定，招标人应当采取必要措施，保证评标在严格保密的情况下进行。所谓评标的严格保密，是指评标在封闭状态下进行，评标委员会在评标过程中有关检查、评审和授标的建议等情况均不得向投标人或与该程序无关的人员透露。

由于招标文件中对评标的标准和方法进行了规定，列明了价格因素和价格因素之外的评标因素及其量化计算方法，因此，所谓评标保密，并不是在这些标准和方法之外另搞一套标准和方法进行评审和比较，而是这个评审过程是招标人及其评标委员会的独立活动，有权对整个过程保密，以避免投标人及其他有关人员知晓其中的某些意见、看法或决定，而想方设法干扰评标活动的进行，也可以制止评标委员会成员对外泄露和沟通有关情况，造成评标不公。

3. 评标原则和程序

为保证评标的公正、公平性，评标必须按照招标文件确定的评标标准、步骤和方法，不得采用招标文件中未列明的任何评标标准和方法，也不得改变招标确定的评标标准和方法。设有标底的，应当参考标底。评标委员会完成评标后，应当向招标人书面评标报告，并推荐合格的中标候选人。招标人根据评标委员会提出的书面评标报告和推荐的中标候选人确定中标人。招标人也可授权评标委员会直接确定中标人。

(1)评标原则。评标只对有效投标进行评审。在建设工程中，评标应遵循以下原则：

1)平等竞争，机会均等。制定评标定标办法要对各投标人一视同仁，在评标定标的实际操作和决策过程中，要用一个标准衡量，保证投标人能平等地参加竞争。对投标人来说，在评标定标办法中不存在对某一方有利或不利的条款,大家在定标结果正式出来之前,中标的机会是均等的,不允许针对某一特定的投标人在某一方面的优势或弱势而在评标定标具体条款中带有倾向性。

2)客观公正,科学合理。对投标文件的评价、比较和分析,要客观公正,不以主观好恶为标准,不带成见,真正在投标文件的响应性、技术性、经济性等方面评出客观的差别和优劣。采用的评标定标方法,对评审指标的设置和评分标准的具体划分,都要在充分考虑招标项目的具体特点和招标人的合理意愿的基础上,尽量避免和减少人为因素,做到科学合理。

3)实事求是,择优定标。对投标文件的评审,要从实际出发,实事求是。评标定标活动既要全面,也要有重点,不能泛泛进行。任何一个招标项目都有自己的具体内容和特点,招标人作为合同的一方主体,对合同的签订和履行负有其他任何单位和个人都无法替代的责任,所以,在其他条件同等的情况下,应该允许招标人选择更符合招标工程特点和自己招标意愿的投标人中标。招标评标办法可根据具体情况,侧重于工期或价格、质量、信誉等一两个招标工程客观上需要照顾的重点,在全面评审的基础上作出合理取舍。这应该说是招标人的一项重要权利,招标投标管理机构对此应予尊重。但招标的根本目的在于择优,而择优决定了评标定标办法中的突出重点、照顾工程特点和招标人意图,只能是在同等的条件下,针对实际存在的客观因素而不是纯粹招标人主观上的需要,才被允许,才是公正合理的。所以,在实践中,也要注意避免将招标人的主观好恶掺入评标定标办法中,防止影响和损害招标的择优宗旨。

(2)评标程序。评标程序一般分为初步评审和详细评审两个阶段。

1)初步评审,包括对投标文件的符合性评审、技术性评审和商务性评审。

①符合性评审。其包括商务符合性评审和技术符合性鉴定。投标文件应实质性响应招标文件的所有条款、条件,无显著差异和保留。所谓显著差异和保留包括以下情况:对工程的范围、质量以及使用性能产生实质性影响;对合同中规定的招标单位的权利及投标单位的责任造成实质性限制;而且纠正这种差异或保留,将会对其他实质性响应的投标单位的竞争地位产生不公正的影响。

②技术性评审。其主要包括对投标人所报的方案或组织设计、关键工序、进度计划,人员和机械设备的配备,技术能力,质量控制措施,临时设施的布置和临时用地情况,施工现场周围环境污染的保护措施等进行评估。

③商务性评审。其是指对确定为实质上响应招标文件要求的投标文件进行投标报价评估,包括对投标报价进行校核,审查全部报价数据是否有计算上或累计上的算术错误,分析报价构成的合理性。发现报价数据上有算术错误时,修改的原则是:如果用数字表示的数额与用文字表示的数额不一致时,以文字数额为准;当单价与工程量的乘积与合价之间不一致时,通常以标出的单价为准,除非评标组织认为有明显的小数点错位,此时应以标出的合价为准,并修改单价。按上述原则调整投标书中的投标报价,经投标人同意后,对投标人起约束作用。如果投标人不接受修正后的投标报价,则其投标将被拒绝。

在初步评审中,评标委员应当根据招标文件,审查并逐项列出投标文件的全部投标偏差。投标偏差分为重大偏差和细微偏差。出现重大偏差视为未能实质性响应招标文件,作废标处理;细微偏差指实质上响应招标文件要求,但在个别地方存在漏项或者提供了不完整的技术信息和资料等情况,且补正这些遗漏或不完整不会对其他投标人造成不公正的结果。细微偏差不影响投标文件的有效性。

2)详细评审。经过初步评审合格的投标文件,评标委员会应当根据招标文件确定的评标标准和方法,对其技术部分和商务部分作进一步评审、比较。

(八)中标和签订合同

1. 推荐中标候选人

根据经评审的最低投标价法,能够满足招标文件的实质性要求,并且经评审的最低投标价的投标,应当推荐为中标候选人。

根据综合评估法,最大限度地满足招标文件中规定的各项综合评价标准的投标,应当推荐为中标候选人。评标委员会推荐的中标候选人应当限定在1～3人,并标明排列顺序。招标人应当接受评标委员会推荐的中标候选人,不得在评标委员会推荐的中标候选人之外确定中标人。

2. 中标

在确定中标人之前,招标人不得与投标人就投标价格、投标方案等实质性内容进行谈判。

(1)中标人的投标应当符合下列条件之一:

1)能够最大限度地满足招标文件中规定的各项综合评价标准;

2)能够满足招标文件的实质性要求,并且经评审的投标价格最低;但是投标价格低于成本的除外。

(2)使用国有资金投资或者国家融资的项目,招标人应当确定排名第一的中标候选人为中标人。排名第一的中标候选人放弃中标,因不可抗力提出不能履行合同,或者招标文件规定应当提交履约保证金而在规定的期限内未能提交的,招标人可以确定排名第二的中标候选人为中标人。排名第二的中标候选人因前款规定的同样原因不能签订合同的,招标人可以确定排名第三的中标候选人为中标人。

(3)招标人可以授权评标委员会直接确定中标人。

3. 中标通知书

中标人确定后,招标人应当向中标人发出中标通知书,并同时将中标结果通知所有未中标的投标人。中标通知书对招标人和中标人都具有法律效力。中标通知书发出后,招标方改变中标结果的,或者中标人放弃中标项目的,均应当承担法律责任。

(1)中标通知书。中标通知书是指招标人在确定中标人后向中标人发出的通知其中标的书面凭证。中标人确定后,招标人应尽快向中标人发出中标通知,包括以电话、电报或传真等快捷方式发出通知。中标通知书的内容应当简明扼要,一般只需告知进一步签订合同的时间和地点。

(2)中标通知书的法律效力。招标投标是指以订立合同为目的的民事活动。从合同法的意义上讲,招标人发出的招标公告或者投标邀请书,是吸引法人或者其他组织向自己投标的意思表示,属于要约邀请;投标人向招标人送达的投标文件,是投标人希望与招标人就招标项目订立合同的意思表示,属于要约;而招标人向中标的投标人发出的中标通知书,则是招标人同意接受中标的投标人的投标条件,即同意接受该投标人的要约的意思表示,属于承诺。因此,中标通知书发出后产生承诺的法律效力。此法律效力主要是指民事上的法律约束力。按照我国《合同法》的规定："当事人在订立合同的过程中，因违背诚实信用原则而给对方造成损失的，应当承担赔偿责任。在中标通知书产生法律效力后，招标人不得改变中标结果，否则要承担法律责任；而中标人也不得放弃中标项目，否则，招标人将对投标保证金予以没收。也就是说，投标人保证其投标被接受后对其投标书中规定的责任不得撤销或反悔。"

4. 招标人和中标人订立合同

《招标投标法》规定："招标人与中标人应当自中标通知书发出之日起30日内，按照招标文件和中标人的投标文件签订书面合同，招标人和中标人不得再行订立背离合同实质性内容的其他协议。"这里所说的"实质性内容"，主要是指投标价格、投标方案等涉及招标人和投标人权利义务关系的实质性内容。

招标文件要求中标人提交履约保证金或者其他形式履约担保的，中标人应当提交；拒绝提交的，视为放弃中标项目。招标人要求中标人提供履约保证金或其他形式履约担保的，招标人应当同时向中标人提供工程款支付担保。招标人不得擅自提高履约保证金，不得强制要求中标人垫付中标项目建设资金。招标人与中标人在签订合同后5个工作日内，应当向未中标的投标人退还投标保证金。

中标人应当按照合同约定履行义务，完成中标项目。中标人不得向他人转让中标项目，也不得将中标项目肢解后分别向他人转让。中标人按照合同约定或者经招标人同意，可以将中标项目的部分非主体、非关键性工作分包给他人完成。接受分包的人应当具备相应的资格条件，并不得再次分包。中标人应当就分包项目向招标人负责，接受分包的人就分包项目承担连带责任。

（九）终止招标

《招标投标法实施条例》规定，招标人终止招标的，应当及时发布公告，或者以书面形式通知被邀请的或者已经获取资格预审文件、招标文件的潜在投标人。已经发售资格预审文件、招标文件或者已经收取投标保证金的，招标人应当及时退还所收取的资格预审文件、招标文件的费用，以及所收取的投标保证金及银行同期存款利息。

五、建设工程投标人、投标文件的法定要求和投标保证金

在招标人以招标公告或者投标邀请书的方式发出招标邀请后，具备承担该招标项目能力的法人或者其他组织即可在招标文件制定的提交投标文件的截止时间之前，向招标人提交投标文件，参加投标竞争。

投标又称报价，其是指作为承包方的投标人根据招标人的招标条件向招标人提交其依照招标招标文件的要求所编制的投标文件，即向招标人提出自己的报价，以期承包到该招标项目的行为。

（一）投标人

《招标投标法》第二十六条规定："投标人应当具备承担招标项目的能力；国家有关规定对投标人资格条件或者招标文件对投标人资格条件有规定的，投标人应当具备规定的资格条件。"

1. 投标人应符合的资质等级条件

投标人应当具备承担招标项目的能力。就建设工程施工企业来讲，这种能力主要体现

在不同资质等级的认定上。根据由建设部发布的 2007 年 9 月 1 日起开始施行的《建筑业企业资质管理规定》，建筑业企业资质分为施工总承包、专业承包和劳务分包三个序列，每个序列各有其相应的等级（如施工总承包序列企业资质设特级、一级、二级、三级共四个等级）。就建设工程勘察设计企业来讲，其法律依据为建设部于 2007 年 6 月 26 日发布并于 2007 年 9 月 1 日起实施的《建设工程勘察设计资质管理规定》。根据该规定，工程勘察资质分为工程勘察综合资质、工程勘察专业资质、工程勘察劳务资质；工程设计资质分为工程设计综合资质、工程设计行业资质、工程设计专业资质和工程设计专项资质；每种资质各有其相应等级（如工程勘察、设计综合资质只设甲级）。

根据《建筑法》的有关规定，承包建筑工程的单位应当持有依法取得的资质证书，并在其资质等级许可的范围内承揽工程。禁止建筑施工企业超越本企业资质登记许可的业务范围或以任何形式用其他施工企业的名义承揽工程。《建筑业企业资质管理规定》和《建设工程勘察设计资质管理规定》规定各等级具有不同的承担工程项目的能力，各企业应当在其资质等级范围内承担工程。

2. 投标人应符合的其他条件

招标文件对投标人的资格条件有规定的，投标人应当符合该规定的条件。投标人还应符合原国家计划发展委员会 1997 年 8 月 18 日发布的《国家基本建设大中型项目实行招标投标的暂行规定》中规定的条件，参加建设项目主体工程的设计、建筑安装和监理以及主要设备、材料供应等投标的单位，必须具备下列条件：

(1)具有招标条件要求的资质证书，并为独立的法人实体。
(2)承担过类似建设项目的相关工作，并有良好的工作业绩和履约记录。
(3)财产状况良好，没有处于财产被接管、破产或者其他关、停、并、转状态。
(4)在最近三年没有与骗取合同相关以及其他经济方面的严重违法行为。
(5)近几年有较好的安全记录，投标当年内没有发生重大质量和特大安全事故。

3. 投标工作组织机构

为了在投标竞争中获胜，建筑施工企业应设置投标工作机构，平时掌握市场动态信息，积累有关资料；遇有招标工程项目时，则办理参加投标手续，研究投标报价策略，编制和递送投标文件，以及参加定标前后的谈判等，直至定标后签订合同协议。

在工程承包招标投标竞争中，对于业主来说，招标就是择优。由于工程的性质和业主的评价标准不同，择优可能有不同的侧重面，但一般包含以下四个主要方面：

(1)较低的价格。承包商投标报价的高低，直接影响业主的投资效益，在满足招标实质要求的前提下，报价往往是决定承包商能否中标的关键。

(2)优良的质量。建筑产品具有投资额度大、使用周期长等特点，建筑质量直接关系到业主的生命财产安全、建筑产品的使用价值的大小，因而质量问题是业主在招标中关注的焦点。

(3)较短的工期。在市场经济条件下，速度与效益成正比，施工工期直接影响业主在产品使用中的经济效益。在同等报价、质量水平下，承包商施工工期的长短，往往会成为决定其能否中标的主要因素，特别是工期要求急的特殊工程。

(4)先进的技术。科学技术是第一生产力，承包商的技术水平是其生产能力的标志，也是实现较低的价格、优良的质量和较短的工期的基础与前提。

业主通过招标，从众多的投标者中进行评选，既要从其突出的侧重面进行衡量，又要综合考虑上述四个方面的因素，最后确定中标者。

对于承包商来说，参加投标就如同参加一场赛事竞争，因为它关系到企业的兴衰存亡。这场赛事不仅比报价的高低，而且比技术、经验、实力和信誉。特别是当前国际承包市场上，工程越来越多的是技术密集型项目，势必要给承包商带来两方面的挑战，一方面是技术上的挑战，要求承包商具有先进的科学技术，能够完成高、新、尖、难工程；另一方面是管理上的挑战，要求承包商具有现代先进的组织管理水平，能够以较低价中标，靠管理和索赔获利。

为迎接技术和管理方面的挑战，在竞争中取胜，承包商的投标班子应该由以下三种类型的人才组成：

(1)经营管理类人才是指制定和贯彻经营方针与规划，负责工作的全面筹划和安排、具有决策能力的人，包括经理、副经理和总工程师、总经济师等具有决策权的人，以及其他经营管理人才。

(2)专业技术类人才是指建筑师、结构工程师、设备工程师等各类专业技术人员，他们应具备熟练的专业技能、丰富的专业知识，能从本公司的实际技术水平出发，制定投标用的专业实施方案。

(3)商务金融类人才是指概预算、财务、合同、金融、保函、保险等方面的人才，在国际工程投标竞争中这类人才的作用尤其重要。投标工作机构不但要做到个体素质良好，更重要的是要做到共同参与，协同作战，发挥群体力量。

在参加投标的活动中，以上各类人才相互补充，形成人才整体优势。另外，由于项目经理是未来项目施工的执行者，为使其更深入地了解该项目的内在规律，把握工作要点，提高项目管理的水平，在可能的情况下，应吸收项目经理人先进入投标班子。在国际工程(含境内涉外工程)投标时，还应配备懂得专业和合同管理的翻译人员。

一般来说，承包商的投标工作机构应保持相对稳定，这样有利于不断提高工作班子中各成员及整体的素质和水平，提高投标的竞争力。

(二)投标文件

1. 投标文件的内容要求

《招标投标法》规定，投标人应当按照招标文件的要求编制投标文件。投标文件应当对招标文件提出的实质性要求和条件作出响应。招标项目属于建设施工项目的，投标文件的内容应当包括拟派出的项目负责人与主要技术人员的简历、业绩和拟用于完成招标项目的机械设备等。

2013年3月，国家发展和改革委员会、财政部、住房和城乡建设部等9部门经修改后发布的《标准施工招标资格预审文件》和《标准施工招标文件》暂行规定中进一步明确，投标文件应包括下列内容：①投标函及投标函附录；②法定代表人身份证明或附有法定代表人身份证明的授权委托书；③联合体协议书；④投标保证金；⑤已标价工程量清单；⑥施工组织设计；⑦项目管理机构；⑧拟分包项目情况表；⑨资格审查资料；⑩投标人须知前附表规定的其他材料。但是，投标人须知前附表规定不接受联合体投标的，或投标人没有组成联合体的，投标文件不包括联合体协议书。

《建筑工程施工发包与承包计价管理办法》中规定，投标报价不得低于工程成本，不得高于最高投标限价。投标报价应当依据工程量清单、工程计价有关规定、企业定额和市场价格信息等编制。

2. 投标文件的修改与撤回

《招标投标法》规定，投标人在招标文件要求提交投标文件的截止时间前，可以补充、修改或者撤回已提交的投标文件，并书面通知招标人。补充、修改的内容为投标文件的组成部分。

《招标投标法实施条例》进一步规定，投标人撤回已提交的投标文件，应当在投标截止时间前书面通知招标人。

3. 投标文件的送达与签收

《招标投标法》规定，投标人应当在招标文件要求提交投标文件的截止时间前，将投标文件送达投标地点。招标人收到投标文件后，应当签收保存，不得开启。投标人少于3个的，招标人应当依法重新招标。在招标文件要求提交投标文件的截止时间后送达的投标文件，招标人应当拒收。

《招标投标法实施条例》进一步规定，未通过资格预审的申请人提交的投标文件，以及逾期送达或者不按照招标文件要求密封的投标文件，招标人应当拒收。招标人应当如实记载投标文件的送达时间和密封情况，并存档备查。

(三)投标保证金

在招标投标过程中，如果投标人投标后擅自撤回投标，或者投标被接收后由于投标人的原因不能签订合同，那么招标人就可能遭受损失(如重新进行招标的费用和招标推迟造成的损失等)。因此，招标人可以在招标文件中要求投标人提供投标保证金或其他形式的担保，以防投标人违约，并在投标人违约时得到补偿。

《招标投标法实施条例》第二十六条规定："招标人在招标文件中要求投标人提交投标保证金的，投标保证金不得超过招标项目估算价的2%。投标保证金有效期应当与投标有效期一致。依法必须进行招标的项目的境内投标单位，以现金或者支票形式提交的投标保证金应当从其基本账户转出。招标人不得挪用投标保证金。"

《招标投标法实施条例》同时规定：实行两阶段招标的，招标人要求投标人提交投标保证金的，应当在第二阶段提出。招标人终止招标，已经收取投标保证金的，招标人应当及时退还所收取的投标保证金及银行同期存款利息。投标人撤回已提交的投标文件，招标人已收取投标保证金的，应当自收到投标人书面撤回通知之日起5日内退还。投标截止后投标人撤销投标文件的，招标人可以不退还投标保证金。

招标人最迟应当在书面合同签订后5日内，向中标人和未中标的投标人退还投标保证金及银行同期存款利息。

六、共同投标

共同投标是一种新型的投标方式，即由两个或两个以上法人或者其他组织自发组成的联合体，以一个投标人的身份参与投标的投标方式。具体的做法通常是，由两家或两家以上的法人或其他组织根据投标项目组成单项合营，注册成立合伙企业或结成松散的联合集团共同投标。其成员彼此间需要签订协议，就各自应提供的设备、技术、人力、物力和财力及各自应承担的义务作出约定，中标后由共同投标的成员根据该协议的规定彼此协作，以实施并完成共同投标的项目。

(一)共同投标的优越性

1. 共同投标可以增强投标人的竞争实力

在投标竞争中,尤其是中小企业在资金、技术方面彼此联合、取长补短,才能与资金雄厚、专业技术水平高的投标竞争者抗衡,而实力雄厚的大企业通过强强联合参与投标竞争,也往往会更有希望中标。

2. 共同投标可以分散风险,减少损失

一些大规模的招标项目,虽然其预期利润可观,但同时也存在着巨大的风险,特别是工程承包合同,其工期长、风险大,单个企业难以承受可能会出现的损失,而联合投标的各成员可以共享利润,共担风险,将风险分散到各联合成员企业,即使发生风险,各企业也只是依联合协议承担相应的一部分。

(二)共同投标的联合体各方应具备的条件

《招标投标法》第三十一条规定,联合体投标的各方应具备下列条件:

(1)联合体各方均应具备承担招标项目的相应能力。承担招标项目的相应能力是指完成招标项目所需要的技术、资金、设备、管理等方面的能力。

(2)国家有关规定或者招标文件对投标人资格条件有规定的,联合体各方均应具备规定的相应资格条件。这里,"国家有关规定"确定的资格条件包括三个方面:一是《招标投标法》和其他有关法律的规定;二是行政法规的规定;三是国务院有关行政主管部门按照国务院确定的职责范围所做的规定。

(3)由同一专业的单位组成的联合体,按照资质等级较低的施工企业的业务范围承揽工程。

(三)联合体各方的责任义务

(1)履行共同投标协议中约定的义务。共同投标协议中约定了联合体中各方应该承担的责任,各成员单位必须要按照该协议的约定认真履行自己的义务,否则将导致对方承担违约责任。同时,共同投标协议中约定的责任承担也是各成员单位最终的责任承担方式。

(2)不得重复投标。联合体各方签订共同投标协议后,不得再以自己的名义单独投标,也不得组成新的联合体或参加其他联合体在同一项目中投标。

(3)不得随意改变联合体的构成。联合体参加资格预审并获通过的,其组成的任何变化都必须在提交投标文件截止之日前征得招标人的同意。如果变化后的联合体削弱了竞争,含有事先未经过资格预审或者资格预审不合格的法人或者其他组织,或者使联合体的资质降到资格预审文件中规定的最低标准以下,招标人有权拒绝。

(4)必须有代表联合体的牵头人。联合体各方必须指定牵头人,授权其代表所有联合体成员负责投标和合同实施阶段的主办、协调工作,并应当向招标人提交由所有联合体成员法定代表人签署的授权书。

(5)中标的联合体各方应当共同与招标人签订合同。这里所讲的共同"签订合同",是指联合体各方均应参加合同的订立,并在合同上签字盖章。

联合体投标的,应当以联合体各方或者联合体中牵头人的名义提交投标保证金。以联合体中牵头人名义提交的投标保证金,对联合体各成员具有约束力。

七、有关投标人的法律禁止性规定

(一)禁止串通投标

根据《反不正当竞争法》,国家工商总局于 1998 年 1 月 6 日发布了《关于禁止串通招标投标行为的暂行规定》,规定中指出串通招标投标,是指招标者与投标者之间或者投标者与投标者之间采用不正当手段,对招标投标事项进行串通,以排挤竞争对手或者损害投标者利益的行为。

1. 投标人之间串通投标

《招标投标法》规定:"投标人不得相互串通投标报价,不得排挤其他投标人的公平竞争,损害招标人或者其他投标人的合法权益。"《关于禁止串通招标投标行为的暂行规定》中指出,投标人之间串通投标有以下几种表现形式:

(1)投标者之间相互约定,一致抬高或者压低投标价。
(2)投标者之间相互约定,在招标项目中轮流以高价位或低价位中标。
(3)投标者之间进行内部竞价,内定中标人,然后再参加投标。
(4)投标者之间其他串通投标行为。

2. 投标人与招标人之间串通投标

《招标投标法》规定:"投标人不得与招标人串通投标,损害国家利益、社会公共利益或者他人的合法权益。"《关于禁止串通招标投标行为的暂行规定》中指出,投标人与招标人之间串通投标有下列几种表现形式:

(1)招标者在公开开标前,开启标书,并将投标情况告知其他投标者,或者协助投标者撤换标书,更改报价。
(2)招标者向投标者泄露标底。
(3)投标者与招标者商定,在招标投标时压低或者抬高标价,中标后再给投标者或者招标者额外补偿。
(4)招标者预先内定中标者,在确定中标者时以此决定取舍。
(5)招标者和投标者之间其他串通招标投标行为(如通过贿赂等不正当手段,使招标人在审查、评选投标文件时,对投标文件实行歧视待遇;招标人在要求投标人就其投标文件澄清时,故意作引导性提问,以使其中标等)。

(二)投标人不得以行贿的手段谋取中标

《招标投标法》规定:"禁止投标人以向招标人或者评标委员会成员行贿的手段谋取中标。"投标人以行贿的手段谋取中标是违背招标投标法基本原则的行为,对其他投标人是不公平的。投标人以行贿手段谋取中标的法律后果是中标无效,有关责任人和单位应当承担相应的行政责任或刑事责任,给他人造成损失的,还应当承担民事赔偿责任。

(三)投标人不得以低于成本的报价竞标

《招标投标法》第三十三条规定:"投标人不得以低于成本的报价竞标。"投标人以低于成本的报价竞标,其目的主要是为了排挤其他对手。投标者企图通过低于成本的价格,满足招标人的最低价中标的目的以争取中标,从而达到占领市场和扩大市场份额的目的。这里的成本应指每个投标人的自身成本(通常依据企业内部定额测算得出)。投标人的报价一般由成本、税金和利润三部分组成。当报价为成本价时，企业利润为零。如果投标人以低于成本的报价竞标，就很难保证工程的质量，各种偷工减料、以次充好等现象也随之产生。

因此，投标人以低于成本的报价竞标的手段是法律所不允许的。

(四)投标人不得以非法手段骗取中标

《招标投标法》第三十三条规定："投标人不得以他人名义投标或者以其他方式弄虚作假，骗取中标。"在工程实践中，投标人以非法手段骗取中标的现象主要有以下四种：

(1)非法挂靠或借用其他企业的资质证书参加投标。

(2)投标文件中故意在商务上和技术上采用模糊的语言骗取中标，中标后提供低档劣质货物、工程或服务。

(3)投标时递交假业绩证明、资格文件。

(4)假冒法定代表人签名，私刻公章，递交假的委托书等。

上述不正当竞争行为对招标投标市场的秩序构成严重危害，为《招标投标法》所严格禁止，同时也是《反不正当竞争法》所不允许的。

第四节　建筑市场信用体系建设

一、建筑市场诚信行为信息的分类

为进一步规范建筑市场程序，健全建筑市场信用体系，加强对建筑市场各方主体的监管，营造诚实守信的市场环境，根据《建筑法》《招标投标法》《建设工程勘察设计管理条例》《建设工程质量管理条例》《建设工程安全生产管理条例》等有关法律法规，原建设部制定了《建筑市场诚信行为信息管理办法》。

根据《建筑市场诚信行为信息管理办法》，原建设部负责制定全国统一的建筑市场各方主体的诚信标准；负责指导建立建筑市场各方主体的信用档案；负责建立和完善全国联网的统一的建筑市场信用管理信息平台；负责对外发布全国建筑市场各方主体诚信行为记录信息；负责指导对建筑市场各方主体的信用评价工作。

按照《建筑市场诚信行为信息管理办法》的规定，建筑市场诚信行为信息分为良好行为记录和不良行为记录两大类。《全国建筑市场各方主体不良行为记录认定标准》由原建设部制定和颁布。

1. 良好行为记录

良好行为记录是指建筑市场主体在工程建设过程中严格遵守有关工程建设的法律、法规、规章或强制性标准，行为规范，诚信经营，自觉维护建筑市场程序，受到各级建设银行主管部门或相关专业部门的奖励和表彰所形成的良好行为记录。

2. 不良行为记录

不良行为记录是指建筑市场主体在工程建设过程中违反有关工程建设的法律、法规、规章或强制性标准和执业行为规范，经县级以上住房城乡建设主管部门或者委托的执法监督机构查实和行政处罚所形成的不良行为记录。

2008年6月,国家发展和改革委员会等10部门发布的《招标投标违法行为记录公告暂行办法》中规定,招标投标违法行为记录,是指有关行政主管部门在依法履行职责过程中,对招标投标当事人违法行为所作行政处理决定的记录。

二、建筑市场施工单位不良行为记录认定标准

(一)施工单位不良行为记录认定标准

施工单位的不良行为记录认定标准分为如下5大类、41条。

1. 资质不良行为认定标准

(1)未取得资质证书承揽工程的,或超越本单位资质等级承揽工程的。

(2)以欺骗手段取得资质证书承揽工程的。

(3)允许其他单位或个人以本单位名义承揽工程的。

(4)未在规定期限内办理资质变更手续的。

(5)涂改、伪造、出借、转让《建筑业企业资质证书》的。

(6)按照国家规定需要持证上岗的技术工种的作业人员未经培训、考核,未取得证书上岗,情节严重的。

2. 承揽业务不良行为认定标准

(1)利用向发包单位及其工作人员行贿、提供回扣或者给予其他好处等不正当手段承揽业务的。

(2)相互串通投标或与招标人串通投标的,以向招标人或评标委员会成员行贿的手段谋取中标的。

(3)以他人名义投标或以其他方式弄虚作假,骗取中标的。

(4)不按照与招标人订立的合同履行义务,情节严重的。

(5)将承包的工程转包或违法分包的。

3. 工程质量不良行为认定标准

(1)在施工中偷工减料的,使用不合格建筑材料、建筑构配件和设备的,或者有不按照工程设计图纸或施工技术标准施工等其他行为的。

(2)未按照节能设计进行施工的。

(3)未对建筑材料、建筑构配件、设备和商品混凝土进行检测,或未对涉及结构安全的试块、试件以及有关材料取样检测的。

(4)工程竣工验收后,不向建设单位出具质量保修书的,或质量保修的内容、期限违反规定的。

(5)不履行保修义务或者拖延履行保修义务的。

4. 工程安全不良行为认定标准

(1)在本单位发生重大生产安全事故时,主要负责人不立即组织抢救或在事故调查处理期间擅离职守或逃匿的,主要负责人对生产安全事故隐瞒不报、谎报或拖延不报的。

(2)对建筑安全事故隐患不采取措施予以消除的。

(3)不设立安全生产管理机构、配备专职安全生产管理人员或分部分项工程施工时无专职安全生产管理人员现场监督的。

(4)主要负责人、项目负责人、专职安全生产管理人员、作业人员或特种作业人员，未经安全教育培训或经考核不合格即从事相关工作的。

(5)未在施工现场的危险部位设置明显的安全警示标志，或未按照国家有关规定在施工现场设置消防通道、消防水源、配备消防设施和灭火器材的。

(6)未向作业人员提供安全防护用具和安全防护服装的。

(7)未按照规定在施工起重机械和整体提升脚手架、模板等自升式架设设施验收合格后登记的。

(8)使用国家明令淘汰、禁止使用的危及施工安全的工艺、设备、材料的。

(9)违法挪用列入建设工程概算的安全生产作业环境及安全施工措施所需费用的。

(10)施工前未对有关安全施工的技术要求作出详细说明的。

(11)未根据不同施工阶段和周围环境及季节、气候的变化，在施工现场采取相应的安全施工措施，或在城市市区内的建设工程的施工现场未实行封闭围挡的。

(12)在尚未竣工的建筑物内设置员工集体宿舍的。

(13)施工现场临时搭建的建筑物不符合安全使用要求的。

(14)未对因建设工程施工可能造成损害的毗邻建筑物、构筑物和地下管线等采取专项防护措施的。

(15)安全防护用具、机械设备、施工机具及配件在进入施工现场前未经查验或查验不合格即投入使用的。

(16)使用未经验收或验收不合格的施工起重机械和整体提升脚手架、模板等自升式架设设施的。

(17)委托不具有相应资质的单位承担施工现场安装、拆卸施工起重机械和整体提升脚手架、模板等自升式架设设施的。

(18)在施工组织设计中未编制安全技术措施、施工现场临时用电方案或专项施工方案的。

(19)主要负责人、项目负责人未履行安全生产管理职责的，或不服管理、违反规章制度和操作规程冒险作业的。

(20)施工单位取得资质证书后，降低安全生产条件的，或经整改仍未达到与其资质等级相适应的安全生产条件的。

(21)取得安全生产许可证发生重大安全事故的。

(22)未取得安全生产许可证擅自进行生产的。

(23)安全生产许可证有效期满未办理延期手续，继续进行生产的，或逾期不办理延期手续，继续进行生产的。

(24)转让安全生产许可证的，接受转让的，冒用或使用伪造的安全生产许可证的。

5. 拖欠工程款或工人工资不良行为认定标准

恶意拖欠或克扣劳动者工资的。

(二)注册建造师不良行为记录的认定标准

按照《注册建造师执业管理办法(试行)》的规定，注册建造师有下列行为之一，经有关监督部门确认后由工程所在地建设主管部门或有关部门记入注册建造师执业信用档案：

(1)《注册建造师执业管理办法(试行)》第22条所列行为。

(2)未履行注册建造师职责造成质量、安全、环境事故的。
(3)泄露商业秘密的。
(4)无正当理由拒绝或未及时签字盖章的。
(5)未按要求提供注册建造师信用档案信息的。
(6)未履行注册建造师职责造成不良社会影响的。
(7)未履行注册建造师职责导致项目未能及时交付使用的。
(8)不配合办理交接手续的。
(9)不积极配合有关部门监督检查的。
《注册建造师执业管理办法(试行)》还规定,注册建造师不得有下列行为:
(1)不按设计图纸施工。
(2)使用不合格建筑材料。
(3)使用不合格设备、建筑构配件。
(4)违反工程质量、安全、环保和用工方面的规定。
(5)在执业过程中,索贿、行贿、受贿或者谋取合同约定费用外的其他不法利益。
(6)签署弄虚作假或在不合格文件上签章的。
(7)以他人名义或允许他人以自己的名义从事执业活动。
(8)同时在两个或者两个以上企业受聘并执业。
(9)超出执业范围和聘用企业业务范围从事执业活动。
(10)未变更注册单位,而在另一家企业从事执业活动。
(11)所负责工程未办理竣工验收或移交手续前,变更注册到另一企业。
(12)伪造、涂改、倒卖、出租、出借或以其他形式非法转让资格证书、注册证书和执业印章。
(13)不履行注册建造师义务和法律、法规、规章禁止的其他行为。

三、建筑市场诚信行为的公布和奖惩机制

(一)建筑市场诚信行为的公布

1. 公布的时限

《建筑市场诚信行为信息管理办法》规定,建筑市场诚信行为记录信息的公布时间为行政处罚决定做出后7日内,公布期限一般为6个月至3年;良好行为记录信息公布期限一般为3年。公布内容应与建筑市场监管信息系统中的企业、人员和项目管理数据库相结合,形成信用档案,内部长期保留。

省、自治区和直辖市住房城乡建设主管部门负责审查整改结果,对整改确有实效的,由企业提出申请,经批准,可缩短其不良行为记录信息公布期限,但公布期限最短不得少于3个月,同时将整改结果列于相应不良行为记录后,供有关部门和社会公众查询;对于拒不整改或整改不力的单位,信息发布部门可延长其不良行为记录信息公布期限。

《招标投标违法行为记录公告暂行办法》规定,国务院有关行政主管部门和省级人民政府有关行政主管部门应自招标投标违法行为行政处理决定作出之日起20个工作日内对外进行记录公告。违法行为记录公告期限为6个月。依法限制招标投标当事人资质(资格)等方面的行政处理决定,所认定的限制期限长于6个月的,公告期限从其决定。

2. 公布的内容和范围

《建筑市场诚信行为信息管理办法》规定，属于《全国建筑市场各方主体不良行为记录认定标准》范围的不良行为记录除在当地发布外，还将由建设部统一在全国公布，公布期限与地方确定的公布期限相同。通过与工商、税务、纪检、监察、司法、银行等部门建立的信息共享机制，获取的有关建筑市场各方主体不良行为记录的信息，省、自治区、直辖市住房城乡建设主管部门也应在本地区统一公布。各地建筑市场综合监管信息系统，要逐步与全国建筑市场诚信信息平台实现网络互联、信息共享和实时发布。

《招标投标违法行为记录公告暂行办法》规定，对招标投标违法行为所作出的以下行政处理决定应给予公告：①警告；②罚款；③没收违法所得；④暂停或者取消招标代理资格；⑤取消在一定时期内参加依法必须进行招标的项目的投标资格；⑥取消担任评标委员会成员的资格；⑦暂停项目执行或追回已拨付资金；⑧暂停安排国家建设资金；⑨暂停建设项目的审查批准；⑩行政主管部门依法作出的其他行政处理决定。公告部门可将招标投标违法行为行政处理决定书直接进行公告。

招标投标违法行为记录公告不得公开涉及国家秘密、商业秘密、个人隐私的记录。但是，经权利人同意公开或者行政机关认为不公开可能对公共利益造成重大影响的涉及商业秘密、个人隐私的违法行为记录，可以公开。

3. 公告的变更

《建筑市场诚信行为信息管理办法》规定，对发布有误的信息，由发布该信息的省、自治区和直辖市住房城乡建设主管部门进行修正，根据被曝光单位对不良行为的整改情况，调整其信息公布期限，保证信息的准确和有效。

行政处罚决定经行政复议、行政诉讼以及行政执法监督被变更或被撤销，应及时变更或删除该不良记录，并在相应诚信信息平台上予以公布，同时应依法妥善处理相关事宜。

《招标投标违法行为记录公告暂行办法》规定，被公告的招标投标当事人认为公告记录与行政处理决定的相关内容不符的，可向公告部门提出书面更正申请，并提供相关证据。公告部门接到书面申请后，应在5个工作日内进行核对。公告的记录与行政处理决定的相关内容不一致的，应当给予更正并告知申请人；公告的记录与行政处理决定的相关内容一致的，应当告知申请人。公告部门在作出答复前不停止对违法行为记录的公告。

行政处理决定在被行政复议或行政诉讼期间，公告部门依法不停止对违法行为记录的公告，但行政处理决定被依法停止执行的除外。原行政处理决定被依法变更或撤销的，公告部门应当及时对公告记录予以变更或撤销，并在公告平台上予以声明。

(二)建筑市场诚信行为的奖惩机制

2016年1月颁发的《国务院办公厅关于全面治理拖欠农民工工资问题的意见》中规定，建立健全企业失信联合惩戒机制。加强对企业失信行为的部门协同监管和联合惩戒，对拖欠工资的失信企业，由有关部门在政府资金支持、政府采购、招投标、生产许可、履约担保、资质审核、融资贷款、市场准入、评优评先等方面依法依规予以限制，使失信企业在全国范围内"一处违法、处处受限"，提高企业失信违法成本。

《建筑市场诚信行为信息管理办法》和 2005 年 8 月建设部发布的《关于加快推进建筑市场信用体系建设工作的意见》中还规定，应当依据国家有关法律、法规和规章，按照诚信激励和失信惩戒的原则，逐步建立诚信奖惩机制，在行政许可、市场准入、招标投标、资质管理、工程担保和保险、表彰评优等工作中，充分利用已公布的建筑市场各方主体的诚信行为信息，依法对守信行为给予激励，对失信行为进行惩处。

对于一般失信行为，要对相关单位和人员进行诚信法制教育，促使其知法、懂法、守法；对有严重失信行为的企业和人员，要会同有关部门，采取行政、经济、法律和社会舆论等综合惩治措施，对其依法公布、曝光或予以行政处罚、经济制裁；行为特别恶劣的，要坚决追究失信者的法律责任，提高失信成本，使失信者得不偿失。

《招标投标违法行为记录公告暂行办法》中规定，公告的招标投标违法行为记录应当作为招标代理机构资格认定，依法必须招标项目资质审查、招标代理机构选择、中标人推荐和确定、评标委员会成员确定和评标专家考核等活动的重要参考。

《建筑业企业资质管理规定》中规定，企业未按照本规定要求提供企业信用档案信息的，由县级以上地方人民政府住房城乡建设主管部门或者其他有关部门给予警告，责令限期改正；逾期未改正的，可处以 1 000 元以上 1 万元以下的罚款。

《注册建造师管理规定》中规定，注册建造师或者其聘用单位未按照要求提供注册建造师信用档案信息的，由县级以上地方人民政府建设主管部门或者其他有关部门责令限期改正；逾期未改正的，可处以 1 000 元以上 1 万元以下的罚款。

四、建筑市场主体的诚信评价

1. 政府对市场主体的守法诚信评价

政府对市场主体的守法诚信评价是以政府为主导，以守法为基础，根据违法违规行为的行政处罚记录，对市场主体进行诚信评价。

评价内容包括对市场主体违反各类行政法律规定强制义务的行政处罚记录以及其他不良失信行为记录。评价标准以建筑市场有关的法律责任为主要依据，对社会关注的焦点、热点问题可有所侧重，如拖欠工程款和农民工工资、转包、违法分包、挂靠、招标投标弄虚作假、质量安全问题、违反法定基本建设程序等。

2. 社会中介信用机构的综合信用评价

社会中介信用机构的综合信用评价是以市场为主导，以守法、守信（主要指经济信用，包括市场交易信用和合同履行信用）、守德（主要指道德、伦理信用）、综合实力（主要包括经营、资本、管理、技术等）为基础进行综合评价。综合评价中有关建筑市场各方责任主体的优良和不良行为记录等信息要以建筑市场信用信息平台的记录为基础。

行业协会要协助政府部门做好诚信行为记录、信息发布和信用评价等工作，推进建筑市场动态监管；要完善行业内部监督和协调机制，建立以会员单位为基础的自律维权信息平台，加强行业自律，提高企业及其从业人员的诚信意识。

第五节　违法行为应承担的法律责任

一、招标人违法行为应承担的法律责任

《招标投标法》规定，必须进行招标的项目而不招标的，将必须进行招标的项目化整为零或者以其他任何方式规避招标的，责令限期改正，可以处项目合同金额5‰以上10‰以下的罚款；对全部或者部分使用国有资金的项目，可以暂停项目执行或者暂停资金拨付；对单位直接负责的主管人员和其他直接责任人员依法给予处分。

招标人以不合理的条件限制或者排斥潜在投标人的，对潜在投标人实行歧视待遇的，强制要求投标人组成联合体共同投标的，或者限制投标人之间竞争的，责令改正，可以处1万元以上5万元以下的罚款。

依法必须进行招标的项目的招标人向他人透露已获取招标文件的潜在投标人的名称、数量或者可能影响公平竞争的有关招标投标的其他情况的，或者泄露标底的，给予警告，可以并处1万元以上10万元以下的罚款；对单位直接负责的主管人员和其他直接责任人员依法给予处分；构成犯罪的，依法追究刑事责任。影响中标结果的，中标无效。

依法必须进行招标的项目，对招标人违反规定，与投标人就投标价格、投标方案等实质性内容进行谈判的，给予警告，对单位直接负责的主管人员和其他直接责任人员依法给予处分。影响中标结果的，中标无效。

招标人在评标委员会依法推荐的中标候选人以外确定中标人的，依法必须进行招标的项目在所有投标被评标委员会否决后自行确定中标人的，中标无效。责令改正，可以处中标项目金额5‰以上10‰以下的罚款；对单位直接负责的主管人员和其他直接责任人员依法给予处分。

招标人与中标人不按照招标文件和中标人的投标文件订立合同的，或者招标人、中标人订立背离合同实质性内容的协议的，责令改正；可以处中标项目金额5‰以上10‰以下的罚款。

《招标投标法实施条例》规定，招标人有下列限制或者排斥潜在投标人行为之一的，由有关行政监督部门依照《招标投标法》第51条的规定处罚（即责令改正，可以处1万元以上5万元以下的罚款）：①依法应当公开招标的项目不按照规定在指定媒介发布资格预审公告或者招标公告；②在不同媒介发布的同一招标项目的资格预审公告或者招标公告的内容不一致，影响潜在投标人申请资格预审或者投标。依法必须进行招标的项目的招标人不按照规定发布资格预审公告或者招标公告，构成规避招标的，依照《招标投标法》第49条的规定处罚（即责令限期改正，可以处项目合同金额5‰以上10‰以下的罚款；对全部或者部分使用国有资金的项目，可以暂停项目执行或者暂停资金拨付；对单位直接负责的主管人员和其他直接责任人员依法给予处分）。

招标人有下列情形之一的，由有关行政监督部门责令改正，可以处10万元以下的罚

款：①依法应当公开招标而采用邀请招标；②招标文件、资格预审文件的发售、澄清、修改的时限，或者确定的提交资格预审申请文件、投标文件的时限不符合招标投标法和《招标投标法实施条例》规定；③接受未通过资格预审的单位或者个人参加投标；④接受应当拒收的投标文件。招标人有以上第①、③、④所列行为之一的，对单位直接负责的主管人员和其他直接责任人员依法给予处分。

依法必须进行招标的项目的招标人不按照规定组建评标委员会，或者确定、更换评标委员会成员违反招标投标法和《招标投标法实施条例》规定的，由有关行政监督部门责令改正，可以处10万元以下的罚款，对单位直接负责的主管人员和其他直接责任人员依法给予处分；违法确定或者更换的评标委员会成员作出的评审结论无效，依法重新进行评审。

招标人超过《招标投标法实施条例》规定的比例收取投标保证金、履约保证金或者不按照规定退还投标保证金及银行同期存款利息的，由有关行政监督部门责令改正，可以处5万元以下的罚款；给他人造成损失的，依法承担赔偿责任。

依法必须进行招标的项目的招标人有下列情形之一的，由有关行政监督部门责令改正，可以处中标项目金额10‰以下的罚款；给他人造成损失的，依法承担赔偿责任；对单位直接负责的主管人员和其他直接责任人员依法给予处分：①无正当理由不发出中标通知书；②不按照规定确定中标人；③中标通知书发出后无正当理由改变中标结果；④无正当理由不与中标人订立合同；⑤在订立合同时向中标人提出附加条件。

招标人和中标人不按照招标文件和中标人的投标文件订立合同，合同的主要条款与招标文件、中标人的投标文件的内容不一致，或者招标人、中标人订立背离合同实质性内容的协议的，由有关行政监督部门责令改正，可以处中标项目金额5‰以上10‰以下的罚款。

招标人不按照规定对异议作出答复，继续进行招标投标活动的，由有关行政监督部门责令改正，拒不改正或者不能改正并影响中标结果的，依照《招标投标法实施条例》第八十二条的规定处理(即招标、投标、中标无效，应当依法重新招标或者评标)。

二、招标代理机构违法行为应承担的法律责任

《招标投标法》规定，招标代理机构违反规定，泄露应当保密的与招标投标活动有关的情况和资料的，或者与招标人、投标人串通损害国家利益、社会公共利益或者他人合法权益的，处5万元以上25万元以下的罚款，对单位直接负责的主管人员和其他直接责任人员处单位罚款数额5%以上10%以下的罚款；有违法所得的，并处没收违法所得；情节严重的，暂停直至取消招标代理资格；构成犯罪的，依法追究刑事责任。给他人造成损失的，依法承担赔偿责任。影响中标结果的，中标无效。

《招标投标法实施条例》规定，招标代理机构在所代理的招标项目中投标、代理投标或者向该项目投标人提供咨询的，接受委托编制标底的中介机构参加受托编制标底项目的投标或者为该项目的投标人编制投标文件、提供咨询的，依照《招标投标法》第五十条的规定追究法律责任(即处5万元以上25万元以下的罚款，对单位直接负责的主管人员和其他直接责任人员处单位罚款数额5%以上10%以下的罚款；有违法所得的，并处没收违法所得；情节严重的，暂停直至取消招标代理资格；构成犯罪的，依法追究刑事责任。给他人造成损失的，依法承担赔偿责任)。

取得招标职业资格的专业人员违反国家有关规定办理招标业务的，责令改正，给予警

告；情节严重的，暂停一定期限内从事招标业务；情节特别严重的，取消招标职业资格。

三、评标委员会成员违法行为应承担的法律责任

《招标投标法》规定，评标委员会成员收受投标人的财物或者其他好处的，评标委员会成员或者参加评标的有关工作人员向他人透露对投标文件的评审和比较、中标候选人的推荐以及与评标有关的其他情况的，给予警告，没收收受的财物，可以并处3 000元以上5万元以下的罚款，对有所列违法行为的评标委员会成员取消担任评标委员会成员的资格，不得再参加任何依法必须进行招标的项目的评标；构成犯罪的，依法追究刑事责任。

《招标投标法实施条例》规定，评标委员会成员有下列行为之一的，由有关行政监督部门责令改正；情节严重的，禁止其在一定期限内参加依法必须进行招标的项目的评标；情节特别严重的，取消其担任评标委员会成员的资格：①应当回避而不回避；②擅离职守；③不按照招标文件规定的评标标准和方法评标；④私下接触投标人；⑤向招标人征询确定中标人的意向或者接受任何单位或者个人明示或者暗示提出的倾向或者排斥特定投标人的要求；⑥对依法应当否决的投标不提出否决意见；⑦暗示或者诱导投标人作出澄清、说明或者接受投标人主动提出的澄清、说明；⑧其他不客观、不公正履行职务的行为。

评标委员会成员收受投标人的财物或者其他好处的，没收收受的财物，处3 000元以上5万元以下的罚款，取消担任评标委员会成员的资格，不得再参加依法必须进行招标的项目的评标；构成犯罪的，依法追究刑事责任。

2008年11月发布的《最高人民法院、最高人民检察院关于办理商业贿赂刑事案件适用法律若干问题的意见》第6条规定，依法组建的评标委员会的组成人员，在招标等事项的评标活动中，索取他人财物或者非法收受他人财物，为他人谋取利益，数额较大的，依照刑法第163条的规定，以非国家工作人员受贿罪定罪处罚。依法组建的评标委员会中国家机关或者其他国有单位的代表有以上行为的，依照刑法第385条的规定，以受贿罪定罪处罚。

四、投标人违法行为应承担的法律责任

《招标投标法》规定，投标人相互串通投标或者与招标人串通投标的，投标人以向招标人或者评标委员会成员行贿的手段谋取中标的，中标无效，处中标项目金额5‰以上10‰以下的罚款，对单位直接负责的主管人员和其他直接责任人员处单位罚款数额5%以上10%以下的罚款；有违法所得的，并处没收违法所得；情节严重的，取消其1年至2年内参加依法必须进行招标的项目的投标资格并予以公告，直至由工商行政管理机关吊销其营业执照；构成犯罪的，依法追究刑事责任。给他人造成损失的，依法承担赔偿责任。

投标人以他人名义投标或者以其他方式弄虚作假，骗取中标的，中标无效，给招标人造成损失的，依法承担赔偿责任；构成犯罪的，依法追究刑事责任。依法必须进行招标的项目的投标人有以上所列行为尚未构成犯罪的，处中标项目金额5‰以上10‰以下的罚款，对单位直接负责的主管人员和其他直接责任人员处单位罚款数额5%以上10%以下的罚款；有违法所得的，并处没收违法所得；情节严重的，取消其1年至3年内参加依法必须进行招标的项目的投标资格并予以公告，直至由工商行政管理机关吊销其营业执照。

《招标投标法实施条例》规定，投标人相互串通投标或者与招标人串通投标的，投标人向招标人或者评标委员会成员行贿谋取中标的，中标无效；构成犯罪的，依法追究刑事责

任；尚不构成犯罪的，依照《招标投标法》第53条的规定处罚(即中标无效，处中标项目金额5‰以上10‰以下的罚款，对单位直接负责的主管人员和其他直接责任人员处单位罚款数额5%以上10%以下的罚款；有违法所得的，并处没收违法所得；情节严重的，取消其1年至2年内参加依法必须进行招标的项目的投标资格并予以公告，直至由工商行政管理机关吊销营业执照；构成犯罪的，依法追究刑事责任。给他人造成损失的，依法承担赔偿责任)。投标人未中标的，对单位的罚款金额按照招标项目合同金额依照招标投标法规定的比例计算。投标人有下列行为之一的，属于《招标投标法》第53条规定的情节严重行为，由有关行政监督部门取消其1年至2年内参加依法必须进行招标的项目的投标资格：①以行贿谋取中标；②3年内2次以上串通投标；③串通投标行为损害招标人、其他投标人或者国家、集体、公民的合法利益，造成直接经济损失30万元以上；④其他串通投标情节严重的行为。投标人自以上规定的处罚执行期限届满之日起3年内又有以上所列违法行为之一的，或者串通投标、以行贿谋取中标情节特别严重的，由工商行政管理机关吊销其营业执照。

投标人以他人名义投标或者以其他方式弄虚作假骗取中标的，中标无效；构成犯罪的，依法追究刑事责任；尚不构成犯罪的，依照《招标投标法》第54条的规定处罚(即中标无效，给招标人造成损失的，依法承担赔偿责任；构成犯罪的，依法追究刑事责任。依法必须进行招标的项目的投标人有以上所列行为尚未构成犯罪的，处中标项目金额5‰以上10‰以下的罚款，对单位直接负责的主管人员和其他直接责任人员处单位罚款数额5%以上10%以下的罚款；有违法所得的，并处没收违法所得；情节严重的，取消其1年至3年内参加依法必须进行招标的项目的投标资格并予以公告，直至由工商行政管理机关吊销其营业执照)。依法必须进行招标的项目的投标人未中标的，对单位的罚款金额按照招标项目合同金额依照招标投标法规定的比例计算。投标人有下列行为之一的，属于招标投标法第54条规定的情节严重行为，由有关行政监督部门取消其1年至3年内参加依法必须进行招标的项目的投标资格：①伪造、变造资格、资质证书或者其他许可证件骗取中标；②3年内2次以上使用他人名义投标；③弄虚作假骗取中标给招标人造成直接经济损失30万元以上；④其他弄虚作假骗取中标情节严重的行为。投标人自以上规定的处罚执行期限届满之日起3年内又有以上所列违法行为之一的，或者弄虚作假骗取中标情节特别严重的，由工商行政管理机关吊销营业执照。

出让或者出租资格、资质证书供他人投标的，依照法律、行政法规的规定给予行政处罚；构成犯罪的，依法追究刑事责任。

投标人或者其他利害关系人捏造事实、伪造材料或者以非法手段取得证明材料进行投诉，给他人造成损失的，依法承担赔偿责任。

五、中标人违法行为应承担的法律责任

《招标投标法》规定，中标人将中标项目转让给他人的，将中标项目肢解后分别转让给他人的，违反本法规定将中标项目的部分主体、关键性工作分包给他人的，或者分包人再次分包的，转让、分包无效，处转让、分包项目金额5‰以上10‰以下的罚款；有违法所得的，并处没收违法所得；可以责令停业整顿；情节严重的，由工商行政管理机关吊销其营业执照。

中标人不履行与招标人订立的合同的，履约保证金不予退还，给招标人造成的损失超

过履约保证金数额的，还应当对超过部分予以赔偿；没有提交履约保证金的，应当对招标人的损失承担赔偿责任。中标人不按照与招标人订立的合同履行义务，情节严重的，取消其2年至5年内参加依法必须进行招标的项目的投标资格并予以公告，直至由工商行政管理机关吊销营业执照。因不可抗力不能履行合同的，不适用以上规定。

《招标投标法实施条例》规定，中标人无正当理由不与招标人订立合同，在签订合同时向招标人提出附加条件，或者不按照招标文件要求提交履约保证金的，取消其中标资格，投标保证金不予退还。对依法必须进行招标的项目的中标人，由有关行政监督部门责令改正，可以处中标项目金额10‰以下的罚款。

中标人将中标项目转让给他人的，将中标项目肢解后分别转让给他人的，违反《招标投标法》和《招标投标法实施条例》规定将中标项目的部分主体、关键性工作分包给他人的，或者分包人再次分包的，转让、分包无效，处转让、分包项目金额5‰以上10‰以下的罚款；有违法所得的，并处没收违法所得；可以责令停业整顿；情节严重的，由工商行政管理机关吊销其营业执照。

六、政府主管部门和国家工作人员违法行为应承担的法律责任

《招标投标法》规定，对招标投标活动依法负有行政监督职责的国家机关工作人员徇私舞弊、滥用职权或者玩忽职守，构成犯罪的，依法追究刑事责任；不构成犯罪的，依法给予行政处分。

《招标投标法实施条例》规定，项目审批、核准部门不依法审批、核准项目招标范围、招标方式、招标组织形式的，对单位直接负责的主管人员和其他直接责任人员依法给予处分。有关行政监督部门不依法履行职责，对违反招标投标法和本条例规定的行为不依法查处，或者不按照规定处理投诉，不依法公告对招标投标当事人违法行为的行政处理决定的，对直接负责的主管人员和其他直接责任人员依法给予处分。项目审批、核准部门和有关行政监督部门的工作人员徇私舞弊、滥用职权、玩忽职守，构成犯罪的，依法追究刑事责任。

国家工作人员利用职务便利，以直接或者间接、明示或者暗示等任何方式非法干涉招标投标活动，有下列情形之一的，依法给予记过或者记大过处分；情节严重的，依法给予降级或者撤职处分；情节特别严重的，依法给予开除处分；构成犯罪的，依法追究刑事责任：①要求对依法必须进行招标的项目不招标，或者要求对依法应当公开招标的项目不公开招标；②要求评标委员会成员或者招标人以其指定的投标人作为中标候选人或者中标人，或者以其他方式非法干涉评标活动，影响中标结果；③以其他方式非法干涉招标投标活动。

七、其他法律责任

《招标投标法》规定，任何单位违反本法规定，限制或者排斥本地区、本系统以外的法人或者其他组织参加投标的，为招标人指定招标代理机构的，强制招标人委托招标代理机构办理招标事宜的，或者以其他方式干涉招标投标活动的，责令改正；对单位直接负责的主管人员和其他直接责任人员依法给予警告、记过、记大过的处分，情节较重的，依法给予降级、撤职、开除的处分。个人利用职权进行以上违法行为的，依照以上规定追究责任。

依法必须进行招标的项目违反本法规定，中标无效的，应当依照本法规定的中标条件从其余投标人中重新确定中标人或者依照本法重新进行招标。

《招标投标法实施条例》规定，依法必须进行招标的项目的招标投标活动违反招标投标法和本条例的规定，对中标结果造成实质性影响，且不能采取补救措施予以纠正的，招标、投标、中标无效，应当依法重新招标或者评标。

《刑法》第226条规定，以暴力、威胁手段，实施下列行为之一，情节严重的，处3年以下有期徒刑或者拘役，并处或者单处罚金；情节特别严重的，处3年以上7年以下有期徒刑，并处罚金：……③强迫他人参与或者退出投标、拍卖的；……

本章小结

本章主要介绍了建设工程发包、承包制度，建设工程招标投标制度，建筑市场信用体系建设及违法行为应承担的法律责任，通过本章的学习能够按照建设工程发包和承包法律法规依法从事工程建设活动。

思考与练习

一、填空题

1. 建设工程的发包方式主要有_____和_____两种。
2. _____是指由建设单位按照法定程序，在规定的公开的媒体上发布招标公告，公开提供招标文件，使所有潜在的投标人都可以平等参加投标竞争，从中择优选定中标人。
3. _____是指招标人根据自己所掌握的情况，预先确定一定数量的符合招标项目基本要求的潜在投标人并发出邀请，从中确定承包单位。
4. 建筑工程一般应实行招标发包，不适于招标发包的保密工程、特殊专业工程等可以_____。
5. 实行直接发包的建筑工程，发包人应将建筑工程发包给具有相应资质的_____。
6. _____是指发包人将应当由一个承包人完成的建筑工程肢解成若干部分分别发包给几个承包人。
7. _____是指承包建筑工程的单位承包建筑工程所必需的凭证。
8. 分包分为_____和_____。
9. 我国的《招标投标法》只规定了_____和_____为法定招标方式。
10. _____是指在投标前对潜在投标人进行的资格审查。_____是指在开标后对投标人进行的资格审查。
11. _____是一种新型的投标方式，即由两个或两个以上法人或者其他组织自发组成的联合体，以一个投标人的身份参与投标的投标方式。

二、选择题

1.《建筑工程施工转包违法分包等违法行为认定查处管理办法(试行)》进一步规定，存在(　　)情形之一的，属于违法发包。
  A. 建设单位将工程发包给是施工单位的

B. 建设单位将工程发包给具有相应资质或安全生产许可的施工单位的

C. 建设单位将一个单位工程的施工分解成若干部分发包给不同的施工总承包或专业承包单位的

D. 建设单位将施工合同范围内的单位工程或分部分项工程又另行发包的

E. 建设单位违反施工合同约定，通过各种形式要求承包单位选择其指定分包单位的

2. 常见的建筑工程承包方式有(　　)。

A. 总承包　　　　B. 独立承包　　　　C. 直接承包

D. 公开承包　　　E. 邀请承包

3. 工程总承包主要有(　　)方式。

A. 设计采购施工(EPC)/交钥匙总承包

B. 施工—验收总承包

C. 设计施工总承包

D. 设计—采购总承包

E. 采购—施工总承包

4. 存在(　　)情形之一的，属于违法分包。

A. 施工单位将工程分包给施工单位的

B. 施工单位将工程分包给不具备相应资质或安全生产许可的单位的

C. 施工合同中没有约定，又未经建设单位认可，施工单位将其承包的部分工程交由其他单位施工的

D. 施工总承包单位将房屋建筑工程的主体结构的施工分包给其他单位的，钢结构工程除外

E. 专业分包单位将其承包的专业工程中非劳务作业部分再分包的

5. 各类工程建设项目达到(　　)标准之一的，必须进行招标。

A. 施工单项合同估算价在200万元人民币以上的

B. 重要设备、材料等货物的采购，单项合同估算价在100万元人民币以上的

C. 勘察设计、监理等服务的采购，单项合同估算价在50万元人民币以上的

D. 分包单位资质在100万人民币以上的

E. 单项合同估算价低于上述四项规定的标准，但项目总投资额在3 000万元人民币以上的

6. 采用邀请招标的项目一般属于(　　)几种情况之一。

A. 涉及保密的工程项目

B. 专业性要求较高的工程，一般施工企业缺少技术、设备和经验，采用公开招标响应者较少

C. 工程量较大、合同额较高的施工项目，对实力较强的施工企业具有吸引力

D. 地点分散且属于劳动密集型的施工项目，对外地域的施工企业缺少吸引力

E. 工期要求紧迫的施工项目，没有时间进行公开招标

三、简答题

1. 建设工程总承包的分类通常分为哪两类？

2. 简述联合承包的前提条件和责任分担。

3. 有哪些情形属于转包？
4. 公开招标与邀请招标在招标程序上的主要区别有哪些？
5. 建设工程招标的基本程序主要包括哪些？
6. 根据《招标投标法》及相关规定，简述开标应当遵守的程序。
7. 在建设工程中，评标应遵循哪些原则？
8. 评标程序一般分为哪两个阶段？
9. 招标代理机构违法行为应承担哪些法律责任？

四、案例分析

【案例1】 某建筑工程公司法定代表人李某与个体经营者张某是老乡。张某要求以该公司的名义承接一些工程施工业务，双方便签订了一份承包合同，约定张某可使用该公司的资质证书、营业执照等承接工程，每年上交承包费20万元，如不能按时如数上交承包费，该公司有权解除合同。合同签订后，张某利用该公司的资质证书、营业执照等多次承揽工程施工业务，但年底只向该公司上交了8万元的承包费。为此，该公司与张某发生激烈争执，并诉至法院。

问题

(1) 该建筑工程公司与张某是否存在着违法行为？

(2) 该建筑工程公司的违法行为应当受到什么处罚？

【案例2】 某工程项目，建设单位通过招标选择了一家具有相应资质的监理单位承担施工招标代理和施工阶段监理工作，并在监理中标通知书发出后与该监理单位签订了委托监理合同。之后双方又签订了一份监理酬金比中标价降低8%的协议。在施工公开招标中，有A、B、C、D、E、F、G、H等施工企业报名投标，经监理单位资格预审均符合要求，但建设单位以A施工企业是外地企业为由，坚持不同意其参加投标。

问题

(1) 建设单位与监理单位签订的委托监理合同有何违法行为，应当如何处罚？

(2) 外地施工企业是否有资格参加本工程项目的投标，建设单位的违法行为应如何处罚？

第七章 建设工程合同与劳动合同法规

知识目标

1. 了解合同的概念、要素及分类；熟悉合同法的基本原则与调整范围、合同的要约与承诺；掌握合同的履行、变更、转让、撤销、终止和索赔。
2. 了解建设工程合同的概念及分类，熟悉建设工程勘察设计合同、施工合同、委托监理合同。
3. 熟悉劳动合同订立的规定、劳动合同的基本条款及集体合同；掌握劳动合同的履行、变更、接触和终止。

能力目标

1. 能解释有效合同、无效合同。
2. 能进行建设工程勘察设计、施工合同的签订。

第一节 合同法概述

一、合同的概念、要素及分类

(一)合同的概念

合同是具有平等主体资格的自然人、法人、其他组织之间设立、变更或终止权利义务的协议。1999年3月15日，第九届全国人民代表大会第二次会议审议通过并发布的《中华人民共和国合同法》(以下简称《合同法》)，是规范我国社会主义市场交易的基本法律。

(二)合同的要素

任何合同均应具备三大要素，即主体、标的和内容：

1. 主体

主体是指签约双方的当事人。合同的当事人可为自然人、法人和其他组织,且合同当事人的法律地位平等,一方不得将自己的意志强加给另一方。依法成立的合同具有法律约束力。当事人应当按照合同约定履行各自的义务,不得擅自变更或解除合同。

2. 标的

标的(又称为客体)是指当事人的权利和义务共同指向的对象。如建设工程项目、货物、劳务等,标的应规定明确,切忌含混不清。

3. 内容

内容是指合同当事人之间的具体权利与义务。合同作为一种协议,其本质是一种合意,必须是两个以上意思表示一致的民事法律行为。因此,合同的缔结必须由双方当事人协商一致才能成立。合同当事人作出的意思表示必须合法,这样才能具有法律约束力。建设工程合同也是如此。在建设工程合同的订立中即使承包人一方存在着激烈的竞争(如施工合同的订立中,施工单位的激烈竞争是建设单位进行招标的基础),双方当事人仍须协商一致,发包人不能将自己的意志强加给承包人。双方订立的合同即使是协商一致的,但也不能违反法律、行政法规,否则合同就是无效的。如施工单位超越资质等级许可的业务范围订立的施工合同,就没有法律约束力。

(三)合同的分类

1. 有名合同与无名合同

有名合同也称为典型合同,是法律上已经确定一定的名称,并设定具体规则的合同,如《合同法》分则所规定的建设工程施工合同等15类合同。

无名合同也称为非典型合同,是法律上还未确定专门名称和具体规则的合同。根据合同自由原则,合同当事人可以自由决定合同的内容,可见当事人可自由订立无名合同。

【提示】 从实践来看,无名合同大量存在,是合同的常态。

2. 双务合同与单务合同

双务合同是当事人之间互负义务的合同。如买卖合同、租赁合同、借款合同、加工承揽合同与建设工程合同等。

单务合同是只有一方当事人负担义务的合同。如赠与合同、借用合同等。

3. 有偿合同与无偿合同

有偿合同是指当事人一方享有合同规定的权益,须向另一方付出相应代价的合同。

有偿合同是商品交换最典型的法律形式。在实践中,绝大多数合同都是有偿的。有偿合同常见的合同形式包括买卖、租赁、运输、承揽等。

无偿合同是指一方当事人享有合同约定的权益,但无须向另一方付出相应代价的合同。例如,赠与合同、借用合同等。

4. 诺成合同与实践合同

诺成合同是指当事人各方的意思表示一致即告成立的合同。例如,委托合同、勘察设计合同等。

实践合同又称为要物合同,是指除双方当事人的意思表示一致,还须交付标的物才能成立的合同。例如,保管合同、定金合同等。

5. 要式合同与不要式合同

要式合同是法律规定或当事人约定必须具备一定形式的合同。如《合同法》规定建设工程合同应当采用书面形式，建设工程合同即属于要式合同。

不要式合同是法律规定或当事人约定不要求具备一定形式的合同。

6. 格式合同与非格式合同

格式合同又称为定式合同、附和合同或一般交易条件，它是当事人一方为与不特定的多数人进行交易而预先拟定的，且不允许相对人对其内容作任何变更的合同。反之，为非格式合同。

格式条款具有《合同法》规定的导致合同无效的情形的，或者提供格式条款一方免除其责任、加重对方责任、排除对方主要权利的，该条款无效。

对格式条款的理解发生争议的，应当按照通常理解予以解释。对格式条款有两种以上解释的，应当作出不利于提供格式条款一方的解释。

【注意】 格式条款和非格式条款不一致的，应当采用非格式条款。

7. 主合同与从合同

主合同是指不需要其他合同存在即可独立存在的合同；从合同是以其他合同为存在前提的合同。例如，对于保证合同而言，设立主债务的合同就是主合同，保证合同是从合同。

二、合同法的基本原则与调整范围

(一)合同法的基本原则

《合同法》反映合同普遍规律、反映立法者基本理念、体现合同法总的指导思想，这些原则是立法机关制定合同法、裁判机关处理合同争议以及合同当事人订立、履行合同的基本准则，对适用合同法具有指导、补充、解释的作用。

1. 平等原则

《合同法》第三条规定："合同当事人的法律地位平等，一方不得将自己意志强加给另一方。"合同当事人的法律地位平等，即享有民事权利和承担民事义务的资格是平等的，一方不得将自己的意志强加给另一方。在订立建设工程合同时，双方当事人的意思表示必须是完全自愿的，不能是在强迫和压力下所作出的非自愿的意思表示。因为建设工程合同是平等主体之间的法律行为，发包人与承包人的法律地位平等，所以，只有订立建设工程合同的当事人平等协商，才有可能订立意思表示一致的协议。

2. 自愿原则

《合同法》第四条规定："当事人依法享有自愿订立合同的权利，任何单位和个人不得非法干预。"自愿原则不仅是合同法重要的基本原则，也是市场经济的基本原则之一，还是一般国家的法律准则。自愿原则体现了签订合同作为民事活动的基本特征。自愿原则贯穿于合同的全过程，在不违反法律、行政法规、社会公德的情况下，当事人依法享有以下权利：

(1)当事人依法享有自愿签订合同的权利。合同签订前，当事人通过充分协商，自由表达意见，自愿决定和调整相互权利义务关系，取得一致而达成协议。不允许任何一方违背对方意志，以大欺小，以强凌弱，将自己的意见强加于人，或通过胁迫、欺诈等手段签订合同。

(2)在订立合同时，当事人有权选择对方当事人。

(3)合同自由构成。合同的形式、内容、范围由双方在不违法的情况下自愿商定。

(4)在合同履行过程中,当事人可以通过协商修改、变更、补充合同内容。双方也可以通过协议解除合同。

(5)双方可以约定违约责任。在发生争议时,当事人可以自愿选择解决争议的方式。

当然,合同的自愿原则是要受到法律的限制的,这种限制对于不同的合同而言有所不同。相对而言,由于建设工程合同的重要性,法律法规对其干预较多,对当事人的合同自愿原则的限制也较多。例如,建设工程合同内容中的质量条款,必须符合国家的质量标准,因为这是强制性的;建设工程合同的形式,必须采用书面形式,因为当事人没有选择的权利。

3. 公平原则

《合同法》第五条规定:"当事人应当遵循公平原则确定各方的权利和义务。"合同通过权利与义务、风险与利益的结构性配置来调节当事人的行为,公平的本义和价值取向应均衡当事人利益,一视同仁,不偏不倚,等价合理。公平原则主要表现为当事人平等、自愿,当事人权利义务的等价有偿,协调合理,当事人风险的合理分担,防止权利滥用和避免义务加重等方面。

4. 诚实信用原则

《合同法》第六条规定:"当事人行使权利、履行义务应当遵循诚实信用原则。"建设工程合同当事人行使权利、履行义务应当遵循诚实信用原则。这是市场经济活动中形成的道德规则,它要求人们在交易活动(订立和履行合同)中讲究信用,恪守诺言,诚实不欺。不论是发包人还是承包人,在行使权利时都应当充分尊重他人和社会的利益,对约定的义务要忠实地履行。具体包括:在合同订立阶段,如招标投标时,在招标文件和投标文件中应当如实说明自己和项目的情况;在合同履行阶段应当相互协作,发生不可抗力时,应当相互告知,并尽量减少损失。

5. 遵守法律和公共秩序的原则

《合同法》第七条规定:"当事人订立、履行合同,应当遵守法律、行政法规,尊重社会公德,不得扰乱社会经济秩序,损害社会公共利益。"这是对合同自愿原则的必要限制。当事人在订立、履行合同时,都应当遵守国家的法律,在法律的约束下行使自己的权利,并不能违反公共秩序和社会公共利益。

(二)合同法的调整范围

任何一部法律都有自己的调整范围,《合同法》也不例外。掌握《合同法》的调整范围,有助于正确选择使用《合同法》。我国合同法调整的是平等主体的公民(自然人)、法人、其他组织之间的民事权利义务关系。

(1)合同法调整的是平等主体之间的债权债务关系,属于民事关系。政府对经济的管理活动,属于行政管理关系,不适用合同法;企业、单位内部的管理关系,不是平等主体之间的关系,也不适用合同法。

(2)合同是设立、变更、终止民事权利义务关系的协议,有关婚姻、收养、监护等身份关系的协议,不适用合同法。但不能认为凡是涉及身份关系的合同都不受《合同法》的调整。有些人身权利本身具有财产属性和竞争价值,如商誉、企业名称、肖像等,可以签订转让、许可合同,受《合同法》调整。此外,不能将人身关系与它所引起的财产关系相混淆,在婚姻、收养、监护关系中也存在与身份关系相联系但又独立的财产关系,仍然要适用《合同法》的一般规定，如分家析产协议、婚前财产协议、遗赠扶养协议、离婚财产分割协议等。

(3)合同法主要调整法人、其他经济组织之间的经济贸易关系，同时还包括自然人之间因买卖、租赁、借贷、赠与等产生的合同关系。这样的调整范围与以前三部合同法的调整范围相比，有适当的扩大。

三、合同的要约与承诺

(一)合同订立与合同成立

合同订立是指缔约人进行意思表示并达成一致意见的状态，包括缔约各方自接触、协商、达成协议签讨论还债的整个动态过程和静态协议。合同订立是交易行为的法律运作。

合同成立是指当事人就合同主要条款达成了合意。合同成立需具备下列条件：①存在二方以上的订约当事人；②订约当事人对合同主要条款达成一致意见。

【注意】 合同的成立一般要经过要约和承诺两个阶段。《合同法》规定，当事人订立合同，采取要约、承诺方式。

(二)合同订立的方式

当事人订立合同，可采取要约、承诺方式。

1. 要约

(1)要约与要约邀请。要约是指希望和他人订立合同的意思表示，该意思表示应当符合下列规定：

1)内容具体确定。所谓具体，是指要约的内容必须具备有足以使合同成立的主要条款，如果没有包含合同的主要条款，受要约人难以作出承诺，即使作出了承诺，也会因为双方的这种合意不具备合同的主要条款而使合同不能成立。所谓确定，是指要约的内容须明确，不能含糊不清，否则无法承诺。

2)表明经受要约人承诺，要约人即受该意思表示约束。要约邀请是希望他人向自己发出要约的意思表示。寄送的价目表、拍卖公告、招标公告、招股说明书、商业广告等为要约邀请。商业广告的内容符合要约规定的，视为要约。

(2)要约生效。要约到达受要约人时生效。采用数据电文形式订立合同，收件人指定特定系统接收数据电文的，该数据电文进入该特定系统的时间，视为到达时间；未指定特定系统的，该数据电文首次进入收件人的任何系统的时间，视为到达时间。

(3)要约撤回与撤销。要约可以撤回，撤回要约的通知应当在要约到达受要约人之前或者与要约同时到达受要约人。要约也可以撤销，撤销要约的通知应当在受要约人发出承诺通知之前到达受要约人。有下列情形之一的，要约不得撤销：

1)要约人确定了承诺期限或者以其他形式明示要约不可撤销；

2)受要约人有理由认为要约是不可撤销的，并已经为履行合同做了准备工作。

(4)要约失效。有下列情形之一的，要约失效：

1)拒绝要约的通知到达要约人；

2)要约人依法撤销要约；

3)承诺期限届满，受要约人未作出承诺；

4)受要约人对要约的内容作出实质性变更。

2. 承诺

承诺是指受要约人同意要约的意思表示。承诺应当以通知的方式作出，但根据交易习惯或者要约表明可以通过行为作出承诺的除外。

(1)承诺期限。承诺应当在要约确定的期限内到达要约人。要约没有确定承诺期限的，承诺应当依照下列规定到达：

1)要约以对话方式作出的，应当即时作出承诺，但当事人另有约定的除外；

2)要约以非对话方式作出的，承诺应当在合理期限内到达。要约以信件或者电报作出的，承诺期限自信件载明的日期或者电报交发之日开始计算。信件未载明日期的，自投寄该信件的邮戳日期开始计算。要约以电话、传真等快速通信方式作出的，承诺期限自要约到达受要约人时开始计算。

(2)承诺生效。承诺生效时合同成立。承诺通知到达要约人时生效。承诺不需要通知的，根据交易习惯或者要约的要求作出承诺的行为时生效。采用数据电文形式订立合同的，收件人指定系统接收数据电文的，该数据电文进入该特定系统的时间，视为承诺到达时间；未指定特定系统的，该数据电文进入收件人的任何系统的首次时间，视为承诺到达时间。

(3)承诺应遵循的其他规定。

1)承诺可以撤回。撤回承诺的通知应当在承诺通知到达要约人之前或者与承诺通知同时到达要约人。

2)受要约人超过承诺期限发出承诺的，除要约人及时通知受要约人该承诺有效的以外，为新要约。

3)受要约人在承诺期限内发出承诺，按照通常情形能够及时到达要约人，但因其他原因承诺到达要约人时超过承诺期限的，除要约人及时通知受要约人因承诺超过期限不接受该承诺的以外，该承诺有效。

4)承诺的内容应当与要约的内容一致。受要约人对要约的内容作出实质性变更的，为新要约。有关合同标的、数量、质量、价款或者报酬、履行期限、履行地点和方式、违约责任和解决争议方法等的变更，是对要约内容的实质性变更。

5)承诺对要约的内容作出非实质性变更的，除要约人及时表示反对或者要约表明承诺不得对要约的内容作出任何变更的以外，该承诺有效，合同的内容以承诺的内容为准。

四、合同的效力

合同效力是指依法成立的合同所产生的法律效果。根据《合同法》第八条的规定，依法成立的合同，受法律保护，对当事人具有法律约束力。当事人应当按照约定履行自己的义务，不得擅自变更或者解除合同。

具体而言，依法成立的合同在当事人之间设定一定的权利、义务关系。当事人一方违反合同，不履行所承担的义务，只要有履行的可能(包括法律上的可能和事实上的可能)，对方有权请求人民法院强制违约方履行合同。

(一)一般情况

1. 合同的成立与生效

一般情况下，合同成立的时间即为合同生效的时间。但某些法律、行政法规对合同生效有特别规定，要求办理审批、登记手续的，合同须经批准或办理登记手续才能发生效力。

例如,《合同法》规定,工程建设合同必须以书面形式签订方能生效,招标人向中标人发出中标通知书即是作出了与中标人签订合同的承诺,此时合同关系成立,但直到双方签订了书面的施工承包合同,合同方可生效。此外,附生效条件或附生效期限的合同,自条件成熟时或期限届满时起发生效力,如合同双方可在合同中约定,本合同自公证之日起生效,则合同成立后还需经过公证,才能使合同生效。

2. 影响合同效力的因素

判定合同是否有效的依据是合同是否符合民事法律行为的有效条件。因此,具备以下条件的合同是有效的合同:行为人具有相应的民事行为能力;意思表示真实;内容不违反法律或者社会公共利益。合同不具备以上有效条件的,其效力即受影响。

但是,并非不具备上述民事法律行为有效条件的合同均为无效合同。根据欠缺条件程度的不同,法律上将这类合同分为三种:一是无效合同;二是效力待定的合同;三是可变更、可撤销的合同。

(二)无效合同

无效合同是指虽经合同当事人协商订立,但因其不具备或违反了法律规定的有效条件而不发生法律效力。无效合同自始不具有法律效力。

1. 无效合同的范围

根据《合同法》及《最高人民法院关于审理建设工程施工合同纠纷案件适用法律问题的解释》的有关规定,下列合同无效:

(1)一方以欺诈、胁迫的手段订立合同,损害国家利益的。

(2)合同当事人双方恶意串通,损害国家、集体或第三者利益而签订的合同。

(3)以合法形式掩盖非法目的而签订的合同。

(4)损害社会公共利益而签订的合同。

(5)违反法律、行政法规的强制性规定而签订的合同。例如,根据《合同法》规定,在工程建设施工合同中,承包人应当是取得相应建筑施工企业资质的法人。承包人未取得建筑施工企业资质或没有资质的实际施工人借用有资质的建筑施工企业名义签订的工程建设施工合同无效。

2. 合同中免责条款无效的法律规定

根据《合同法》的规定,合同中若有下列免责条款,该条款无效:

(1)造成对方人身伤害的。

(2)因故意或者重大过失造成财产损失的。

(三)效力待定合同

效力待定合同是指由于存在影响合同效力的因素,合同的效力在合同订立之时尚不能确定,须依法律规定的具体情况确定效力。这类合同包括以下四点。

1. 无民事行为能力人、限制民事行为能力人订立的合同

行为人具有相应的行为能力,是民事法律行为的有效条件之一。一般情况下,无民事行为能力人订立的合同无效,但如果无民事行为能力人订立的合同经法定代理人追认后,可产生法律效力。限制行为能力人虽然不具有完全行为能力,但有一定的行为能力。限制行为能力人在其行为能力范围内订立的合同,依法可以成立。超出其行为能力订立合同,

应事先征得其法定代理人的同意,才能有效成立,否则依据《合同法》第四十七条的规定,只有经法定代理人追认后才能有效成立,但无民事行为能力人或限制行为能力人订立的纯获利益、不负担义务的合同,则无须法定代理人的追认也可有效成立。

2. 无权代理所订立的合同

代理人代为签订的合同的效力直接约束被代理人与第三人。代理人须有代理权,在代理权限内以被代理人的名义订立合同,才能发生效力。如果行为人没有代理权或者超越代理权或者代理终止后以被代理人的名义订立合同,即构成无权代理。根据《合同法》第四十八条的规定,行为人没有代理权、超越代理权或者代理权终止后以被代理人名义订立的合同,未经被代理人追认,对被代理人不发生效力,由行为人承担责任。

《合同法》第四十九条规定,行为人没有代理权、超越代理权或者代理权终止后以被代理人名义订立的合同,相对人有理由相信行为人有代理权的,该代理行为有效。无权代理人订立的合同,原则上对被代理人不发生效力,由无权代理人承担责任,但无权代理人订立的合同,如经被代理人追认,代理行为有效,合同可以依法成立。

代理行为的相对人享有催告权,即相对人可以催告被代理人在一个月内予以追认,被代理人未作出表示的视为拒绝追认。在合同被追认之前,善意相对人还享有撤销合同的权利。

3. 法定代理人、负责人越权订立的合同

法人的法定代表人、其他组织的负责人应按照法人章程的规定或者法律的规定,在职权范围内对外签订合同。例如,超越代表权限所订立的合同,在法律上即存在缺陷。

根据《合同法》第五十条的规定,如果是相对人知道或者应当知道法定代表人、负责人超越权限而订立的合同,代表行为无效,合同对法人或其他组织不发生效力;如果是相对人不知道或者不应当知道法定代表人、负责人超越权限而订立的合同,代表行为有效,所订立的合同对法人或其他组织发生效力。

4. 无处分权人处分他人财产所订立的合同

行为人处分自己的财产,或者虽然非自己的财产但经财产所有权人授权而处分该财产,其处分行为依法成立,所订立的合同有效。无处分权而处分了他人的财产,其行为本质上属于侵害他人财产权的行为,所订立的合同不能有效成立。但根据《合同法》第五十一条的规定,无处分权人处分他人财产,经权利人事后追认或者无处分权人订立合同后取得处分权的,合同有效。

(四)可撤销合同

可撤销合同是指因意思表示不真实,通过有撤销权的机构行使撤销权,使已经生效的意思表示归于无效的合同。

1. 可撤销合同的种类

《合同法》规定,下列合同,当事人一方有权请求人民法院或者仲裁机构变更或者撤销:

(1)因重大误解订立的合同。所谓重大误解,是指误解者作出意思表示时,对涉及合同法律效果的重要事项存在着认识上的显著缺陷,其后果是使误解者的利益受到较大的损失,或者达不到误解者订立合同的目的。这种情况的出现,并不是由于行为人受到对方的欺诈、胁迫或者对方乘人之危而被迫订立的合同,而是由于行为人自己的大意、缺乏经验或者信息不通而造成的。

(2)在订立合同时显失公平的合同。所谓显失公平的合同,是指一方当事人在紧迫或者缺乏经验的情况下订立的使当事人之间享有的权利和承担的义务严重不对等的合同。如标的物的价值与价款过于悬殊，承担责任或风险显然不合理的合同，都可称为显失公平的合同。

(3)以欺诈、胁迫的手段或者乘人之危订立的合同。一方以欺诈、胁迫的手段订立合同，如果损害国家利益的，按照《合同法》的规定属无效合同。如果未损害国家利益，则受欺诈、胁迫的一方可以自主决定该合同有效或者请求撤销。

2. 合同撤销权的行使

《合同法》规定，有下列情形之一的，撤销权消灭：①具有撤销权的当事人自知道或者应当知道撤销事由之日起一年内没有行使撤销权；②具有撤销权的当事人知道撤销事由后明确表示或者以自己的行为放弃撤销权。

【注意】 行使撤销权应当在知道或者应当知道撤销事由之日起一年内行使，并应当向人民法院或者仲裁机构申请。

3. 被撤销合同的法律后果

《合同法》规定，无效的合同或者被撤销的合同自始没有法律约束力。合同部分无效，不影响其他部分效力的，其他部分仍然有效。合同无效、被撤销或者终止的，不影响合同中独立存在的有关解决争议方法的条款的效力。

五、合同的履行、变更、转让、撤销和终止

(一)合同的履行

《合同法》规定，当事人应当按照约定全面履行自己的义务。当事人应当遵循诚实信用原则，根据合同的性质、目的和交易习惯履行通知、协助、保密等义务。

合同生效后，当事人不得因姓名、名称的变更或者法定代表人、负责人、承办人的变动而不履行合同义务。

(二)合同的变更

1. 合同变更的程序和方式

具备变更合同条件的，允许变更合同，但应当符合法律规定的程序和方式。承发包双方协商同意变更合同的，适用订立合同的程序。双方协商同意变更合同，实质上就是订立一个新的合同来变更原合同法律关系，因而应当适用订立合同的程序，由要求变更合同的一方当事人提出变更合同的建议，经双方平等协商一致，变更合同的协议即告成立。

合同的变更按法律、行政法规的规定应当办理批准、登记等手续的，依照办理。例如，房地产开发商原经批准建造商住大厦一幢，高15层，并依法与承包商签订了建设工程施工合同，如果该开发商计划再加盖8层，必须先将扩建计划报城市规划管理部门和住房城乡建设主管部门批准，然后才能与承包商变更合同的有关内容。否则，所作变更无效。

此外，如果原合同是经公证的，还应将变更后的合同送公证机关备案，完善手续，确保合同的法律效力。协商变更合同，应当采取书面形式。建设工程合同的一方当事人根据正当理由提出变更合同的请求而对方当事人予以拒绝或者未能满足正当要求的，可以向人民法院或仲裁机构提起诉讼或申请仲裁裁决，请求变更。其请求一经生效法律文书确认，即对双方当事人产生强制约束力。

2. 合同变更的效力

建设工程合同依法变更后，虽然与原合同仍然具有密切联系或者具有连续性，但变更后的合同相对于原合同而言毕竟是一个新的合同，从这个角度而言，合同变更后，原合同不再履行，当事人应当按变更后的合同履行义务。

合同的变更不具有溯及既往效力。不论是发包方还是承包方，均不得以变更后的合同条款作为重新调整双方在合同变更前的权利义务关系的依据。《民法通则》明确规定："合同的变更或者解除，不影响当事人要求赔偿损失的权利。"当然，根据意思自治的原则，如果债权人免于追究债务人的违约责任，法律也无主动追究之必要。

(三)合同权利义务的转让

1. 合同权利的转让

合同权利的转让是指债权人将其合同权利的一部分或者全部转让给第三人。合同的转让是一种合同法律关系，该合同的主体是债权人和受让人，而合同的标的则为合同权利。但作为转让合同的标的，合同权利必须为合法的债权，不合法的债权不发生转让的问题。例如，建设工程合同的承包人将工程非法转包所取得或约定取得的收益即为非法所得，不能成为转让的标的。

(1)合同权利转让的限制。合同权利的转让所受到的限制较少，在一般情况下都可以基于债权人和受让人的合意而发生转让。但根据《合同法》的规定，有下列情形之一的，合同权利不得转让：

1)根据合同性质不得转让。即如果根据合同的内容，其权利和义务只能发生在特定的当事人之间，如果转让合同权利，有违合同订立的根本目的。这一类合同权利一般与合同当事人特定的身份有关，如果合同权利转让就会破坏合同赖以成立的基础。例如，甲建筑公司与乙公司签订合同，由甲公司租用乙公司施工电梯一部，无疑，甲公司负有支付租金的义务，享有使用施工电梯的权利，但甲公司如未经乙公司同意，不得向丙公司转让合同权利(即施工电梯的使用权)，原因在于甲公司拥有操作施工电梯的专门技术、管理人员，乙公司是基于对甲公司管理水平和妥善使用方面的信任而出租该施工电梯的，如甲公司转让该合同权利，丙公司有错误操作问题，便有违乙公司订立合同之本意。凡此种种，其合同权利不得转让。

2)按照当事人约定不得转让。根据意思自治的原则，合同当事人有订立契约的自由。当然，该自由不得违反法律和行政法规的强制性或禁止性的规定和社会公共利益，只要当事人关于合同权利不得转让的约定依法成立，双方就必须严格遵守，否则，让与人须承担违约责任。

3)依照法律规定不得转让。法律对合同权利的转让有禁止性规定的，当事人不得转让。违法转让的，不发生转让的效力，债务人有权拒绝向合同权利的"受让人"履行债务。

(2)合同权利转让的程序和方式。如上所述，合同权利的转让也是一种合同行为。债权人与受让人转让合同权利的，其合同权利转让的程序和方式如下：

1)债权人与受让人订立书面协议。合同权利的转让应当采取何种方式，《合同法》没有明确规定，但因合同权利的转让涉及多方当事人，为了便于各当事人行使权利和履行债务，减少举证困难，应当采取书面形式确认。

2)法律、行政法规规定转让合同权利应当办理批准、登记等手续的，依法办理。在法律、行政法规规定转让合同权利应当办理批准、登记手续的情况下，履行该法律手续系合同权利转让协议生效的必要条件，当事人必须办理，否则转让无效。

3）通知债务人。关于合同权利转让是否须取得债务人同意才能生效的问题，《合同法》与《民法通则》的规定是不一致的。从《合同法》的规定来看，只要债权人将权利转让的内容通知债务人即发生效力，而《民法通则》则规定须取得债务人同意方能发生效力。应当看到，《民法通则》的规定侧重于保护债务人的利益，但客观上对合同权利转让的限制过于严格，不利于商品经济的发展，因为债务人可以不问理由而滥用该权利，阻止债权人转让合同权利，即使债权人转让合同权利于债务人无损仍会因未取得债务人的同意而不能实施转让。显而易见，按《民法通则》的规定执行弊多利少，也有违设立债权转让制度的宗旨，故《合同法》对此作出新的规定是符合社会经济发展需要的。

关于通知债务人的形式，《合同法》也没有明确规定，但根据合同法的基本原理，除即时清结者外，应当采取书面形式。合同对通知的形式有约定的，根据约定采取。

(3) 合同权利转让的效力。合同权利依法转让后，产生一定的法律效力，即合同权利转让对内的效力和对外的效力。

1）合同权利转让对内效力。其是指合同权利依法转让在债权人（让与人）与受让人之间所发生的法律约束力。合同权利转让对内效力表现为以下三种：

①合同权利由让与人转让给受让人。如果合同权利转让为部分转让，受让人与原合同权利的债权人一同成为债权的主体；如果合同权利为全部转让，则受让人取代让与人，成为合同权利的主体。

②受让人受让合同权利。受让合同权利的同时，依附于合同权利的其他从权利如利息债权、定金债权、抵押权、留置权等也一并受让。但合同解除权等以原债权人的身份为存在前提的其他从权利，不能随合同权利一并转让。

③让与人须就其转让的合同权利对受让人承担瑕疵担保的责任。即必须保证该合同权利真实、有效，不存在瑕疵。如果由于该合同权利存在瑕疵而给受让人造成损失，让与人应当予以赔偿。

2）合同权利转让对外效力。合同的债务人不是合同权利转让的当事人，但因该转让与债务人有直接利害关系，也对债务人产生法律约束力，该约束力即为合同权利转让的对外效力。

受让人依转让合同取得合同权利后，债务人应当向该受让人履行债务。但法律为了保护债务人的合法权益，使其不因债权人转让债权而蒙受损失，规定债务人对让与人的抗辩权也适用对受让人行使。例如，如果债权人转让债权时，该债权已经超过诉讼时效期间，则债务人有权以此为抗辩理由，拒绝向受让人履行债务。

2. 合同义务的转移

合同义务的转移包括债务的承担和第三人代替债务人履行债务两种情况，这两种情况为广义上的合同义务的转移；狭义上的合同义务的转移仅指债务的承担。《合同法》对债务转移所做的规定系对合同义务的承担而言的，对第三人代替债务人履行债务没有作出规定。债务的承担，是指合同当事人协议将合同债务转移由第三人承担。根据转移程度的不同，债务的转移又分为债务的全部转移和债务的部分转移两种情况。

债务的代替履行是指债务人与第三人达成协议，由第三人代替债务人向债权人履行合同义务。在债务代替履行的情形下，债权人与第三人并不发生合同关系，而只是债务人与第三人之间发生合同关系，债权人与第三人之间彼此不能请求对方履行债务。

(1) 合同义务全部转移与部分转移的含义。合同义务的全部转移，即合同债务的全部转移，其是指第三人与债务人或与债权人达成转移债务的协议，由第三人承担原债务人所承担的债务。合同义务全部转移的特点是：债务的全部转移只是合同债务主体的变更，即由第三人取代原债务人成为合同债务的主体，并不发生债权债务在内容上的变化，第三人即新的债务人必须依原合同的约定承担由原债务人所承担的债务，并应承担与主债务有关的从债务，但该从债务专属于原债务人自身的，免于承担。当然，新的债务人对原债务人依合同关系所享有的对债权人的抗辩权可以继续行使。

合同义务的部分转移，即合同债务的部分转移，其是指第三人与债务人或与债权人达成转移部分债务的协议，由第三人与原债务人一同向债权人履行债务。第三人与原债务人共同对债权人承担债务的形式有两种：其一是第三人与债务人按约定的债务份额承担债务，各自独立履行；其二是第三人与债务人没有约定各自承担的债务份额，而是共同履行债务，对债权人承担连带责任。合同义务部分转移的特点包括债务的部分转移引起合同债务主体的变更，但不是由第三人取代原债务人成为合同债务的主体，而是由第三人与原债务人一同成为合同债务的主体；合同债权、债务的内容不因第三人的加入而发生变化，第三人与原债务人须按原合同的约定向债权人履行债务。

(2) 合同义务转移的发生方式。合同义务转移的发生方式有两种：一是第三人与债务人订立债务转移协议，并经债权人同意；二是第三人与债权人订立承担债务协议，并经债务人同意。

《合同法》规定，第三人与债务人订立债务转移协议应当经债权人同意。因为合同一经依法订立即产生约束力，债务人必须严格按合同的约定亲自履行债务，努力保证债权人的利益得以实现，而当债务人向第三人转移债务时，第三人的履约能力、履约的努力程度如何，都将严重影响债权人的利益。如未经债权人同意，转移债务的协议无效，原债务人不履行或怠于履行债务的，承担违约责任。

3. 合同权利义务的概括转让

合同权利义务的概括转让是指原合同的一方当事人将其合同权利和合同义务统一转让给第三人，由第三人享有权利和承担义务。合同权利义务概括转让与合同权利转让、合同义务转移的区别在于，它是权利义务全部转让，而后两者为单纯的债权或债务转移。

合同权利义务概括转让的特点在于，第三人完全取代让与人的地位而成为合同的一方当事人，而让与人则完全退出原合同法律关系，不再享有债权和承担债务。

根据《合同法》的规定，合同权利义务概括转让发生的原因有两方面：一是基于当事人的合意；二是基于法律的直接规定。

(1) 基于当事人的合意而发生的转让。当事人达成概括转让合同权利义务协议的方式实质上是合同的承受，是指一方当事人经对方当事人同意，与第三人约定由该第三人行使其全部合同权利和承担全部合同义务。

由于债权债务的概括转让是同一当事人统一转让其合同权利和合同义务，因而发生债权债务概括转让的情形一般仅限于双务合同，如建设工程合同等。建设工程合同签订后，承包方依法定程序退出该合同而改由第三人承包，原承包方不再享有收取工程价款的权利，也不再负有施工的义务，而改由第三人承受。

合同权利义务基于当事人的合意而发生转让的，也适用单纯的债权转让和债务转移的有关法律规定，如须经对方同意等。应当指出的是，建设工程合同特别是建设工程施工承包合同的合同权利和义务的概括转让，应当履行严格的审批登记手续，换言之，对建设工程合同权利义务的概括转让，要严格加以限制。

(2)基于法律直接规定而发生的转让。基于法律直接规定而发生的合同权利义务的概括转让，是指受让人概括承受合同一方当事人的权利和义务系根据法律的直接规定，而不是有关当事人同意的结果。最常见的是企业的合并和分立。

企业的合并是指两个或者两个以上的企业合并成一个新的企业。企业合并后，由新的企业行使原有企业的权利并承担义务。企业的分立是指一个企业分为两个或两个以上的企业。

《合同法》规定，当事人订立合同后分立的，除债权人和债务人另有约定的以外，由分立的法人或者其他组织对合同的权利和义务享有连带债权，承担连带责任。《民法通则》也规定："企业法人分立、合并，它的权利义务由变更后的法人享有或承担。"

(四)合同的终止

合同的终止是指依法生效的合同，因具备法定的或当事人约定的情形，合同的债权、债务归于消灭，债权人不再享有合同的权利，债务人也不必再履行合同的义务。

《合同法》规定，有下列情形之一的，合同的权利义务终止：

(1)债务已经按照约定履行。
(2)合同解除。
(3)债务相互抵消。
(4)债务人依法将标的物提存。
(5)债权人免除债务。
(6)债权债务同归于一人。
(7)法律规定或者当事人约定终止的其他情形。

1. 合同解除的特征

合同的解除是指合同有效成立后，当具备法律规定的合同解除条件时，因当事人一方或双方的意思表示而使合同关系归于消灭的行为。

合同解除具有如下特征：①合同的解除适用于合法有效的合同，而无效合同、可撤销合同不发生合同解除。②合同解除须具备法律规定的条件。非依照法律规定，当事人不得随意解除合同。③合同解除须有解除的行为。无论哪一方当事人享有解除合同的权利，其必须向对方提出解除合同的意思表示，才能达到合同解除的法律后果。④合同解除使合同关系自始消灭或者向将来消灭，可视为当事人之间未发生合同关系，或者合同尚存的权利义务不再履行。

2. 合同解除的种类

合同的解除分为约定解除和法定解除两大类：

(1)约定解除合同。《合同法》规定，当事人协商一致，可以解除合同。当事人可以约定一方解除合同的条件。与解除合同的条件成就时，解除权人可以解除合同。

(2)法定解除合同。《合同法》规定，有下列情形之一的，当事人可以解除合同：①因不可抗力致使不能实现合同目的；②在履行期限届满之前，当事人一方明确表示或者以自己的行为表明不履行主要债务；③当事人一方延迟履行主要债务，经催告后在合理期限内仍未履行；④当事人一方延迟履行债务或者有其他违约行为致使不能实现合同目的；⑤法律规定的其他情形。

法定解除是法律直接规定解除合同的条件，当条件具备时，解除权人可直接行使解除权；约定解除则是双方的法律行为，单方行为不能导致合同的解除。

3. 解除合同的程序

《合同法》规定，当事人一方依照本法第93条第2款、第94条的规定主张解除合同的，应当通知对方。合同自通知到达对方时解除。对方有异议的，可以请求人民法院或者仲裁机构确认解除合同的效力。法律、行政法规规定解除合同应当办理批准、登记等手续的，依照其规定。

【提示】 当事人对异议期限有约定的依照约定，没有约定的，最长期3个月。

4. 施工合同的解除

（1）发包人解除施工合同。《最高人民法院关于审理建设工程施工合同纠纷案件适用法律问题的解释》规定，承包人具有下列情形之一，发包人请求解除建设工程施工合同的，应予支持：①明确表示或者以行为表明不履行合同主要义务的；②合同约定的期限内没有完工，且在发包人催告的合理期限内仍未完工的；③已经完成的建设工程质量不合格，并拒绝修复的；④将承包的建设工程非法转包、违法分包的。

（2）承包人解除施工合同。《最高人民法院关于审理建设工程施工合同纠纷案件适用法律问题的解释》规定，发包人具有下列情形之一，致使承包人无法施工，且在催告的合理期限内仍未履行相应义务，承包人请求解除建设工程施工合同的，应予支持：①未按约定支付工程价款的；②提供的主要建筑材料、建筑构配件和设备不符合强制性标准的；③不履行合同约定的协助义务的。

（3）施工合同解除的法律后果。《最高人民法院关于审理建设工程施工合同纠纷案件适用法律问题的解释》（以下简称《解释》）规定，建设工程施工合同解除后，已经完成的建设工程质量合格的，发包人应当按照约定支付相应的工程价款；已经完成的建设工程质量不合格的，参照本解释第3条规定处理。因一方违约导致合同解除的，违约方应当赔偿因此而给对方造成的损失。

《解释》第3条规定，建设工程施工合同无效，且建设工程经竣工验收不合格的，按照以下情形分别处理：①修复后的建设工程经竣工验收合格，发包人请求承包人承担修复费用的，应予支持；②修复后的建设工程经竣工验收不合格，承包人请求支付工程价款的，不予支持。

六、合同的索赔

（一）索赔的概念及分类

1. 索赔的概念

索赔是指当事人在合同实施过程中，根据法律、合同规定及惯例，对不应由自己承担责任的情况造成的损失，向合同的另一方当事人提出给予赔偿或补偿要求的行为。

建设工程索赔通常是指在工程合同履行过程中，合同当事人一方因非自身因素或对方不履行或未能正确履行合同而受到经济损失或权利损害时,通过一定的合法程序向对方提出经济或时间补偿的要求。索赔是一种正当的权利要求,它是发包方、监理工程师和承包方之间一项正常的、大量发生而且普遍存在的合同管理业务,是一种以法律和合同为依据的、合情合理的行为。

2. 索赔的分类

对索赔可以从不同的角度、按不同的方法和不同的标准进行分类。

(1)按索赔目的分类。

1)工期索赔。由于非承包人责任的原因而导致施工进程延误,要求批准顺延合同工期的索赔,称为工期索赔。工期索赔形式上是对权利的要求,以避免在原定合同竣工日不能完工时,被发包人追究拖期违约责任。一旦获得批准合同工期顺延后,承包人不仅免除了承担拖期违约赔偿费的严重风险,而且可能提前工期得到奖励,最终仍反映在经济收益上。

2)费用索赔。费用索赔的目的是要求经济补偿。当施工的客观条件改变导致开支增加,承包人会要求对超出计划成本的附加开支给予补偿,以挽回不应由其承担的经济损失。

(2)按索赔当事人分类。

1)承包商与发包人之间的索赔。这类索赔大都是有关工程量计算、变更、工期、质量和价格方面的争议,也有中断或终止合同等其他违约行为的索赔。

2)承包商与分包商之间的索赔。其内容与前一种大致相似,但大多数是分包商向总包商索要付款和赔偿及承包商向分包商罚款或扣留支付款等。

3)承包商与供货商之间的索赔。其内容多是商贸方面的争议,如货品质量不符合技术要求、数量短缺、交货拖延、运输损坏等。

(3)按索赔原因分类。

1)工期延误索赔。因发包人未按合同要求提供施工条件,如未及时交付设计图纸、施工现场、道路等,或因发包人指令工程暂停或不可抗力事件等原因造成工期拖延的,承包商可对此提出索赔。

2)工作范围变更索赔。工作范围的索赔是指发包人和承包商对合同中规定工作理解的不同而引起的索赔。其责任和损失不如延误索赔那么容易确定,如某分项工程所包含的详细工作内容和技术要求、施工要求很难在合同文件中用语言描述清楚,设计图纸也很难对每一个施工细节的要求都说得清清楚楚。另外,设计的错误和遗漏,或发包人和设计者主观意志的改变都会导致设计变更。

工作范围的索赔很少能独立于其他类型的索赔,例如,工作范围的索赔通常导致延期索赔。如设计变更引起的工作量和技术要求的变化都可能被认为是工作范围的变化,为完成此变更可能增加时间,并影响原计划工作的执行,从而可能导致随之而来的延期索赔。

3)施工加速索赔。施工加速索赔经常是延期或工作范围索赔的结果,有时也被称为"赶工索赔"。而加速施工索赔与劳动生产率的降低关系极大,因此,又可称为劳动生产率损失索赔。

如果发包人要求承包商比合同规定的工期提前,或者因工程前段的承包商的工程拖期,要求后一阶段工程的另一位承包商弥补已经损失的工期,使整个工程按期完工。这样,承包商可以因施工加速,成本超过原计划而提出索赔,其索赔的费用一般应考虑加班工资、雇用额外劳动力、采用额外设备、改变施工方法、提供额外监督管理人员和由于拥挤、加班引起的疲劳造成的劳动生产率损失等所引起的费用的增加。在国外的许多索赔案例中，对劳动生产率损失索赔通常数量很大，但一般不易被发包人接受。这就要求承包商在提交施工加速索赔报告时提供施工加速对劳动生产率的消极影响的证据。

4) 不利现场条件索赔。不利现场条件是指合同的图纸和技术规范中所描述的条件与实际情况有实质性的不同或虽合同中未作描述，是一个有经验的承包商无法预料的。一般指地下的水文地质条件，但也包括某些隐藏着的不可知的地面条件。

不利现场条件索赔近似于工作范围索赔，然而又不大像大多数工作范围索赔。不利现场条件索赔应归咎于确实不易预知的某个事实。如现场的水文、地质条件在设计时全部弄得一清二楚几乎是不可能的，只能根据某些地质钻孔和土样试验资料来分析和判断。要对现场进行彻底全面的调查将会耗费大量的成本和时间，一般发包人不会这样做，承包商在短期投标报价的时间内更不可能做这种现场调查工作。这种不利现场条件的风险由发包人来承担是合理的。

(4) 按索赔合同依据分类。

1) 合同内索赔。此种索赔是以合同条款为依据，在合同中有明文规定的索赔，如工期延误、工程变更、工程师提供的放线数据有误、发包人不按合同规定支付进度款等。这种索赔由于在合同中有明文规定，往往容易成功。

2) 合同外索赔。此种索赔在合同文件中没有明确的叙述，但可以根据合同文件的某些内容合理推断出可以进行此类索赔，而且此索赔并不违反合同文件的其他任何内容。例如，在国际工程承包中，当地货币贬值可能给承包商造成损失，对于合同工期较短的，合同条件中可能没有规定对此如何处理。当由于发包人原因使工期拖延，而又出现汇率大幅度下跌时，承包商可以提出这方面的补偿要求。

3) 道义索赔(额外支付)。道义索赔是指承包商在合同内或合同外都找不到可以索赔的合同依据或法律根据，没有提出索赔的条件和理由，但承包商认为自己有要求补偿的道义基础，从而对其遭受的损失提出具有优惠性质的补偿要求，即道义索赔。道义索赔的主动权在发包人手中，发包人在下面四种情况下，可能会同意并接受这种索赔：第一，若另找其他承包商，费用会更大；第二，为了树立自己的良好形象；第三，出于对承包商的同情和信任；第四，谋求与承包商更理解或更长久的合作。

(5) 按索赔处理方式分类。

1) 单项索赔。单项索赔是针对某一干扰事件提出的，在影响原合同正常运行的干扰事件发生时或发生后，由合同管理人员立即处理，并在合同规定的索赔有效期内向发包人或监理工程师提交索赔要求和报告。单项索赔通常原因单一，责任单一，分析起来相对容易，由于涉及的金额一般较小，双方容易达成协议，处理起来也比较简单。因此，合同双方应尽可能地用此种方式来处理索赔。

2) 综合索赔。综合索赔又称为一揽子索赔，一般在工程竣工前和工程移交前，承包商将工程实施过程中因各种原因未能及时解决的单项索赔集中起来进行综合考虑，提出一份综合索赔报告，由合同双方在工程交付前后进行最终谈判，以一揽子方案解决索赔问题。在合同实施过程中，有些单项索赔问题比较复杂，不能立即解决，为不影响工程进度，经双方协商同意后留待以后解决；有的是发包人或监理工程师对索赔采用拖延办法，迟迟不作答复，使索赔谈判旷日持久；还有的是承包商因自身原因，未能及时采用单项索赔方式等，这些都有可能导致一揽子索赔。由于在一揽子索赔中许多干扰事件交织在一起，影响因素比较复杂而且相互交叉，责任分析和索赔值计算都很困难，索赔涉及的金额往往又很大，双方都不愿或不容易作出让步，使索赔的谈判和处理都很困难。因此，综合索赔的成功率比单项索赔要低得多。

(二)赔偿损失的范围

《合同法》规定，当事人一方不履行合同义务或者履行合同义务不符合约定，给对方造成损失的，损失赔偿额应当相当于因违约所造成的损失，包括合同履行后可以获得的利益，但不得超过违反合同一方订立合同时预见到或者应当预见到的因违反合同可能造成的损失。

赔偿损失范围包括直接损失和间接损失。直接损失是指财产上的直接减少；间接损失（又称为所失利益）是指失去的可以预期取得的利益。可以预期取得的利益（也称为可得利益）是指利润而不是营业额。

(三)约定赔偿损失与法定赔偿损失

《合同法》规定，当事人可以约定一方违约时应当根据违约情况向对方支付一定数额的违约金，也可以约定因违约产生的损失赔偿额的计算方法。约定的违约金低于造成的损失的，当事人可以请求人民法院或者仲裁机构予以增加；约定的违约金高于造成的损失的，当事人可以请求人民法院或者仲裁机构予以适当减少。

法定赔偿损失是指根据法律规定的赔偿范围、损失计算原则与标准，确定赔偿损失的金额。

一般来说，赔偿损失的主要形式是法定赔偿损失，而约定赔偿损失是为了弥补法定赔偿损失的不足。在确定了适用约定赔偿损失还是法定赔偿损失的情况下，原则上约定赔偿损失优先于法定赔偿损失。作为约定赔偿损失，一旦发生违约并造成受害人的损害以后，受害人不必证明其具体损害范围即可依据约定赔偿损失条款而获得赔偿。如果当事人只是约定了损失赔偿额的计算方法，那么受害人还应当证明其实际遭受的损害。

(四)赔偿损失的限制

1. 赔偿损失的可预见性原则

《合同法》规定，当事人一方不履行合同义务或者履行合同义务不符合约定，给对方造成损失的，损失赔偿额应当相当于因违约所造成的损失，包括合同履行后可以获得的利益，但不得超过违反合同一方订立合同时预见到或者应当预见到的因违反合同可能造成的损失。

据此，只有当违约所造成的损害是违约方在订约时可以预见的情况下，方能认为损害结果与违约行为之间具有因果关系，违约方才应当对这些损害承担赔偿责任。如果损害是不可预见的，则违约方不应赔偿。

2. 采取措施防止损失的扩大

《合同法》规定，当事人一方违约后，对方应当采取适当措施防止损失的扩大；没有采取适当措施致使损失扩大的，不得就扩大的损失要求赔偿。当事人因防止损失扩大而支出的合理费用，由违约方承担。

对于当事人一方违反合同的，另一方不能任凭损失的扩大，在接到对方的通知后，应当及时采取措施防止损失扩大，即使没有接到对方通知，也应当采取适当措施；如果没有及时采取措施致使损失扩大的，无权就扩大的损失部分请求赔偿。

第二节　建设工程合同制度

一、建设工程合同的概念及分类

1. 建设工程合同的概念

建设工程合同是承包人进行工程建设，发包人支付价款的合同。工程建设一般经过勘察、设计、施工等过程，因此，建设工程合同的发包人是业主或者业主委托的管理机构，而承担勘察设计、建筑安装任务的勘察人、设计人、施工人是工程承包人。

2. 建设工程合同的分类

(1)根据承发包的工程范围，可以分为建设工程总承包合同和分包合同。

根据《建筑法》和《合同法》的有关规定，发包人可以将建设工程的勘察设计、施工、安装和材料设备的采购一并发包给一个工程总承包单位，也可以将上述任务的一项或者多项发包给一个工程总承包单位。据此，工程总承包单位与建设单位之间签订的合同就是建设工程总承包合同。

建设工程总承包单位经发包人同意，可以将承包工程中的部分工程再发包给分包单位，总承包单位与分包单位之间签订的合同即为分包合同。

(2)根据工程建设的不同阶段，可以分为勘察合同、设计合同和施工合同。由于一项工程的建设需要经过勘察设计、施工等若干过程才能最终完成，因此，我们可以根据工程建设的不同阶段，把建设工程合同分为建设工程勘察合同、建设工程设计合同和建设工程施工合同。

(3)根据付款方式，可以分为总价合同、单价合同和成本加酬金合同。

1)总价合同。总价合同是指在合同中确定一个完成建设工程的总价、承包单位据此完成项目全部内容的合同。这种合同类型能够使建设单位在评标时易于确定报价最低的承包商，易于进行支付计算。但这类合同仅适用于工程量不太大且能精确计算、工期较短、技术不太复杂、风险不大的项目，因而，采用这种合同类型要求建设单位必须准备详细而全面的设计图纸(一般要求施工详图)和各项说明，使承包单位能准确计算工程量。

2)单价合同。单价合同是承包单位在投标时按招标文件就分部分项工程所列出的工程量表确定各分部分项工程费用的合同类型。

这类合同的适用范围比较宽，其风险可以得到合理的分摊，并且能鼓励承包单位通过提高工效等手段从成本节约中提高利润。这类合同能够成立的关键在于双方对单价和工程量计算方法的确认，在合同履行中需要注意的问题则是双方对实际工程量计量的确认。

3)成本加酬金合同。成本加酬金合同是由业主向承包单位支付建设工程的实际成本，并按事先约定的某一种方式支付酬金的合同类型。在这类合同中，业主需承担项目实际发生的一切费用，因此，也就承担了项目的全部风险。而承包单位由于无风险，其报酬往往也较低。

这类合同的缺点是业主对工程总造价不易控制，承包商也往往不注意降低项目成本。它主要适用于以下项目：①需要立即开展工作的项目，如地震后的救灾工作；②新型的工程项目,或对项目工程内容及技术经济指标未确定的;③风险很大的项目。

此外,建设工程实行监理的,发包人应当与监理人采用书面的形式订立委托监理合同。发包人与监理人的权利、义务和法律责任,适用委托合同的有关规定。

二、建设工程勘察设计合同

(一)建设工程勘察设计合同的概念及分类

1. 建设工程勘察设计合同的概念

建设工程勘察设计合同,是建设工程勘察设计的发包方与勘察人、设计人(即承包方)为完成一定的勘察设计任务,明确双方的权利义务而签订的协议。

建设工程勘察设计合同的发包方一般为建设单位或工程项目业主,承包方即勘察、设计方必须是具有国家认可的相应资质等级的勘察设计单位。承包方不能承接与其资质等级不符的工程项目的勘察设计任务,发包方在发包工程项目的勘察设计任务时,也要注意审查勘察设计单位的资质等级证书和勘察设计许可证,否则,如果造成勘察设计工程项目的越级承包,则合同会因主体资格不合法而被认定无效。建设工程的勘察设计合同必须依照法律规定的程序订立,并须有国家有关机关批准的设计任务书和其他的必备资料文件。否则,将使合同的效力受到重大影响。

2. 建设工程勘察设计合同的分类

建设工程勘察设计合同按委托的内容(即合同标的)及计价方式不同有不同的合同形式。

(1)按委托的内容分类。

1)勘察设计总承包合同。勘察设计总承包合同是指由具有相应资质的承包人与发包人签订的包含勘察和设计两部分内容的承包合同。其中承包人可以是:

①具有勘察、设计双重资质的勘察设计单位。

②分别拥有勘察与设计资质的勘察单位和设计单位的联合。

③设计单位作为总承包单位并承担其中的设计任务,而勘察单位作为勘察分包商。

【提示】 勘察设计总承包合同减轻了发包人的协调工作,尤其是减少了勘察与设计之间的责任推诿和扯皮。

2)勘察合同。勘察合同是指发包人与具有相应勘察资质的承包商签订的委托勘察任务的合同。

3)设计合同。设计合同是指发包人与具有相应资质的设计承包商签订的委托设计任务的合同。

(2)按计价方式分类。

1)总价合同,总价合同适用于勘察设计总承包,也适用于勘察设计分别承包的合同。

2)单价合同,单价合同与总价合同适用范围相同。

3)按工程造价比例收费合同,按工程造价比例收费合同适用于勘察设计总承包和设计承包合同。

(二)建设工程勘察设计合同订立的程序

依法必须进行招标的建设工程勘察设计任务通过招标或设计方案的竞投确定勘察设计单位后,应遵循工程项目建设程序,签订勘察设计合同。

签订勘察设计合同由建设单位、设计单位或有关单位提出委托,经双方协商同意,即可签订。

(1)确定合同标的。合同标的是合同的中心。这里所谓的确定合同标的实际上就是决定勘察设计分开发包还是合在一起发包。

(2)选定承包商。依法必须招标的项目,按招标投标程序优选出中标人即为承包商。小型项目及可以不招标的项目由发包人直接选定承包商。选定的过程即为向几家潜在承包商询价、初商合同的过程,也是发包人提出勘察设计的内容、质量等要求并提交勘察设计所需资料,承包商据以报价、作出方案及进度安排的过程。

(3)商签勘察设计合同。如果是通过招标方式确定承包商的,则由于合同的主要条件都在招标文件、投标文件中得到确认,进入签约阶段需要协商的内容就不是很多。而通过协商、直接委托的合同谈判,则要涉及几乎所有的合同条款,必须认真对待。

(三)合同当事人对对方资格和资信的审查

(1)资格审查。资格审查是指工程勘察设计合同的当事人审查对方是否具有民事权利能力和民事行为能力,即对方是否为具有法人资格的组织、其他社会组织或法律允许范围内的个人。作为发包方,必须是国家批准建设项目,落实投资计划的企事业单位、社会组织;作为承包方应当是具有国家批准的勘察设计许可证,具有经由有关部门核准的资质等级的勘察设计单位。

另外,还要审查参加签订合同的有关人员,是否是法定代表人或法人委托的代理人,以及代理的活动是否越权等。

(2)资信审查。资信,即资金和信用。资金是指当事人有权支配并能运用于生产经营的财产的货币形态;信用是指商品买卖中的延期付款或货币的借贷。审查当事人的资信情况,可以了解当事人对于合同的履行能力和履行态度,以慎重签订合同。

(3)履约能力审查。履约能力审查主要是指发包方审查勘察设计单位的专业业务能力,了解其以往的工程实绩。

(四)建设工程勘察设计的定金

(1)定金收取。勘察设计合同生效后,委托方应先向承包方支付定金。合同履行后,定金抵作勘察设计费。

(2)定金数额。勘察任务的定金为勘察费的30%;设计任务的定金为设计费的20%。

(3)定金退还。如果委托方不履行合同,则无权要求返还定金;如果承包方不履行合同,应双倍返还定金。

三、建设工程施工合同

(一)建设工程施工合同的概念与形式

1. 建设工程施工合同的概念

建设工程施工合同是建设工程合同中的重要部分,其是指施工人(承包人)根据发包人的委托,完成建设工程项目的施工工作,发包人接受工作成果并支付报酬的合同。

2. 建设工程施工合同的法定形式

《合同法》规定,当事人订立合同,有书面形式、口头形式和其他形式。法律、行政法规规定采用书面形式的，应当采用书面形式。当事人约定采用书面形式的，应当采用书面形式。

书面形式合同的内容明确，有据可查，对于防止和解决争议有积极意义。口头形式合同具有直接、简便、快速的特点，但缺乏凭证，一旦发生争议，难以取证，且不易分清责任。其他形式合同，可以根据当事人的行为或者特定情形推定合同的成立，也可以称之为默示合同。

【提示】《合同法》明确规定，建设工程合同应当采用书面形式。

(二)建设工程施工合同的内容

《合同法》规定，施工合同的内容包括工程范围、建设工期、中间交工工程的开工和竣工时间、工程质量、工程造价、技术资料交付时间、材料和设备供应责任、拨款和结算、竣工验收、质量保修范围和质量保证期、双方相互协作条款等。

1. 工程范围

工程范围是指施工的界区，是施工人进行施工的工作范围。

2. 建设工期

建设工期是指施工人完成施工任务的期限。在实践中，有的发包人常常要求缩短工期，施工人为了赶进度，往往导致严重的工程质量问题。因此，为了保证工程质量，双方当事人应当在施工合同中确定合理的建设工期。

3. 中间交工工程的开工和竣工时间

中间交工工程是指施工过程中的阶段性工程。为了保证工程各阶段的交接，顺利完成工程建设，当事人应当明确中间交工工程的开工和竣工时间。

4. 工程质量

工程质量条款是明确施工人施工要求，确定施工人责任的依据。施工人必须按照工程设计图纸和施工技术标准施工，不得擅自修改工程设计，不得偷工减料。发包人也不得明示或者暗示施工人违反工程建设强制性标准，降低建设工程质量。

5. 工程造价

工程造价是指进行工程建设所需的全部费用，包括人工费、材料费、施工机械使用费、措施费等。在实践中，有的发包人为了获得更多的利益，往往压低工程造价，而施工人为了营利或不亏本，不得不偷工减料、以次充好，结果导致工程质量不合格，甚至造成严重的工程质量事故。因此，为了保证工程质量，双方当事人应当合理确定工程造价。

6. 技术资料交付时间

技术资料主要是指勘察设计文件以及其他施工所必需的基础资料。当事人应当在施工合同中明确技术资料的交付时间。

7. 材料和设备供应责任

材料和设备供应责任是指由哪一方当事人提供工程所需材料设备及其应承担的责任。材料和设备可以由发包人负责提供，也可以由施工人负责采购。如果按照合同约定由发包人负责采购建筑材料、构配件和设备的，发包人应当保证建筑材料、构配件和设备符合设计文件和合同要求。施工人则须按照工程设计要求、施工技术标准和合同约定，对建筑材料、构配件和设备进行检验。

8. 拨款和结算

拨款是指工程款的拨付。结算是指施工人按照合同约定和已完工程量向发包人办理工程款的清算。拨款和结算条款是施工人请求发包人支付工程款和报酬的依据。

9. 竣工验收

竣工验收条款一般应包括验收范围与内容、验收标准与依据、验收人员组成、验收方式和日期等内容。

10. 质量保修范围和质量保证期

建设工程质量保修范围和质量保证期，应按照《建设工程质量管理条例》的规定执行。

11. 双方相互协作条款

双方相互协作条款一般包括双方当事人在施工前的准备工作，施工人及时向发包人提出开工通知书、施工进度报告书、对发包人的监督检查提供必要协助等。

(三) 建设工程施工合同发承包双方的主要义务

1. 发包人的主要义务

(1) 不得违法发包。《合同法》规定，发包人不得将应当由一个承包人完成的建设工程肢解成若干部分发包给几个承包人。

(2) 提供必要施工条件。发包人未按照约定的时间和要求提供原材料、设备、场地、资金、技术资料的，承包人可以顺延工程日期，并有权要求赔偿停工、窝工等损失。

(3) 及时检查隐蔽工程。隐蔽工程在隐蔽以前，承包人应通知发包人检查。发包人没有及时检查的，承包人可以顺延工程日期，并有权要求赔偿停工、窝工等损失。

(4) 及时验收工程。建设工程竣工后，发包人应根据施工图纸及说明书、国家颁发的施工验收规范和质量检验标准及时进行验收。

(5) 支付工程价款。发包人应按照合同约定的时间、地点和方式等，向承包人支付工程价款。

2. 承包人的主要义务

(1) 不得转包和违法分包工程。承包人不得将其承包的全部建设工程转包给第三人，不得将其承包的全部建设工程肢解以后以分包的名义分别转包给第三人。禁止承包人将工程分包给不具备相应资质条件的单位。禁止分包单位将其承包的工程再分包。

(2) 自行完成建设工程主体结构施工。建设工程主体结构的施工必须由承包人自行完成。承包人将建设工程主体结构的施工分包给第三人的，该分包合同无效。

(3) 接受发包人有关检查。发包人在不妨碍承包人正常作业的情况下，可以随时对作业进度、质量进行检查。隐蔽工程在隐蔽以前，承包人应当通知发包人检查。

(4) 交付竣工验收合格的建设工程。建设工程竣工经验收合格后，方可交付使用；未经验收或者验收不合格的，不得交付使用。

(5) 建设工程质量不符合约定的无偿修理。因施工人的原因致使建设工程质量不符合约定的，发包人有权要求施工人在合理期限内无偿修理或者返工、改建。经过修理或者返工、改建后，造成逾期交付的，施工人应当承担违约责任。

四、建设工程委托监理合同

(一) 建设工程委托监理合同的概念及形式

1. 建设工程委托监理合同的概念

建设工程委托监理合同简称监理合同，是指委托人与监理人就委托的工程项目管理内容签订的明确双方权利、义务的协议。

工程建设监理制度是我国建筑业在市场经济条件下保证工程质量、规范市场主体行为、提高管理水平的一项重要措施。建设监理与发包人和承包商一起共同构成了建筑市场的主体，为了使建筑市场的管理规范化、法制化，大型工程建设项目不仅要实行建设监理制度，而且要求发包人必须以合同形式委托监理任务。监理工作的委托与被委托实质上是一种商业行为，所以，必须以书面合同形式来明确工程服务的内容，以便为发包人和监理单位的共同利益服务。监理合同不仅明确了双方的责任和合同履行期间应遵守的各项约定，成为当事人的行为准则，而且可以作为保护任何一方合法权益的依据。

作为合同当事人一方的工程建设监理公司应具备相应的资格，不仅要求其是依法成立并已注册的法人组织，而且要求它所承担的监理任务应与其资质等级和营业执照中批准的业务范围相一致，既不允许低资质的监理公司承接高等级工程的监理业务，也不允许承接虽与资质级别相适应但工作内容超越其监理能力范围的工作，以保证所监理工程的目标顺利圆满实现。

2. 建设工程委托监理合同的形式

为了明确监理合同当事人双方的权利和义务关系，应当以书面形式签订监理合同，而不能采用口头形式。由于发包人委托监理任务有繁有简，具体工程监理工作的特点各异，因此，监理合同的内容和形式也不尽相同。经常采用的合同形式有以下四种：

(1)双方协商签订的合同。这种监理合同以法律和法规的要求作为基础，双方根据委托监理工作的内容和特点，通过友好协商订立有关条款，达成一致后签字盖章生效。合同的格式和内容不受任何限制，双方就权利和义务所关注的问题以条款形式具体约定即可。

(2)信件式合同。通常由监理单位编制有关内容，由发包人签署批准意见，并留一份备案后退给监理单位执行。这种合同形式适用于监理任务较小或简单的小型工程。也可能是在正规合同的履行过程中，依据实际工作进展情况，监理单位认为需要增加某些监理工作任务时，以信件的形式请示发包人，经发包人批准后作为正规合同的补充合同文件。

(3)委托通知单。正规合同履行过程中，发包人以通知单形式把监理单位在订立委托合同时建议增加而当时未接受的工作内容进一步委托给监理方。这种委托只是在原定工作范围之外增加少量工作任务，一般情况下原订合同中的权利、义务不变。

【提示】 如果监理单位不表示异议，委托通知单就成为监理单位所接受的协议。

(4)标准化合同。为了使委托监理行为规范化，减少合同履行过程中的争议或纠纷，政府部门或行业组织制订出标准化的合同示范文本，供委托监理任务时作为合同文件采用。标准化合同通用性强，采用规范的合同格式，条款内容覆盖面广，双方只要就达成一致的内容写入相应的具体条款中即可。标准合同由于对履行过程中所涉及的法律、技术、经济等各方面问题都作出了相应的规定，合理地分担双方当事人的风险并约定了各种情况下的执行程序，不仅有利于双方在签约时讨论、交流和统一认识，而且有助于监理工作的规范化实施。

(二)项目监理机构和人员

监理人应组建满足工作需要的项目监理机构，配备必要的检测设备。项目监理机构的主要人员应具有相应的资格条件。

监理合同履行过程中，总监理工程师及重要岗位监理人员应保持相对稳定，以保证监理工作正常进行。

监理人可根据工程进展和工作需要调整项目监理机构人员。监理人更换总监理工程师时，应提前7天向委托人书面报告，经委托人同意后方可更换；监理人更换项目监理机构其他监理人员，应以相当资格与能力的人员替换，并通知委托人。委托人可要求监理人更换不能胜任本职工作的项目监理机构人员。

监理人应及时更换有下列情形之一的监理人员：

(1)严重过失行为的。

(2)有违法行为不能履行职责的。

(3)涉嫌犯罪的。

(4)不能胜任岗位职责的。

(5)严重违反职业道德的。

(6)专用条件约定的其他情形。

(三)建设工程监理

建设工程监理的主要内容是控制建设工程的投资、建设工期和工程质量，进行建设工程合同管理，协调有关单位间的工作关系。监理工作具体内容包括：

(1)收到工程设计文件后编制监理规划，并在第一次工地会议7天前报委托人。根据有关规定和监理工作需要，编制监理实施细则。

(2)熟悉工程设计文件，并参加由委托人主持的图纸会审和设计交底会议。

(3)参加由委托人主持的第一次工地会议；主持监理例会并根据工程需要主持或参加专题会议。

(4)审查施工承包人提交的施工组织设计，重点审查其中的质量安全技术措施、专项施工方案与工程建设强制性标准的符合性。

(5)检查施工承包人工程质量、安全生产管理制度及组织机构和人员资格。

(6)检查施工承包人专职安全生产管理人员的配备情况。

(7)审查施工承包人提交的施工进度计划，核查承包人对施工进度计划的调整。

(8)检查施工承包人的试验室。

(9)审核施工分包人资质条件。

(10)查验施工承包人的施工测量放线成果。

(11)审查工程开工条件，对条件具备的签发开工令。

(12)审查施工承包人报送的工程材料、构配件、设备质量证明文件的有效性和符合性，并按规定对用于工程的材料采取平行检验或见证取样方式进行抽检。

(13)审核施工承包人提交的工程款支付申请，签发或出具工程款支付证书，并报委托人审核、批准。

(14)在巡视、旁站和检验过程中，发现工程质量、施工安全存在事故隐患的，要求施工承包人整改并报委托人。

(15)经委托人同意，签发工程暂停令和复工令。

(16)审查施工承包人提交的采用新材料、新工艺、新技术、新设备的论证材料及相关验收标准。

(17)验收隐蔽工程、分部分项工程。

(18)审查施工承包人提交的工程变更申请,协调处理施工进度调整、费用索赔、合同争议等事项。

(19)审查施工承包人提交的竣工验收申请,编写工程质量评估报告。

(20)参加工程竣工验收,签署竣工验收意见。

(21)审查施工承包人提交的竣工结算申请并报委托人。

(22)编制、整理工程监理归档文件并报委托人。

(四)建设工程监理合同签订的步骤

按照国家的有关规定和市场竞争的规则,监理项目的发包和承包应通过招投标方式进行。目前我国实行工程监理的时间还不长,有些工作还受到一些客观条件的限制,一些工程的委托监理业务还是通过双向议定承包的。一般情况下,订立监理合同的步骤大致如下:

1. 合同签订前双方的相互考察

(1)业主对监理人的考察。合同签订前,业主应对监理人的资格、资质、履约能力及信誉等方面进行必要的考察或审查。资格和资质方面具体包括:监理人是否是具有法人资格的监理企业;是否持有工商行政管理机关核发的营业执照;是否持有建设主管部门签发的工程监理资质等级证书;其资质等级是否达到合同监理项目的等级要求。履约能力和信誉方面包括:监理单位的技术人员构成情况;主要检测设备情况;企业财务状况;银行信誉情况;社会信誉情况;以前承接的监理业务的完成情况;承担类似业务的监理业绩及合同的履行情况等。

(2)监理人对业主的考察。监理人在与业主签订合同之前要对业主进行必要的了解和考察,如业主是否具有签订合同的合法资格,是否具有履行合同的财力,以及合同标的是否符合国家政策规定等。此外,监理人还应对委托的监理业务进行详尽的了解和分析,根据自身的技术力量、装备和对该项业务的经验等实际情况,对照合同价格,考察承担该项目的营利情况。

2. 合同的谈判与签订

(1)合同的谈判。无论是直接委托还是通过中标确定的委托,业主和监理人都要就监理合同的主要条款和应负责任进行谈判。在使用示范文本时,要根据合同条件结合协议条款逐条加以讨论,通过协商加以落实哪些条款不宜采用,哪些条款需要修改,还需补充哪些内容,应提供的资料及提供的时间等。

谈判的顺序通常是从工作计划安排开始,其次是人员配备、业主方的投入等,最后再商谈合同价格。谈判的内容应有准确的文字记录。

(2)合同的签订。经过谈判,双方就合同的各项条款达成一致意见,即可正式签订合同文件。订立监理合同时要注意以下事项:

1)坚持按法定程序签署合同。监理合同的签订,意味着委托关系的形成,委托方与被委托方的关系都将受到合同的约束。因而,签订合同必须是双方法定代表人或经其授权的代表签署并监督执行。在合同签署过程中,应检验代表对方签字人的授权委托书,避免合同失效或不必要的合同纠纷。

2)不可忽视来往函件。在合同洽商过程中,双方通常会用一些函件来确认双方达成的某些口头协议或书面交往文件,后者构成招标文件和投标文件的组成部分。为了确认合同责任以及明确双方对项目的有关理解和意图以免将来分歧,在签订合同时双方达成一致的部分应写入合同附录或专用条款内。

3)其他应注意的问题。在监理合同的签署过程中,双方都应认真注意,涉及合同的每一份文件都是双方在执行合同过程中对各自承担义务相互理解的基础。一旦出现争议,这些文件也是保护双方权利的法律基础。因此,一是要注意合同文字的简洁、清晰,每个措辞都应该经过双方充分讨论,以保证对工作范围、采取的工作方式方法以及双方对相互间的权利和义务确切理解。如果一份写得很清楚的合同,未经充分的讨论,只能是"一厢情愿"的东西,双方的理解不可能完全一致。二是对于一项时间要求特别紧迫的任务,在委托方选择了监理单位之后,在签订监理合同之前,双方可以通过使用意图性信件进行交流,监理单位对意图性信件的用词要认真审查,尽量使对方容易理解和接受,否则,就有可能在忙乱中致使合同谈判失败或者遭受其他意外损失。三是监理单位在合同事务中,要注意充分利用有效的法律服务。监理合同的法律性很强,监理单位必须配备这方面的专家,这样在准备标准合同格式、检查其他人提供的合同文件及研究意图性信件时,才不至于出现失误。

第三节 劳动合同及劳动关系制度

一、劳动合同订立的规定

(一)订立劳动合同应当遵守的原则

劳动合同是在市场经济体制下,用人单位与劳动者进行双向选择、确定劳动关系、明确双方权利与义务的协议,是保护劳动者合法权益的基本依据。

《劳动合同法》规定,订立劳动合同,应当遵循合法、公平、平等自愿、协商一致、诚实信用的原则。用人单位招用劳动者,不得要求劳动者提供担保或者以其他名义向劳动者收取财物,不得扣押劳动者的居民身份证或者其他证件。

(二)劳动合同的种类

《劳动合同法》规定,劳动合同分为固定期限劳动合同、无固定期限劳动合同和以完成一定工作任务为期限的劳动合同。

1. 劳动合同期限

劳动合同的期限是指劳动合同的有效时间,是劳动关系当事人双方享有权利和履行义务的时间。它一般始于劳动合同的生效之日,终于劳动合同的终止之时。

劳动合同期限由用人单位和劳动者协商确定,是劳动合同的一项重要内容。无论劳动者与用人单位建立何种期限的劳动关系,都需要双方将该期限用合同的方式确认下来,否则就不能保证劳动合同内容的实现,劳动关系将会处于一个不确定状态。劳动合同期限是劳动合同存在的前提条件。

2. 固定期限劳动合同

固定期限劳动合同是指用人单位与劳动者约定合同终止时间的劳动合同,即劳动合同双方当事人在劳动合同中明确规定了合同效力的起始和终止的时间。劳动合同期限届满，劳动关系即告终止。固定期限劳动合同可以是 1 年、2 年，也可以是 5 年、10 年，甚至更长时间。

3. 无固定期限劳动合同

无固定期限劳动合同是指用人单位与劳动者约定无确定终止时间的劳动合同。无确定终止时间的劳动合同并不是没有终止时间，一旦出现了法定的解除情形（如到了法定退休年龄）或者双方协商一致解除的，无固定期限劳动合同同样可以解除。

用人单位与劳动者协商一致，可以订立无固定期限劳动合同。有下列情形之一，劳动者提出或者同意续订、订立劳动合同的，除劳动者提出订立固定期限劳动合同外，应当订立无固定期限劳动合同：①劳动者在该用人单位连续工作满 10 年的；②用人单位初次实行劳动合同制度或者国有企业改制重新订立劳动合同时，劳动者在该用人单位连续工作满 10 年且距法定退休年龄不足 10 年的；③连续订立两次固定期限劳动合同，且劳动者没有《劳动合同法》第 39 条和第 40 条第 1 项、第 2 项规定的情形，续订劳动合同的。需要注意的是，按照《劳动合同法》规定，用人单位自用工之日起满 1 年不与劳动者订立书面劳动合同的，则视为用人单位与劳动者已订立无固定期限劳动合同。

4. 以完成一定工作任务为期限的劳动合同

《劳动合同法》规定，以完成一定工作任务为期限的劳动合同是指用人单位与劳动者约定以某项工作的完成为合同期限的劳动合同。

二、劳动合同的基本条款

劳动合同应当具备以下条款：
(1)用人单位的名称、住所和法定代表人或者主要负责人。
(2)劳动者的姓名、住址和居民身份证或者其他有效身份证件号码。
(3)劳动合同期限。
(4)工作内容和工作地点。
(5)工作时间和休息休假。
(6)劳动报酬。
(7)社会保险。
(8)劳动保护、劳动条件和职业危害防护。
(9)法律、法规规定应当纳入劳动合同的其他事项。

劳动合同除上述规定的必备条款外，用人单位与劳动者可以约定试用期、培训、保守秘密、补充保险和福利待遇等其他事项。

三、订立劳动合同应当注意的事项

（一）建立劳动关系即应订立劳动合同

用人单位自用工之日起即与劳动者建立劳动关系。《劳动合同法》规定，建立劳动关系，应当订立书面劳动合同。已建立劳动关系，未同时订立书面劳动合同的，应当自用工之日起 1 个月内订立书面劳动合同。用人单位未在用工的同时订立书面劳动合同，与劳动者约定的劳动报酬不明确的，新招用的劳动者的劳动报酬应当按照企业的或者同行业的集体合同规定的标准执行；没有集体合同的，用人单位应当对劳动者实行同工同酬。用人单位与劳动者在用工前订立劳动合同的，劳动关系自用工之日起建立。

合同有书面形式、口头形式和其他形式。按照《劳动合同法》的规定，除了非全日制用工(即以小时计酬为主，劳动者在同一用人单位一般平均每日工作时间不超过4小时，每周工作时间累计不超过24小时的用工形式)可以订立口头协议外，建立劳动关系应当订立书面劳动合同。如果没有订立书面合同，不订立书面合同的一方将要承担相应的法律后果。劳动合同文本由用人单位和劳动者各执一份。

(二)劳动报酬和试用期

《劳动合同法》规定，劳动合同对劳动报酬和劳动条件等标准约定不明确，引发争议的，用人单位与劳动者可以重新协商；协商不成的，适用集体合同规定；没有集体合同或者集体合同未规定劳动报酬的，实行同工同酬；没有集体合同或者集体合同未规定劳动条件等标准的，适用国家有关规定。

劳动合同期限3个月以上不满1年的，试用期不得超过1个月；劳动合同期限1年以上不满3年的，试用期不得超过2个月；3年以上固定期限和无固定期限的劳动合同，试用期不得超过6个月。同一用人单位与同一劳动者只能约定1次试用期。以完成一定工作任务为期限的劳动合同或者劳动合同期限不满3个月的，不得约定试用期。试用期包含在劳动合同期限内。劳动合同仅约定试用期的，试用期不成立，该期限为劳动合同期限。

劳动者在试用期的工资不得低于本单位相同岗位最低档工资或者劳动合同约定工资的80%，并不得低于用人单位所在地的最低工资标准。在试用期中，除劳动者有《劳动合同法》第39条和第40条第1项、第2项规定的情形外，用人单位不得解除劳动合同。用人单位在试用期解除劳动合同的，应当向劳动者说明理由。

(三)劳动合同的生效与无效

劳动合同由用人单位与劳动者协商一致，并经用人单位与劳动者在劳动合同文本上签字或者盖章生效。双方当事人签字或者盖章时间不一致的，以最后一方签字或者盖章的时间为准；如果一方没有写签字时间，则另一方写明的签字时间就是合同生效时间。

《劳动合同法》第26条规定，下列劳动合同无效或者部分无效：①以欺诈、胁迫的手段或者乘人之危，使对方在违背真实意思的情况下订立或者变更劳动合同的；②用人单位免除自己的法定责任、排除劳动者权利的；③违反法律、行政法规强制性规定的。劳动合同部分无效，不影响其他部分效力的，其他部分仍然有效。劳动合同被确认无效，劳动者已付出劳动的，用人单位应当向劳动者支付劳动报酬。劳动报酬的数额，参照本单位相同或者相近岗位劳动者的劳动报酬确定。

对劳动合同的无效或者部分无效有争议的，由劳动争议仲裁机构或者人民法院确认。

四、集体合同

企业职工一方与用人单位通过平等协商，可以就劳动报酬、工作时间、休息休假、劳动安全卫生、保险福利等事项订立集体合同。集体合同草案应当提交职工代表大会或者全体职工讨论通过。集体合同由工会代表企业职工一方与用人单位订立；尚未建立工会的用人单位，由上级工会指导劳动者推举的代表与用人单位订立。企业职工一方与用人单位还可订立劳动安全卫生、女职工权益保护、工资调整机制等专项集体合同。集体合同中劳动报酬和劳动条件等标准不得低于当地人民政府规定的最低标准；用人单位与劳动者订立的劳动合同中劳动报酬和劳动条件等标准不得低于集体合同规定的标准。

集体合同订立后，应当报送劳动行政部门；劳动行政部门自收到集体合同文本之日起15日内未提出异议的，集体合同即行生效。依法订立的集体合同对用人单位和劳动者均具有约束力。

用人单位违反集体合同，侵犯职工劳动权益的，工会可以依法要求用人单位承担责任；因履行集体合同发生争议，经协商解决不成，工会可以依法申请仲裁、提起诉讼。

五、劳动合同的履行、变更、接触和终止

（一）劳动合同的履行和变更

劳动合同一经依法订立便具有法律效力。用人单位与劳动者应当按照劳动合同的约定，全面履行各自的义务。当事人双方既不能只履行部分义务，也不能擅自变更合同，更不能任意不履行合同或者解除合同，否则将承担相应的法律责任。

1. 用人单位应当履行向劳动者支付劳动报酬的义务

《劳动合同法》规定，用人单位应当按照劳动合同约定和国家规定，向劳动者及时足额支付劳动报酬。

劳动报酬是指劳动者为用人单位提供劳动而获得的各种报酬，通常包括三个部分：①货币工资，包括各种工资、奖金、津贴、补贴等；②实物报酬，即用人单位以免费或低于成本价提供给劳动者的各种物品和服务等；③社会保险，即用人单位为劳动者支付的医疗、失业、养老、工伤等保险金。

用人单位和劳动者可以在法律允许的范围内对劳动报酬的金额、支付时间、支付方式等进行平等协商。劳动报酬的支付要遵守国家的有关规定：①用人单位支付劳动者的工资不得低于当地的最低工资标准；②工资应当以货币形式按月支付劳动者本人，即不得以实物或有价证券等形式代替货币支付；③用人单位应当依法向劳动者支付加班费；④劳动者在法定休假日、婚丧假期间、探亲假期间、产假期间和依法参加社会活动期间以及非因劳动者原因停工期间，用人单位应当依法支付工资。

用人单位拖欠或者未足额支付劳动报酬的，劳动者可以依法向当地人民法院申请支付令，人民法院应当依法发出支付令。

2. 依法限制用人单位安排劳动者的加班

用人单位应当严格执行劳动定额标准，不得强迫或者变相强迫劳动者加班。用人单位安排加班的，应当按照国家有关规定向劳动者支付加班费。

3. 劳动者有权拒绝违章指挥、冒险作业

《劳动合同法》规定，劳动者对危害生命安全和身体健康的劳动条件，有权对用人单位提出批评、检举和控告。

劳动者拒绝用人单位管理人员违章指挥、强令冒险作业的，不视为违反劳动合同。

4. 用人单位发生变动不影响劳动合同的履行

用人单位变更名称、法定代表人、主要负责人或者投资人等事项，不影响劳动合同的履行。

用人单位发生合并或者分立等情况，原劳动合同继续有效，劳动合同由承继其权利和义务的用人单位继续履行。

5. 劳动合同的变更

《劳动合同法》规定，用人单位与劳动者协商一致，可以变更劳动合同约定的内容。变更劳动合同，应当采用书面形式。变更后的劳动合同文本由用人单位和劳动者各执一份。

变更劳动合同时应当注意：①必须在劳动合同依法订立之后，在合同没有履行或者尚未履行完毕之前的有效时间内进行；②必须坚持平等自愿、协商一致的原则，即须经用人单位和劳动者双方当事人的同意；③不得违反法律法规的强制性规定；④劳动合同的变更须采用书面形式。

(二)劳动合同的解除和终止

劳动合同的解除是指当事人双方提前终止劳动合同、解除双方权利义务关系的法律行为。其可分为协商解除、法定解除和约定解除三种情况。劳动合同的终止是指劳动合同期满或者出现法定情形以及当事人约定的情形而导致劳动合同的效力消灭，劳动合同即行终止。

1. 劳动者可以单方解除劳动合同的规定

《劳动合同法》规定，劳动者提前30日以书面形式通知用人单位，可以解除劳动合同。劳动者在试用期内提前3日通知用人单位，可以解除劳动合同。

《劳动合同法》第38条规定，用人单位有下列情形之一的，劳动者可以解除劳动合同：①未按照劳动合同约定提供劳动保护或者劳动条件的；②未及时足额支付劳动报酬的；③未依法为劳动者缴纳社会保险费的；④用人单位的规章制度违反法律、法规的规定，损害劳动者权益的；⑤因《劳动合同法》第26条第1款规定的情形致使劳动合同无效的；⑥法律、行政法规规定劳动者可以解除劳动合同的其他情形。

用人单位以暴力、威胁或者非法限制人身自由的手段强迫劳动者劳动的，或者用人单位违章指挥、强令冒险作业危及劳动者人身安全的，劳动者可以立即解除劳动合同，不需事先告知用人单位。

2. 用人单位可以单方解除劳动合同的规定

《劳动合同法》在赋予劳动者单方解除权的同时，也赋予用人单位对劳动合同的单方解除权，以保障用人单位的用工自主权。

《劳动合同法》第39条规定，劳动者有下列情形之一的，用人单位可以解除劳动合同：①在试用期间被证明不符合录用条件的；②严重违反用人单位的规章制度的；③严重失职，营私舞弊，给用人单位造成重大损害的；④劳动者同时与其他用人单位建立劳动关系，对完成本单位的工作任务造成严重影响，或者经用人单位提出，拒不改正的；⑤因《劳动合同法》第26条第1款第1项规定的情形致使劳动合同无效的；⑥被依法追究刑事责任的。

《劳动合同法》第40条规定，有下列情形之一的，用人单位提前30日以书面形式通知劳动者本人或者额外支付劳动者1个月工资后，可以解除劳动合同：①劳动者患病或者非因工负伤，在规定的医疗期满后不能从事原工作，也不能从事由用人单位另行安排的工作的；②劳动者不能胜任工作，经过培训或者调整工作岗位，仍不能胜任工作的；③劳动合同订立时所依据的客观情况发生重大变化，致使劳动合同无法履行，经用人单位与劳动者协商，未能就变更劳动合同内容达成协议的。

裁减人员时，应当优先留用下列三种人员：①与本单位订立较长期限的固定期限劳动合同的；②与本单位订立无固定期限劳动合同的；③家庭无其他就业人员，有需要扶养的老人或者未成年人的。用人单位在6个月内重新招用人员的，应当通知被裁减的人员，并在同等条件下优先招用被裁减人员。

3. 用人单位不得解除劳动合同的规定

为了保护一些特殊群体劳动者的权益，《劳动合同法》第42条规定，劳动者有下列情形之一的，用人单位不得依照该法第40条、第41条的规定解除劳动合同：①从事接触职业病危害作业的劳动者未进行离岗前职业健康检查，或者疑似职业病病人在诊断或者医学观察期间的；②在本单位患职业病或者因工负伤并被确认丧失或者部分丧失劳动能力的；③患病或者非因工负伤，在规定的医疗期内的；④女职工在孕期、产期、哺乳期的；⑤在本单位连续工作满15年，且距法定退休年龄不足5年的；⑥法律、行政法规规定的其他情形。

用人单位违反《劳动合同法》规定解除或者终止劳动合同，劳动者要求继续履行劳动合同的，用人单位应当继续履行；劳动者不要求继续履行劳动合同或者劳动合同已经不能继续履行的，用人单位应当依照《劳动合同法》第87条规定向劳动者支付赔偿金。赔偿金标准为经济补偿标准的2倍。

4. 劳动合同的终止

《劳动合同法》第44条规定，有下列情形之一的，劳动合同终止：①劳动合同期满的；②劳动者开始依法享受基本养老保险待遇的；③劳动者死亡，或者被人民法院宣告死亡或者宣告失踪的；④用人单位被依法宣告破产的；⑤用人单位被吊销营业执照、责令关闭、撤销或者用人单位决定提前解散的；⑥法律、行政法规规定的其他情形。

但是，在劳动合同期满时，有《劳动合同法》第42条规定的情形之一的，劳动合同应当继续延续至相应的情形消失时才能终止。但是，在本单位患有职业病或者因工负伤并被确认丧失或者部分丧失劳动能力的劳动者的劳动合同的终止，按照国家有关工伤保险的规定执行。

《工伤保险条例》规定：①职工因工致残被鉴定为1级至4级伤残的，即丧失劳动能力的，保留劳动关系，退出工作岗位。②劳动者因工致残被鉴定为5级、6级伤残的，即大部分丧失劳动能力的，保留与用人单位的劳动关系，由用人单位安排适当工作；也可以经工伤职工本人提出，该职工可以与用人单位解除或者终止劳动关系。③职工因工致残被鉴定为7级至10级伤残的，即部分丧失劳动能力的，劳动合同期满终止。

六、劳动保护的规定

2009年8月经修改后颁布的《中华人民共和国劳动法》（以下简称《劳动法》）对劳动者的工作时间、休息休假、工资、劳动安全卫生、女职工和未成年工特殊保护、社会保险和福利等作了法律规定。

(一)劳动者的工作时间和休息休假

工作时间（又称为劳动时间）是指法律规定的劳动者在一昼夜和一周内从事生产、劳动或工作的时间。休息休假（又称为休息时间）是指劳动者在国家规定的法定工作时间外，不从事生产、劳动或工作而由自己自行支配的时间，包括劳动者每天休息的时数、每周休息的天数、节假日、年休假、探亲假等。

1. 工作时间

《劳动法》第36条、第38条规定，国家实行劳动者每日工作时间不超过8小时、平均每周工作时间不超过44小时的工时制度。用人单位应当保证劳动者每周至少休息1日。

《劳动法》还规定，企业因生产特点不能实行本法第36条、第38条规定的，经劳动行政部门批准，可以实行其他工作和休息办法。

(1) 缩短工作日。1995年3月经修改后颁布的《国务院关于职工工作时间的规定》中规定，在特殊条件下从事劳动和有特殊情况，需要适当缩短工作时间的，按照国家有关规定执行。目前，我国实行缩短工作时间的主要是：从事矿山、高山、有毒、有害、特别繁重和过度紧张的体力劳动职工，以及纺织、化工、建筑冶炼、地质勘探、森林采伐、装卸搬运等行业或岗位的职工；从事夜班工作的劳动者；在哺乳期工作的女职工；16至18岁的未成年劳动者等。

(2) 不定时工作日。1994年12月劳动部发布的《关于企业实行不定时工作制和综合计算工时工作制的审批办法》中规定，企业对符合下列条件之一的职工，可以实行不定时工作日制：①企业中的高级管理人员、外勤人员、推销人员、部分值班人员和其他因工作无法按标准工作时间衡量的职工；②企业中的长途运输人员、出租汽车司机和铁路、港口、仓库的部分装卸人员以及因工作性质特殊，需机动作业的职工；③其他因生产特点、工作特殊需要或职责范围的关系，适合实行不定时工时制的职工。

(3) 综合计算工作日，即分别以周、月、季、年等为周期综合计算工作时间，但其平均日工作时间和平均周工作时间应与法定标准工作时间基本相同。按规定，企业对交通、铁路等行业中因工作性质特殊需要连续作业的职工，地质及资源勘探、建筑等受季节和自然条件限制的行业的部分职工等，可实行综合计算工作日。

(4) 计件工资时间。对实行计件工作的劳动者，用人单位应当根据《劳动法》第36条规定的工时制度合理确定其劳动定额和计件报酬标准。

2. 休息休假

《劳动法》规定，用人单位在下列节日期间应当依法安排劳动者休假：①元旦；②春节；③国际劳动节；④国庆节；⑤法律、法规规定的其他休假节日。目前，法律、法规规定的其他休假节日有：全体公民放假的节日是清明节、端午节和中秋节；部分公民放假的节日及纪念日是妇女节、青年节、儿童节、中国人民解放军建军纪念日。

劳动者连续工作1年以上的，享受带薪年休假。此外，劳动者按有关规定还可以享受探亲假、婚丧假、生育（产）假、节育手术假等。

用人单位由于生产经营需要，经与工会和劳动者协商可以延长工作时间，一般每日不得超过1小时；因特殊原因需要延长工作时间的，在保障劳动者身体健康的条件下延长工作时间每日不得超过3小时，但是每月不得超过36小时。在发生自然灾害、事故或者其他原因，威胁劳动者生命健康和财产安全需要紧急处理，或者生产设备、交通运输线路、公共设施发生故障，影响生产和公众利益，必须及时抢修等法律、行政法规规定的特殊情况的，延长工作时间不受上述限制。

用人单位应当按照下列标准支付高于劳动者正常工作时间工资的工资报酬：安排劳动者延长工作时间的，支付不低于工资的150%的工资报酬；休息日安排劳动者工作又不能安排补休的，支付不低于工资的200％的工资报酬；法定休假日安排劳动者工作的，支付不低于300％的工资报酬。

(二)劳动者的工资

工资是指用人单位依据国家有关规定和劳动关系双方的约定，以货币形式支付给劳动者的劳动报酬，如计时工资、计件工资、奖金、津贴和补贴等。

1. 工资基本规定

《劳动法》规定，工资分配应当遵循按劳分配原则，实行同工同酬。工资水平在经济发展的基础上逐步提高。国家对工资总量实行宏观调控。用人单位根据本单位的生产经营特点和经济效益，依法自主确定本单位的工资分配方式和工资水平。

工资应当以货币形式按月支付给劳动者本人。不得克扣或者无故拖欠劳动者的工资。劳动者在法定休假日和婚丧假期间以及依法参加社会活动期间，用人单位应当依法支付工资。

在我国，企业、机关(包括社会团体)、事业单位实行不同的基本工资制度。企业基本工资制度主要有等级工资制和岗位技能工资制、岗位工资制、结构工资制和经营者年薪制等。

2. 最低工资保障制度

最低工资标准是指劳动者在法定工作时间或依法签订的劳动合同约定的工作时间内提供了正常劳动的前提下，用人单位依法应支付的最低劳动报酬。所谓正常劳动，是指劳动者按依法签订的劳动合同约定，在法定工作时间或劳动合同约定的工作时间内从事的劳动。劳动者依法享受带薪年休假、探亲假、婚丧假、生育(产)假、节育手术假等国家规定的假期间，以及法定工作时间内依法参加社会活动期间，视为提供了正常劳动。

《劳动法》规定，国家实行最低工资保障制度。最低工资的具体标准由省、自治区、直辖市人民政府规定，报国务院备案。用人单位支付劳动者的工资不得低于当地最低工资标准。

根据2004年1月劳动和社会保障部颁布的《最低工资规定》，在劳动者提供正常劳动的情况下，用人单位应支付给劳动者的工资在剔除下列各项以后，不得低于当地最低工资标准：①延长工作时间工资；②中班、夜班、高温、低温、井下、有毒有害等特殊工作环境、条件下的津贴；③法律、法规和国家规定的劳动者福利待遇等。实行计件工资或提成工资等工资形式的用人单位，在科学合理的劳动定额基础上，其支付劳动者的工资不得低于相应的最低工资标准。

(三)劳动安全卫生制度

《劳动法》规定，用人单位必须建立、健全劳动安全卫生制度，严格执行国家劳动安全卫生规程和标准，对劳动者进行劳动安全卫生教育，防止劳动过程中的事故，减少职业危害。

劳动安全卫生设施必须符合国家规定的标准。新建、改建、扩建工程的劳动安全卫生设施必须与主体工程同时设计、同时施工、同时投入生产和使用。用人单位必须为劳动者提供符合国家规定的劳动安全卫生条件和必要的劳动防护用品，对从事有职业危害作业的劳动者应当定期进行健康检查。

从事特种作业的劳动者必须经过专门培训并取得特种作业资格。劳动者在劳动过程中必须严格遵守安全操作规程，对用人单位管理人员违章指挥、强令冒险作业，有权拒绝执行；对危害生命安全和身体健康的行为，有权提出批评、检举和控告。

(四)女职工和未成年工的特殊保护

国家对女职工和未成年工实行特殊劳动保护。

1. 女职工的特殊保护

《劳动法》规定，禁止安排女职工从事矿山井下、国家规定的第4级体力劳动强度的劳动和其他禁忌从事的劳动。不得安排女职工在经期从事高处、低温、冷水作业和国家规定的第3级体力劳动强度的劳动。不得安排女职工在怀孕期间从事国家规定的第3级体力劳动强度的劳动和孕期禁忌从事的活动。对怀孕7个月以上的女职工，不得安排其延长工作时间和夜班劳动。女职工生育享受不少于90天的产假。不得安排女职工在哺乳未满1周岁的婴儿期间从事国家规定的第3级体力劳动强度的劳动和哺乳期禁忌从事的其他劳动，不得安排其延长工作时间和夜班劳动。

2012年4月国务院颁布的《女职工劳动保护特别规定》还规定，用人单位应当遵守女职工禁忌从事的劳动范围(详见《女职工劳动保护特别规定》附录)的规定。用人单位应当将本单位属于女职工禁忌从事的劳动范围的岗位书面告知女职工。用人单位不得因女职工怀孕、生育、哺乳降低其工资、予以辞退、与其解除劳动或者聘用合同。女职工生育享受98天产假，其中产前可以休假15天；难产的，增加产假15天；生育多胞胎的，每多生育1个婴儿，增加产假15天。女职工怀孕未满4个月流产的，享受15天产假；怀孕满4个月流产的，享受42天产假。用人单位违反本规定，侵害女职工合法权益的，女职工可以依法投诉、举报、申诉，依法向劳动人事争议调解仲裁机构申请调解仲裁，对仲裁裁决不服的，依法向人民法院提起诉讼。

2. 未成年工的特殊保护

未成年工的特殊保护是针对未成年工处于生长发育期的特点，以及接受义务教育的需要，采取的特殊劳动保护措施。未成年工是指年满16周岁未满18周岁的劳动者。

《劳动法》规定，禁止用人单位招用未满16周岁的未成年人。不得安排未成年工从事矿山井下、有毒有害、国家规定的第4级体力劳动强度的劳动和其他禁忌从事的劳动。用人单位应对未成年工定期进行健康检查。

1994年12月劳动部颁布的《未成年工特殊保护规定》中规定，用人单位应根据未成年工的健康检查结果安排其从事适合的劳动，对不能胜任原劳动岗位的，应根据医务部门的证明，予以减轻劳动量或安排其他劳动。对未成年工的使用和特殊保护实行登记制度。用人单位招收未成年工除符合一般用工要求外，还须向所在地的县级以上劳动行政部门办理登记。未成年工上岗前用人单位应对其进行有关的职业安全卫生教育、培训。

(五)劳动者的社会保险与福利

2010年10月颁布的《中华人民共和国社会保险法》(以下简称《社会保险法》)规定，国家建立基本养老保险、基本医疗保险、工伤保险、失业保险、生育保险等社会保险制度，保障公民在年老、疾病、工伤、失业、生育等情况下依法从国家和社会获得物质帮助的权利。

1. 基本养老保险

职工应当参加基本养老保险，由用人单位和职工共同缴纳基本养老保险费。用人单位应当按照国家规定的本单位职工工资总额的比例缴纳基本养老保险费,记入基本养老保险统筹基金。职工应当按照国家规定的本人工资的比例缴纳基本养老保险费,记入个人账户。

(1)基本养老金的组成。基本养老金由统筹养老金和个人账户养老金组成。基本养老金根据个人累计缴费年限、缴费工资、当地职工平均工资、个人账户金额、城镇人口平均预期寿命等因素确定。

(2)基本养老金的领取。参加基本养老保险的个人,达到法定退休年龄时累计缴费满15年的,按月领取基本养老金。参加基本养老保险的个人,达到法定退休年龄时累计缴费不足15年的,可以缴费至满15年,按月领取基本养老金;也可以转入新型农村社会养老保险或者城镇居民社会养老保险,按照国务院规定享受相应的养老保险待遇。

参加基本养老保险的个人,因病或者非因工死亡的,其遗属可以领取丧葬补助金和抚恤金;在未达到法定退休年龄时因病或者非因工致残完全丧失劳动能力的,可以领取病残津贴。所需资金从基本养老保险基金中支付。

个人跨统筹地区就业的,其基本养老保险关系随本人转移,缴费年限累计计算。当个人达到法定退休年龄时,基本养老金分段计算、统一支付。

2. 基本医疗保险

职工应当参加职工基本医疗保险,由用人单位和职工按照国家规定共同缴纳基本医疗保险费。医疗机构应当为参保人员提供合理、必要的医疗服务。

参加职工基本医疗保险的个人,达到法定退休年龄时累计缴费达到国家规定年限的,退休后不再缴纳基本医疗保险费,按照国家规定享受基本医疗保险待遇;未达到国家规定年限的,可以缴费至国家规定年限。

符合基本医疗保险药品目录、诊疗项目、医疗服务设施标准以及急诊、抢救的医疗费用,按照国家规定从基本医疗保险基金中支付。下列医疗费用不纳入基本医疗保险基金支付范围:①应当从工伤保险基金中支付的;②应当由第三人负担的;③应当由公共卫生负担的;④在境外就医。医疗费用依法应当由第三人负担,第三人不支付或者无法确定第三人的,由基本医疗保险基金先行支付。基本医疗保险基金先行支付后,有权向第三人追偿。

个人跨统筹地区就业的,其基本医疗保险关系随本人转移,缴费年限累计计算。

3. 工伤保险

职工应当参加工伤保险,由用人单位缴纳工伤保险费,职工不缴纳工伤保险费。此外,《建筑法》还规定,鼓励企业为从事危险作业的职工办理意外伤害保险,支付保险费。

工伤保险简介

4. 失业保险

《社会保险法》规定,职工应当参加失业保险,由用人单位和职工按照国家规定共同缴纳失业保险费。职工跨统筹地区就业的,其失业保险关系随本人转移,缴费年限累计计算。

(1)失业保险金的领取。失业人员符合下列条件的,从失业保险基金中领取失业保险金:①失业前用人单位和本人已经缴纳失业保险费满1年的;②非因本人意愿中断就业的;③已经进行失业登记,并有求职要求的。

失业人员失业前用人单位和本人累计缴费满1年不足5年的,领取失业保险金的期限最长为 12 个月；累计缴费满 5 年不足 10 年的，领取失业保险金的期限最长为 18 个月；累计缴费 10 年以上的，领取失业保险金的期限最长为 24 个月。重新就业后，再次失业的，缴费时间重新计算，领取失业保险金的期限与前次失业应当领取而尚未领取的失业保险金的期限合并计算，最长不超过 24 个月。

失业保险金的标准，由省、自治区、直辖市人民政府确定，但不得低于城市居民最低生活保障标准。

(2)领取失业保险金期间的有关规定。失业人员在领取失业保险金期间，参加职工基本医疗保险，享受基本医疗保险待遇。失业人员应当缴纳的基本医疗保险费从失业保险基金中支付，个人不缴纳基本医疗保险费。

失业人员在领取失业保险金期间死亡的，参照当地对在职职工死亡的规定，向其遗属发给一次性丧葬补助金和抚恤金。所需资金从失业保险基金中支付。个人死亡同时符合领取基本养老保险丧葬补助金、工伤保险丧葬补助金和失业保险丧葬补助金条件的，其遗属只能选择领取其中的 1 项。

(3)办理领取失业保险金的程序。用人单位应当及时为失业人员出具终止或者解除劳动关系的证明，并将失业人员的名单自终止或者解除劳动关系之日起 15 日内告知社会保险经办机构。

失业人员应当持本单位为其出具的终止或者解除劳动关系的证明，及时到指定的公共就业服务机构办理失业登记。失业人员凭失业登记证明和个人身份证明，到社会保险经办机构办理领取失业保险金的手续。失业保险金领取期限自办理失业登记之日起计算。

(4)停止享受失业保险待遇的规定。失业人员在领取失业保险金期间有下列情形之一的，停止领取失业保险金，并同时停止享受其他失业保险待遇：①重新就业的；②应征服兵役的；③移居境外的；④享受基本养老保险待遇的；⑤无正当理由，拒不接受当地人民政府指定部门或者机构介绍的适当工作或者提供的培训的。

5. 生育保险

《社会保险法》规定，职工应当参加生育保险，由用人单位按照国家规定缴纳生育保险费，职工不缴纳生育保险费。用人单位已经缴纳生育保险费的，其职工享受生育保险待遇；职工未就业配偶按照国家规定享受生育医疗费用待遇。所需资金从生育保险基金中支付。

生育保险待遇包括生育医疗费用和生育津贴。生育医疗费用包括下列各项：①生育的医疗费用；②计划生育的医疗费用；③法律、法规规定的其他项目费用。

职工有下列情形之一的，可以按照国家规定享受生育津贴：①女职工生育享受产假；②享受计划生育手术休假；③法律、法规规定的其他情形。生育津贴按照职工所在用人单位上年度职工月平均工资计发。

6. 福利

《劳动法》规定，国家发展社会福利事业，兴建公共福利设施，为劳动者休息、休养和疗养提供条件。

用人单位应当创造条件，改善集体福利，提高劳动者的福利待遇。

(六)劳动争议的解决

劳动争议(又称为劳动纠纷)是指劳动关系当事人之间因劳动的权利与义务发生分歧而引起的争议。

1. 劳动争议的范围

按照2007年12月颁布的《劳动争议调解仲裁法》和2001年4月发布的《最高人民法院关于审理劳动争议案件适用法律若干问题的解释》的规定,劳动争议的范围主要是:①因确认劳动关系发生的争议;②因订立、履行、变更、解除和终止劳动合同发生的争议;③因除名、辞退和辞职、离职发生的争议;④因工作时间、休息休假、社会保险、福利、培训以及劳动保护发生的争议;⑤因劳动报酬、工伤医疗费、经济补偿或者赔偿金等发生的争议;⑥劳动者与用人单位在履行劳动合同过程中发生的纠纷;⑦劳动者与用人单位之间没有订立书面劳动合同,但已形成劳动关系后发生的纠纷;⑧劳动者退休后,与尚未参加社会保险统筹的原用人单位因追索养老金、医疗费、工伤保险待遇和其他社会保险而发生的纠纷;⑨法律、法规规定的其他劳动争议。

2006年8月发布的《最高人民法院关于审理劳动争议案件适用法律若干问题的解释(二)》规定,下列纠纷不属于劳动争议:①劳动者请求社会保险经办机构发放社会保险金的纠纷;②劳动者与用人单位因住房制度改革产生的公有住房转让纠纷;③劳动者对劳动能力鉴定委员会的伤残等级鉴定结论或者对职业病诊断鉴定委员会的职业病诊断鉴定结论的异议纠纷;④家庭或者个人与家政服务人员之间的纠纷;⑤个体工匠与帮工、学徒之间的纠纷;⑥农村承包经营户与受雇人之间的纠纷。

2. 劳动争议的解决方式

《劳动法》规定,用人单位与劳动者发生劳动争议,当事人可以依法申请调解、仲裁、提起诉讼,也可以协商解决。调解原则适用于仲裁和诉讼程序。

(1)调解。劳动争议发生后,当事人可以向本单位劳动争议调解委员会申请调解。

在用人单位内,可以设立劳动争议调解委员会。劳动争议调解委员会由职工代表、用人单位代表和工会代表组成。劳动争议调解委员会主任由工会代表担任。劳动争议经调解达成协议的,当事人应当履行。

(2)仲裁。对于调解不成,当事人一方要求仲裁的,可以向劳动争议仲裁委员会申请仲裁。当事人一方也可以直接向劳动争议仲裁委员会申请仲裁。

劳动争议仲裁委员会由劳动行政部门代表、同级工会代表、用人单位方面的代表组成。劳动争议仲裁委员会主任由劳动行政部门代表担任。

按照《劳动争议调解仲裁法》的规定,劳动争议申请仲裁的时效期间为1年。仲裁时效期间从当事人知道或者应当知道其权利被侵害之日起计算。前款规定的仲裁时效,因当事人一方向对方当事人主张权利,或者向有关部门请求权利救济,或者对方当事人同意履行义务而中断。从中断时起,仲裁时效期间重新计算。因不可抗力或者有其他正当理由,当事人不能在本条第一款规定的仲裁时效期间申请仲裁的,仲裁时效中止。从中止时效的原因消除之日起,仲裁时效期间继续计算。劳动关系存续期间因拖欠劳动报酬发生争议的,劳动者申请仲裁不受本条第一款规定的仲裁时效期间的限制;但是,劳动关系终止的,应当自劳动关系终止之日起1年内提出。

2016年1月颁发的《国务院办公厅关于全面治理拖欠农民工工资问题的意见》中规定,充分发挥基层劳动争议调解等组织的作用,引导农民工就地就近解决工资争议。劳动人事争议仲裁机构对农民工因拖欠工资申请仲裁的争议案件优先受理、优先开庭、及时裁决、快速结案。对集体欠薪争议或涉及金额较大的欠薪争议案件要挂牌督办。加强裁审衔接与工作协调,提高欠薪争议案件裁决效率。畅通申请渠道,依法及时为农民工讨薪提供法律服务和法律援助。

(3)诉讼。《劳动法》规定,劳动争议当事人对仲裁裁决不服的,可以自收到仲裁裁决书之日起 15 日内向人民法院提起诉讼。一方当事人在法定期限内不起诉又不履行仲裁裁决的,另一方当事人可以申请人民法院强制执行。

3. 集体合同争议的解决

因签订集体合同发生争议,当事人协商解决不成的,当地人民政府劳动行政部门可以组织有关各方协调处理。

因履行集体合同发生争议,当事人协商解决不成的,可以向劳动争议仲裁委员会申请仲裁;对仲裁裁决不服的,可以自收到仲裁裁决书之日起 15 日内向人民法院提起诉讼。

本章小结

本章主要介绍了合同法概述、建设工程合同制度、劳动合同及劳动关系制度,通过本章的学习能运用谈判的策略与技巧进行合同的签订,能运用建设工程勘察设计合同、施工合同和监理合同进行工程进度的控制。

思考与练习

一、填空题

1. _____是具有平等主体资格的自然人、法人、其他组织之间设立、变更或终止权利义务的协议。

2. _____是当事人之间互负义务的合同。_____是只有一方当事人负担义务的合同。

3. _____是指当事人一方享有合同规定的权益,须向另一方付出相应代价的合同。

4. 当事人订立合同,可采取_____、_____方式。

5. _____是指依法成立的合同所产生的法律效果。

6. 合同的解除分为_____和_____两大类。

7. 按索赔目的分为_____、_____。

8. 根据承发包的工程范围,建设工程合同可以分为_____和_____。

9.《合同法》规定,当事人订立合同,有_____、_____和_____。

10. _____是指委托人与监理人就委托的工程项目管理内容签订的明确双方权利、义务的协议。

11. 劳动合同分为_____、_____和_____。

二、选择题

1. ( )是指当事人各方的意思表示一致即告成立的合同，如委托合同、勘察设计合同等。

   A. 有偿合同　　　　　　　　　　　　B. 无偿合同
   C. 实践合同　　　　　　　　　　　　D. 诺成合同

2. 有( )情形之一的，要约失效。

   A. 拒绝要约的通知到达要约人
   B. 要约人依法撤销要约
   C. 承诺期限届满，受要约人未作出承诺
   D. 受要约人对要约的内容作出实质性变更
   E. 受要约人未按时缴纳相关费用

3. 下列各项中属于要约的是( )。

   A. 招标公告　　　　　　　　　　　　B. 投标文件
   C. 中标通知书　　　　　　　　　　　D. 合同谈判会与纪要

4. ( )合同属于无效合同。

   A. 因重大误解而订立　　　　　　　　B. 损害公共利益
   C. 订立时有失公平　　　　　　　　　D. 以欺诈、胁迫手段订立

5. 根据《合同法》的规定，有( )情形之一的，合同权利不得转让。

   A. 根据合同性质不得转让　　　　　　B. 因为资金筹备不得转让
   C. 按照当事人约定不得转让　　　　　D. 依照法律规定不得转让
   E. 根据施工情况不得转让

6. 按索赔合同依据分为( )。

   A. 合同内索赔　　　　　　　　　　　B. 合同外索赔
   C. 道义索赔(额外支付)　　　　　　　D. 单项索赔
   E. 综合索赔

7. 经常采用的监理合同形式有( )。

   A. 双方协商签订的合同　　　　　　　B. 电子式合同
   C. 信件式合同　　　　　　　　　　　D. 委托通知单
   E. 口头式合同

三、简答题

1. 合同的要素包括哪些?
2. 合同法的基本原则是什么?合同法的调整范围有哪些?
3. 什么是合同订立?什么是合同成立?
4. 简述合同变更的程序和方式。
5. 根据《合同法》的规定，合同权利义务概括转让发生的原因有哪两方面?
6. 合同解除具有哪些特征?
7. 简述勘察设计合同订立的程序。
8. 建设工程施工合同发承包双方的主要义务有哪些?
9. 劳动报酬的支付要遵守国家的哪些规定?

四、案例分析

【案例1】 甲建筑公司(以下简称甲公司)拟向乙建材公司(以下简称乙公司)购买一批钢材。双方经口头协商，约定购买钢材100 t，单价每吨3 500元，并拟订了准备签字盖章的买卖合同文本。乙公司签字盖章后，交给了甲公司准备签字盖章。由于施工进度紧张，在甲公司催促下，乙公司在未收到甲公司签字盖章的合同文本情形下，将100 t钢材送到甲公司工地现场。甲公司接收了并投入工程使用。后因拖欠货款，双方产生了纠纷。

问题 甲、乙公司的买卖合同是否成立？

【案例2】 某公司有3名员工已在该企业工作满10年，需要续签新的劳动合同。但该公司不打算再与其续签劳动合同。该公司人力资源部的经理依据原先的各地关于无固定期限劳动合同的做法与规定，向3位员工下发了到期不再续签劳动合同的书面通知。但3位员工不服，认为在该公司工作了这么多年，公司不应该这样做，于是他们向有关人员进行咨询。

问题

(1)该3位员工坚决要求签订劳动合同，并且要求签订无固定期限劳动合同，依据《劳动合同法》的规定，是否应当签订无固定期限劳动合同？

(2)在公司不同意的情况下，是否可以签订无固定期限劳动合同？

第八章　建设工程质量管理法规

知识目标

1. 了解工程建设标准的概念、分类，熟悉工程建设强制性保证实施的规定。
2. 熟悉建设工程主体的监督管理制度、质量监督制度、质量的检测制度；了解建设工程质量的验评及奖励制度、质量监督报告、质量监督档案和信息管理；掌握质量监督工程师资格管理。
3. 了解竣工验收的条件和类型，熟悉竣工验收备案管理制度，掌握规划、消防、节能、环保等相关部门的验收制度。
4. 属相建设工程保修制度、建设工程损害赔偿。

能力目标

1. 能运用所学的质量管理相关知识进行工程质量管理工作。
2. 能处理质量事故发生后的保修与赔偿事宜。

第一节　工程建设标准

一、工程建设标准的概念

标准是指对重复性事物和概念所做的统一性规定。它以科学技术和实践的综合成果为基础，经有关方面协商一致，由主管机构批准，以特定形式发布，作为共同遵守的准则和依据。

工程建设标准是指对基本建设中各类工程的勘察、规划、设计、施工、安装、验收等需要协调统一的事项所制定的标准。它由政府或立法机关颁布，是对新建建筑物的最低技术要求，也是建设法规体系的组成部分。

标准化是指在经济、技术、科学及管理等社会实践中，对重复性事物和概念通过制定、实施标准,达到统一,以获得最佳秩序和社会效益的过程。工程建设标准化是为在工程建设领域内获得最佳秩序,以实际的或潜在的问题制定共同的和重复使用的规则的活动。标准立法一般是针对标准制定和实施的全过程,因此,我国全国人大常委会于1988年12月29日就颁布了《标准化法》。

工程建设标准与规范、规程等概念有密切的关系。规范是指在工农业生产和工程建设中,对设计、施工、制造、检验等技术事项所做的一系列规定;规程是指对作业、安装、鉴定、安全、管理等技术要求和实施程序所做的统一规定。标准、规范、规程都是标准的一种表现形式,习惯上统称为标准,只有针对具体对象才加以区别。当针对产品、方法、符号、概念等时,一般采用标准;当针对工程勘察、规划、设计、施工等技术事项所做的规定时,通常采用规范;当针对操作、工艺、管理等技术要求时,一般采用规程。

二、工程建设标准的分类

根据《标准文化》的规定,我国标准分为国家标准、行业标准、地方标准和企业标准。国家标准、行业标准又分为强制性标准和推荐性标准。

1. 国家标准

国家标准是指对需要在全国范围内统一的技术要求制定的标准。需要在全国范围内统一的下列技术要求,应制定国家标准(含标准样品的制作):通用的技术术语、符号、代号(含代码)、制图方法、互换配合要求;保障人体健康和人身、财产安全的技术要求;基本原料、材料、燃料的技术要求;通用基础件的技术要求;通用的试验、检验方法;工程建设勘察、规划、设计、施工及验收的重要技术要求;工程建设、交通运输、资源等通用的管理技术要求;国家需要控制的其他重要产品和工程建设的通用技术要求等。

(1)制订国家标准应当遵循下列原则:①必须贯彻执行国家的有关法律、法规和方针、政策,密切结合自然条件,合理利用资源,充分考虑使用和维修的要求,做到安全适用、技术先进、经济合理;②对需要进行科学试验或测试验证的项目,应当纳入各级主管部门的科研计划,认真组织实施,写出成果报告;③纳入国家标准的新技术、新工艺、新设备、新材料,应当经有关主管部门或受委托单位鉴定,且经实践检验行之有效;④积极采用国际标准和国外先进标准,并经认真分析论证或测试验证,符合我国国情;⑤国家标准条文规定应当严谨明确,文句简练,不得模棱两可,其内容深度、术语、符号、计量单位等应当前后一致;⑥必须做好与现行相关标准之间的协调工作。

【提示】 工程建设国家标准的制订程序分为准备、征求意见、送审和报批四个阶段。

(2)工程建设国家标准的审批发布和编号。工程建设国家标准由国务院工程住房城乡建设主管部门审查批准,由国务院标准化行政主管部门统一编号,由国务院标准化行政主管部门和国务院工程住房城乡建设主管部门联合发布。

工程建设国家标准的编号由国家标准代号、发布标准的顺序号和发布标准的年号组成。强制性国家标准的代号为"GB",推荐性国家标准的代号为"GB/T"。例如:《建筑工程施工质量验收统一标准》(GB 50300—2013),其中GB表示为强制性国家标准,50300表示标准发布顺序号,2013表示是2013年批准发布;《工程建设施工企业质量管理规范》(GB/T 50430—2007),其中GB/T表示为推荐性国家标准,50430表示标准发布顺序号,2007表示是2007年批准发布。

(3)国家标准的复审与修订。国家标准实施后,应当根据科学技术的发展和工程建设的需要,由该国家标准的管理部门适时组织有关单位进行复审。复审一般在国家标准实施后5年进行1次。复审可以采取函审或会议审查,一般由参加过该标准编制或审查的单位或个人参加。

国家标准复审后,标准管理单位应当提出其继续有效或者予以修订、废止的意见,经该国家标准的主管部门确认后报国务院工程住房城乡建设主管部门批准。凡属下列情况之一的国家标准,应当进行局部修订:①国家标准的部分规定已制约了科学技术新成果的推广应用;②国家标准的部分规定经修订后可取得明显的经济效益、社会效益、环境效益。

2. 行业标准

行业标准是指对没有国家标准而又需要在全国某个行业范围内统一的技术要求所制定的标准。行业标准不得与国家标准相抵触。有关行业标准之间应保持协调、统一,不得重复。行业标准在相应的国家标准公布后即行废止。需要在行业内统一的下列技术要求,可以制定行业标准:技术术语、符号、代号(含代码)、制图方法等;工程建设勘察、规划、设计、施工及验收的技术要求及方法;交通运输、资源等的技术要求及其管理技术要求等。行业标准也分为强制性标准和推荐性标准。行业标准是由国务院该行业行政主管部门组织制定的,并由该部门统一审批、编号、发布,送国务院标准化行政主管部门备案。

工程建设行业标准也分为强制性标准和推荐性标准。下列标准属于强制性标准:①工程建设勘察、规划、设计、施工(包括安装)及验收等行业专用的综合性标准和重要的行业专用的质量标准;②工程建设行业专用的有关安全、卫生和环境保护的标准;③工程建设重要的行业专用的术语、符号、代号、量与单位和制图方法标准;④工程建设重要的行业专用的试验、检验和评定方法等标准;⑤工程建设重要的行业专用的信息技术标准;⑥行业需要控制的其他工程建设标准。强制性标准以外的标准是推荐性标准。

【注意】 行业标准不得与国家标准相抵触。当行业标准的某些规定与国家标准不一致时,必须有充分的科学依据和理由,并经国家标准的审批部门批准。行业标准在相应的国家标准实施后,应当及时修订或废止。

3. 地方标准

地方标准是指对没有国家标准和行业标准而又需要在该地区范围内统一的技术要求所制定的标准(含标准样品的制作)。地方标准不得违反有关法律、法规和国家、行业的强制性标准。地方标准由省、自治区、直辖市标准化行政主管部门统一编制计划、组织审定、编号和发布。地方标准发布后,应由省、自治区、直辖市标准化行政主管部门向国务院标准化行政主管部门和有关行政主管部门备案。

工程建设地方标准实施后,应根据科学技术的发展、本行政区域工程建设的需要以及工程建设国家标准、行业标准的制定、修订情况,适时进行复审,复审周期一般不超过5年。对复审后需要修订或局部修订的工程建设地方标准,应当及时进行修订或局部修订。

4. 企业标准

企业标准是指对企业范围内需要协调、统一的技术要求、管理事项和工作事项所制定的标准。企业标准是企业组织生产、经营活动的依据。企业标准不得违反有关法律、法规和国家、行业的强制性标准。在同一企业内,企业标准之间应协调一致。企业标准由企业制定,由法人代表或法人代表授权的主管领导批准、发布。企业标准一般应由企业按企业的隶属关系报当地政府标准化行政主管部门备案。

【提示】 国家标准、行业标准和地方标准的强制性标准，企业必须严格执行。

三、工程建设强制性保证实施的规定

(一)工程建设各方主体实施强制性标准的法律责任

1. 建设单位的法律责任

(1)建设单位不得以任何理由，要求建筑设计单位或者建筑施工企业在工程设计或者施工作业中，违反法律、行政法规和建筑工程质量、安全标准，降低工程质量。

(2)建设单位不得明示或者暗示设计单位或者施工单位违反工程建设强制性标准，降低建设工程质量。

2. 勘察设计单位的法律责任

(1)勘察设计单位必须按照工程建设强制性标准进行勘察设计，并对其勘察设计的质量负责。建筑工程设计应当符合按照国家规定制定的建筑安全规程和技术规范，保证工程的安全性能。

(2)勘察设计文件应当符合有关法律、行政法规的规定和建筑工程质量、安全标准、建筑工程勘察设计技术规范以及合同的约定。

(3)设计文件选用的建筑材料、建筑构配件和设备，应当注明其规格、型号、性能等技术指标，其质量要求必须符合国家规定的标准。

(4)对建设单位违反规定提出的降低工程质量的要求，应当予以拒绝。

3. 施工单位的法律责任

(1)施工单位必须按照工程设计图纸和施工技术标准施工，不得擅自修改工程设计，不得偷工减料。

(2)施工单位必须按照工程设计要求、施工技术标准和合同约定，对建筑材料、建筑构配件、设备和商品混凝土进行检验，检验应当有书面记录和专人签字；未经检验或者检验不合格的，不得使用。

(3)对建设单位违反规定提出的降低工程质量的要求，应当予以拒绝。

4. 工程监理单位的法律责任

(1)工程监理单位应当依照法律、行政法规及有关的技术标准、设计文件和工程承包合同，对承包单位在施工质量、建设工期和建设资金使用等方面，代表建设单位实施监督。

(2)工程监理人员认为工程施工不符合工程设计要求、施工技术标准和合同约定的，有权要求建筑施工企业改正。

(3)工程监理人员发现工程设计不符合建筑工程质量标准或者合同约定的质量要求的，直当报告建设单位要求设计单位改正。

(二)工程建设标准强制性条文的实施

在工程建设标准的条文中，使用"必须""严禁""应""不应""不得"等属于强制性标准的用词，而使用"宜""不宜""可"等一般不是强制性标准的规定。但在工作实践中，强制性标准与推荐性标准的划分仍然存在一些困难。

为此，自2000年起，原建设部对工程建设强制性标准进行了改革，严格按照《标准化

法》的规定,把现行工程建设强制性国家标准、行业标准中必须严格执行的直接涉及工程安全、人身健康、环境保护和公众利益的技术规定摘编出来,以工程项目类别为对象,编制完成了《工程建设标准强制性条文》,包括城乡规划、城市建设、房屋建筑、工业建筑、水利工程、电力工程、信息工程、水运工程、公路工程、铁道工程、石油和化工技术工程、矿业工程、人防工程、广播电影电视工程和民航机场工程等15个部分。《工程建设标准强制性条文》是工程建设现行国家和行业标准中直接涉及人民生命财产安全、人身健康、环境保护和其他公众利益,同时考虑了提高经济效益和社会效益等方面的要求。它是参与建设活动各方执行工程建设强制性标准和政府对执行情况实施监督的依据。

2015年1月住房和城乡建设部经修改后发布的《实施工程建设强制性标准监督规定》中规定,在中华人民共和国境内从事新建、扩建、改建等工程建设活动,必须执行工程建设强制性标准。工程建设强制性标准是指直接涉及工程质量、安全、卫生及环境保护等方面的工程建设标准强制性条文。国家工程建设标准强制性条文由国务院住房城乡建设主管部门会同国务院有关主管部门确定。

建设工程勘察、设计文件中规定采用的新技术、新材料,可能影响建设工程质量和安全,又没有国家技术标准的,应当由国家认可的检测机构进行试验、论证,出具检测报告,并经国务院有关主管部门或者省、自治区、直辖市人民政府有关主管部门组织的建设工程技术专家委员会审定后,方可使用。工程建设中采用国际标准或者国外标准,而我国现行强制性标准未作规定的,建设单位应当向国务院住房城乡建设主管部门或者国务院有关主管部门备案。

(三)对工程建设强制性标准的监督检查

1. 监督管理机构

《实施工程建设强制性标准监督规定》中规定了实施工程建设强制性标准的监督机构,包括:①建设项目规划审查机关应当对工程建设规划阶段执行强制性标准的情况实施监督;②施工图设计审查单位应当对工程建设勘察设计阶段执行强制性标准的情况实施监督;③建筑安全监督管理机构应当对工程建设施工阶段执行施工安全强制性标准的情况实施监督;④工程质量监督机构应当对工程建设施工、监理、验收等阶段执行强制性标准的情况实施监督;⑤工程建设标准批准部门应当对工程项目执行强制性标准情况进行监督检查。监督检查可以采取重点检查、抽查和专项检查的方式。

2. 监督检查的方式

工程建设标准批准部门应当定期对建设项目规划审查机关、施工图设计文件审查单位、建筑安全监督管理机构、工程质量监督机构实施强制性标准的监督进行检查,对监督不力的单位和个人,给予通报批评,建议有关部门处理。

工程建设标准批准部门应当对工程项目执行强制性标准情况进行监督检查。监督检查可以采取重点检查、抽查和专项检查的方式。

工程建设标准批准部门应当将强制性标准监督检查结果在一定范围内公告。

3. 监督检查的内容

根据《实施工程建设强制性标准监督规定》,强制性标准监督检查的内容包括:

(1)有关工程技术人员是否熟悉、掌握强制性标准。

(2)工程项目的规划、勘察设计、施工、验收等是否符合强制性标准的规定。

(3)工程项目采用的材料、设备是否符合强制性标准的规定。
(4)工程项目的安全、质量是否符合强制性标准的规定。
(5)工程中采用的导则、指南、手册、计算机软件的内容是否符合强制性标准的规定。

第二节 政府对建设工程质量的监督管理

一、建设工程主体的监督管理制度

建设工程主体是指建设工程的参与者,它包括建设单位、勘察设计单位、监理单位和构配件生产单位及施工单位等单位及其相关人员。政府对建设工程主体的监督管理主要有以下几项:

(1)对建设单位的能力进行审查。
(2)对勘察设计单位,施工、监理、构配件生产、房地产开发单位实行资格等级认证、生产许可证和业务范围的监督管理。
(3)实行执业工程师的注册制。

二、建设工程质量的监督制度

根据原建设部发布的《建设工程质量监督管理规定》,凡新建、扩建、改建的工业、交通和民用、市政公用工程及构配件生产,均应接受建设工程质量监督机构的监督。

(一)建设工程质量监督机构

建设工程质量监督工作的主管部门,在国家为住房和城乡建设部,在地方为各级人民政府的建设主管部门。国务院铁路、交通、水利等有关部门负责有关专业建设工程项目的质量监督管理工作。

市县建设工程质量监督站和国务院工业、交通各部门所设的专业建设工程质量监督站为建设工程质量监督的实施机构。

(二)建设工程质量监督的工作程序

建设单位在开工前一个月,应到监督站办理监督手续,提交勘察设计资料等有关文件。监督站在接到文件资料后两周内,应确定该工程的监督员,并通知建设、勘察设计、施工单位,同时应提出监督计划。

工程开工前,监督员应对受监工程的勘察设计和施工单位的资质等级及营业范围进行核查,凡不符合规定要求的不许开工;监督员还要对施工图中的建筑结构、安全、防火和卫生等方面进行审查,使之符合相应标准的要求。工程施工中,监督员按监督计划对工程质量进行抽查。

建筑构件质量的监督,重点是核查生产单位的生产许可证、检测手段和构件质量。

(三)建设工程质量监督管理机构职责

(1)住房和城乡建设部对质量监督管理工作的主要职责。

1)贯彻国家有关建设工程质量方面的方针、政策和法律、法规,制定建设工程质量监督、检测工作的有关规定和办法;

2)负责全国建设工程质量监督和检测工作的规划及管理;

3)掌握全国建设工程质量动态,组织交流质量监督工作经验;

4)负责协调解决跨地区、跨部门重大工程质量问题的争端。

(2)省、自治区、直辖市建委(建设厅)和国务院工业、交通各部门对质量监督管理工作的主要职责。

1)贯彻国家有关建设工程质量监督方面的方针、政策和法律、法规,制定本地区、本部门建设工程质量监督、检测工作的实施细则;

2)负责本地区、本部门建设工程质量监督和检测工作的规划及管理,审查工程质量监督机构的资质,考核监督人员的业务水平,核发监督员证书;

3)掌握本地区、本部门建设工程质量动态,组织、交流工作经验,组织对监督人员的培训;

4)组织、协调和督促处理本地区、本部门重大工程质量问题的争端。

(3)市、县建委(建设局)应负的工程质量、监督管理职责由省、自治区、直辖市建委(建设厅)规定。省、自治区、直辖市建委(建设厅)和国务院工业、交通各部门根据实际需要,可设置从事管理工作的工程质量监督总站。

三、建设工程质量的检测制度

(一)建设工程质量检测机构的性质与分类

1. 建设工程质量检测机构的性质

建设工程质量检测工作是对工程质量进行监督管理的重要手段之一。建设工程质量检测机构需经省级以上人民政府住房城乡建设主管部门,国务院工业、交通行政主管部门或其授权的机构考核合格后,方可承担建筑工程质量的检测任务。它是对建设工程,建筑构件、制品及建筑材料和设备的质量进行检测的法定单位。

2. 建设工程质量检测机构的分类

建设工程质量检测机构,分为国家、省、市、县四级。

(二)建设工程质量检测机构的权限

国家级检测机构受国务院住房城乡建设主管部门的委托,有权对指定的国家重点工程进行检测复核,并向国务院住房城乡建设主管部门提出检测复核报告和建议。各地检测机构有权对本地区正在施工的建设工程所用的建筑材料、混凝土、砂浆和建筑构件等进行随机抽样检测,并向本地建设工程质量主管部门和质量监督部门提出抽检报告和建议。

受国家建设主管部门和国家标准部门的委托,国家级检测机构有权对建筑构件、制品及有关材料、设备等进行抽样检验。各地检测机构,受同级建设主管部门和标准部门委托,有权对本地区的建筑构件、制品进行抽样检测。对违反技术标准、失去产品质量控制的产品,检测单位有权提出请主管部门作出责令其停止生产,对不合格产品不准出厂,已出厂的不得使用的决定。

(三)检测责任

检测机构应当对其检测数据和检测报告的真实性和准确性负责,并承担相应的检测责任。

检测机构应当将检测过程中发现的建设单位、监理单位、施工单位违反有关法律、法规和建设工程强制性标准的情况，以及涉及结构安全检测结果的不合格情况，及时报告工程所在地建设主管部门或铁路、交通、水利等有关部门。

检测机构应当建立档案管理制度。检测合同、委托单、原始记录、检测报告应当按年度统一编号，编号应当连续，不得随意抽撤、涂改。

【注意】 检测机构应当单独建立检测结构不合格项目台账。

(四)监督检查

县级以上地方人民政府建设主管部门和交通、水利等有关部门应当加强对检测机构的监督检查，主要检查下列内容：

(1)是否符合本办法规定的资质标准。
(2)是否超出资质范围从事质量检测活动。
(3)是否有涂改、倒卖、出租、出借、转让资质证书的行为。
(4)是否按规定在检测报告上签字盖章，检测报告是否真实。
(5)检测机构是否按有关技术标准和规定进行检测。
(6)仪器设备及环境条件是否符合计量认证要求。

(五)投诉与收费

1. 投诉

任何单位和个人都有权对不按照国家有关法律、法规和建设工程标准进行检测的行为，向建设主管部门或铁路、交通、水利等有关部门投诉。检测机构对检测数据有疑义的，建设单位、工程监理单位或者主管部门可另行委托检测机构对检测项目进行比对(验证)试验。检测费用视结果由责任方承担。

2. 收费

检测机构和委托方应当按照有关规定收取、支付检测费用。没有收费标准的项目由双方协商收取费用。

四、建设工程质量的验评及奖励制度

(一)建设工程质量验评制度

建设工程质量应按现行的国家标准、行业标准进行验评。现行的建设工程质量分为优良、合格与不合格三级，先由施工单位自行检验评定等级，再由监督站进行核验。国家还实行工程竣工验收制度。建设工程竣工验收合格后，方可交付使用。

(二)建设工程质量奖励制度

为鼓励建筑企业加强管理，搞好工程质量，争创国际先进水平，促进全行业工程质量的提高，我国还实行优秀工程奖励制度。主要有优秀工程设计奖、优秀工程勘察奖、建设工程鲁班奖等。

(三)企业质量体系和产品质量认证制度

原建设部发布的《建设工程质量管理办法》规定："建筑业也和其他行业一样，按国家规定推行企业质量体系认证制度和产品质量认证制度。有关企业根据自愿原则可以向国务院住房城乡建设主管部门或其授权的认证机构申请企业质量体系认证。对重要的建筑材料和设备,推行产品认证制度。"

(四)建材使用许可制度

为了保证建设工程中使用的建筑材料性能符合规定标准,从而确保建设工程质量,我国规定建材使用许可制度。这一制度包括建材生产许可制度、建材产品质量认证制度、建材产品推荐使用制度及建材进场检验制度等。

1. 建材生产许可证制

国家规定对于一些重要的建筑产品,如钢材、水泥等,实行生产许可证制。生产这些建材产品的生产企业必须具备相应的生产条件、技术装备、技术人员和质量保证体系,经有关部门审核批准取得相应资质等级并获得生产许可证后,才能进行这些建材产品的生产。其生产销售的建材产品或产品包装上,除应标有产品质量检验合格证明外,还应标明生产许可证的编号、批准日期和有效日期。

2. 建材产品质量认证制

国家有关部门规定:"对重要的建筑材料和设备,推行产品质量认证制度。经认证合格的由认证机构颁发质量认证证书,准许企业在产品或包装上使用质量认证标志。同时规定,销售已经过质量认证的建材产品,在产品或包装上除标有产品质量检验合格证明外,还应标明质量认证的编号、批准日期和有效日期。"

3. 建材产品推荐使用制

建设部规定:"对尚未经过产品质量认证的建筑材料,各省、自治区、直辖市住房城乡建设主管部门可以推荐使用。"为此,各省、自治区、直辖市都颁行了一些地方性规章,对建材产品质量认证和推荐作了相应规定。

4. 建筑材料进场检验制

建筑施工企业必须加强对进场的建筑材料、构配件及设备的质量检查、检测。各类建筑材料、构配件等都必须按规定进行检查或复试。质量不合格的建筑材料、构配件及设备,不得使用在工程上,并进一步规定,对进入施工现场的屋面防水材料,不仅要有出厂合格证,还必须要有进场实验报告。未经检验而直接使用了质量不合格要求的建材、设备及构配件的施工企业将承担相应责任。

五、建设工程质量的监督报告

监督机构应在工程竣工验收合格后 7 个工作日内向备案机关提交工程质量监督报告。工程质量监督报告应根据监督抽查情况,客观反映责任主体和有关机构履行质量责任的行为及检查到的工程实体质量的情况。工程质量监督报告应由负责该项目的质量监督人员编写,有关专业监督人员签认,工程质量监督机构负责人审查签字,加盖公章。工程质量监督报告应包括以下内容:

(1)工程概况和监督工作概况。

(2)对责任主体和有关机构质量行为及执行工程建设强制性标准的检查情况。

(3)工程实体质量监督抽查(包括监督检测)情况。

(4)工程质量技术档案和施工管理资料抽查情况。

(5)工程质量问题的整改和质量事故处理情况。
(6)各方质量责任主体及相关有资格的人员的不良记录内容。
(7)工程质量竣工验收监督记录。
(8)对工程竣工验收备案的建议。

建设工程质量
事故报告制度

六、工程质量的监督档案和信息管理

监督机构应建立工程质量监督档案管理制度，推行信息化管理。工程质量监督档案应包括以下主要内容：

(1)监督注册及工程项目监督工作方案。
(2)质量行为的监督记录。
(3)地基与基础、主体结构工程抽查(包括监督检测)记录。
(4)工程质量竣工验收监督记录。
(5)工程质量监督报告。
(6)不良行为记录。
(7)施工中发生质量问题的整改和质量事故处理的有关资料。
(8)工程监督过程中所形成的照片(含底片)、音像资料。
(9)其他有关资料。

工程质量监督档案应及时整理，并符合档案管理的有关规定。其保管期限分为长期和短期两种，长期为15年，短期为5年。工程质量监督档案案卷的装具、装订应做到统一、整齐、牢固，符合相关规范标准的要求，便于保管与查阅。

监督机构应加强工程质量监督的信息化建设，运用工程质量监督信息系统实现监督注册、行为监督、实体质量监督、不良行为记录、竣工验收备案等工作的在线作业。监督机构还应建立工程质量监督信息数据库，将工程建设责任主体和有关机构信息、在建及竣工工程信息、监督检查中发现的工程建设责任主体违规和违反强制性标准信息、工程质量状况统计信息、工程竣工验收备案信息等纳入数据库。监督机构应对所发现的工程建设各方责任主体和有关机构的不良行为进行记录、核实，按规定的程序和权限，通过信息系统向社会公示并向上级有关部门传递。

市(地)级以上工程质量监督机构及有条件的县(市)级监督机构应设置质量信息局域网，其设置应满足上级部门对质量信息管理及数据传递的要求。

七、建设工程质量的监督工程师资格管理

建设工程质量监督工程师(简称质量监督工程师)是指在建设工程质量监督机构中从事建设工程质量监督工作，经考核认定具备质量监督工程师资格的专业技术人员。

为加强对建设工程质量监督工程师的岗位资格管理，保证建设工程质量，原建设部2001年根据《建设工程质量管理条例》，制定了《建设工程质量监督工程师资格管理暂行规定》，对建设工程质量监督工程师的申请条件、资格认定、职责及管理，都作了明确的规定。

(一)申请条件

《建设工程质量监督工程师资格管理暂行规定》对一级质量监督工程师和二级质量监督

工程师的申请条件规定如下：

1. 一级质量监督工程师的申请条件

(1)房屋建筑和市政公用工程专业质量监督工程师应具有土木工程类专业本科以上学历，电力、矿山、冶炼、化工石油和机电安装工程专业质量监督工程师应具有土木工程或其他相关工程类专业本科以上学历。具有本科学历的，须从事建设工程设计、施工、质量管理等工作8年以上(含8年)；具有研究生学历的，须从事建设工程设计、施工、质量管理等工作5年以上(含5年)。

(2)具有高级专业技术职务任职资格，或者获得中级专业技术职务任职资格6年以上(含6年)。

(3)工程质量监督机构专职工作人员。

(4)年龄不超过60周岁。

(5)熟悉国家有关法律、法规和工程建设强制性标准，有一定的组织协调能力。

(6)有良好的职业道德。

2. 二级质量监督工程师的申请条件

(1)房屋建筑和市政公用工程专业质量监督工程师应具有土木工程类专业大专以上学历，电力、矿山、冶炼、化工石油和机电安装工程专业质量监督工程师应具有土木工程或其他相关工程类专业大专以上学历。具有大专学历的，须从事建设工程设计、施工、质量管理等工作5年以上(含5年)；具有本科学历的，须从事建设工程设计、施工、质量管理等工作3年以上(含3年)；具有研究生学历的，须从事建设工程设计、施工、质量管理等工作2年以上(含2年)。

(2)具有中级以上专业技术职务任职资格。

(3)工程质量监督机构专职工作人员。

(4)年龄不超过60周岁。

(5)熟悉国家有关法律、法规和工程建设强制性标准。

(6)有良好的职业道德。

(二)资格认定

国务院住房城乡建设主管部门组织成立全国建设工程质量监督工程师资格考试委员会，统一指导全国房屋建筑、市政公用、电力、矿山、冶炼、化工石油和机电安装工程专业质量监督工程师资格的考试工作。

全国建设工程质量监督工程师资格考试委员会的主要职责：

(1)制定质量监督工程师资格考试大纲。

(2)确定考题及考试合格标准。

(3)组织编写统一的《考试指导用书》。

国务院住房城乡建设主管部门在质量监督工程师资格认定工作中的职责：

(1)受理房屋建筑、市政公用、电力、矿山、冶炼、化工石油和机电安装工程专业一级质量监督工程师资格考试申请，按照《建设工程质量监督工程师资格管理暂行规定》第七条规定的申请条件审查报名者资格。

(2)组织房屋建筑、市政公用、电力、矿山、冶炼、化工石油和机电安装工程专业一级质量监督工程师资格的考试、阅卷和确认考试合格者。

(3)指导并监督房屋建筑、市政公用、电力、矿山、冶炼、化工石油和机电安装工程专业二级质量监督工程师资格考试工作。

省、自治区、直辖市人民政府住房城乡建设主管部门以及国务院住房城乡建设主管部门指定的电力、矿山、冶炼、化工石油和机电安装工程专业二级质量监督工程师资格认定机关在质量监督工程师资格认定工作中的主要职责:

(1)受理房屋建筑、市政公用工程专业和电力、矿山、冶炼、化工石油、机电安装工程专业二级质量监督工程师资格考试申请,按照《建设工程质量监督工程师资格管理暂行规定》第八条规定的申请条件审查报名者资格。

(2)组织房屋建筑、市政公用工程专业和电力、矿山、冶炼、化工石油、机电安装工程专业二级质量监督工程师资格的考试、阅卷和确认考试合格者。

(3)向国务院住房城乡建设主管部门报告房屋建筑、市政公用工程专业和电力、矿山、冶炼、化工石油、机电安装工程专业二级质量监督工程师考试认定情况。符合质量监督工程师申请条件的人员考试合格,由质量监督工程师资格认定机关颁发《建设工程质量监督工程师资格证书》。

质量监督工程师资格认定工作每两年进行一次,《建设工程质量监督工程师资格证书》由国务院住房城乡建设主管部门统一印制。

(三)质量监督工程师的职责

质量监督工程师应严格执行国家的有关法律、法规、部门规章和工程建设强制性标准,秉公办事,维护公众利益,保证工程质量。质量监督工程师的职责如下:

(1)制订建设工程质量监督工作方案和监督计划。

(2)检查工程项目建设各方主体的质量行为。

(3)检查监督工作方案所确定的建设工程的实体质量。

(4)监督工程竣工验收。

(5)签署建设工程质量监督报告。

(6)法规、规章规定的其他工作。

质量监督工程师应在其监督工程项目的质量监督报告上签名,并对其内容的真实性负责。应按规定接受继续教育,不断更新知识,提高工作水平。不得准许他人以本人名义执行业务。对违反建设工程质量管理规定的行为和影响工程质量的问题,有权采取责令改正、局部暂停施工等强制性措施。

(四)质量监督工程师的管理

根据《建设工程质量监督工程师资格管理暂行规定》,资格认定机关每三年对《建设工程质量监督工程师资格证书》持有者复检一次。复检工作按以下程序进行:

(1)被复检人在规定时间内向资格认定机关提交《建设工程质量监督工程师资格复检表》及所属建设工程质量监督机构出具的个人业绩证明和职业道德证明资料。

(2)资格认定机关根据有关规定对被复检人提供的上述有关资料进行复检。复检结论为合格和不合格两种。

1)质量监督工程师能完成工程质量监督任务,未发生责任过失,且按规定接受继续教育的为合格。

2)质量监督工程师有下列情形之一的为不合格:

①所监督的工程发生重大质量事故,且质量监督工程师在事故发生前未就存在的质量隐患提出整改通知的;

②不严格按照有关法律、法规、规章所确定的标准和程序进行监督执法,违背职业道德,并侵害管理相对人合法权益的;

③不按规定接受继续教育的。

复检结论为不合格的,停止一年质量监督工程师资格,一年后重新申请复检。

质量监督工程师有下列行为之一的,由资格认定机关收回资格证书,5年内不予考核认定:

①未直接监督工程而签署质量监督报告的;

②准许他人以本人名义签署质量监督报告的;

③跨专业、越级监督工程的。

质量监督工程师有以上所列三种行为之一,且所监督工程发生重大质量事故的,终身不予考核认定。

质量监督工程师有下列情形之一的,由资格认定机关取消其质量监督工程师资格:

①受到刑事处罚的;

②受到撤职以上行政处分的;

③自行停止监督工作满1年的。

质量监督工程师在建设工程质量监督工作中玩忽职守、滥用职权、徇私舞弊,构成犯罪的,依法追究其刑事责任。另外,调离建设工程质量监督机构的,由所在建设工程质量监督机构负责收回质量监督工程师资格证书,并在其离职后的30日内,交回资格认定机关。

第三节　建设工程行为主体的质量责任和义务

建设工程质量责任制涵盖了对方主体的质量责任制,除施工单位外,还有建设单位,勘察设计单位,工程监理单位的质量责任制。

《建设工程五方责任主体项目负责人质量终身责任追究暂行办法》明确规定,建筑工程五方责任主体性项目负责人是指承担建筑工程项目建设的建设单位项目负责人、勘察单位项目负责人、设计单位负责人、施工单位项目经理、监理单位总监理工程师。

一、建设单位的质量责任和义务

建设单位作为建设工程的投资人,是建设工程的重要责任主体。建设单位有权选择承包单位,有权对建设过程进行检查、控制,对建设工程进行验收,并要按时支付工程款和费用等,在整个建设活动中居于主导地位。因此,要确保建设工程的质量,首先就要对建设单位的行为进行规范,对其质量责任予以明确。

(一)依法发包工程

《建设工程质量管理条例》规定，建设单位应当将工程发包给具有相应资质等级的单位。建设单位不得将建设工程肢解发包。建设单位应当依法对工程建设项目的勘察设计、施工、监理以及与工程建设有关的重要设备、材料等的采购进行招标。

《建筑工程五方责任主体项目负责人质量终身责任追究暂行办法》进一步规定，建设单位项目负责人对工程质量承担全面责任，不得违法发包、肢解发包，不得以任何理由要求勘察设计、施工、监理单位违反法律法规和工程建设标准，降低工程质量，其违法违规或不当行为造成工程质量事故或质量问题应当承担责任。

工程建设活动不同于一般的经济活动，从业单位的素质高低直接影响着建设工程质量。企业资质等级反映了企业从事某项工程建设活动的资格和能力，是国家对建设市场准入管理的重要手段。将工程发包给具有相应资质等级的单位来承担，是保证建设工程质量的基本前提。因此，从事工程建设活动必须符合严格的资质条件。《建设工程勘察设计资质管理规定》《建筑业企业资质管理规定》《工程监理企业资质管理规定》等，均对工程勘察单位、工程设计单位、施工企业和工程监理单位的资质等级、资质标准、业务范围等作出了明确规定。如果建设单位将工程发包给没有资质等级或资质等级不符合条件的单位，不仅扰乱了建设市场秩序，更重要的将会因为承包单位不具备完成建设工程的技术能力、专业人员和资金，造成工程质量低劣，甚至使工程项目半途而废。

建设单位发包工程时，应该根据工程特点，以有利于工程的质量、进度、成本控制为原则，合理划分标段，但不得肢解发包工程。如果将应当由一个承包单位完成的工程肢解成若干部分，分别发包给不同的承包单位，将使整个工程建设在管理和技术上缺乏应有的统筹协调，从而造成施工现场秩序的混乱，责任不清，严重影响建设工程质量，一旦出现问题也很难找到责任方。

(二)依法向有关单位提供原始资料

《建设工程质量管理条例》规定，建设单位必须向有关的勘察设计、施工、工程监理等单位提供与建设工程有关的原始资料。原始资料必须真实、准确、齐全。

原始资料是工程勘察设计、施工、监理等单位赖以进行相关工程建设的基础性材料。建设单位作为建设活动的总负责方，向有关单位提供原始资料，以及施工地段地下管线现状资料，并保证这些资料的真实、准确、齐全，是其基本的责任和义务。

在工程实践中，建设单位根据委托任务必须向勘察单位提供如勘察任务书、项目规划总平面图、地下管线、地形地貌等在内的基础资料；向设计单位提供政府有关部门批准的项目建议书、可行性研究报告等立项文件，设计任务书，有关城市规划、专业规划设计条件，勘察成果及其他基础资料；向施工单位提供概算批准文件，建设项目正式列入国家、部门或地方的年度固定资产投资计划，建设用地的征用资料，施工图纸及技术资料，建设资金和主要建筑材料、设备的来源落实资料，建设项目所在地规划部门批准文件，施工现场完成"三通一平"的平面图等资料；向工程监理单位提供的原始资料，除包括给施工单位的资料外，还要有建设单位与施工单位签订的承包合同文本。

(三)限制不合理的干预行为

《建筑法》规定，建设单位不得以任何理由，要求建筑设计单位或者建筑施工企业在工程设计或者施工作业中,违反法律、行政法规和建筑工程质量、安全标准,降低工程质量。

《建设工程质量管理条例》进一步规定,建设工程发包单位,不得迫使承包方以低于成本的价格竞标,不得任意压缩合理工期。建设单位不得明示或者暗示设计单位或者施工单位违反工程建设强制性标准,降低建设工程质量。

成本是构成价格的主要部分,是承包方估算投标价格的依据和最低的经济底线。如果建设单位一味强调降低成本,迫使承包方互相压价,以低于成本的价格中标,势必会导致中标单位在承包工程后,为了减少开支、降低成本而采取偷工减料、以次充好、粗制滥造等手段,最终导致建设工程出现质量问题,影响投资效益的发挥。

建设单位也不得任意压缩合理工期。因为,合理工期是指在正常建设条件下,采取科学合理的施工工艺和管理方法,以现行的工期定额为基础,结合工程项目建设的实际,经合理测算和平等协商而确定的使参与各方均获满意的经济效益的工期。如果盲目要求赶工期,势必会简化工序,不按规程操作,从而导致建设工程出现质量等诸多问题。

建设单位更不得以任何理由,诸如建设资金不足、工期紧等,违反强制性标准的规定,要求设计单位降低设计标准,或者要求施工单位采用建设单位采购的不合格材料设备等。这种行为是法律决不允许的。因为,强制性标准是保证建设工程结构安全可靠的基础性要求,违反了这类标准,必然会给建设工程带来重大质量隐患。

(四)依法报审施工图设计文件

《建设工程质量管理条例》规定,建设单位应当将施工图设计文件报县级以上人民政府住房城乡建设主管部门或者其他有关部门审查。施工图设计文件未经审查批准的,不得使用。

施工图设计文件是设计文件的重要内容,是编制施工图预算、安排材料、设备订货和非标准设备制作,进行施工、安装和工程验收等工作的依据。施工图设计文件一经完成,建设工程最终所要达到的质量,尤其是地基基础和结构的安全性就有了约束。因此,施工图设计文件的质量直接影响建设工程的质量。

建立和实施施工图设计文件审查制度,是许多发达国家确保建设工程质量的成功做法。我国于1998年开始进行建筑工程项目施工图设计文件审查试点工作,在节约投资、发现设计质量隐患和避免违法违规行为等方面都有明显的成效。通过开展对施工图设计文件的审查,既可以对设计单位的成果进行质量控制,也能纠正参与建设活动各方特别是建设单位的不规范行为。

(五)依法实行工程监理

《建设工程质量管理条例》规定,实行监理的建设工程,建设单位应当委托具有相应资质等级的工程监理单位进行监理,也可以委托具有工程监理相应资质等级并与被监理工程的施工承包单位没有隶属关系或者其他利害关系的该工程的设计单位进行监理。

监理工作要求监理人员具有较高的技术水平和较丰富的工程经验,因此,国家对开展工程监理工作的单位实行资质许可。工程监理单位的资质反映了该单位从事某项监理工作的资格和能力。为了保证监理工作的质量,建设单位必须将需要监理的工程委托给具有相应资质等级的工程监理单位进行监理。

目前,我国的工程监理主要是对工程的施工过程进行监督,而该工程的设计人员对设计意图比较理解，对设计中各专业如结构、设备等在施工中可能发生的问题也比较清楚，因此，由具有监理资质的设计单位对自己设计的工程进行监理，对保证工程质量是十分有利的。但是，设计单位与承包该工程的施工单位不得有行政隶属关系，也不得存在可能直接影响设计单位实施监理公正性的非常明显的经济或其他利益关系。

《建设工程质量管理条例》还规定，下列建设工程必须实行监理：①国家重点建设工程；②大中型公用事业工程；③成片开发建设的住宅小区工程；④利用外国政府或者国际组织贷款、援助资金的工程；⑤国家规定必须实行监理的其他工程。

(六)依法办理工程质量监督手续

《建设工程质量管理条例》规定，建设单位在领取施工许可证或者开工报告前，应当按照国家有关规定办理工程质量监督手续。

办理工程质量监督手续是法定程序，不办理质量监督手续的，不发施工许可证，工程不得开工。因此，建设单位在领取施工许可证或者开工报告之前，应当依法到住房城乡建设主管部门或铁路、交通、水利等有关管理部门，或其委托的工程质量监督机构办理工程质量监督手续，接受政府主管部门的工程质量监督。

建设单位办理工程质量监督手续，应提供以下文件和资料：①工程规划许可证；②设计单位资质等级证书；③监理单位资质等级证书，监理合同及《工程项目监理登记表》；④施工单位资质等级证书及营业执照副本；⑤工程勘察设计文件；⑥中标通知书及施工承包合同等。

(七)依法保证建筑材料等符合要求

《建设工程质量管理条例》规定，按照合同约定，由建设单位采购建筑材料、建筑构配件和设备的，建设单位应当保证建筑材料、建筑构配件和设备符合设计文件和合同要求。建设单位不得明示或者暗示施工单位使用不合格的建筑材料、建筑构配件和设备。

在工程实践中，根据工程项目设计文件和合同要求的质量标准，哪些材料和设备由建设单位采购，哪些材料和设备由施工单位采购，应该在合同中明确约定，并且是谁采购、谁负责。所以，由建设单位采购建筑材料、建筑构配件和设备的，建设单位必须保证建筑材料、建筑构配件和设备符合设计文件和合同要求。对于建设单位负责供应的材料设备，在使用前施工单位应当按照规定对其进行检验和试验，如果不合格，不得在工程上使用，并应通知建设单位予以退换。

有些建设单位为了赶进度或降低采购成本，常常以各种明示或暗示的方式，要求施工单位降低标准而在工程上使用不合格的建筑材料、建筑构配件和设备。此类行为不仅严重违法，而且危害极大。

(八)依法进行装修工程

随意拆改建筑主体结构和承重结构等，会危及建设工程安全和人民生命财产安全。因此，《建设工程质量管理条例》规定，涉及建筑主体和承重结构变动的装修工程，建设单位应当在施工前委托原设计单位或者具有相应资质等级的设计单位提出设计方案；没有设计方案的，不得施工。房屋建筑使用者在装修过程中，不得擅自变动房屋建筑主体和承重结构。

建筑设计方案是根据建筑物的功能要求，具体确定建筑标准、结构形式、建筑物的空间和平面布置以及建筑群体的安排。对于涉及建筑主体和承重结构变动的装修工程，设计单位会根据结构形式和特点，对结构受力进行分析，对构件的尺寸、位置、配筋等重新进行计算和设计。随意拆改建筑主体结构和承重结构等，会危及建设工程安全和人民生命财产安全。因此，建设单位应当委托该建筑工程的原设计单位或者具有相应资质条件的设计单位提出装修工程的设计方案。如果没有设计方案就擅自施工，则将留下质量隐患甚至造成质量事故，后果严重。

【提示】 房屋使用者在装修过程中，也不得擅自变动房屋建筑主体和承重结构，如拆除隔墙、窗洞改门洞等，否则很有可能会酿成房倒屋塌的灾难。

(九) 建设单位质量违法行为应承担的法律责任

《建筑法》规定，建设单位违反本法规定，要求对建筑设计单位或者建筑施工企业违反建筑工程质量、安全标准，降低工程质量的，责令改正，可以处以罚款；构成犯罪的，依法追究刑事责任。

《建设工程质量管理条例》规定，建设单位有下列行为之一的，责令改正，处20万元以上50万元以下的罚款：①迫使承包方以低于成本的价格竞标的；②任意压缩合理工期的；③明示或者暗示设计单位或者施工单位违反工程建设强制性标准，降低工程质量的；④施工图设计文件未经审查或者审查不合格，擅自施工的；⑤建设项目必须实行工程监理而未实行工程监理的；⑥未按照国家规定办理工程质量监督手续的；⑦明示或者暗示施工单位使用不合格的建筑材料、建筑构配件和设备的；⑧未按照国家规定将竣工验收报告、有关认可文件或者准许使用文件报送备案的。

《建筑工程五方责任主体项目负责人质量终身责任追究暂行办法》规定，发生本办法第6条所列情形之一的，对建设单位项目负责人按以下方式进行责任追究：①项目负责人为国家公职人员的，将其违法违规行为告知其上级主管部门及纪检监察部门，并建议对项目负责人给予相应的行政、纪律处分；②构成犯罪的，移送司法机关依法追究刑事责任；③处单位罚款数额5%以上10%以下的罚款；④向社会公布曝光。

二、勘察设计单位的质量责任和义务

《建筑法》规定，建筑工程的勘察设计单位必须对其勘察设计的质量负责。勘察设计文件应当符合有关法律、行政法规的规定和建筑工程质量、安全标准、建筑工程勘察设计技术规范以及合同的约定。

《建设工程质量管理条例》进一步规定，勘察设计单位必须按照工程建设强制性标准进行勘察设计，并对其勘察设计的质量负责。注册建筑师、注册结构工程师等注册执业人员应当在设计文件上签字，对设计文件负责。

谁勘察设计谁负责，谁施工谁负责，这是国际上通行的做法。勘察设计单位和执业注册人员是勘察设计质量的责任主体，也是整个工程质量的责任主体之一。勘察设计质量实行单位与执业注册人员双重责任，即勘察设计单位对其勘察设计的质量负责，注册建筑师、注册结构工程师等专业人士对其签字的设计文件负责。

(一) 依法承揽工程的勘察、设计业务

《建设工程质量管理条例》规定，从事建设工程勘察设计的单位应当依法取得相应等级的资质证书，并在其资质等级许可的范围内承揽工程。禁止勘察设计单位超越其资质等级许可的范围或者以其他勘察设计单位的名义承揽工程。禁止勘察设计单位允许其他单位或者个人以本单位的名义承揽工程。勘察设计单位不得转包或者违法分包所承揽的工程。

勘察设计作为一个特殊行业，与施工单位一样，也有着严格的市场准入条件，有着从业资格制度，同样禁止无资质或者越级承揽工程，禁止以其他勘察设计单位的名义承揽工程或者允许其他单位、个人以本单位的名义承揽工程，禁止转包或者违法分包所承揽的工程。勘察设计单位只有具备了相应的资质条件，才有能力保证勘察、设计质量。如果超越资质等级许可的范围承揽工程，就超越了其勘察设计能力，也就不能保证勘察设计的质量。在实践中，超越资质等级许可范围承接工程的行为，大多是通过借用、有偿使用其他有资质单位的资质证书、图签来进行的，因而被借用者、出卖者也负有不可推卸的责任。此外，与施工一样，勘察设计也不允许转包和违法分包。

(二)勘察设计必须执行强制性标准

《建设工程质量管理条例》规定，勘察设计单位必须按照工程建设强制性标准进行勘察设计，并对其勘察设计的质量负责。

《建筑工程五方责任主体项目负责人质量终身责任追究暂行办法》进一步规定，勘察设计单位项目负责人应当保证勘察设计文件符合法律法规和工程建设强制性标准的要求，对因勘察设计导致的工程质量事故或质量问题承担责任。

强制性标准是工程建设技术和经验的积累，是勘察设计工作的技术依据。只有满足工程建设强制性标准才能保证质量，才能满足工程对安全、卫生、环保等多方面的质量要求，因而勘察设计单位必须严格执行。

(三)勘察单位提供的勘察成果必须真实、准确

《建设工程质量管理条例》规定，勘察单位提供的地质、测量、水文等勘察成果必须真实、准确。

工程勘察工作是建设工作的基础工作，工程勘察成果文件是设计和施工的基础资料和重要依据。其真实准确与否直接影响到设计、施工质量，因而工程勘察成果必须真实准确、安全可靠。

(四)设计依据和设计深度

《建设工程质量管理条例》规定，设计单位应当根据勘察成果文件进行建设工程设计。设计文件应当符合国家规定的设计深度要求，注明工程合理使用年限。

勘察成果文件是设计的基础资料，是设计的依据。因此，先勘察、后设计是工程建设的基本做法，也是基本建设程序的要求。我国对各类设计文件的编制深度都有规定，在实践中应当贯彻执行。工程合理使用年限是指从工程竣工验收合格之日起，工程的地基基础、主体结构能保证在正常情况下安全使用的年限。它与《建筑法》中的"建筑物合理寿命年限"、《合同法》中的"工程合理使用期限"等在概念上是一致的。

(五)依法规范设计对建筑材料等的选用

《建筑法》《建设工程质量管理条例》都规定，设计单位在设计文件中选用的建筑材料、建筑构配件和设备，应当注明规格、型号、性能等技术指标，其质量要求必须符合国家规定的标准。除有特殊要求的建筑材料、专用设备、工艺生产线等外，设计单位不得指定生

产厂、供应商。

为了使建设工程的施工能准确满足设计意图，设计文件中必须注明所选用的建筑材料、建筑构配件和设备的规格、型号、性能等技术指标。这也是设计文件编制深度的要求。但是，在通用产品能保证工程质量的前提下，设计单位不可故意选用特殊要求的产品，也不能滥用权力限制建设单位或施工单位在材料等采购上的自主权。

(六)依法对设计文件进行技术交底

《建设工程质量管理条例》规定，设计单位应当就审查合格的施工图设计文件向施工单位作出详细说明。

设计文件的技术交底，通常的做法是设计文件完成后，通过建设单位发给施工单位，再由设计单位将设计的意图、特殊的工艺要求，以及建筑、结构、设备等各专业在施工中的难点、疑点和容易发生的问题等向施工单位作详细说明，并负责解释施工单位对设计图纸的疑问。

对设计文件进行技术交底是设计单位的重要义务，对确保工程质量有重要的意义。

(七)依法参与建设工程质量事故分析

《建设工程质量管理条例》规定，设计单位应当参与建设工程质量事故分析，并对因设计造成的质量事故，提出相应的技术处理方案。

工程质量的好坏，在一定程度上就是工程建设是否准确贯彻了设计意图。因此，一旦发生了质量事故，该工程的设计单位最有可能在短时间内发现存在的问题，对事故的分析具有权威性。这对及时进行事故处理十分有利。对因设计造成的质量事故，原设计单位必须提出相应的技术处理方案，这是设计单位的法定义务。

(八)勘察、设计单位质量违法行为应承担的法律责任

《建设法》规定，建筑设计单位不按照建筑工程质量、安全标准进行设计的，责令改正，处以罚款；造成工程质量事故的，责令停业整顿，降低资质等级或者吊销资质证书，没收违法所得，并处罚款；造成损失的，承担赔偿责任；构成犯罪的，依法追究刑事责任。

《建设工程质量管理条例》规定，有下列行为之一的，责令改正，处10万元以上30万元以下的罚款：①勘察单位未按照工程建设强制性标准进行勘察的；②设计单位未根据勘察成果文件进行工程设计的；③设计单位指定建筑材料、建筑构配件的生产厂、供应商的；④设计单位未按照工程建设强制性标准进行设计的。有以上所列行为，造成工程质量事故的，责令停业整顿，降低资质等级；情节严重的，吊销资质证书；造成损失的，依法承担赔偿责任。

《建筑工程五方责任主体项目负责人质量终身责任追究暂行办法》规定，发生本办法第6条所列情形之一的，对勘察单位项目负责人、设计单位项目负责人按以下方式进行责任追究：①项目负责人为注册建筑师、勘察设计注册工程师的，责令停止执业1年；造成重大质量事故的，吊销执业资格证书，5年以内不予注册；情节特别恶劣的，终身不予注册。②构成犯罪的，移送司法机关依法追究刑事责任。③处单位罚款数额5%以上10%以下的罚款；④向社会公布曝光。

三、施工单位的质量责任和义务

(一)对施工质量负责和总分包单位的质量责任

1. 施工单位对施工质量责任

《建筑法》规定,建筑施工企业对工程的施工质量负责。《建设工程质量管理条例》进一步规定,施工单位对建设工程的施工质量负责。施工单位应当建立质量责任制,确定工程项目的项目经理、技术负责人和施工管理负责人。

对施工质量负责是施工单位法定的质量责任。由于参与主体多元化,所以,建设工程质量的责任主体也势必多元化。施工单位是建设工程质量的重要责任主体,但不是唯一的责任主体。建设工程各方主体应依法各司其职、各负其责,使建设工程质量责任真正落到实处。施工单位的质量责任制,是其质量保证体系的一个重要组成部分,也是施工质量目标得以实现的重要保证。建立质量责任制,主要包括制定质量目标计划,建立考核标准,并层层分解落实到具体的责任单位和责任人,特别是工程项目的项目经理、技术负责人和施工管理负责人。落实质量责任制,不仅是为了在出现质量问题时可以追究责任,更重要的是通过层层落实质量责任制,做到事事有人管、人人有职责,加强对施工过程的全面质量控制,保证建设工程的施工质量。

《建筑工程五方责任主体项目负责人质量终身责任追究暂行办法》规定,施工单位项目经理应当按照经审查合格的施工图设计文件和施工技术标准进行施工,对因施工导致的工程质量事故或质量问题承担责任。

2. 总分包单位的质量责任

《建筑法》规定,建筑工程实行总承包的,工程质量由工程总承包单位负责,总承包单位将建筑工程分包给其他单位的,应当对分包工程的质量与分包单位承担连带责任。分包单位应当接受总承包单位的质量管理。

《建设工程质量管理条例》进一步规定,建设工程实行总承包的,总承包单位应当对全部建设工程质量负责;建设工程勘察设计、施工、设备采购的一项或者多项实行总承包的,总承包单位应当对其承包的建设工程或者采购的设备的质量负责。总承包单位依法将建设工程分包给其他单位的,分包单位应当按照分包合同的约定对其分包工程的质量向总承包单位负责,总承包单位与分包单位对分包工程的质量承担连带责任。

据此,无论是实行建设工程总承包还是对建设工程勘察设计、施工、设备采购的一项或者多项实行总承包,总承包单位都应当对其所承包的工程或工作承担总体的质量责任。这是因为,在总分包的情况下存在着总包、分包两个合同,所以,就有两种合同法律关系:①总承包单位要按照总包合同向建设单位负总体质量责任,这种责任的承担不分是总承包单位造成的还是分包单位造成的;②在总承包单位承担责任后,可以依据分包合同的约定,追究分包单位的质量责任包括追偿经济损失。

同时,分包单位应当接受总承包单位的质量管理。总承包单位与分包单位对分包工程的质量还要依法承担连带责任。当分包工程发生质量问题时,建设单位或其他受害人既可以向分包单位请求赔偿,也可以向总承包单位请求赔偿;进行赔偿的一方,有权依据分包合同的约定,对不属于自己责任的那部分赔偿向对方追偿。

(二)按照工程设计图纸和施工技术标准施工的规定

《建筑法》规定，建筑施工企业必须按照工程设计图纸和施工技术标准施工，不得偷工减料。工程设计的修改由原设计单位负责，建筑施工企业不得擅自修改工程设计。《建设工程质量管理条例》进一步规定，施工单位必须按照工程设计图纸和施工技术标准施工，不得擅自修改工程设计，不得偷工减料。施工单位在施工过程中发现设计文件和图纸有差错的，应当及时提出意见和建议。

2012年7月公安部经修改后发布的《建设工程消防监督管理规定》要求，施工单位必须按照国家工程建设消防技术标准和经消防设计审核合格或者备案的消防设计文件组织施工，不得擅自改变消防设计进行施工，降低消防施工质量。

1. 按图施工，遵守标准

按工程设计图纸施工，是保证工程实现设计意图的前提，也是明确划分设计、施工单位质量责任的前提。如果施工单位不按图纸施工或不经原设计单位同意就擅自修改工程设计，其直接后果往往是违反了原设计的意图，严重的将给工程结构安全留下隐患；间接后果是在原设计有缺陷或出现工程质量事故的情况下，由于施工单位擅自修改了设计，将会混淆设计、施工单位各自的质量责任。所以，按图施工、不擅自修改设计，是施工单位保证工程质量的最基本要求。

施工技术标准是工程建设过程中规范施工行为的技术依据。如前所述，工程建设国家标准、行业标准均分为强制性标准和推荐性标准。施工单位只有按照施工技术标准，特别是强制性标准的要求施工，才能保证工程的施工质量。偷工减料属于一种非法牟利的行为。如果在工程的一般部位，施工工序不严格按照标准要求，减少工料投入，简化操作程序，将会产生一般性的质量通病，影响工程外观质量或一般使用功能；但在关键部位，如结构中使用劣质钢筋、水泥等，将给工程留下严重的结构隐患。

从法律的角度来看，工程设计图纸和施工技术标准都属于合同文件的组成部分，如果施工单位不按照工程设计图纸和施工技术标准施工，则属于违约行为，应该对建设单位承担违约责任。

2. 防止设计文件和图纸出现差错

工程项目的设计涉及多个专业，设计文件和图纸也有可能会出现差错。这些差错通常会在图纸会审或施工过程中被逐渐发现。施工人员特别是施工管理负责人、技术负责人以及项目经理等，均为有丰富实践经验的专业人员，对设计文件和图纸中存在的差错是有能力发现的。如果施工单位在施工过程中发现设计文件和图纸中确实存在差错，是有义务及时间设计单位或建设单位提出来，以免造成不必要的损失和质量问题。这是施工单位应具备的职业道德，也是履行合同应尽的基本义务。

(三)对建筑材料、设备等进行检验检测的规定

施工单位必须按照工程设计要求、施工技术标准和合同约定，对建筑材料、建筑构配件、设备和商品混凝土进行检验，检验应当有书面记录和专人签字；未经检验或者检验不合格的，不得使用。

1. 建筑材料、建筑构配件、设备和商品混凝土的检验制度

施工单位对进入施工现场的建筑材料、建筑构配件、设备和商品混凝土实行检验制度，

是施工单位质量保证体系的重要组成部分，也是保证施工质量的重要前提。施工单位应当严把两道关：一是谨慎选择生产供应厂商；二是实行进场二次检验。

施工单位的检验要依据工程设计要求、施工技术标准和合同约定。检验对象是将在工程施工中使用的建筑材料、建筑构配件、设备和商品混凝土。合同若有其他约定的，检验工作还应满足合同相应条款的要求。检验结果要按规定的格式形成书面记录，并由相关的专业人员签字。对于未经检验或检验不合格的，不得在施工中用于工程上。

2. 施工检测的见证取样和送检制度

《建设工程质量管理条例》规定，施工人员对涉及结构安全的试块、试件以及有关材料，应当在建设单位或者工程监理单位监督下现场取样，并送至具有相应资质等级的质量检测单位进行检测。

见证取样和送检是指在建设单位或工程监理单位人员的见证下，由施工单位的现场试验人员对工程中涉及结构安全的试块、试件和材料在现场取样，并送至具有法定资格的质量检测单位进行检测的活动。

涉及结构安全的试块、试件和材料见证取样和送检的比例不得低于有关技术标准中规定应取样数量的30%。下列试块、试件和材料必须实施见证取样和送检：①用于承重结构的混凝土试块；②用于承重墙体的砌筑砂浆试块；③用于承重结构的钢筋及连接接头试件；④用于承重墙的砖和混凝土小型砌块；⑤用于拌制混凝土和砌筑砂浆的水泥；⑥用于承重结构的混凝土中使用的掺加剂；⑦地下、屋面、厕浴间使用的防水材料；⑧国家规定必须实行见证取样和送检的其他试块、试件和材料。

见证人员应由建设单位或该工程的监理单位中具备施工试验知识的专业技术人员担任，并由建设单位或该工程的监理单位书面通知施工单位、检测单位和负责该项工程的质量监督机构。

在施工过程中，见证人员应按照见证取样和送检计划，对施工现场的取样和送检进行见证。取样人员应在试样或其包装上作出标识、封志。标识和封志应标明工程名称、取样部位、取样日期、样品名称和样品数量，并由见证人员和取样人员签字。见证人员和取样人员应对试样的代表性和真实性负责。

(四)施工质量检验和返修的规定

1. 施工质量检验制度

《建设工程质量管理条例》规定，施工单位必须建立、健全施工质量的检验制度，严格工序管理，作好隐蔽工程的质量检查和记录。隐蔽工程在隐蔽前，施工单位应当通知建设单位和建设工程质量监督机构。

施工质量检验是指工程施工过程中工序质量检验（或称为过程检验），其包括预检、自检、交接检、专职检、分部工程中间检验以及隐蔽工程检验等。

(1)严格工序质量检验和管理。施工工序也可以称为过程。各个工序或过程之间横向和纵向的联系形成了工序网络或过程网络。网络上的关键工序或过程都有可能对工程最终的施工质量产生决定性的影响。如焊接节点的破坏，就可能引起桁架破坏，从而导致屋面坍塌。所以，施工单位要加强对施工工序或过程的质量控制，特别是要加强影响结构安全的地基和结构等关键施工过程的质量控制。

完善的检验制度和严格的工序管理是保证工序或过程质量的前提。只有工序或过程网络上的所有工序或过程的质量都受到严格控制,整个工程的质量才能得到保证。

(2)强化隐蔽工程质量检查。隐蔽工程,是指在施工过程中某一道工序所完成的工程实物,被后一工序形成的工程实物所隐蔽,而且不可以逆向作业的那部分工程。例如,钢筋混凝土工程施工中,钢筋为混凝土所覆盖,前者即为隐蔽工程。

由于隐蔽工程被后续工序隐蔽后,其施工质量就很难检验及认定。如果不去认真做好隐蔽工程的质量检查工作,便容易给工程留下隐患。所以,隐蔽工程在隐蔽前,施工单位除了要做好检查、检验并做好记录外,还应当及时通知建设单位(实施监理的工程为监理单位)和建设工程质量监督机构,以接受政府监督和向建设单位提供质量保证。

2. 建设工程的返修

返修是施工单位的法定义务,其包括施工过程中出现质量问题的建设工程和竣工验收不合格的建设工程两种情形。所谓返工,是指工程不符合规定质量标准,而又无法修理的情况下重新进行施工;修理则是指工程质量不符合标准,而又有可修复的情况下,对工程进行修补,使其达到质量标准的要求。不论是施工过程中出现质量问题的建设工程,还是竣工验收时发现质量问题的工程,施工单位都要负责返修。

【提示】 对于非施工单位原因造成的质量问题,施工单位也应当负责返修,但因此造成的损失及返修费用由责任方负责。

四、工程监理单位相关的质量责任和义务

工程监理单位接受建设单位的委托,代表建设单位,对建设工程进行管理。因此,工程监理单位也是建设工程质量的责任主体之一。

(一)依法承担工程监理业务

《建筑法》规定,工程监理单位应当在其资质等级许可的监理范围内,承担工程监理业务。工程监理单位不得转让工程监理业务。

《建设工程质量管理条例》进一步规定,工程监理单位应当依法取得相应等级的资质证书,并在其资质等级许可的范围内承担工程监理业务。禁止工程监理单位超越本单位资质等级许可的范围或者以其他工程监理单位的名义承担工程监理业务。禁止工程监理单位允许其他单位或者个人以本单位的名义承担工程监理业务。工程监理单位不得转让工程监理业务。

监理单位按照资质等级承担工程监理业务,是保证监理工作质量的前提。越级监理、允许其他单位或者个人以本单位的名义承担监理业务等,将使工程监理变得有名无实,最终会对工程质量造成危害。监理单位转让工程监理业务,与施工单位转包工程有着同样的危害性。

(二)对有隶属关系或其他利害关系的回避

《建筑法》《建设工程质量管理条例》都规定,工程监理单位与被监理工程的施工承包单位以及建筑材料、建筑构配件和设备供应单位有隶属关系或者其他利害关系的,不得承担该项建设工程的监理业务。

由于工程监理单位与被监理工程的承包单位以及建筑材料、建筑构配件和设备供应单位之间,是一种监督与被监督的关系,为了保证客观、公正执行监理任务,工程监理单位

与上述单位不能有隶属关系或者其他利害关系。如果有这种关系，工程监理单位在接受监理委托前，应当自行回避；对于没有回避而被发现的，建设单位可以依法解除委托关系。

(三)监理工作的依据和监理责任

《建设工程质量管理条例》规定，工程监理单位应当依照法律、法规以及有关技术标准、设计文件和建设工程承包合同，代表建设单位对施工质量实施监理，并对施工质量承担监理责任。

《建筑工程五方责任主体项目负责人质量终身责任追究暂行办法》进一步规定，监理单位总监理工程师应当按照法律法规、有关技术标准、设计文件和工程承包合同进行监理，对施工质量承担监理责任。

工程监理的依据是：①有关法律法规，如《建筑法》《合同法》《建设工程质量管理条例》等；②有关技术标准，如《工程建设标准强制性条文》以及建设工程承包合同中确认采用的推荐性标准等；③设计文件，施工图设计等设计文件既是施工的依据，也是监理单位对施工活动进行监督管理的依据；④建设工程承包合同，监理单位据此监督施工单位是否全面履行合同约定的义务。

监理单位对施工质量承担监理责任，包括违约责任和违法责任两个方面：①违约责任。如果监理单位不按照监理合同约定履行监理义务，给建设单位或其他单位造成损失的，应当承担相应的赔偿责任。②违法责任。如果监理单位违法监理，或者降低工程质量标准，造成质量事故的，要承担相应的法律责任。

(四)工程监理的职责和权限

《建设工程质量管理条例》规定，工程监理单位应当选派具备相应资格的总监理工程师和监理工程师进驻施工现场。未经监理工程师签字，建筑材料、建筑构配件和设备不得在工程上使用或者安装，施工单位不得进行下一道工序的施工。未经总监理工程师签字，建设单位不拨付工程款，不得进行竣工验收。

监理单位应根据所承担的监理任务，组建驻工地监理机构。监理机构一般由总监理工程师、监理工程师和其他监理人员组成。监理工程师拥有对建筑材料、建筑构配件和设备以及每道施工工序的检查权，对检查不合格的，有权决定是否允许在工程上使用或进行下一道工序的施工。工程监理实行总监理工程师负责制。总监理工程师依法和在授权范围内可以发布有关指令，全面负责受委托的监理工程。

(五)工程监理的形式

《建设工程质量管理条例》规定，监理工程师应当按照工程监理规范的要求，采取旁站、巡视和平行检验等形式，对建设工程实施监理。

所谓旁站，是指对工程中有关地基和结构安全的关键工序和关键施工过程，进行连续不断地监督检查或检验的监理活动，有时甚至要连续跟班监理。所谓巡视，主要是强调除了关键点的质量控制外，监理工程师还应对施工现场进行面上的巡查监理。所谓平行检验，主要是强调监理单位对施工单位已经检验的工程应及时进行检验。对于关键性、较大体量的工程实物，采取分段后平行检验的方式，有利于及时发现质量问题，及时采取措施予以纠正。

(六)工程监理单位质量违法行为应承担的法律责任

《建筑法》规定,工程监理单位与建设单位或者建筑施工企业串通,弄虚作假、降低工程质量的,责令改正,处以罚款,降低资质等级或者吊销资质证书;有违法所得的,予以没收;造成损失的,承担连带赔偿责任;构成犯罪的,依法追究刑事责任。

《建设工程质量管理条例》规定,工程监理单位有下列行为之一的,责令改正,处50万元以上100万元以下的罚款,降低资质等级或者吊销资质证书;有违法所得的,予以没收;造成损失的,承担连带赔偿责任:①与建设单位或者施工单位串通、弄虚作假、降低工程质量的;②将不合格的建设工程、建筑材料、建筑构配件和设备按照合格签字的。

《建筑工程五方责任主体项目负责人质量终身责任追究暂行办法》规定,发生本办法第6条所列情形之一的,对监理单位总监理工程师按以下方式进行责任追究:①责令停止注册监理工程师执业1年;造成重大质量事故的,吊销执业资格证书,5年以内不予注册;情节特别恶劣的,终身不予注册。②构成犯罪的,移送司法机关依法追究刑事责任。③处单位罚款数额5%以上10%以下的罚款。④向社会公布曝光。

第四节 建设工程竣工验收制度

竣工验收是全面考核基本建设成果、检验设计和工程质量的重要步骤,也是基本建设转入生产或使用的标志。通过竣工验收,一则可检验设计和工程质量,保证项目按设计要求的技术经济指标正常生产;二则可使有关部门和单位总结经验教训;三则有利于建设单位对经验收合格的项目可以及时移交固定资产,使其由基础系统转入生产系统或投入使用。

一、竣工验收的条件和类型

(一)竣工验收的条件

根据《建设工程质量管理条例》的规定,建筑工程竣工验收,应当符合下列条件:

(1)完成建设工程设计和合同约定的各项内容。建设工程设计和合同约定的内容,主要是指设计文件所确定的、在承包合同"承包人承揽工程项目一览表"中载明的工作范围,也包括监理工程师签发的变更通知单中所确定的工作内容。承包单位必须按合同约定,按质、按量、按时完成上述工作内容,使工程具备正常的使用功能。

(2)有完整的技术档案和施工管理资料。工程技术档案和施工管理资料主要包括:①工程项目竣工报告;②分项、分部工程和单位工程技术人员名单;③图纸会审和设计交底记录;④设计变更通知单,技术变更核实单;⑤工程质量事故发生后的调查和处理资料;⑥隐蔽验收记录及施工日志;⑦竣工图;⑧质量检验评定资料;⑨合同约定的其他资料。

(3)有材料、设备、构配件的质量合格证明资料和试验、检验报告。建设工程使用的主要建筑材料、建筑构配件和设备的进场,要有质量合格证明资料,还应当有试验、检验报告。试验、检验报告中应当注明其规格、型号、用于工程的哪些部位、批量批次、性能等技术指标,其质量要求必须符合国家规定的标准。

(4)有勘察设计、施工、工程监理等单位分别签署的质量合格文件。勘察设计、施工、工程监理等有关单位依据工程设计文件及承包合同所要求的质量标准,对竣工工程进行检查和评定,符合规定的,签署合格文件。

(5)有施工单位签署的工程质量保修书。工程质量保修是指建设工程在办理交工验收手续后,在规定的保修期限内,因勘察设计、施工、材料等原因造成的质量缺陷,由施工单位负责维修,由责任方承担维修费用并赔偿损失。施工单位与建设单位应在竣工验收前签署工程质量保修书,保修书作为施工合同附件。为了促进承包方加强质量管理,保护用户及消费者的合法权益,更应该健全完善工程保修制度。

(二)竣工验收的类型

在工程实践过程中,竣工验收有单项工程验收和全部验收两种类型。

1. 单项工程验收

单项工程验收是指在一个总体建设项目中,一个单项工程或一个车间已按设计要求建设完成,能满足生产要求或具备使用条件,且施工单位已预验,监理工程师已初验通过,在此条件下进行的正式验收。由几个施工单位负责施工的单项工程,当其中一个单位所负责的部分已按设计完成,也可组织正式验收,办理交工手续,交工时应请施工总承包单位参加。

对于建成的住宅可分幢进行正式验收,以便及早交付使用,提高投资效益。

2. 全部验收

全部验收是指整个建设项目已按设计要求全部建设完成,并已符合竣工验收标准,施工单位预验通过,监理工程师初验认可,由监理工程师组织以建设单位为主,有设计、施工等单位参加的正式验收。在整个项目进行全部验收时,对已验收过的单项工程,可以不再进行正式验收和办理验收手续,但应将单项工程验收单作为全部工程验收的附件加以说明。

《建筑法》规定:"建筑工程竣工经验收合格后,方可交付使用;未经验收或者验收不合格的,不得交付使用。"因此,无论是单项工程提前交付使用,还是全部工程整体交付使用,都必须经过竣工验收,而且必须验收合格,否则不能交付使用。

二、竣工验收的相关内容

(一)竣工验收的组织

由建设单位负责组织实施建设工程竣工验收工作,质量监督机构对工程竣工验收实施监督。

(二)验收人员

由建设单位负责组织竣工验收小组,验收组组长由建设单位法人代表或其委托的负责人担任。验收组副组长应至少由一名工程技术人员担任。验收组成员由建设单位的上级主管部门、建设单位项目负责人、建设单位项目现场管理人员及勘察设计、施工、监理单位与项目无直接关系的技术负责人或质量负责人组成,建设单位也可邀请有关专家参加验收小组。验收小组成员中土建及水电安装专业人员应配备齐全。

(三)竣工验收标准

竣工验收标准为强制性标准,包括现行质量检验评定标准、施工验收规范、经审查通过的设计文件及有关法律、法规、规章和规范性文件规定。

(四)竣工验收程序及内容

(1)由竣工验收小组组长主持竣工验收。

(2)建设、施工、监理、设计勘察单位分别以书面形式汇报工程项目建设质量状况、合同履约及执行国家法律、法规和工程建设强制性标准情况。

(3)验收组对以下三方面分别进行检查验收。

1)检查工程实体质量。

2)检查工程建设参与各方提供的竣工资料。

3)对建筑工程的使用功能进行抽查、试验。例如,厕所、阳台泼水试验、浴缸、水盆、水池盛水试验,通水、通电试验,排污主管通球试验及绝缘电阻、接地电阻、漏电跳闸测试等。

(4)对竣工验收情况进行汇总讨论,并听取质量监督机构对该工程的质量监督意见。

(5)形成竣工验收意见,填写《建设工程竣工验收备案表》和《建设工程竣工验收报告》,验收小组人员分别签字,建设单位盖章。

(6)当在验收过程中发现严重问题,达不到竣工验收标准时,验收小组应责成责任单位立即整改,并宣布本次验收无效,重新确定时间组织竣工验收。

(7)当在竣工验收过程中发现一般需整改的质量问题,验收小组可形成初步验收意见,填写有关表格,有关人员签字,但建设单位不加盖公章。验收小组责成有关责任单位整改,可委托建设单位项目负责人组织复查,整改完毕符合要求后,加盖建设单位公章。

(8)当竣工验收小组各方不能形成一致竣工验收意见时,应当协商提出解决办法,待意见一致后,重新组织工程竣工验收。当协商不成时,应报住房城乡建设主管部门或质量监督机构进行协调裁决。

(五)竣工验收备案

建设工程竣工验收完毕以后,由建设单位负责,在15日内向备案部门办理竣工验收备案。

三、规划、消防、节能、环保等相关部门的验收制度

《建设工程质量管理条例》规定,建设单位应当自建设工程竣工验收合格之日起15日内,将建设工程竣工验收报告和规划、公安消防、环保等部门出具的认可文件或者准许使用文件报住房城乡建设主管部门或者其他有关部门备案。

1. 建设工程竣工规划验收

《城乡规划法》规定,县级以上地方人民政府城乡规划主管部门按照国务院规定对建设工程是否符合规划条件予以核实。未经核实或者经核实不符合规划条件的,建设单位不得组织竣工验收。建设单位应当在竣工验收后6个月内向城乡规划主管部门报送有关竣工验收资料。建设工程竣工后,建设单位应当依法向城乡规划行政主管部门提出竣工规划验收申请,由城乡规划行政主管部门按照选址意见书、建设用地规划许可证、建设工程规划许

可证、乡村建设规划许可证及其有关规划的要求，对建设工程进行规划验收，包括对建设用地范围内的各项工程建设情况、建筑物的使用性质、位置、间距、层数、标高、平面、立面、外墙装饰材料和色彩、各类配套服务设施、临时施工用房、施工场地等进行全面核查，并作出验收记录。对于验收合格的，由城乡规划行政主管部门出具规划认可文件或核发建设工程竣工规划验收合格证。

《城乡规划法》规定，建设单位未在建设工程竣工验收后6个月内向城乡规划主管部门报送有关竣工验收资料的，由所在地城市、县人民政府城乡规划主管部门责令限期补报；逾期不补报的，处1万元以上5万元以下的罚款。

2. 建设工程竣工消防验收

根据《中华人民共和国消防法》的规定，按照国家工程建设消防技术标准需要进行消防设计的建设工程竣工，依照下列规定进行消防验收、备案：①国务院公安部门规定的大型的人员密集场所和其他特殊建设工程，建设单位应当向公安机关消防机构申请消防验收；②其他建设工程，建设单位在验收后应当报公安机关消防机构备案，公安机关消防机构应当进行抽查。依法应当进行消防验收的建设工程，未经消防验收或者消防验收不合格的，禁止投入使用；其他建设工程经依法抽查不合格的，应当停止使用。

《建设工程消防监督管理规定》进一步规定，建设的单位申请消防验收应当提供下列8个方面的材料：①建设工程消防验收申报表；②工程竣工验收报告和有关消防设施的工程竣工图纸；③消防产品质量合格证明文件；④具有防火性能要求的建筑构件、建筑材料、装修材料符合国家标准或者行业标准的证明文件、出厂合格证；⑤消防设施监测合格证明文件；⑥施工、工程监理、监测单位的合法身份证明和资质等级证明文件；⑦建设单位的工商营业执照等合法身份证明文件；⑧法律、行政法规规定的其他资料。

施工单位应当承担下列消防施工的质量和安全责任：①按照国家工程建设消防技术标准和经消防设计审核合格或者备案的消防设计文件组织施工，不得擅自改变消防设计进行施工，降低消防施工质量；②查验消防产品和具有防火性能要求的建筑构件、建筑材料及装修材料的质量，使用合格产品，保证消防施工质量；③建立施工现场消防安全责任制度，确定消防安全负责人。加强对施工人员的消防教育培训，落实动火、用电、易燃可燃材料等消防管理制度和操作规程。保证在建工程竣工验收前消防通道、消防水源、消防设施和器材、消防安全标志等完好有效。

对于依法应当进行消防验收的建设工程，未经消防验收或者消防验收不合格，擅自投入使用的，《消防法》规定，由公安机关消防机构责令停止施工、停止使用或者停产停业，并处3万元以上30万元以下罚款。

3. 建设工程竣工环保验收

（1）建设工程竣工环保验收法律制度。国务院颁布的《建设项目环境保护管理条例》中规定，建设项目竣工后，建设单位应当向审批该建设项目环境影响报告书、环境影响报告表或者环境影响登记表的环境保护行政主管部门，申请该建设项目需要配套建设的环境保护设施竣工验收。

环境保护设施竣工验收，应当与主体工程竣工验收同时进行。需要进行试生产的建设项目，建设单位应当自建设项目投入试生产之日起3个月内，向审批该建设项目环境影响报告书、环境影响报告表或者环境影响登记表的环境保护行政主管部门，申请该建设项目需要配套建设的环境保护设施竣工验收。分期建设、分期投入生产或者使用的建设项目，其相应的环境保护设施应当分期验收。

环境保护行政主管部门应当自收到环境保护设施竣工验收申请之日起30日内，完成验收。建设项目需要配套建设的环境保护设施经验收合格，该建设项目方可正式投入生产或者使用。

(2)建设工程竣工环保验收违法行为应承担的法律责任。

1)建设项目投入试生产超过3个月，建设单位未申请环境保护设施竣工验收的，由审批该建设项目环境影响报告书、环境影响报告表或者环境影响登记表的环境保护行政主管部门责令限期办理环境保护设施竣工验收手续；逾期未办理的，责令停止试生产，可以处5万元以下的罚款。

2)建设项目需要配套建设的环境保护设施未建成、未经验收或者经验收不合格，主体工程正式投入生产或者使用的，由审批该建设项目环境影响报告书、环境影响报告表或者环境影响登记表的环境保护行政主管部门责令停止生产或者使用，可以处10万元以下的罚款。

4. 建筑工程节能验收

《中华人民共和国节约能源法》规定，不符合建筑节能标准的建筑工程，建设主管部门不得批准开工建设；已经开工建设的，应当责令停止施工、限期改正；已经建成的，不得销售或者使用。

国务院颁布的《民用建筑节能条例》中进一步规定，建设单位组织竣工验收，应当对民用建筑是否符合民用建筑节能强制性标准进行查验；对不符合民用建筑节能强制性标准的，不得出具竣工验收合格报告。

建筑节能工程为单位建筑工程的一个分部工程，并按规定划分为分项工程和检验批。建筑节能分部工程的质量验收，应在检验批、分项工程全部验收合格的基础上，进行建筑围护结构的外墙节能构造实体检验，严寒、寒冷和夏热冬冷地区的外窗气密性现场检测，以及系统节能性能检测和系统联合试运转与调试，确认建筑节能工程质量达到验收的条件后方可进行。

(1)建筑节能分部工程验收的组织。建筑节能工程验收的程序和组织应遵守《建筑工程施工质量验收统一标准》(GB 50300—2013)的要求，并符合下列规定：

1)节能工程的检验批验收和隐蔽工程验收应由监理工程师主持，施工单位相关专业的质量检查员与施工员参加；

2)节能分项工程验收应由监理工程师主持，施工单位项目技术负责人和相关专业的质量检查员、施工员参加，必要时可邀请设计单位相关专业的人员参加；

3)节能分部工程验收应由总监理工程师(建设单位项目负责人)主持，施工单位项目经理、项目技术负责人和相关专业的质量检查员、施工员参加，施工单位的质量或技术负责人应参加，设计单位节能设计人员应参加。

(2)建筑节能工程专项验收应注意事项。

1)建筑节能工程验收重点是检查建筑节能工程效果是否满足设计及规范要求，监理和施工单位应加强和重视节能验收工作，对验收中发现的工程实物质量问题及时解决。

2)工程项目存在以下问题之一的，监理单位不得组织节能工程验收：①未完成建筑节能工程设计内容的;②隐蔽验收记录等技术档案和施工管理资料不完整的;③工程使用的主要建筑材料、建筑构配件和设备未提供进场检验报告的,未提供相关的节能性检测报告的;④工程存在违反强制性条文的质量问题而未整改完毕的;⑤对监督机构发出的责令整改内容未整改完毕的;⑥存在其他违反法律、法规行为而未处理完毕的。

3)工程项目验收存在以下问题之一的,应重新组织建筑节能工程验收:①验收组织机构不符合法规及规范要求的;②参加验收人员不具备相应资格的;③参加验收各方主体验收意见不一致的;④验收程序和执行标准不符合要求的;⑤各方提出的问题未整改完毕的。

4)单位工程在办理竣工备案时应提交建筑节能相关资料,不符合要求的不予备案。

5)建筑工程节能验收违法行为应承担的法律责任。《民用建筑节能条例》中规定,建设单位对不符合民用建筑节能强制性标准的民用建筑项目出具竣工验收合格报告的,由县级以上地方人民政府建设主管部门责令改正,处民用建筑项目合同价款2%以上4%以下的罚款;造成损失的,依法承担赔偿责任。

四、竣工结算、质量争议的规定

竣工验收是工程建设活动的最后阶段。在此阶段,建设单位与施工单位容易就合同价款结算、质量缺陷等引起纠纷,导致建设工程不能及时办理竣工验收或完成竣工验收。

(一)工程竣工结算

《合同法》规定,建设工程竣工后,发包人应当根据施工图纸及说明书、国家颁发的施工验收规范和质量检验标准及时进行验收。验收合格的,发包人应当按照约定支付价款,并接收该建设工程。《建筑法》也规定,发包单位应当按照合同的约定,及时拨付工程款项。

1. 工程竣工结算方式

《建设工程价款结算暂行办法》规定,工程完工后,双方应按照约定的合同价款及合同价款调整内容以及索赔事项,进行工程竣工结算。工程竣工结算分为单位工程竣工结算、单项工程竣工结算和建设项目竣工总结算。

2. 竣工结算文件的提交、编制与审查

(1)竣工结算文件的提交。《建筑工程施工发包与承包计价管理办法》规定,工程完工后,承包方应当在约定期限内提交竣工结算文件。

《建设工程价款结算暂行办法》规定,承包人应在合同约定期限内完成项目竣工结算编制工作,未在规定期限内完成并且提不出正当理由延期的,责任自负。

(2)竣工结算文件的编审。单位工程竣工结算由承包人编制,发包人审查;实行总承包的工程,由具体承包人编制,在总包人审查的基础上,发包人审查。

单项工程竣工结算或建设项目竣工总结算由总(承)包人编制,发包人可直接进行审查,也可以委托具有相应资质的工程造价咨询机构进行审查。政府投资项目,由同级财政部门审查。单项工程竣工结算或建设项目竣工总结算经发、承包人签字盖章后有效。

《建筑工程施工发包与承包计价管理办法》规定,国有资金投资建筑工程的发包方,应当委托具有相应资质的工程造价咨询企业对竣工结算文件进行审核,并在收到竣工结算文件后的约定期限内向承包方提出由工程造价咨询企业出具的竣工结算文件审核意见;逾期未答复的,按照合同约定处理,合同没有约定的,竣工结算文件视为已被认可。

(3)承包方异议的处理。承包方对发包方提出的工程造价咨询企业竣工结算审核意见有异议的,在接到该审核意见后一个月内,可以向有关工程造价管理机构或者有关行业组织申请调解,调解不成的,可以依法申请仲裁或者向人民法院提起诉讼。

(4)竣工结算文件的确认与备案。工程竣工结算文件经发承包双方签字确认的,应当作为工程决算的依据,未经对方同意,另一方不得就已生效的竣工结算文件委托工程造价咨询企业重复审核。发包方应当按照竣工结算文件及时支付竣工结算款。

竣工结算文件应当由发包方报工程所在地县级以上地方人民政府住房城乡建设主管部门备案。

3. 竣工结算文件的审查期限

单项工程竣工后,承包人应在提交竣工验收报告的同时,向发包人递交竣工结算报告及完整的结算资料,发包人应按以下规定时限进行核对(审查)并提出审查意见:

(1)500万元以下,从接到竣工结算报告和完整的竣工结算资料之日起20天。

(2)500万~2 000万元,从接到竣工结算报告和完整的竣工结算资料之日起30天。

(3)2 000万~5 000万元,从接到竣工结算报告和完整的竣工结算资料之日起45天。

(4)5 000万元以上,从接到竣工结算报告和完整的竣工结算资料之日起60天。

建设项目竣工总结算在最后一个单项工程竣工结算审查确认后15天内汇总,送发包人后30天内审查完成。

4. 工程竣工价款结算

发包人收到承包人递交的竣工结算报告及完整的结算资料后,应按以上规定的期限(合同约定有期限的,从其约定)进行核实,给予确认或者提出修改意见。发包人根据确认的竣工结算报告向承包人支付工程竣工结算价款,保留5%左右的质量保证(保修)金,待工程交付使用1年质保期到期后清算(合同另有约定的,从其约定),质保期内如有返修,发生费用应在质量保证(保修)金内扣除。工程竣工结算以合同工期为准,实际施工工期比合同工期提前或延后,发、承包双方应按合同约定的奖惩办法执行。

5. 索赔及合同以外零星项目工程价款结算

发承包人未能按合同约定履行自己的各项义务或发生错误,给另一方造成经济损失的,由受损方按合同约定提出索赔,索赔金额按合同约定支付。

发包人要求承包人完成合同以外零星项目,承包人应在接受发包人要求的7天内就用工数量和单价、机械台班数量和单价、使用材料和金额等向发包人提出施工签证,发包人签证后施工,如发包人未签证,承包人施工后发生争议的,责任由承包人自负。发包人和承包人要加强施工现场的造价控制,及时对工程合同外的事项如实记录并履行书面手续。凡由发承包双方授权的现场代表签字的现场签证以及发承包双方协商确定的索赔等费用,应在工程竣工结算中如实办理,不得因发承包双方现场代表的中途变更改变其有效性。

(二)竣工工程质量争议的处理

《建筑法》规定,建筑工程竣工时,屋顶、墙面不得留有渗漏、开裂等质量缺陷;对已发现的质量缺陷,建筑施工企业应当修复。《建设工程质量管理条例》规定,施工单位对施工中出现质量问题的建设工程或者竣工验收不合格的建设工程,应当负责返修。

据此,建设工程竣工时发现的质量问题或者质量缺陷,无论是建设单位的责任还是施工单位的责任,施工单位都有义务进行修复或返修。但是,对于非施工单位原因出现的质量问题或质量缺陷,其返修的费用和造成的损失是应由责任方承担的。

1. 承包方责任的处理

《合同法》规定，因施工人的原因致使建设工程质量不符合约定的，发包人有权要求施工人在合理期限内无偿修理或者返工、改建。

如果承包人拒绝修理、返工或改建的，《最高人民法院关于审理建设工程施工合同纠纷案件适用法律问题的解释》第11条规定，因承包人的过错造成建设工程质量不符合约定，承包人拒绝修理、返工或者改建，发包人请求减少支付工程价款的，应予支持。

2. 发包方责任的处理

《建筑法》规定，建设单位不得以任何理由，要求建筑设计单位或者建筑施工企业在工程设计或者施工作业中，违反法律、行政法规和建筑质量、安全标准，降低工程质量。

《最高人民法院关于审理建设工程施工合同纠纷案件适用法律问题的解释》第12条规定，发包人具有下列情形之一，造成建设工程质量缺陷，应当承担过错责任：①提供的设计有缺陷；②提供或者指定购买的建筑材料、建筑构配件、设备不符合强制性标准；③直接指定分包人分包专业工程。

3. 未经竣工验收擅自使用的处理

《建筑法》《合同法》《建设工程质量管理条例》均规定，建设工程竣工经验收合格后，方可交付使用；未经验收或验收不合格的，不得交付使用。

在实践中，一些建设单位出于各种原因，往往未经验收就擅自提前占有使用建设工程。为此，《最高人民法院关于审理建设工程施工合同纠纷案件适用法律问题的解释》第13条规定，建设工程未经竣工验收，发包人擅自使用后，又以使用部分质量不符合约定为由主张权利的，不予支持；但是承包人应当在建设工程的合理使用寿命内对地基基础工程和主体结构质量承担民事责任。

五、竣工验收备案管理制度

(一)管理主体

住房城乡建设主管部门负责工程竣工验收备案的监督管理，并直接管理本行政区域范围内工程的竣工验收备案工作。

(二)备案时限

建设单位应当自工程竣工验收合格之日起15日内，向工程所在地区住房城乡建设主管部门备案。

(三)备案文件

建设单位办理工程竣工验收备案，应当提交下列文件：

(1)工程竣工验收备案表。

(2)工程竣工验收报告。工程竣工验收报告包括：建筑工程施工许可证，施工图设计文件审查意见，勘察设计、施工、监理等单位分别签署的质量合格文件及验收人员签署的竣工验收原始文件，市政基础设施的有关质量检测和功能性试验资料以及备案管理部门认为需要提供的有关资料。

(3)法律、行政法规规定应当由规划、公安消防、环保、气象等部门出具的认可文件或者准许使用文件。

(4)施工单位签署的工程质量保修书,商品住宅还应当提交《住宅质量保证书》和《住宅使用说明书》。

(5)法规、规章规定必须提供的其他文件。

(四)文件验证

住房城乡建设主管部门收到建设单位报送的竣工验收备案文件后,结合工程质量监督机构提交的工程质量监督报告,对备案文件进行验证,资料齐全、符合验收备案条件的,应当收讫,并在工程竣工验收备案表上加盖备案专用章。住房城乡建设主管部门办理工程竣工验收备案,不得收取任何费用。

(五)重新验收

住房城乡建设主管部门发现建设单位在竣工验收过程中有违反国家有关建设工程质量管理规定行为的,应当在收讫竣工验收备案文件15日内,责令停止使用,并重新组织竣工验收。

(六)备案效力

(1)房产管理部门办理房屋所有权初始登记,应当将经住房城乡建设主管部门加盖备案专用章的工程竣工验收备案表作为必备文件。

(2)建设单位办理市政基础设施工程移交手续时,应当提交经住房城乡建设主管部门加盖备案专用章的工程竣工验收备案表。

(七)逾期备案责任

建设单位在工程竣工验收合格之日起15日内未办理工程竣工验收备案的,由住房城乡建设主管部门责令限期改正,并依据国务院《建设工程质量管理条例》的规定给予处罚。

(八)虚假备案的责任

建设单位采用虚假证明文件办理工程竣工验收备案的,竣工验收无效,住房城乡建设主管部门应当责令停止使用,重新组织竣工验收,并依据《房屋建筑工程和市政基础设施工程竣工验收备案管理暂行办法》的规定给予处罚;构成犯罪的,依法追究刑事责任。

第五节 建设工程保修及损害赔偿

一、建设工程保修制度

建设工程自办理竣工验收手续后,在《建设工程质量管理办法》规定的期限内,因勘察设计、施工、材料等原因造成的质量缺陷,应当由施工单位负责维修。其中,质量缺陷是指工程不符合国家或行业现行的有关技术标准、设计文件及合同中对质量的要求。

(一)建设工程保修制度一般规定

1. 建设工程保修范围

建设工程自办理交工验收手续后,只要在规定的保修期内,则无论是施工造成的质量缺陷,还是因勘察设计、材料等原因造成的质量缺陷,都应由施工单位负责维修。

2. 建设工程保修期限

建设工程保修期限是指从竣工验收交付使用日期起到以下规定的期限:

(1)民用与公共建筑、一般工业建筑、构筑物的土建工程为一年,其中屋面防水工程为三年。

(2)建筑物的电气管线、上下水管线安装工程为六个月。

(3)建筑物的供热及供冷为一个采暖期及供冷期。

(4)室外的上下水和小区道路等市政公用工程为一年。

(5)其他特殊要求的工程,其保修期限由建设单位和施工单位在合同中规定。

3. 返修程序

施工单位自接到保修通知书之日起,必须在两周内到达现场与建设单位共同明确责任方、商议返修内容。属施工单位责任的,施工单位应按约定日期到达现场,如施工单位未能按期到达现场,建设单位应再次通知施工单位,施工单位自接到再次通知书的一周内仍不能到达时,建设单位有权自行返修,所发生的费用由原施工单位承担。不属于施工单位责任的,建设单位应与施工单位联系,商议维修的具体期限。

4. 返修的经济责任

(1)因施工单位的原因而造成的质量缺陷,由施工单位负责返修并承担经济责任。

(2)因设计原因造成的质量缺陷,由设计单位承担经济责任,由施工单位负责维修,其费用按有关规定通过建设单位向设计单位索赔,不足部分由建设单位负责。

(3)因建筑材料、构配件和设备质量不合格引起的质量缺陷,属于施工单位采购的或经其验收同意的,由施工单位承担经济责任,属于建设单位采购的,由建设单位承担经济责任。

(4)因使用单位使用不当造成的质量问题,由使用单位自行负责。

(5)因地震、洪水、台风等不可抗力造成的质量问题,施工单位、设计单位不承担经济责任。

(二)危险房屋的返修责任

(1)新建、扩建、改造后的房屋被鉴定为危险房屋的,其安全隐患如为设计造成的,将依法追究设计单位及直接责任人的责任;如为施工造成的,将依法追究施工单位及其直接责任人的责任;如为使用不当造成的,将追究使用人的责任。

(2)历史遗留房屋被鉴定为危险房屋的,其返修责任由房屋所有人负责,房屋所有人必须按照鉴定机构的处理建议,及时加固或修缮治理。当所有人未按鉴定机构的处理建议处理,或使用人有阻碍行为的,房地产行政主管部门有权指定有关部门代修,或采取其他强制措施,发生的费用由责任人承担。

(3)异产毗连危险房屋的各所有人,应按照国家对异产毗连房屋的有关规定,共同履行治理责任。对于拒不承担责任的,由房屋所在地行政主管部门调查处理;对于当事人不服的，可向当地人民法院起诉。

(4)因下列原因造成事故的，房屋所有人应承担民事或行政责任：

1)有险不查或损坏不修；

2)经鉴定机构鉴定为危险房屋而未采取有效的解危措施。

(5)因下列原因造成事故的，使用人、行为人应承担民事责任：

1)使用人擅自改变房屋结构、构件、设备或使用性质；

2)使用人阻碍房屋所有人对危险房屋采取解危措施；

3)行为人由于施工、堆物、碰撞等行为危及房屋。

(6)有下列情况，鉴定机构应承担民事或行政责任：

1)故意把非危险房屋鉴定为危险房屋而造成损失；

2)因过失把危险房屋鉴定为非危险房屋，并在有效时限内发生事故；

3)因拖延鉴定时间而发生事故。

各当事人上述行为给他人造成生命财产损失，已构成犯罪的由司法机关依法追究刑事责任。

(三)异产毗连房屋的返修责任

异产毗连房屋是指结构相连或具有共有、共用设备和附属建筑而为不同所有人所共有的房屋，其返修责任如下：

(1)当房屋是自然损坏或因不可抗力造成损坏时，应按有关规定及时修缮，不得拖延或拒绝；否则，造成损失的，责任人应负责赔偿。

(2)当房屋损坏是因使用不当造成的，其返修责任由造成损坏的责任人负责。

(3)异产毗连房屋经房屋安全鉴定机构鉴定为危险房屋的，房屋所有人必须按有关规定及时返修治理。

(4)房屋使用人和所有人对房屋的返修，必须符合城市规划、房地产管理、消防和环境保护等部门的要求，并应按照有利使用、共同协商、公平合理的原则，正确处理毗连关系。

(5)售给个人的异产毗连公有住房，其共有部位和共用设备的返修责任，将依照国家住房制度改革的有关规定执行。

二、建设工程损害赔偿

近几年来，由于各方面的原因，建设工程质量问题变得越来越突出。连续发生的一些房屋及构筑物倒塌事故，造成了大量人员伤亡，给国家和人民的财产造成了巨大的损失。因此，建设工程损害赔偿的规定对保护广大人民的生命、财产安全，保护国家利益不受损害以及丰富我国民法中侵权责任理论，产生了积极的意义。

(一)赔偿的法律依据

1998年3月1日，《建筑法》开始施行。这部法律对承包方资质管理、建筑施工许可、招标投标、禁止肢解发包和转包工程、建筑工程监理、工程质量监督管理、竣工验收、保修等制度作了明确的规定，也完善了我国关于建设工程质量不合格的损害赔偿制度，为受害人提出损害赔偿要求提供了明确的法律依据。

2000年1月10日,国务院通过了《建设工程质量管理条例》(以下简称《条例》)。《条例》以参与建筑活动各方主体为主线,分别规定了建设单位、勘察单位、设计单位、施工单位、工程监理单位的质量责任和义务,确立了建设工程质量保修制度、工程质量监督管理制度等内容,对违法行为的种类和相应处罚作了原则规定,同时,完善了责任追究制度,加大了处罚力度。《条例》的颁布实施,明确了建设工程的质量责任主体,明确了责任主体的质量责任和义务,明确了责任主体对受损害者的赔偿责任,进一步完善了我国关于建设工程质量不合格的损害赔偿制度。

(二)赔偿责任的性质及归责原则

1. 赔偿责任的性质

从建设单位与勘察设计、施工、监理等单位之间的关系来看,建设工程质量责任是一种合同责任。如果由于质量不合格给建设单位造成损害,则发生侵权责任和违约责任的竞合。《合同法》第一百二十二条规定:"因当事人一方的违约行为,侵害对方人身、财产权益的,受损害方有权选择依照本法要求其承担违约责任或者依照其他法律要求其承担侵权责任。"所以,建设单位可以从保护自身利益的角度出发,对由于不同责任而产生的不同请求权作出选择:如果由于工程质量缺陷仅造成建设单位的财产损失,如修理、重建等,应按合同纠纷处理;如果由于工程质量缺陷造成建设单位的人员伤亡及其精神损害,应按侵权责任处理。因工程质量缺陷给建设单位以外的其他主体造成损害的责任则是一种特殊的侵权责任,而不是一种违反合同的责任。它不以加害人与受害人之间存在合同关系为前提,而是基于建设工程质量不合格造成他人损害这一事实而产生的,是对法律的直接违反而产生的法律责任。

2. 归责原则

单从侵权责任考虑,建设工程质量责任与一般的侵权责任是不同的。这主要表现在归责原则的适用方面。一般侵权责任适用过错责任原则,而作为特殊侵权责任的建设工程质量责任,则大多适用严格责任的归责原则,受害人无须证明加害人有无过错,而只需证明建筑产品的缺陷和受到的损害,以及有缺陷的建筑产品之使用与损害之间有因果关系,加害人即承担赔偿责任。但加害人能够证明损害是由于受害人的过失、第三人的过失以及自然原因造成的,可以免除责任。

(三)赔偿责任主体

《建筑法》规定:"在建筑物的合理使用寿命内,因建筑工程质量不合格受到损害的,有权向责任者要求赔偿。"关于"责任者"的范围,该条并没有明确。《条例》对此作了明确规定:"建设单位、勘察单位、设计单位、施工单位、工程监理单位依法对建设工程质量负责。"可见,建设工程质量缺陷的损害赔偿责任主体包括了上述五个单位。因这些主体的原因产生的建筑质量问题,造成他人人身、财产损失的,这些单位应当承担相应的赔偿责任。受损害人可以向上述主体中对建筑物缺陷负有责任者要求赔偿,也可以向各方共同提出赔偿要求,在查明原因的基础上由真正责任者承担赔偿责任。由于我国《城市房地产开发经营管理条例》规定,"房地产开发企业应当对其开发建设的房地产开发项目的质量承担责任。勘察设计、施工、监理等单位应当依照有关法律、法规的规定或者合同的约定,承担相应的责任",因此,因建设工程质量缺陷而受到损害的除建设单位以外的受害人，可以直接向建设单位要求损害赔偿。建设单位向受害人承担责任后，在分清责任的基础上，再由勘察设计、施工、监理等单位对进行赔偿的问题，按相应的法律、法规或者合同的约定处理。

1. 建设单位的赔偿责任

根据《条例》的规定，建设单位承担赔偿责任的情形有以下几种：

(1)未组织竣工验收，擅自交付使用，造成损失的。

(2)验收不合格，擅自交付使用，造成损失的。

(3)对不合格的建设工程按照合格工程验收，造成损失的。

(4)涉及建筑主体或者承重结构变动的装修工程，没有设计方案擅自施工，造成损失的。

2. 勘察设计单位的赔偿责任

根据《建筑法》和《条例》的规定，勘察设计单位承担赔偿责任的情形有：

(1)勘察单位未按照工程建设强制性标准进行勘察，造成工程质量事故，并造成损失的。

(2)建筑设计单位未按照建筑工程质量、安全标准进行设计，造成工程质量事故，并造成损失的。

(3)设计单位未根据勘察成果文件进行工程设计，造成工程质量事故，并造成损失的。

(4)设计单位指定建筑材料、建筑构配件的生产厂、供应商，造成工程质量事故，并造成损失的。

3. 施工单位的赔偿责任

根据《建筑法》《条例》的规定，施工单位承担赔偿责任的情形有：

(1)施工企业转让、出借资质证书或者以其他方式允许他人以本企业的名义承揽工程，对因该项承揽工程不符合规定的质量标准造成的损失，施工企业与使用本企业名义的单位或者个人承担连带赔偿责任。

(2)承包单位将承包的工程转包的，或者违反《建筑法》规定进行分包，对因转包工程或者违法分包的工程不符合规定的质量标准造成的损失，与接受转包或者分包的单位承担连带赔偿责任。

(3)施工企业在施工中偷工减料，使用不合格的建筑材料、建筑构配件和设备，或者有其他不按照工程设计图纸或者施工技术标准施工的行为，造成建筑工程质量不符合规定的质量标准的，负责返工、修理，并赔偿因此而造成的损失。

(4)施工企业违反建筑法规定，不履行保修义务或者拖延履行保修义务的，对在保修期内因屋顶、墙面渗漏、开裂等质量缺陷造成的损失，承担赔偿责任。

(5)施工企业未对建筑材料、建筑构配件、设备和商品混凝土进行检验，或者未对涉及结构安全的试块、试件以及有关材料取样检测，造成损失的，依法承担赔偿责任。

4. 工程监理单位的赔偿责任

根据《建筑法》《条例》的规定，工程监理单位承担赔偿责任的情形有：

(1)工程监理单位与建设单位或者建筑施工企业串通，弄虚作假、降低工程质量，造成损失的，承担连带赔偿责任。

(2)将不合格的建设工程、建筑材料、建筑构配件和设备按照合格签字，造成损失的，承担连带赔偿责任。

另外,《建筑法》规定:"负责颁发建筑工程施工许可证的部门及其工作人员对不符合施工条件的建筑工程颁发施工许可证的,负责工程质量监督检查或者竣工验收的部门及其工作人员对不合格的建筑工程出具质量合格文件或者按合格工程验收的,造成的损失,由该部门承担相应的赔偿责任。"

最后,需说明的一点是,对于建筑材料、建筑构配件和设备生产厂商的质量责任追究,适用《中华人民共和国产品质量法》的规定和我国相应的法规、规章的规定。《建筑法》《条例》对此没有具体规定,并不说明其无须负质量责任。

(四)损害赔偿的责任范围

1. 损害范围

因质量不合格造成的损害是指因建筑工程质量不合格而导致的人员死亡、人身伤害和财产损失及其他重大损失,这些损失都应获得赔偿。

2. 赔偿范围

对于财产损失,由侵害人按损失金额赔偿,可以金钱赔偿,也可以恢复原状。对于人身伤害损失,由侵害人赔偿医疗费、因误工减少的收入、残疾者生活补助费等费用。造成受害人死亡的,还应支付丧葬费、抚恤费、死者生前抚养的人的必要的生活费等费用。

总之,由于建设工程涉及面广、使用期限长,直接涉及国家财产和公民的人身、财产安全问题,对其质量不合格造成损害的情形,必须规定严格的质量责任,以切实保护受害人的合法权益。

本章小结

本章主要介绍了建设工程标准、政府对建设工程质量的监督管理、工程建设行为主体的质量责任与义务、建设工程竣工验收制度及建设工程保修及损害赔偿,通过本章的学习能够按照建设工程法律法规依法从事工程建设活动。

思考与练习

一、填空题

1. 工程建设国家标准的编号由_____、_____和_____组成。
2. 监督检查可以_____、_____和_____的方式。
3. 建设工程质量应按现行的_____、_____进行验评。
4. 在工程实践过程中,竣工验收有_____和_____两种类型。
5. 工程竣工结算分为_____、_____和_____。
6. 建设单位应当自工程竣工验收合格之日起_____,向工程所在地区住房城乡建设主管部门备案。

二、选择题

1. 根据《标准文化》的规定,我国标准分为( )。
   A. 国家标准　　　B. 行业标准　　　C. 地方标准
   D. 企业标准　　　E. 地方等级标准

2. ( )标准属于强制性标准。
   A. 工程建设勘察、规划、设计、施工(包括安装)及验收等行业专用的综合性标准和重要的行业专用的质量标准
   B. 工程建设行业专用的有关造价、质量的标准
   C. 工程建设重要的行业专用的术语、符号、代号、量与单位和制图方法标准
   D. 工程建设重要的行业专用的试验、检验和评定方法等标准
   E. 工程建设重要的行业专用的信息技术标准

3. 《建设工程质量管理条例》规定,下列( )建设工程必须实行监理。
   A. 国家重点建设工程
   B. 大中型私人工程
   C. 成片开发建设的住宅小区工程
   D. 利用外国政府或者国际组织贷款、援助资金的工程
   E. 国家规定必须实行监理的其他工程

4. 《建筑工程五方责任主体项目负责人质量终身责任追究暂行办法》规定,有下列( )情形之一的,对勘察单位项目负责人、设计单位项目负责人按以下方式进行责任追究。
   A. 项目负责人为注册建筑师、勘察设计注册工程师的,责令停止执业1年;造成重大质量事故的,吊销执业资格证书,5年以内不予注册;情节特别恶劣的,终身不予注册
   B. 构成犯罪的,移送司法机关依法追究刑事责任
   C. 处单位罚款数额5%以上10%以下的罚款
   D. 设计单位指定建筑材料、建筑构配件的生产厂、供应商的
   E. 向社会公布曝光

三、简答题

1. 制订国家标准应当遵循哪些原则?
2. 国家标准的复审与修订有哪些要求?
3. 勘察设计单位的法律责任有哪些?
4. 根据《实施工程建设强制性标准监督规定》,简述强制性标准监督检查的内容。
5. 工程质量监督报告应包括哪些内容?
6. 施工质量检验和返修有哪些规定?

【案例1】 承包商甲通过招投标获得了某单位家属楼工程施工任务,后经发包单位同意,承包商甲将该家属楼的附属工程分包给杨某负责的工程队,并签订了分包合同。1年后,工程按期完成。但是,经工程质量监督机构检验发现,该家属楼附属工程存在严重的质量问题。发包单位便要求承包商甲承担责任。承包商甲却称该附属工程系经发包单位同意后分包给杨某负责的工程队,所以与己无关。发包单位又找到分包人杨某,杨某也以种种理由拒绝承担工程的质量责任。

问题

(1)承包商甲是否应该对该家属楼附属工程的质量负责?

(2)该工程的质量问题应该如何解决?

【案例 2】 某企业建设 1 所附属小学,委托某设计院为其设计 5 层砖混结构的教学楼、运动场等。该设计院把这项设计转包给某设计所。该所的最终设计,教学楼的楼梯梯井净宽为 0.3 m,梯井采用工程玻璃隔离防护,楼梯采用垂直杆件做栏杆,其杆件净距为 0.15 m;运动场与街道之间采用透景墙,墙体采用垂直杆件做栏杆,其杆件净距为 0.15 m。在施工过程中,曾有人对该设计提出异议。经查,该设计所具有相应资质。

问题 设计院、设计所分别有何违法行为?

第九章　建设工程安全生产法规

知识目标

1. 了解建设工程安全生产概念、安全生产法的立法现状、安全生产的基本方针；熟悉安全生产的管理机构与职责、安全生产责任制度。

2. 熟悉安全生产许可证的申请及有效期等，安全生产教育培训制度、重大事隐患治理挂牌督办制度；掌握违反《安全生产法》的法律责任。

3. 熟悉建设单位的安全责任，施工单位的安全责任，勘察设计、工程监理单位的安全责任；熟悉安全生产事故的应急救援和调查处理。

4. 熟悉编制安全技术措施、专项施工方案和安全技术交底的规定，施工现场安全防护、安全费用和特种设备安全管理的规定，施工现场的消防管理制度。

5. 了解建设工程伤亡事故的分类，熟悉建设工程事故报告、调查，掌握建设工程事故处理。

能力目标

能运用建设工程安全生产管理法处理建设工程安全方面的问题。

第一节　建设工程安全生产概述

一、建设工程安全生产概念

建设工程安全生产是指建筑生产过程中要避免人员、财产的损失及对周围环境的破坏。它包括建筑生产过程中的施工现场人身安全、财产设备安全，施工现场及附近道路、管线和房屋的安全，施工现场和周围的环境保护及工程建成后的使用安全等方面的内容。

二、建设工程安全生产法的立法现状

我国于 2002 年 6 月通过了《中华人民共和国安全生产法》(以下简称《安全生产法》)，为

各行各业的安全生产管理提供了有力的法律保障。

工程建筑的安全生产是保证国家安全生产的重要组成部分。"管建设必须管安全"是工程建设管理的重要原则。国务院住房城乡建设主管部门制定了一系列的工程建设安全生产法规和规范性文件，主要有：

1980年《建筑安装工人安全技术操作规程》；

1983年《国营建筑企业安全生产工作条例》；

1989年《工程建设重大事故报告和调查程序规定》；

1991年《建筑安全生产监督管理规定》。

2003年11月颁布的《建筑安全生产管理条例》是我国第一部规范建设工程安全生产的行政法规。

三、建设工程安全生产的管理机构与职责

国务院住房城乡建设主管部门主管全国工程建设安全生产的行业监督管理工作。

县级以上地方人民政府住房城乡建设主管部门负责本行政区域建筑安全生产的行业监督管理工作。

国务院有关部门对于其所属建筑安全生产的管理职责，由国务院有关主管部门自行规定。

四、建设工程安全生产的基本方针

《建筑法》第三十六条和《安全生产法》第三条规定，建筑安全生产管理的方针是"安全第一、预防为主"，这是我国多年来安全生产工作长期经验的总结。安全生产关系到人民群众的生命和财产安全，关系到社会稳定和经济健康发展。

所谓"安全第一"，就是说，在生产经营活动中，在处理保证安全与实现生产经营活动的其他各项目标的关系上，要始终把安全，特别是从业人员和其他人员的人身安全放在首要的位置，实行"安全优先"的原则。在确保安全的前提下，努力实现生产经营的其他目标。安全生产管理，是以保证生产经营过程中的人身安全和财产安全为目标的管理活动，是在生产经营活动中对安全的管理。"安全第一"，是从保护和发展生产力的角度，表明在生产范围内安全与生产的关系，肯定安全在建筑生产活动中的首要位置和重要性。

所谓"预防为主"，是指在建设工程生产活动中，针对建设工程生产的特点，对生产要素采取管理措施，有效地控制不安全因素的发展与扩大，做到防患于未然，把可能发生的事故消灭在萌芽状态，以保证生产活动中人的安全与健康。只要思想重视、预防措施得当，事故特别是重大恶性事故是可以大大减少的。

"安全第一"还反映了当安全与生产发生矛盾的时候，应该服从安全，消灭隐患，保证建设工程在安全的条件下生产。"预防为主"则体现在事先策划、事中控制、事后总结。通过信息收集、归类分析，制定预案，控制防范。"安全第一、预防为主"的方针，体现了国家对保护劳动者权利、保护社会生产力的高度重视。

五、建设工程安全生产的责任制度

安全生产责任制度是指由企业主要负责人应负的安全生产责任，其他各级管理人员、

技术人员和各职能部门应负的安全生产责任,直到各岗位操作人员应负的岗位安全生产责任所构成的企业安全生产制度。

(一)企业主要负责人的责任

《安全生产法》规定,生产经营单位的主要负责人,对本单位的安全生产负有下列责任:
(1)建立健全本单位安全生产责任制。
(2)组织制定本单位安全生产规章制度和操作规程。
(3)保证本单位安全生产投入的有效实施。
(4)督促检查本单位的安全生产工作,及时消除安全生产事故隐患。
(5)组织制定并实施本单位生产安全事故应急救援预案。
(6)及时、如实报告生产安全事故。

(二)各级管理人员的责任

结合建筑企业及工程建设的特点,相关法规对各级管理人员的责任也作出了明确规定:
(1)企业总工程师(技术负责人)对本企业劳动保护和安全生产的技术工作负总的责任。项目经理、施工队长、车间主任对本单位劳动保护和安全生产工作负具体领导责任。
(2)工长、施工员对所管工程的安全生产负直接责任。
(3)企业中的生产、技术、材料等各职能机构,都应在各自业务范围内,对实现安全生产的要求负责。

(三)从业人员的责任

《安全生产法》规定,从业人员应承担下述主要责任与义务:
(1)严格遵守本单位的安全生产规章制度和操作规程,服从管理,正确佩戴和使用劳动防护用品。
(2)接受安全生产教育和培训,掌握本职工作所需的安全生产知识,提高安全生产技能,增强事故预防和应急处理能力。
(3)发现事故隐患或其他不安全因素,应立即向现场安全生产管理人员或本单位负责人报告。

第二节 建设工程安全生产管理基本制度

一、建设工程安全生产许可证

1. 申请领取安全生产许可证的条件

《安全生产许可证条例》规定,企业取得安全生产许可证,应当具备13项安全生产《建筑施工企业安全生产许可证管理规定》中进一步作出规定,建筑施工企业取得安全生产许可证,应当具备下列安全生产条件:
(1)建立健全安全生产责任制,制定完备的安全生产规章制度和操作规程。

(2)保证本单位安全生产条件所需资金的投入。

(3)设置安全生产管理机构,按照国家有关规定配备专职安全生产管理人员。

(4)主要负责人、项目负责人、专职安全生产管理人员经建设主管部门或者其他有关部门考核合格。

(5)特种作业人员经有关业务主管部门考核合格,取得特种作业操作资格证书。

(6)管理人员和作业人员每年至少进行1次安全生产教育培训并考核合格。

(7)依法参加工伤保险,依法为施工现场从事危险作业的人员办理意外伤害保险,为从业人员交纳保险费。

(8)施工现场的办公、生活区及作业场所和安全防护用具、机械设备、施工机具及配件符合有关安全生产法律、法规、标准和规程的要求。

(9)有职业危害防治措施,并为作业人员配备符合国家标准或者行业标准的安全防护用具和安全防护服装。

(10)有对危险性较大的分部分项工程及施工现场易发生重大事故的部位、环节的预防、监控措施和应急预案。

(11)有生产安全事故应急救援预案、应急救援组织或者应急救援人员,配备必要的应急救援器材、设备。

(12)法律、法规规定的其他条件。

建筑施工企业未取得安全生产许可证的,不得从事建筑施工活动。

2. 安全生产许可证的申请

《建筑施工企业安全生产许可证管理规定》进一步明确,建筑施工企业从事建筑施工活动前,应当依照本规定向企业注册所在地省、自治区、直辖市人民政府住房城乡建设主管部门申请领取安全生产许可证。

建筑施工企业申请安全生产许可证时,应当向住房城乡建设主管部门提供下列材料:

(1)建筑施工企业安全生产许可证申请表。

(2)企业法人营业执照。

(3)与申请安全生产许可证应当具备的安全生产条件相关的文件、材料。

建筑施工企业申请安全生产许可证,应当对申请材料实质内容的真实性负责,不得隐瞒有关情况或者提供虚假材料。

3. 安全生产许可证的有效期

安全生产许可证的有效期为3年。安全生产许可证有效期满需要延期的,企业应当于期满前3个月向原安全生产许可证颁发管理机关办理延期手续。企业在安全生产许可证有效期内,严格遵守有关安全生产的法律法规,未发生死亡事故的,安全生产许可证有效期届满时,经原安全生产许可证颁发管理机关同意,不再审查,安全生产许可证有效期延期3年。

建筑施工企业变更名称、地址、法定代表人等,应当在变更后10日内,到原安全生产许可证颁发管理机关办理安全生产许可证变更手续。建筑施工企业破产、倒闭、撤销的,应当将安全生产许可证交回原安全生产许可证颁发管理机关予以注销。建筑施工企业遗失安全生产许可证,应当立即向原安全生产许可证颁发管理机关报告,并在公众媒体上声明作废后,方可申请补办。

政府监管

4. 建筑生产企业的其他安全认证

(1)特殊专业队伍的安全认证。特殊专业队伍的安全认证主要是指对人工挖孔桩、地基基础、护壁支撑、塔式起重机装拆、井字架(龙门架)、特种脚手架搭设等施工队伍进行资格审查,经审查合格领取《专业施工安全许可证》后方可从事专业施工。

(2)工程项目的安全认证。工程项目的安全认证主要是指开工前对安全条件的审查,其主要内容有:施工组织设计中有无针对性的安全技术措施和专项作业安全技术方案,安全员的配备情况,项目经理的安全资格条件,进入现场的机械、机具、设施是否符合安全规定等。

(3)防护用品、安全设施、机械设备等安全认证。防护用品、安全设施、机械设备等安全认证主要是指对进入施工现场使用的各类防护用品、电气产品、安全设施、架设机具、机械设备等要进行检验、检测,凡技术指标和安全性能不合格的,不得在施工现场中使用。

(4)专职安全人员资格认证。根据规定,建筑施工单位应当设置安全生产管理机构或者配备专职安全生产管理人员。建筑施工单位的主要负责人和安全生产管理人员,应当由有关主管部门对其安全生产知识和管理能力考核合格后方可任职。因此,对专职安全人员实行资格认证,主要是审查其安全生产专业知识和管理能力。不具备条件的,不能从事专职安全工作。

二、建设工程安全生产教育培训制度

1. 培训管理人员的考核

《安全生产法》规定,生产经营单位的主要负责人和安全生产管理人员必须具备与本单位所从事的生产经营活动相应的安全生产知识和管理能力。建筑施工、道路运输单位的主要负责人和安全生产管理人员,应当由主管的负有安全生产监督管理职责的部门对其安全生产知识和管理能力考核合格。考核不得收费。

《建设工程安全生产管理条例》进一步规定,施工单位的主要负责人、项目负责人、专职安全生产管理人员应当经住房城乡建设主管部门或者其他部门考核合格后方可任职。

【提示】 负责人、项目负责人、专职安全生产管理人员缺乏基本的施工安全生产知识,施工安全生产管理和组织能力不强,甚至违章指挥,将很可能会导致施工生产安全事故的发生。因此,他们必须经安全生产知识和管理能力考核合格后方可任职。

2. 特种作业人员的培训考核

《安全生产法》规定,生产经营单位的特种作业人员必须按照国家有关规定经专门的安全作业培训,取得相应资格,方可上岗作业。《建设工程安全生产管理条例》进一步规定,垂直运输机械作业人员、安装拆卸工、爆破作业人员、起重信号工、登高架设作业人员等特种作业人员,必须按照国家有关规定经过专门的安全作业培训,并取得特种作业操作资格证书后,方可上岗作业。《建筑施工特种作业人员管理规定》规定,建筑施工特种作业包括:①建筑电工;②建筑架子工;③建筑起重信号司索工;④建筑起重机械司机;⑤建筑起重机械安装拆卸工;⑥高处作业吊篮安装拆卸工;⑦经省级以上人民政府建设主管部门认定的其他特种作业。

3. 施工单位全员的安全生产教育培训

《建设工程安全生产管理条例》进一步规定,施工单位应当对管理人员和作业人员每年至少进行一次安全生产教育培训,其教育培训情况记入个人工作档案。安全生产教育培训考核不合格的人员，不得上岗。《国务院关于坚持科学发展安全发展促进安全生产形势持续稳定好转的意见》规定，企业用工要严格依照劳动合同法与职工签订劳动合同，职工必须全部经培训合格后上岗。

4. 进入新岗位或者新施工现场前的安全生产教育培训

《建设工程安全生产管理条例》规定，作业人员进入新的岗位或者新的施工现场前，应当接受安全生产教育培训。未经教育培训或者教育培训考核不合格的人员，不得上岗作业。《国务院安委会关于进一步加强安全培训工作的决定》中指出，严格落实企业职工先培训后上岗制度。建筑企业要对新职工进行至少32学时的安全培训，每年进行至少20学时的再培训。

高危企业要严格遵守班前安全培训制度，强化现场安全培训。有针对性地讲述岗位安全生产与应急救援知识、安全隐患和注意事项等，使班前安全培训成为安全生产第一道防线。要大力推广"手指口述"等安全确认法，帮助员工通过心想、眼看、手指、口述，确保按规程作业。要加强班组长培训，提高班组长现场安全管理水平和现场安全风险管控能力。

5. 采用新技术、新工艺、新设备、新材料前的安全生产教育培训

《安全生产法》规定，生产经营单位采用新工艺、新技术、新材料或者使用新设备，必须了解、掌握其安全技术特性，采取有效的安全防护措施，并对从业人员进行专门的安全生产教育和培训。《建设工程安全生产管理条例》规定，施工单位在采用新技术、新工艺、新设备、新材料时，应当对作业人员进行相应的安全生产教育培训。《国务院安委会关于进一步加强安全培训工作的决定》指出，企业调整职工岗位或者采用新工艺、新技术、新设备、新材料的，要进行专门的安全培训。

6. 安全教育培训方式

《国务院关于坚持科学发展安全发展促进安全生产形势持续稳定好转的意见》规定，施工单位应当根据实际需要，对不同岗位、不同工种的人员进行因人施教。安全教育培训可采取多种形式，包括安全形势报告会、事故案例分析会、安全法制教育、安全技术交流、安全竞赛、师傅带徒弟等。《国务院安委会关于进一步加强安全培训工作的决定》中进一步指出，完善和落实师傅带徒弟制度。高危企业新职工安全培训合格后，要在经验丰富的工人师傅带领下，实习至少2个月后方可独立上岗。工人师傅一般应当具备中级工以上技能等级，3年以上相应工作经历，成绩突出，善于"传、帮、带"，没有发生过"三违"行为等条件。要组织签订师徒协议，建立师傅带徒弟激励约束机制。

支持大中型企业和欠发达地区建立安全培训机构，重点建设一批具有仿真、体感、实操特色的示范培训机构。加强远程安全培训。开发国家安全培训网和有关行业网络学习平台，实现优质资源共享。实行网络培训学时学分制，将学时和学分结果与继续教育、再培训挂钩。利用视频、电视、手机等拓展远程培训形式。

三、施工负责人施工现场带班制度

《国务院关于进一步加强企业安全生产工作的通知》（国发〔2010〕23号）规定，强化生产过程管理的领导责任。企业主要负责人和领导班子成员要轮流现场带班。

住房和城乡建设部颁布的《建筑施工企业负责人及项目负责人施工现场带班暂行办法》中进一步规定，企业负责人带班检查是指由建筑施工企业负责人带队实施对工程项目质量

安全生产状况及项目负责人带班生产情况的检查。建筑施工企业负责人是指企业的法定代表人、总经理、主管质量安全和生产工作的副总经理、总工程师和副总工程师。

建筑施工企业负责人要定期带班检查,每月检查时间不少于其工作日的25%。建筑施工企业负责人带班检查时,应认真做好检查记录,并分别在企业和工程项目存档备查。工程项目进行超过一定规模的危险性较大的分部分项工程施工时,建筑施工企业负责人应到施工现场进行带班检查。工程项目出现险情或发现重大隐患时,建筑施工企业负责人应到施工现场带班检查,督促工程项目进行整改,及时消除险情和隐患。

四、重大事故隐患治理挂牌督办制度

在施工活动中可能导致事故发生的物的不安全状态、人的不安全行为和管理上的缺陷,都是事故隐患。

《安全生产法》规定,生产经营单位应当建立健全生产安全事故隐患排查治理制度,采取技术、管理措施,及时发现并消除事故隐患。事故隐患排查治理情况应当如实记录,并向从业人员通报。县级以上地方各级人民政府负有安全生产监督管理职责的部门应当建立健全重大事故隐患治理督办制度,督促生产经营单位消除重大事故隐患。

生产经营单位的安全生产管理人员应当根据本单位的生产经营特点,对安全生产状况进行经常性检查;对检查中发现的安全问题,应当立即处理;不能处理的,应当及时报告本单位有关负责人,有关负责人应当及时处理。检查及处理情况应当如实记录在案。

生产经营单位的安全生产管理人员在检查中发现重大事故隐患,依照前款规定向本单位有关负责人报告,有关负责人不及时处理的,安全生产管理人员可以向主管的负有安全生产监督管理职责的部门报告,接到报告的部门应当依法及时处理。

《国务院关于进一步加强企业安全生产工作的通知》规定,对重大安全隐患治理实行逐级挂牌督办、公告制度。

2011年10月住房和城乡建设部发布的《房屋市政工程生产安全重大隐患排查治理挂牌督办暂行办法》进一步规定,重大隐患是指在房屋建筑和市政工程施工过程中,存在的危害程度较大、可能导致群死群伤或造成重大经济损失的生产安全隐患。

建筑施工企业是房屋市政工程生产安全重大隐患排查治理的责任主体,应当建立健全重大隐患排查治理工作制度,并落实到每一个工程项目。企业及工程项目的主要负责人对重大隐患排查治理工作全面负责。建筑施工企业应当定期组织安全生产管理人员、工程技术人员和其他相关人员排查每一个工程项目的重大隐患,特别是对深基坑、高支模、地铁隧道等技术难度大、风险大的重要工程应重点定期排查。对排查出的重大隐患,应及时实施治理消除,并将相关情况进行登记存档。

建筑施工企业应及时将工程项目重大隐患排查治理的有关情况向建设单位报告。建设单位应积极协调勘察设计、施工、监理、监测等单位,并在资金、人员等方面积极配合做好重大隐患排查治理工作。

住房城乡建设主管部门接到工程项目重大隐患举报,应立即组织核实,属实的由工程所在地住房城乡建设主管部门及时向承建工程的建筑施工企业下达《房屋市政工程生产安全大隐患治理挂牌督办通知书》,并公开有关信息,接受社会监督。

承建工程的建筑施工企业接到《房屋市政工程生产安全重大隐患治理挂牌督办通知书》

后,应立即组织治理。确认重大隐患消除后,向工程所在地住房城乡建设主管部门报送治理报告,并提请接触督办。工程所在地住房城乡建设主管部门收到建筑施工企业提出的重大隐患接触督办申请后,应当立即进行现场审查。审查合格的,依照规定接触督办。审查不合格的,继续实施挂牌督办。

五、违反《安全生产法》的法律责任

(一)安全生产监督管理部门相关法律责任

(1)负有安全生产监督管理职责的部门的工作人员,有下列行为之一的,给予降级或者撤职的行政处分;构成犯罪的,依照刑法有关规定追究其刑事责任:

1)对不符合法定安全生产条件的涉及安全生产的事项予以批准或者验收通过的;

2)发现未依法取得批准、验收的单位擅自从事有关活动或者接到举报后不予取缔或者不依法予以处理的;

3)对已经依法取得批准的单位不履行监督管理职责,发现其不再具备安全生产条件而不撤销原批准或者发现安全生产违法行为不予查处的。

(2)负有安全生产监督管理职责的部门,要求被审查、验收的单位购买其指定的安全设备、器材或者其他产品的,在对安全生产事项的审查、验收中收取费用的,由其上级机关或者监察机关责令改正,责令退还收取的费用;情节严重的,对直接负责的主管人员和其他直接责任人员依法给予行政处分。

(二)生产经营单位相关法律责任

(1)生产经营单位的决策机构、主要负责人及个人经营的投资人不依照本法规定保证安全生产所必需的资金投入,致使生产经营单位不具备安全生产条件的,责令限期改正,提供必需的资金;逾期未改正的,责令生产经营单位停产、停业整顿。

有上述违法行为,导致发生生产安全事故,构成犯罪的,依照刑法有关规定追究刑事责任;尚不够刑事处罚的,对生产经营单位的主要负责人给予撤职处分,对个人经营的投资人处2万元以上20万元以下的罚款。

(2)生产经营单位的主要负责人未履行本法规定的安全生产管理职责的,责令限期改正;逾期未改正的,责令生产经营单位停产、停业整顿。

生产经营单位的主要负责人有上述违法行为,导致发生生产安全事故,构成犯罪的,依照刑法有关规定追究刑事责任;尚不够刑事处罚的,给予撤职处分或者处2万元以上20万元以下的罚款。

生产经营单位的主要负责人依照上述规定受刑事处罚或者撤职处分的,自刑罚执行完毕或者受处分之日起,五年内不得担任任何生产经营单位的主要负责人。

(3)生产经营单位有下列行为之一的,责令限期改正;逾期未改正的,责令停产、停业整顿,可以并处2万元以下的罚款:

1)未按照规定设立安全生产管理机构或者配备安全生产管理人员的;

2)危险物品的生产、经营、储存单位以及矿山、建筑施工单位的主要负责人和安全生产管理人员未按照规定经考核合格的;

3)未按照《安全生产法》第二十五条的规定对从业人员进行安全生产教育和培训,或者

未按照《安全生产法》第四十一条的规定如实告知从业人员有关的安全生产事项的;

4)特种作业人员未按照规定经专门的安全作业培训并取得特种作业操作资格证书,上岗作业的。

(4)生产经营单位有下列行为之一的,责令限期改正;逾期未改正的,责令停止建设或者停产、停业整顿,可以并处5万元以下的罚款;造成严重后果,构成犯罪的,依照刑法有关规定追究刑事责任:

1)矿山建设项目或者用于生产、储存危险物品的建设项目没有安全设施设计或者安全设施设计未按照规定报经有关部门审查同意的;

2)矿山建设项目或者用于生产、储存危险物品的建设项目的施工单位未按照批准的安全设施设计施工的;

3)矿山建设项目或者用于生产、储存危险物品的建设项目竣工投入生产或者使用前,安全设施未经验收合格的;

4)未在有较大危险因素的生产经营场所和有关设施、设备上设置明显的安全警示标志的;

5)安全设备的安装、使用、检测、改造和报废不符合国家标准或者行业标准的;

6)未对安全设备进行经常性维护、保养和定期检测的;

7)未为从业人员提供符合国家标准或者行业标准的劳动防护用品的;

8)特种设备以及危险物品的容器、运输工具未经具有专业资质的机构检测、检验合格,未取得安全使用证或者安全标志,投入使用的;

9)使用国家明令淘汰、禁止使用的危及生产安全的工艺、设备的。

(5)未经依法批准,擅自生产、经营、储存危险物品的,责令停止违法行为或者予以关闭,没收违法所得,违法所得10万元以上的,并处违法所得一倍以上五倍以下的罚款,没有违法所得或者违法所得不足10万元的,单处或者并处2万元以上10万元以下的罚款;造成严重后果,构成犯罪的,依法追究刑事责任。

(6)生产经营单位有下列行为之一的,责令限期改正;逾期未改正的,责令停产、停业整顿,可以并处2万元以上10万元以下的罚款;造成严重后果,构成犯罪的,依照《刑法》有关规定追究刑事责任:

1)生产、经营、储存、使用危险物品,未建立专门安全管理制度、未采取可靠的安全措施或者不接受有关主管部门依法实施的监督管理的;

2)对重大危险源未登记建档,或者未进行评估、监控,或者未制定应急预案的;

3)进行爆破、吊装等危险作业,未安排专门管理人员进行现场安全管理的。

(7)生产经营单位将生产经营项目、场所、设备发包或者出租给不具备安全生产条件或者相应资质的单位或者个人的,责令限期改正,没收违法所得;违法所得5万元以上的,并处违法所得一倍以上五倍以下的罚款;没有违法所得或者违法所得不足5万元的,单处或者并处1万元以上5万元以下的罚款;导致发生生产安全事故,给他人造成损害的,与承包方、承租方承担连带赔偿责任。

生产经营单位未与承包单位、承租单位签订专门的安全生产管理协议或者未在承包合同、租赁合同中明确各自的安全生产管理职责,或者未对承包单位、承租单位的安全生产统一、协调管理的,责令限期改正;逾期未改正的,责令停产、停业整顿。

(8)两个以上生产经营单位在同一作业区域内进行可能危及对方安全生产的生产经营活

动，未签订安全生产管理协议或者未指定专职安全生产管理人员进行安全检查与协调的，责令限期改正；逾期未改正的，责令停产停业。

(9)生产经营单位有下列行为之一的，责令限期改正；逾期未改正的，责令停产、停业整顿；造成严重后果，构成犯罪的，依法追究刑事责任：

1)生产、经营、储存、使用危险物品的车间、商店、仓库与员工宿舍在同一座建筑内，或者与员工宿舍的距离不符合安全要求的；

2)生产经营场所和员工宿舍未设置符合紧急疏散需要、标志明显、保持畅通的出口，或者封闭、堵塞生产经营场所或者员工宿舍出口的。

(10)生产经营单位与从业人员订立协议，免除或者减轻其对从业人员因生产安全事故伤亡依法应承担的责任的，该协议无效；对生产经营单位的主要负责人、个人经营的投资人，处2万元以上10万元以下的罚款。

(11)生产经营单位的从业人员不服从管理，违反安全生产规章制度或者操作规程的，由生产经营单位给予批评教育，依照有关规章制度给予处分；造成重大事故，构成犯罪的，依法追究刑事责任。

(12)生产经营单位主要负责人在本单位发生重大生产安全事故时，不立即组织抢救或者在事故调查处理期间擅离职守或者逃匿的，给予降职、撤职的处分，对逃匿的处十五日以下拘留；构成犯罪的，依法追究刑事责任。生产经营单位主要负责人对生产安全事故隐瞒不报、谎报或者拖延不报的，依照上述规定处罚。

(13)有关地方人民政府、负有安全生产监督管理职责的部门，对生产安全事故隐瞒不报、谎报或者拖延不报的，对直接负责的主管人员和其他直接责任人员依法给予行政处分；构成犯罪的，依照《刑法》有关规定追究刑事责任。

(14)生产经营单位不具备《安全生产法》和其他有关规律、行政法规和国家标准或者行业标准规定的安全生产条件，经停产停业整顿仍不具备安全生产条件的，予以关闭；有关部门应当依法吊销其有关证照。

(15)《安全生产法》规定的行政处罚，由负责安全生产监督管理的部门决定；予以关闭的行政处罚由负责安全生产监督管理的部门报请县级以上人民政府按照国务院规定的权限决定；给予拘留的行政处罚由公安机关依照《治安管理处罚条例》的规定决定。有关法律、行政法规对行政处罚的决定机关另有规定的，依照其规定执行。

(16)生产经营单位发生生产安全事故造成人员伤亡、他人财产损失的，应当依法承担赔偿责任；拒不承担或者其负责人逃匿的，由人民法院依法强制执行。生产安全事故的责任人未依法承担赔偿责任，经人民法院依法采取执行措施后，仍不能对受害人给予足额赔偿的，应当继续履行赔偿义务；受害人发现责任人有其他财产的，可以随时请求人民法院执行。

(三)中介机构相关法律责任

承担安全评价、认证、检测、检验工作的机构，出具虚假证明，构成犯罪的，依法追究刑事责任；尚不构成刑事处罚的，没收违法所得，违法所得在5 000元以上的，并处违法所得二倍以上五倍以下的罚款，没有违法所得或者违法所得不足5 000元的，单处或者并处5 000元以上2万元以下的罚款，对其直接负责的主管人员和其他直接责任人员处5 000元以上5万元以下的罚款；给他人造成损害的，与生产经营单位承担连带赔偿责任。对有上述违法行为的机构，撤销其相应资格。

第三节　建设工程安全生产责任体系

为了加强建设工程安全生产监督管理，保障人民群众生命和财产安全，国务院根据《建筑法》和《中华人民共和国安全生产法》制定了《建设工程安全生产管理条例》。建设工程安全生产管理要坚持安全第一、预防为主的方针。建设单位、勘察单位、设计单位、施工单位、工程监理单位及其他与建设工程安全生产有关的单位，必须遵守安全生产法律、法规的规定，保证建设工程安全生产，依法承担建设工程安全生产责任。

一、建设单位的安全责任

《建筑法》规定："建筑施工企业必须依法加强对建筑安全生产的管理，执行安全生产责任制度，采取有效措施，防止伤亡和其他安全事故的发生。"安全生产责任制度是建筑生产中最基本的安全管理制度，是所有安全规章制度的核心。

《建设工程安全生产管理条例》对建设单位的安全责任规定如下：

(1)建设单位应当向施工单位提供施工现场及毗邻区域内供水、排水、供电、供气、供热、通信、广播电视等地下管线资料，气象和水文观测资料，相邻建筑物和构筑物、地下工程的有关资料，并保证资料的真实、准确、完整。

建设单位因建设工程需要，向有关部门或者单位查询前款规定的资料时，有关部门或者单位应当及时提供。

(2)建设单位不得对勘察设计、施工、工程监理等单位提出不符合建设工程安全生产法律、法规和强制性标准规定的要求，不得压缩合同约定的工期。

(3)建设单位在编制工程概算时，应当确定建设工程安全作业环境及安全施工措施所需费用。

(4)建设单位不得明示或者暗示施工单位购买、租赁、使用不符合安全施工要求的安全防护用具、机械设备、施工机具及配件、消防设施和器材。

(5)建设单位在申请领取施工许可证时，应当提供建设工程有关安全施工措施的资料。依法批准开工报告的建设工程，建设单位应当自开工报告批准之日起15日内，将保证安全施工的措施报送建设工程所在地县级以上地方人民政府住房城乡建设主管部门或者其他有关部门备案。

(6)建设单位应当将拆除工程发包给具有相应资质等级的施工单位。建设单位应当在拆除工程施工15日前，将下列资料报送建设工程所在地县级以上地方人民政府住房城乡建设主管部门或者其他有关部门备案：

1)施工单位资质等级证明；
2)拟拆除建筑物、构筑物及可能危及毗邻建筑的说明；
3)拆除施工组织方案；
4)堆放、消除废弃物的措施。

实施爆破作业的,应当遵守国家有关民用爆炸物品管理的规定。

二、施工单位的安全责任

(一)主要负责人

《建设工程安全生产管理条例》规定:"施工单位主要负责人依法对本单位的安全生产工作全面负责。"

(二)项目负责人

施工单位的项目负责人应当由取得相应执业资格的人员担任,对建设工程项目的安全施工负责,落实安全生产责任制度、安全生产规章制度和操作规程,确保安全生产费用的有效使用,并根据工程的特点组织制定安全施工措施,消除安全事故隐患,及时、如实报告安全生产事故。

(三)专职安全生产管理人员

《建设工程安全生产管理条例》规定,施工单位应当设立安全生产管理机构,配备专职安全生产管理人员。

(1)专职安全生产管理人员的安全责任主要包括:

1)对安全生产进行现场监督检查;

2)发现安全事故隐患,应当及时向项目负责人和安全生产管理机构报告;

3)对于违章指挥、违章操作的,应当立即制止。

(2)总承包单位和分包单位的安全责任。《建设工程安全生产管理条例》规定,建设工程实行施工总承包的,由总承包单位对施工现场的安全生产负总责。

总承包单位依法将建设工程分包给其他单位的,分包合同中应当明确各自的安全生产方面的权利、义务。总承包单位和分包单位对发包工程的安全生产承担连带责任。

分包单位应当服从总承包单位的安全生产管理,分包单位不服从管理导致安全生产事故的,由分包单位承担主要责任。

(3)安全生产教育培训制度。

1)特种作业人员的专门培训和持证上岗。垂直运输机械作业人员、安装拆卸工、爆破作业人员、起重信号工、登高架设作业人员等特种作业人员,必须按照国家有关规定经过专门的安全作业培训,并取得特种作业操作资格证书后,方可上岗作业。

2)主要负责人、项目负责人和专职安全生产管理人员的考核培训。施工单位的主要负责人、项目负责人、专职安全生产管理人员应当经住房城乡建设主管部门或者其他有关部门考核合格后方可任职。

施工单位应当对管理人员和作业人员每年至少进行一次安全生产教育培训,其教育培训情况记入个人工作档案。安全生产教育培训考核不合格的人员,不得上岗。

3)作业人员进入新岗位、新工地和采用新技术、新工艺、新设备、新材料前的上岗教育培训。作业人员进入新的岗位或者新的施工现场前,应当接受安全生产教育培训。未经教育培训或者教育培训考核不合格的人员,不得上岗作业。施工单位在采用新技术、新工艺、新设备、新材料时,应当对作业人员进行相应的安全生产教育培训。

(4)危险性较大的分部分项工程的专项施工方案。《建设工程安全生产管理条例》规定:"施工单位应当在施工组织设计中编制安全技术措施和施工现场临时用电方案,对下列达到一定规模的危险性较大的分部分项工程编制专项施工方案,并附安全验算结果,经施工单位技术负责人、总监理工程师签字后实施,由专职安全生产管理人员进行现场监督。"

对下述工程中涉及深基坑、地下暗挖工程、高大模板工程的专项施工方案,施工单位还应当组织专家进行论证、审查:

1)基坑支护与降水工程;

2)土方开挖工程;

3)模板工程;

4)起重吊装工程;

5)脚手架工程;

6)拆除、爆破工程;

7)国务院住房城乡建设主管部门或者其他有关部门规定的其他危险性较大的工程。

(5)施工单位在施工现场应采取的安全措施。

1)施工前安全施工技术要求交底。建设工程施工前,施工单位负责项目管理的技术人员应当对有关安全施工的技术要求向施工作业班组、作业人员作出详细说明,并由双方签字确认。

2)施工现场安全警示标志的设置。施工单位应当在施工现场入口处、施工起重机械、临时用电设施、脚手架、出入通道口、楼梯口、电梯井口、孔洞口、桥梁口、隧道口、基坑边沿、爆破物及有害危险气体和液体存放处等危险部位,设置明显的安全警示标志。安全警示标志必须符合国家标准。

3)施工现场的安全防护。施工单位应当根据不同施工阶段和周围环境及季节、气候的变化,在施工现场采取相应的安全施工措施。施工现场暂时停止施工的,施工单位应当作好现场防护,所需费用由责任方承担,或者按照合同约定执行。

4)施工现场布置应当符合安全要求。施工单位应当将施工现场的办公、生活区与作业区分开设置,并保持安全距离;办公、生活区的选址应当符合安全性要求。职工的膳食、饮水、休息场所等应当符合卫生标准。施工单位不得在还未竣工的建筑物内设置员工集体宿舍。

施工现场临时搭建的建筑物应当符合安全使用要求。施工现场使用的装配式活动房屋应当具有产品合格证。

5)对周边环境采取的防护措施。施工单位对因建设工程施工可能造成损害的毗邻建筑物、构筑物和地下管线等,应当采取专项防护措施。

施工单位应当遵守有关环境保护法律、法规的规定,在施工现场采取措施,防止或者减少粉尘、废气、废水、固体废物、噪声、振动和施工照明对人及环境的危害与污染。在城市市区内的建设工程,施工单位应当对施工现场实行封闭围挡。

6)施工现场的消防安全措施。施工单位应当在施工现场建立消防安全责任制度,确定消防安全责任人,制定用火、用电、使用易燃易爆材料等各项消防安全管理制度和操作规程,设置消防通道、消防水源,配备消防设施和灭火器材,并在施工现场入口处设置明

建设安全责任相关案例

显标志。

三、勘察设计、工程监理及其他有关单位的安全责任

(一)勘察设计单位的安全责任

(1)勘察单位安全责任。根据《建设工程安全生产管理条例》的规定,勘察单位应承担的安全责任如下:一是勘察单位应当按照法律、法规和工程建设强制性标准进行勘察,提供的勘察文件应当真实、准确,满足建设工程安全生产的需要;二是勘察单位在勘察作业时,应当严格执行操作规程,采取措施保证各类管线、设施和周边建筑物、构筑物的安全。

(2)设计单位安全责任。根据《建设工程安全生产管理条例》的规定,设计单位依法应承担的安全责任主要有:设计单位应当按照法律、法规和工程建设强制性标准进行设计,防止因设计不合理,导致生产安全事故的发生。

设计单位应当考虑施工安全操作和防护的需要,对涉及施工安全的重点部位和环节在设计文件中注明,并对防范生产安全事故提出指导意见。采用新结构、新材料、新工艺的建设工程和特殊结构的建设工程,设计单位应当在设计中提出保障施工作业人员安全和预防生产安全事故的措施建议。设计单位和注册建筑师等注册执业人员应当对其设计负责。

(二)工程监理单位的安全责任

根据《建筑法》和《建设工程质量管理条例》的相关规定,我国实施强制工程监理制度。工程监理单位除了接受建设单位委托,实施以"三控、两管、一协调"为主要内容的工程监理工作外,还要依法承担国家赋予的其他方面的监理责任。工程监理单位的安全责任主要体现在:

(1)工程监理单位应当审查施工组织设计中的安全技术措施或者专项施工方案是否符合工程建设强制性标准。

工程监理单位在实施监理过程中,发现存在安全事故隐患的,应当要求施工单位整改;情况严重的,应当要求施工单位暂时停止施工,并及时报告建设单位。施工单位拒不整改或者不停止施工的,工程监理单位应当及时向有关主管部门报告。

工程监理单位和监理工程师应当按照法律、法规和工程建设强制性标准实施监理,并对建设工程安全生产承担监理责任。

(2)为建设工程提供机械设备和配件的单位,应当按照安全施工的要求配备齐全、有效的保险、限位等安全设施和装置。

(3)出租的机械设备和施工机具及配件,应当具有生产(制造)许可证、产品合格证。出租单位应当对出租的机械设备和施工机具及配件的安全性能进行检测。在签订租赁协议时,应当出具检测合格证明。禁止出租检测不合格的机械设备和施工机具及配件。

(4)在施工现场安装、拆卸施工起重机械和整体提升脚手架、模板等自升式架设设施的工作,必须由具有相应资质的单位承担。安装、拆卸施工起重机械和整体提升脚手架、模板等自升式架设设施,应当编制拆装方案、制定安全施工措施,并由专业技术人员现场监督。

施工起重机械和整体提升脚手架、模板等自升式架设设施安装完毕后,安装单位应当自检,出具自检合格证明,并向施工单位提供安全使用说明,办理验收手续并签字。

(5)施工起重机械和整体提升脚手架、模板等自升式架设设施的使用达到国家规定的检验检测期限的,必须经具有专业资质的检验检测机构检测。经检测不合格的,不得继续使用。

(6)检验检测机构对检测合格的施工起重机械和整体提升脚手架、模板等自升式架设设施,应当出具安全合格证明文件,并对检测结果负责。

(三)相关单位的安全责任

(1)机械设备和配件供应单位的安全责任。为建设工程提供机械设备和配件的单位,应当按照安全施工的要求配备齐全、有效的保险、限位等安全设施和装置。

(2)出租机械设备和施工机具及配件单位的安全责任。出租的机械设备和施工机具及配件,应当具有生产(制造)许可证、产品合格证,并应当对出租的机械设备和施工机具及配件的安全性能进行检测。在签订租赁协议时,应当出具检测合格证明。禁止出租检测不合格的机械设备和施工机具及配件。

施工单位采购、租赁的安全防护用具、机械设备、施工机具及配件,应当具有生产(制造)许可证、产品合格证,并在进入施工现场前进行查验。使用承租的机械设备和施工机具及配件的,由施工总承包单位、分包单位、出租单位和安装单位共同进行验收。经验收合格后,方可使用。

(3)施工起重机械和自升式架设设施的安全管理。

1)施工起重机械和自升式架设设施安装、拆卸。施工起重机械和自升式架设设施等的安装、拆卸属于特殊专业安装,具有高度危险性,容易造成重大伤亡事故,和施工安全有密切关系。

《建设工程安全生产管理条例》规定:"在施工现场安装、拆卸施工起重机械和整体提升脚手架、模板等自升式架设设施,必须由具有相应资质的单位承担。"《建筑业企业资质等级标准》则分别规定了起重设备安装工程专业承包资质和整体提升脚手架专业承包资质。

《建设工程安全生产管理条例》还规定,安装、拆卸施工起重机械和整体提升脚手架、模板等自升式架设设施,应当编制拆装方案、制定安全施工措施,并由专业技术人员现场监督。施工起重机械和整体提升脚手架、模板等自升式架设设施安装完毕后,安装单位应当自检,出具自检合格证明,并向施工单位进行安全使用说明,办理验收手续并签字。施工单位在使用前,应当组织有关单位进行验收,也可以委托具有相应资质的检验检测机构进行验收。但《特种设备安全监察条例》规定的施工起重机械,在验收前应当经有相应资质的检验检测机构监督检验合格。

施工单位应当自验收合格之日起30日内,向住房城乡建设主管部门或者其他有关部门登记。登记标志应当置于或者附着于该设备的显著位置。

2)施工起重机械和自升式架设设施的检验检测。《建设工程安全生产管理条例》规定,施工起重机械和整体提升脚手架、模板等自升式架设设施的使用达到国家规定的检验检测期限的,必须经具有专业资质的检验检测机构检测。经检测不合格的,不得继续使用。检验检测机构对检测合格的施工起重机械和整体提升脚手架、模板等自升式架设设施,应当出具安全合格证明文件,并对检测结果负责。

四、建设工程安全生产监督管理

《建设工程安全生产管理条例》对建设工程安全生产监督管理作了如下规定：

(1)国务院负责安全生产监督管理的部门依照《中华人民共和国安全生产法》的规定，对全国建设工程安全生产工作实施综合监督管理。

县级以上地方人民政府负责安全生产监督管理的部门依照《中华人民共和国安全生产法》的规定，对本行政区域内建设工程安全生产工作实施综合监督管理。

(2)国务院住房城乡建设主管部门对全国的建设工程安全生产实施监督管理。国务院铁路、交通、水利等有关部门按照国务院规定的职责分工，负责有关专业建设工程安全生产的监督管理。

县级以上地方人民政府住房城乡建设主管部门对本行政区域内的建设工程安全生产实施监督管理。县级以上地方人民政府交通、水利等有关部门在各自的职责范围内，负责本行政区域内的专业建设工程安全生产的监督管理。

(3)住房城乡建设主管部门在审核发放施工许可证时，应当对建设工程是否有安全施工措施进行审查。没有安全施工措施的，不得颁发施工许可证。

住房城乡建设主管部门或者其他有关部门对建设工程是否有安全施工措施进行审查时，不得收取费用。

(4)住房城乡建设主管部门或者其他有关部门可以将施工现场的监督检查委托给建设工程安全监督机构具体实施。

(5)县级以上人民政府负有建设工程安全生产监督管理职责的部门在各自的职责范围内履行安全监督检查职责时，有权采取下列措施：

1)要求被检查单位提供有关建设工程安全生产的文件和资料；

2)进入被检查单位施工现场进行检查；

3)纠正施工中违反安全生产要求的行为；

4)对检查中发现的安全事故隐患，责令立即排除；重大安全事故隐患排除前或者排除过程中无法保证安全的，责令从危险区域内撤出作业人员或者暂时停止施工。

(6)县级以上人民政府住房城乡建设主管部门和其他有关部门，应当及时受理对建设工程安全生产事故及安全事故隐患的检举、控告和投诉。

(7)国家对严重危及施工安全的工艺、设备、材料实行淘汰制度。具体目录由国务院住房城乡建设主管部门会同国务院其他有关部门制定并公布。

五、安全生产事故的应急救援和调查处理

(一)建设单位对安全生产事故的应急救援和调查处理应采取的措施

县级以上地方人民政府住房城乡建设主管部门应当根据本级人民政府的要求，制定本行政区域内建设工程特大安全生产事故应急救援预案。

建设工程安全生产事故的调查、对事故责任单位和责任人的处罚与处理，按照有关法律、法规的规定执行。

(二)施工单位对安全生产事故的应急救援和调查处理应采取的措施

(1)施工单位应当制定本单位安全生产事故应急救援预案，建立应急救援组织或者配备

应急救援人员，配备必要的应急救援器材、设备，并定期组织演练。

(2)施工单位应当根据建设工程施工的特点、范围，对施工现场易发生重大事故的部位、环节进行监控，制定施工现场安全生产事故应急救援预案。实行施工总承包的，由总承包单位统一组织编制建设工程安全生产事故应急救援预案，工程总承包单位和分包单位按照应急救援预案，各自建立应急救援组织或者配备应急救援人员，配备救援器材、设备，并定期组织演练。

(3)施工单位发生安全生产事故，应当按照国家有关伤亡事故报告和调查处理的规定，及时、如实地向负责安全生产监督管理的部门、住房城乡建设主管部门或者其他有关部门报告；特种设备发生事故的，还应当同时向特种设备安全监督管理部门报告。接到报告的部门应当按照国家有关规定，如实上报。实行施工总承包的建设工程，由总承包单位负责上报事故。

(4)发生安全生产事故后，施工单位应当采取措施防止事故扩大，保护事故现场。需要移动现场物品时，应当做出标记和书面记录，妥善保管有关证物。

六、违反《建设工程安全生产管理条例》的法律责任

(一)住房城乡建设主管部门相关法律责任

县级以上人民政府住房城乡建设主管部门或者其他有关行政管理部门的工作人员，有下列行为之一的，给予降级或者撤职的行政处分；构成犯罪的，依法追究刑事责任：

(1)对不具备安全生产条件的施工单位颁发资质证书的。

(2)对没有安全施工措施的建设工程颁发施工许可证的。

(3)发现违法行为不予查处的。

(4)不依法履行监督管理职责的其他行为。

(二)建设单位相关法律责任

(1)建设单位未提供建设工程安全生产作业环境及安全施工措施所需费用的，责令限期改正；逾期未改正的，责令该建设工程停止施工。建设单位未将保证安全施工的措施或者拆除工程的有关资料报送有关部门备案的，责令限期改正，给予警告。

(2)建设单位有下列行为之一的，责令限期改正，处20万元以上50万元以下的罚款；造成重大安全事故，构成犯罪的，对直接责任人员依法追究刑事责任；造成损失的，依法承担赔偿责任：

1)对勘察设计、施工、工程监理等单位提出不符合安全生产法律、法规和强制性标准规定的要求的；

2)要求施工单位压缩合同约定的工期的；

3)将拆除工程发包给不具有相应资质等级的施工单位的。

(三)勘察、设计单位相关法律责任

勘察单位、设计单位有下列行为之一的，责令限期改正，并处10万元以上30万元以下的罚款；情节严重的，责令停业整顿，降低资质等级，直至吊销资质证书；造成重大安全事故，构成犯罪的，对直接责任人员依法追究刑事责任；造成损失的，依法承担赔偿责任：

(1)未按照法律、法规和工程建设强制性标准进行勘察设计的。
(2)采用新结构、新材料、新工艺的建设工程和特殊结构的建设工程,设计单位未在设计中提出保障施工作业人员安全和预防生产安全事故的措施建议的。

(四)工程监理单位相关法律责任

工程监理单位有下列行为之一的,责令限期改正;逾期未改正的,责令停业整顿,并处10万元以上30万元以下的罚款;情节严重的,降低资质等级,直至吊销资质证书;造成重大安全事故,构成犯罪的,对直接责任人员,依法追究刑事责任;造成损失的,依法承担赔偿责任:

(1)未对施工组织设计中的安全技术措施或者专项施工方案进行审查的。
(2)发现安全事故隐患未及时要求施工单位整改或者暂时停止施工的。
(3)施工单位拒不整改或者不停止施工,未及时向有关主管部门报告的。
(4)未依照法律、法规和工程建设强制性标准实施监理的。

(五)施工单位相关法律责任

(1)施工起重机械和整体提升脚手架、模板等自升式架设设施安装、拆卸单位有下列行为之一的,责令限期改正,处5万元以上10万元以下的罚款;情节严重的,责令停业整顿,降低资质等级,直至吊销资质证书;造成损失的,依法承担赔偿责任:

1)未编制拆装方案、未制定安全施工措施的;
2)未由专业技术人员现场监督的;
3)未出具自检合格证明或者出具虚假证明的;
4)未向施工单位进行安全使用说明,办理移交手续的。

施工起重机械和整体提升脚手架、模板等自升式架设设施安装、拆卸单位有前款规定的第1)、第3)项行为,经有关部门或者单位职工提出后,对事故隐患仍不采取措施,因而发生重大伤亡事故或者造成其他严重后果,构成犯罪的,对直接责任人员依法追究刑事责任。

(2)施工单位有下列行为之一的,责令限期改正;逾期未改正的,责令停业整顿,依照《中华人民共和国安全生产法》的有关规定处以罚款;造成重大安全事故,构成犯罪的,对直接责任人员依法追究刑事责任:

1)未设立安全生产管理机构、配备专职安全生产管理人员或者分部分项工程施工时,无专职安全生产管理人员现场监督的;
2)施工单位的主要负责人、项目负责人及专职安全生产管理人员、作业人员或者特种作业人员,未经安全教育培训或者经考核未合格即从事相关工作的;
3)未在施工现场的危险部位设置明显的安全警示标志,或者未按照国家有关规定在施工现场设置消防通道、消防水源、配备消防设施和灭火器材的;
4)未向作业人员提供安全防护用具和安全防护服装的;
5)未按照规定在施工起重机械和整体提升脚手架、模板等自升式架设设施验收合格后登记的;
6)使用国家明令淘汰、禁止使用的危及施工安全的工艺、设备、材料的。

(3)施工单位挪用列入建设工程概算的安全生产作业环境及安全施工措施所需费用的,

责令限期改正，处挪用费用20%以上50%以下的罚款；造成损失的，依法承担赔偿责任。

(4)施工单位有下列行为之一的，责令限期改正；逾期未改正的，责令停业整顿，并处5万元以上10万元以下的罚款；造成重大安全事故，构成犯罪的，对直接责任人员，依照刑法有关规定追究刑事责任：

1)施工前未对有关安全施工的技术要求作出详细说明的；

2)未根据不同施工阶段和周围环境及季节、气候的变化，在施工现场采取相应的安全施工措施，或者在城市市区内的建设工程的施工现场未实行封闭围挡的；

3)在尚未竣工的建筑物内设置员工集体宿舍的；

4)施工现场临时搭建的建筑物不符合安全使用要求的；

5)未对因建设工程施工可能造成损害的毗邻建筑物、构筑物和地下管线等采取专项防护措施的。

施工单位有前款规定的4)、5)项行为，造成事故、损失的，依法承担赔偿责任。

(5)施工单位有下列行为之一的，责令限期改正；逾期未改正的，责令停业整顿，并处10万元以上30万元以下的罚款；情节严重的，降低资质等级，直至吊销资质证书；造成重大安全事故，构成犯罪的，对直接责任人员，依照刑法有关规定追究刑事责任；造成损失的，依法承担赔偿责任：

1)安全防护用具、机械设备、施工机具及配件在进入施工现场前未经查验或者查验不合格即投入使用的；

2)使用未经验收或者验收不合格的施工起重机械和整体提升脚手架、模板等自升式架设设施的；

3)委托不具有相应资质的单位承担施工现场安装、拆卸施工起重机械和整体提升脚手架、模板等自升式架设设施的；

4)在施工组织设计中未编制安全技术措施、施工现场临时用电方案或者专项施工方案的。

(6)施工单位取得资质证书后，降低安全生产条件的，责令限期改正；经整改仍未达到与其资质等级相适应的安全生产条件的，责令停业整顿，降低其资质等级直至吊销资质证书。

(六)设备供应单位相关法律责任

(1)为建设工程提供机械设备和配件的单位，未按照安全施工的要求配备齐全、有效的保险、限位等安全设施和装置的，责令限期改正，处合同价款一倍以上三倍以下的罚款；造成损失的，依法承担赔偿责任。

(2)出租单位出租未经安全性能检测或者经检测不合格的机械设备和施工机具及配件的，责令停业整顿，并处5万元以上10万元以下的罚款；造成损失的，依法承担赔偿责任。

(七)建设工程安全生产有关人员相关法律责任

(1)注册执业人员未执行法律、法规和工程建设强制性标准的，责令停止执业三个月以上一年以下；情节严重的，吊销执业资格证书，五年内不予注册；造成重大安全事故的，终身不予注册；构成犯罪的，依法追究刑事责任。

(2)施工单位的主要负责人、项目负责人未履行安全生产管理职责的，责令限期改正；逾期未改正的，责令施工单位停业整顿；造成重大安全事故、重大伤亡事故或者其他严重后果，构成犯罪的，依法究刑事责任。

作业人员不服管理、违反规章制度和操作规程冒险作业造成重大伤亡事故或者其他严重后果，构成犯罪的，依法追究刑事责任。

施工单位的主要负责人、项目负责人有上述违法行为，尚不够刑事处罚的，处2万元以上20万元以下的罚款，或者按照管理权限给予撤职处分；自刑罚执行完毕或者受处分之日起，五年内不得担任任何施工单位的主要负责人、项目负责人。

第四节 建设工程施工现场安全防护制度

一、编制安全技术措施、专项施工方案和安全技术交底的规定

《建筑法》规定，建筑施工企业在编制施工组织设计时，应当根据建筑工程的特点制定相应的安全技术措施；对专业性较强的工程项目，应当编制专项安全施工组织设计，并采取安全技术措施。

(一)编制安全技术措施和施工现场临时用电方案

《建设工程安全生产管理条例》规定，施工单位应当在施工组织设计中编制安全技术措施和施工现场临时用电方案。

施工组织设计是规划和指导施工全过程的综合性技术经济文件。安全技术措施是为了实现施工安全生产，在安全防护以及技术、管理等方面采取的措施。安全技术措施可分为防止事故发生的安全技术措施和减少事故损失的安全技术措施。

临时用电方案不仅直接关系到用电人员的安全，也关系到施工进度和工程质量。《施工现场临时用电安全技术规范》(JGJ 46—2005)规定，施工现场临时用电设备在5台及以上或设备总容量在50 kW及以上者，应编制用电组织设计。施工现场临时用电设备在5台以下或设备总容量在50 kW以下者，应制定安全用电和电气防火措施。

(二)编制安全专项施工方案

1. 安全专项施工方案的编制

《危险性较大的分部分项工程安全管理办法》中规定，施工单位应当在危险性较大的分部分项工程施工前编制专项方案；对于超过一定规模的危险性较大的分部分项工程，施工单位应当组织专家对专项方案进行论证。

建筑工程实行施工总承包的，专项方案应当由施工总承包单位组织编制。其中，起重机械安装拆卸工程、深基坑工程、附着式升降脚手架等专业工程实行分包的，其专项方案可由专业承包单位组织编制。

专项方案编制应当包括：①工程概况：危险性较大的分部分项工程概况、施工平面布

置、施工要求和技术保证条件；②编制依据：相关法律、法规、规范性文件、标准、规范及图纸（国标图集）、施工组织设计等；③施工计划：施工进度计划、材料与设备计划；④施工工艺技术：技术参数、工艺流程、施工方法、检查验收等；⑤施工安全保证措施：组织保障、技术措施、应急预案、监测监控等；⑥劳动力计划：专职安全生产管理人员、特种作业人员等；⑦计算书及相关图纸。

2. 安全专项施工方案的审核

专项方案应当由施工单位技术部门组织本单位施工技术、安全、质量等部门的专业技术人员进行审核。经审核合格的，由施工单位技术负责人签字。实行施工总承包的，专项方案应当由总承包单位技术负责人及相关专业承包单位技术负责人签字。不需专家论证的专项方案，经施工单位审核合格后报监理单位，由项目总监理工程师审核签字。

超过一定规模的危险性较大的分部分项工程专项方案应当由施工单位组织召开专家论证会。实行施工总承包的，由施工总承包单位组织召开专家论证会。

施工单位应当根据论证报告修改完善专项方案，并经施工单位技术负责人、项目总监理工程师、建设单位项目负责人签字后，方可组织实施。实行施工总承包的，应当由施工总承包单位、相关专业承包单位技术负责人签字。

专项方案经论证后需做重大修改的，施工单位应当按照论证报告修改，并重新组织专家进行论证。

3. 安全专项施工方案的实施

施工单位应当严格按照专项方案组织施工，不得擅自修改、调整专项方案。如因设计、结构、外部环境等因素发生变化确需修改的，修改后的专项方案应当按规定重新审核。对于超过一定规模的危险性较大工程的专项方案，施工单位应当重新组织专家进行论证。

施工单位应当指定专人对专项方案实施情况进行现场监督和按规定进行监测。发现不按照专项方案施工的，应当要求其立即整改；发现有危及人身安全紧急情况的，应当立即组织作业人员撤离危险区域。施工单位技术负责人应当定期巡查专项方案实施情况。

对于按规定需要验收的危险性较大的分部分项工程，施工单位、监理单位应当组织有关人员进行验收。验收合格的，经施工单位项目技术负责人及项目总监理工程师签字后，方可进入下一道工序。

(三)安全施工技术交底

《建设工程安全生产管理条例》规定，建设工程施工前，施工单位负责项目管理的技术人员应当对有关安全施工的技术要求向施工作业班组、作业人员作出详细说明，并由双方签字确认。

施工前对有关安全施工的技术要求作出详细说明，就是通常说的安全技术交底。它有助于作业班组和作业人员尽快了解工程概况、施工方法、安全技术措施等情况，掌握操作方法和注意事项，以保护作业人员的人身安全。安全技术交底，通常有施工工种安全技术交底、分部分项工程施工安全技术交底、大型特殊工程单项安全技术交底、设备安装工程技术交底以及采用新工艺、新技术、新材料施工的安全技术交底等。

二、施工现场安全防护、安全生产费用和特种设备安全管理的规定

(一) 施工现场安全防护

《建筑法》中规定，建筑施工企业应当在施工现场采取维护安全、防范危险、预防火灾等措施；有条件的，应当对施工现场实行封闭管理。施工现场对毗邻的建筑物、构筑物和特殊作业环境可能造成损害的，建筑施工企业应当采取安全防护措施。

1. 危险部位设置安全警示标志

《建设工程安全生产管理条例》中规定，施工单位应当在施工现场入口处、施工起重机械、临时用电设施、脚手架、出入通道口、楼梯口、电梯井口、孔洞口、桥梁口、隧道口、基坑边沿、爆破物及有害危险气体和液体存放处等危险部位，设置明显的安全警示标志。

安全警示标志必须符合国家标准。所谓危险部位，是指存在着危险因素，容易造成施工作业人员或者其他人员伤亡的地点。尽管工地现场的情况千差万别，不同施工现场的危险源不尽相同，但施工现场入口处、施工起重机械、临时用电设施、脚手架、出入通道口、楼梯口、电梯井口、孔洞口、桥梁口、隧道口、基坑边沿、爆破物及有害危险气体和液体存放处等，通常都是容易出现生产安全事故的危险部位。

安全警示标志是指提醒人们注意的各种标牌、文字、符号以及灯光等，一般由安全色、几何图形和图形符号构成。安全警示标志须符合国家标准《安全标志及其使用导则》(GB 2894—2008)的有关规定。

2. 不同施工阶段和暂停施工应采取的安全施工措施

《建设工程安全生产管理条例》中规定，施工单位应当根据不同施工阶段和周围环境及季节、气候的变化，在施工现场采取相应的安全施工措施。

施工现场暂时停止施工的，施工单位应当做好现场防护，所需费用由责任方承担，或者按照合同约定执行。

由于施工作业的风险性较大，在地下施工、高处施工等不同的施工阶段要采取相应安全措施，并应根据周围环境和季节、气候变化，加强季节性安全防护措施。例如，夏季要防暑降温，在特别高温的天气下要调整施工时间、改变施工方式等；冬季要防寒防冻，防止煤气中毒，还应专门制定保证施工安全的安全技术措施；夜间施工应有足够的照明，在深坑、陡坡等危险地段应增设红灯标志；在雨期和冬期施工时，应对道路采取防滑措施；傍山沿河地区应制定防滑坡、防泥石流、防汛措施；在大风、大雨期间应暂停施工等。

3. 对施工现场周边的安全防护措施

《建设工程安全生产管理条例》中规定，施工单位对因建设工程施工可能造成损害的毗邻建筑物、构筑物和地下管线等，应当采取专项防护措施。

在城市市区内的建设工程，施工单位应当对施工现场实行封闭围挡。位于一般路段的围挡应高于1.8 m，在市区主要路段的围挡应高于2.5 m。施工现场应采用密目式安全网、围墙、围栏等封闭起来。

4. 危险作业的施工现场安全管理

《安全生产法》中规定，生产经营单位进行爆破、吊装等危险作业，应当安排专门人员进行现场安全管理，确保操作规程的遵守和安全措施的落实。

5. 安全防护设备、机械设备等的安全管理

《建设工程安全生产管理条例》中规定，施工单位采购、租赁的安全防护用具、机械设备、施工机具及配件，应当具有生产（制造）许可证、产品合格证，并在进入施工现场前进行查验。

施工现场的安全防护用具、机械设备、施工机具及配件必须由专人管理，定期进行检查、维修和保养，建立相应的资料档案，并按照国家有关规定及时报废。

6. 施工起重机械设备等的安全使用管理

《建设工程安全生产管理条例》中规定，施工单位在使用施工起重机械和整体提升脚手架、模板等自升式架设设施前，应当组织有关单位进行验收，也可以委托具有相应资质的检验检测机构进行验收；使用承租的机械设备和施工机具及配件的，由施工总承包单位、分包单位、出租单位和安装单位共同进行验收，验收合格的方可使用。

近些年来，由于对施工现场使用的起重机械、整体提升脚手架、模板（主要指提升或滑升模板）等自升式架设设施管理不善或使用不当等，所造成的重大伤亡事故时有发生。因此，必须依法对其加强使用管理。特别是施工起重机械，是《特种设备安全监察条例》所规定的特种设备，使用单位应当按照安全技术规范的定期检验要求，在安全检验合格有效期届满前1个月向特种设备检验检测机构提出定期检验要求。未经定期检验或者检验不合格的特种设备，不得继续使用。

（二）施工单位安全生产费用

施工单位安全生产费用（以下简称安全费用）是指施工单位按照规定保证提取在成本中列支，专门用于完善和改进企业或者施工项目安全生产条件的资金。《企业安全生产费用提取和使用管理办法》中规定，建设工程施工企业以建筑安装工程造价为计提依据。各建设工程类别安全费用提取保证如下：①矿山工程为2.5%；②房屋建筑工程、水利水点工程、电力工程、铁路工程、城市轨道交通工程为2.0%；③市政公用工程、冶炼工程、机电安装工程、化工石油工程、港口与航道工程、公路工程、通信工程为1.5%。建设工程施工企业提取的安全费用列入工程造价，在竞标时，不得删减，列入标外管理。国家对基本建设投资概算另有规定的，从其规定。总包单位应当将安全费用按比例直接支付分包单位并监督使用，分包单位不再重复提取。

《建筑工程安全防护、文明施工措施费用及使用管理规定》中规定，建筑工程安全防护、文明施工措施费用是由《建筑安装工程费用项目组成》中措施费所含的文明施工费、环境保护费、临时设施费、安全施工费组成。

建设单位、设计单位在编制工程概（预）算时，应当依据工程所在地工程造价管理机构测定的相应费率，合理确定工程安全防护、文明施工措施费。依法进行工程招投标的项目，招标方或具有资质的中介机构编制招标文件时，应当按照有关规定并结合工程实际单独列出安全防护、文明施工措施项目清单。投标方应当根据现行标准规范，结合工程特点、工期进度和作业环境要求，在施工组织设计文件中制定相应的安全防护、文明施工措施，并按照招标文件要求结合自身的施工技术水平、管理水平对工程安全防护、文明施工措施项目单独报价。投标方安全防护、文明施工措施的报价，不得低于依据工程所在地工程造价管理机构测定费率计算所需费用总额的90%。

建设单位与施工单位应当在施工合同中明确安全防护、文明施工措施项目总费用，以

及费用预付、支付计划，使用要求、调整方式等条款。建设单位与施工单位在施工合同中对安全防护、文明施工措施费用预付、支付计划未作约定或约定不明的，合同工期在一年以内的，建设单位预付安全防护、文明施工措施项目费用不得低于该费用总额的50%；合同工期在一年以上的(含一年)，预付安全防护、文明施工措施费用不得低于该费用总额的30%，其余费用应当按照施工进度支付。

(三)特种设备安全管理

《特种设备安全管理》规定，特种设备是指对人身和财务安全有较大危险性的锅炉、压力容器(含气瓶)、压力管道、电梯、起重机械、客运索道、大型游乐设施、场(厂)内专用机动车辆，以及法律、行政法规规定适用本法的其他特种设备。

1. 特种设备的安装、改造和修理

特种设备安装、改造、修理的施工单位应当在施工前将拟进行的特种设备安装、改造、修理情况书面告知直辖市或者设区的市级人民政府负责特种设备安全监督管理的部门。

特种设备安装、改造、修理竣工后，安装、改造、修理的施工单位应当在验收后30日内将相关技术资料和文件移交特种设备使用单位。特种设备使用单位应当将其存入该特种设备的安全技术档案。

锅炉、压力容器、压力管道元件等特种设备的制造过程和锅炉、压力容器、压力管道、电梯、起重机械、客运索道、大型游乐设施的安装、改造、重大修理过程，应当经特种设备检验机构按照安全技术规范的要求进行监督检验；未经监督检验或者监督检验不合格的，不得出厂或者交付使用。

2. 特种设备的使用

特种设备使用单位应当使用取得许可生产并经检验合格的特种设备。禁止使用国家明令淘汰和已经报废的特种设备。

特种设备使用单位应当在特种设备投入使用前或者投入使用后30日内，向负责特种设备安全监督管理的部门办理使用登记，取得使用登记证书。登记标志应当置于该特种设备的显著位置。特种设备使用单位应当建立岗位责任、隐患治理、应急救援等安全管理制度，制定操作规程，保证特种设备安全运行。

特种设备使用单位应当建立特种设备安全技术档案。安全技术档案应当包括以下内容：①特种设备的设计文件、产品质量合格证明、安装及使用维护保养说明、监督检验证明等相关技术资料和文件；②特种设备的定期检验和定期自行检查记录；③特种设备的日常使用状况记录；④特种设备及其附属仪器仪表的维护保养记录；⑤特种设备的运行故障和事故记录。

特种设备的使用应当具有规定的安全距离、安全防护措施。与特种设备安全相关的建筑物、附属设施，应当符合有关法律、行政法规的规定。特种设备使用单位应当对其使用的特种设备进行经常性维护保养和定期自行检查，并作出记录。特种设备使用单位应当对其使用的特种设备的安全附件、安全保护装置进行定期校验、检修，并作出记录。

特种设备使用单位应当按照安全技术规范的要求，在检验合格有效期届满前1个月向特种设备检验机构提出定期检验要求。特种设备检验机构接到定期检验要求后，应当按照安全技术规范的要求及时进行安全性能检验。特种设备使用单位应当将定期检验标志置于该特种设备的显著位置。未经定期检验或者检验不合格的特种设备，不得继续使用。

三、施工现场的消防管理制度

近年来,施工现场的火灾时有发生,甚至出现了特大恶性火灾事故。因此,施工单位必须建立健全消防安全责任制,加强消防安全教育培训,严格消防安全管理,确保施工现场消防安全。

1. 施工单位消防安全责任人和消防安全职责

(1)施工单位消防安全责任人。《国务院关于加强和改进消防工作的意见》中规定,机关、团体、企业事业单位法定代表人是本单位消防安全第一责任人。各单位要依法履行职责,保障必要的消防投入,切实提高检查消除火灾隐患、组织扑救初起火灾、组织人员疏散逃生和消防宣传教育培训的能力。

(2)机关、团体、企业、事业等单位的消防安全职责。我国《消防法》中规定,机关、团体、企业、事业等单位应当履行下列消防安全职责:①落实消防安全责任制,制定本单位的消防安全制度、消防安全操作规程,制定灭火和应急疏散预案;②按照国家标准、行业标准配置消防设施、器材,设置消防安全标志,并定期组织检验、维修,确保完好有效;③对建筑消防设施每年至少进行一次全面检测,确保完好有效,检测记录应当完整准确,存档备查;④保障疏散通道、安全出口、消防车通道畅通,保证防火防烟分区、防火间距符合消防技术标准;⑤组织防火检查,及时消除火灾隐患;⑥组织进行有针对性的消防演练;⑦法律、法规规定的其他消防安全职责。

(3)重点工程施工现场的消防安全职责。重点工程的施工现场多定为消防安全重点单位,按照《消防法》的规定,除应当履行所有单位都应当履行的职责外,还应当履行下列消防安全职责:①确定消防安全管理人,组织实施本单位的消防安全管理工作;②建立消防档案,确定消防安全重点部位,设置防火标志,实行严格管理;③实行每日防火巡查,并建立巡查记录;④对职工进行岗前消防安全培训,定期组织消防安全培训和消防演练。

《建设工程安全生产管理条例》中还规定,施工单位应当在施工现场建立消防安全责任制度,确定消防安全责任人,制定用火、用电、使用易燃易爆材料等各项消防安全管理制度和操作规程,设置消防通道、消防水源,配备消防设施和灭火器材,并在施工现场入口处设置明显标志。

2. 施工现场的消防安全要求

《国务院关于加强和改进消防工作的意见》中规定,公共建筑在营业、使用期间不得进行外保温材料施工作业,居住建筑进行节能改造作业期间应撤离居住人员,并设消防安全巡逻人员,严格分离用火用焊作业与保温施工作业,严禁在施工建筑内安排人员住宿。

新建、改建、扩建工程的外保温材料一律不得使用易燃材料,严格限制使用可燃材料。建筑室内装饰装修材料必须符合国家、行业标准和消防安全要求。

公安部、住房和城乡建设部联合颁布的《关于进一步加强建设工程施工现场消防安全工作的通知》中规定,施工单位应当在施工组织设计中编制消防安全技术措施和专项施工方案,并由专职安全管理人员进行现场监督。

施工现场要设置消防通道并确保畅通。建筑工地要满足消防车通行、停靠和作业要求。在建建筑内应设置标明楼梯间和出入口的临时醒目标志,视情况安装楼梯间和出入口的临时照明,及时清理建筑垃圾和障碍物,规范材料堆放,保证发生火灾时,现场施工人员疏散和消防人员扑救快捷、畅通。

施工现场要按有关规定设置消防水源。应当在建设工程平地阶段按照总平面设计设置室外消火栓系统,并保持充足的管网压力和流量。根据在建工程施工进度,同步安装室内消火栓系统或设置临时消火栓,配备水枪水带,消防干管设置水泵接合器,满足施工现场火灾扑救的消防供水要求。

施工现场应当配备必要的消防设施和灭火器材。施工现场的重点防火部位和在建高层建筑的各个楼层,应在明显和方便取用的地方配置适当数量的手提式灭火器、消防沙袋等消防器材。

动用明火必须实行严格的消防安全管理,禁止在具有火灾、爆炸危险的场所使用明火;需要进行明火作业的,动火部门和人员应当按照用火管理制度办理审批手续,落实现场监护人,在确认无火灾、爆炸危险后方可动火施工;动火施工人员应当遵守消防安全规定,并落实相应的消防安全措施;易燃易爆危险物品和场所应有具体防火防爆措施;电焊、气焊、电工等特殊工种人员必须持证上岗;将容易发生火灾、一旦发生火灾后果严重的部位确定为重点防火部位,实行严格管理。施工现场的办公、生活区与作业区应当分开设置,并保持安全距离;施工单位不得在尚未竣工的建筑物内设置员工集体宿舍。

3. 施工单位消防安全自我评估和防火检查

《国务院关于加强和改进消防工作的意见》中指出,要建立消防安全自我评估机制,消防安全重点单位每季度、其他单位每半年自行或委托有资质的机构对本单位进行一次消防安全检查评估,做到安全自查、隐患自除、责任自负。

《关于进一步加强建设工程施工现场消防安全工作的通知》中规定,施工单位应及时纠正违章操作行为,及时发现火灾隐患并采取防范、整改措施。国家、省级等重点工程的施工现场应当进行每日防火巡查,其他施工现场也应根据需要组织防火巡查。

施工单位防火检查的内容应当包括:火灾隐患的整改情况以及防范措施的落实情况;疏散通道、消防车通道、消防水源情况;灭火器材配置及有效情况;用火、用电有无违章情况;重点工种人员及其他施工人员消防知识掌握情况;消防安全重点部位管理情况;易燃易爆危险物品和场所防火防爆措施落实情况;防火巡查落实情况等。

4. 建设工程消防施工的质量和安全责任

《建设工程消防监督管理规定》中规定,建设工程的消防设计、施工必须符合国家工程建设消防技术标准。

施工单位应当承担下列消防施工的质量和安全责任:①按照国家工程建设消防技术标准和经消防设计审核合格或者备案的消防设计文件组织施工,不得擅自改变消防设计进行施工,降低消防施工质量;②查验消防产品和具有防火性能要求的建筑构件、建筑材料及装修材料的质量,使用合格产品,保证消防施工质量;③建立施工现场消防安全责任制度,确定消防安全负责人。加强对施工人员的消防教育培训,落实动火、用电、易燃可燃材料等消防管理制度和操作规程。保证在建工程竣工验收前消防通道、消防水源、消防设施和器材、消防安全标志等完好有效。

5. 施工单位的消防安全教育培训和消防演练

《国务院关于加强和改进消防工作的意见》指出,要加强对单位消防安全责任人、消防安全管理人、消防控制室操作人员和消防设计、施工、监理人员及保安、电(气)焊工、消防技术服务机构从业人员的消防安全培训。

《社会消防安全教育培训规定》中规定，在建工程的施工单位应当开展下列消防安全教育工作：①建设工程施工前应当对施工人员进行消防安全教育；②在建设工地醒目位置、施工人员集中住宿场所设置消防安全宣传栏，悬挂消防安全挂图和消防安全警示标识；③对明火作业人员进行经常性的消防安全教育；④组织灭火和应急疏散演练。

《关于进一步加强建设工程施工现场消防安全工作的通知》规定，施工人员上岗前的安全培训应当包括以下消防内容：有关消防法规、消防安全制度和保障消防安全的操作规程，本岗位的火灾危险性和防火措施；有关消防设施的性能、灭火器材的使用方法，报火警、扑救初起火灾以及自救逃生的知识和技能等，保障施工现场人员具有相应的消防常识和逃生自救能力。

施工单位应当根据国家有关消防法规和建设工程安全生产法规的规定，建立施工现场消防组织，制定灭火和应急疏散预案，并至少每半年组织一次演练，提高施工人员及时报警、扑灭初期火灾和自救逃生能力。

第五节　建设工程安全事故的处理

一、建设工程伤亡事故的分类

根据安全生产事故（以下简称事故）造成的人员伤亡或者直接经济损失，工程建设事故一般分为特别重大事故、重大事故、较大事故和一般事故四类。

（一）特别重大事故

特别重大事故是指造成30人以上死亡，或者100人以上重伤（包括急性工业中毒，下同），或者1亿元以上直接经济损失的事故。

（二）重大事故

重大事故是指造成10人以上30人以下死亡，或者50人以上100人以下重伤，或者5 000万元以上1亿元以下直接经济损失的事故。

（三）较大事故

较大事故是指造成3人以上10人以下死亡，或者10人以上50人以下重伤，或者1 000万元以上5 000万元以下直接经济损失的事故。

（四）一般事故

一般事故是指造成3人以下死亡，或者10人以下重伤，或者1 000万元以下直接经济损失的事故。

二、建设工程事故报告

（1）《生产安全事故报告和调查处理条例》规定事故报告应当及时、准确、完整，任何单位和个人对事故不得迟报、漏报、谎报或者瞒报。

(2)事故发生后，事故现场有关人员应当立即向本单位负责人报告；单位负责人接到报告后，应当1小时内向事故发生地县级以上人民政府安全生产监督管理部门和负有安全生产监督管理职责的有关部门报告。情况紧急时，事故现场有关人员可以直接向事故发生地县级以上人民政府安全生产监督管理部门和负有安全生产监督管理职责的有关部门报告。

(3)安全生产监督管理部门和负有安全生产监督管理职责的有关部门接到事故报告后，应当依照下列规定上报事故情况，并通知公安机关、劳动保障行政部门、工会和人民检察院：

1)特别重大事故、重大事故逐级上报至国务院安全生产监督管理部门和负有安全生产监督管理职责的有关部门；

2)较大事故逐级上报至省、自治区、直辖市人民政府安全生产监督管理部门和负有安全生产监督管理职责的有关部门；

3)一般事故上报至设区的市级人民政府安全生产监督管理部门和负有安全生产监督管理职责的有关部门。安全生产监督管理部门和负有安全生产监督管理职责的有关部门依照相关规定上报事故情况，应当同时报告本级人民政府。国务院安全生产监督管理部门和负有安全生产监督管理职责的有关部门以及省级人民政府接到发生特别重大事故、重大事故的报告后，应当立即报告国务院。

必要时，安全生产监督管理部门和负有安全生产监督管理职责的有关部门可以越级上报事故情况。

(4)安全生产监督管理部门和负有安全生产监督管理职责的有关部门逐级上报事故情况，每级上报的时间不得超过2小时。

(5)报告事故应当包括下列内容：

1)事故发生单位概况；

2)事故发生的时间、地点以及事故现场情况；

3)事故的简要经过；

4)事故已经造成或者可能造成的伤亡人数(包括下落不明的人数)和初步估计的直接经济损失；

5)已经采取的措施；

6)其他应当报告的情况。

(6)事故报告后出现新情况的，应当及时补报。自事故发生之日起30日内，事故造成的伤亡人数发生变化的，应当及时补报。道路交通事故、火灾事故自发生之日起7日内，事故造成的伤亡人数发生变化的，应当及时补报。

(7)事故发生单位负责人接到事故报告后，应当立即启动事故相应应急预案，或者采取有效措施组织抢救，防止事故扩大，减少人员伤亡和财产损失。

(8)事故发生地有关地方人民政府、安全生产监督管理部门和负有安全生产监督管理职责的有关部门接到事故报告后，其负责人应当立即赶赴事故现场，组织事故救援。

(9)事故发生后，有关单位和人员应当妥善保护事故现场以及相关证据，任何单位和个人不得破坏事故现场、毁灭相关证据。因抢救人员、防止事故扩大以及疏通交通等原因，需要移动事故现场物件的，应当做出标志，绘制现场简图并做出书面记录，妥善保存现场重要痕迹、物证。

(10)事故发生地公安机关根据事故的情况,对涉嫌犯罪的,应当依法立案侦查,采取强制措施和侦查措施。对于犯罪嫌疑人逃匿的,公安机关应当迅速追捕归案。

(11)安全生产监督管理部门和负有安全生产监督管理职责的有关部门应当建立值班制度,并向社会公布值班电话,受理事故报告和举报。

三、建设工程事故的调查

(一)事故调查原则

事故调查处理应当坚持实事求是、尊重科学的原则,及时、准确地查清事故经过、事故原因和事故损失,查明事故性质,认定事故责任,总结事故教训,提出整改措施,并对事故责任者依法追究责任。

特别重大事故由国务院或者国务院授权有关部门组织事故调查组进行调查。重大事故、较大事故、一般事故分别由事故发生地省级人民政府、设区的市级人民政府、县级人民政府负责调查。省级人民政府、设区的市级人民政府、县级人民政府可以直接组织事故调查组进行调查,也可以授权或者委托有关部门组织事故调查组进行调查。未造成人员伤亡的一般事故,县级人民政府也可以委托事故发生单位组织事故调查组进行调查。

(二)事故调查组的组成

事故调查组的组成应当遵循精简、效能的原则。根据事故的具体情况,事故调查组由有关人民政府、安全生产监督管理部门、负有安全生产监督管理职责的有关部门、监察机关、公安机关以及工会派人组成,并应当邀请人民检察院派人参加。事故调查组可以聘请有关专家参与调查。

(三)调查组各成员的责任

事故调查组组长由负责事故调查的人民政府指定。事故调查组组长主持事故调查组的工作。事故调查组成员应当具有事故调查所需要的知识和专长,并与所调查的事故没有直接利害关系。

(四)事故调查组的职责

(1)查明事故发生的经过、原因、人员伤亡情况及直接经济损失。

(2)认定事故的性质和事故责任。

(3)提出对事故责任者的处理建议。

(4)总结事故教训,提出防范和整改措施。

(5)提交事故调查报告。

(五)事故调查报告的内容及提交期限

(1)事故调查报告的内容。

1)事故发生单位概况;

2)事故发生经过和事故救援情况;

3)事故造成的人员伤亡和直接经济损失;

4)事故发生的原因和事故性质;

5)事故责任的认定以及对事故责任者的处理建议;

6)事故防范和整改措施。

事故调查报告应当附具有关证据材料。事故调查组成员应当在事故调查报告上签名。

(2)事故调查报告提交期限。事故调查组应当自事故发生之日起60日内提交事故调查报告;特殊情况下,经负责事故调查的人民政府批准,提交事故调查报告的期限可以适当延长,但延长的期限最长不超过60日。

四、建设工程事故处理

《生产安全事故报告和调查处理条例》规定:"事故发生后,事故现场有关人员应当立即向本单位负责人报告;单位负责人接到报告后,应当于1小时内向事故发生地县级以上人民政府安全生产监督管理部门和负有安全生产监督管理职责的有关部门报告。情况紧急时,事故现场有关人员可以直接向事故发生地县级以上人民政府安全生产监督管理部门和负有安全生产监督管理职责的有关部门报告。"

事故发生单位主要负责人有下列行为之一的,处上一年年收入40%~80%的罚款;属于国家工作人员的,依法给予处分;构成犯罪的,依法追究刑事责任:

(1)不立即组织事故抢救的。

(2)迟报或者漏报事故的。

(3)在事故调查处理期间擅离职守的。

事故发生单位及其有关人员有下列行为之一的,对事故发生单位处100万元以上500万元以下的罚款;对主要负责人、直接负责的主管人员和其他直接责任人员处上一年年收入60%~100%的罚款;属于国家工作人员的,并依法给予处分;构成违反治安管理行为的,由公安机关依法给予治安管理处罚;构成犯罪的,依法追究刑事责任:

(1)谎报或者瞒报事故的。

(2)伪造或者故意破坏事故现场的。

(3)转移、隐匿资金、财产,或者销毁有关证据、资料的。

(4)拒绝接受调查或者拒绝提供有关情况和资料的。

(5)在事故调查中作伪证或者指使他人作伪证的。

(6)事故发生后逃匿的。

事故发生单位对事故发生负有责任的,依照下列规定处以罚款:

(1)发生一般事故的,处10万元以上20万元以下的罚款。

(2)发生较大事故的,处20万元以上50万元以下的罚款。

(3)发生重大事故的,处50万元以上200万元以下的罚款。

(4)发生特别重大事故的,处200万元以上500万元以下的罚款。

事故发生单位主要负责人未依法履行安全生产管理职责,导致事故发生的,依照下列规定处以罚款;属于国家工作人员的,并依法给予处分;构成犯罪的,依法追究刑事责任:

(1)发生一般事故的,处上一年年收入30%的罚款。

(2)发生较大事故的,处上一年年收入40%的罚款。

(3)发生重大事故的,处上一年年收入60%的罚款。

(4)发生特别重大事故的,处上一年年收入80%的罚款。

本章小结

本章主要介绍了建设工程安全生产概述、建设工程安全生产管理基本制度、建设工程安全生产责任体系、建设工程施工现场安全防护制度,建设工程安全事故的处理,通过本章的学习能按照建设工程安全管理法规从事工程建设安全管理工作。

思考与练习

一、填空题

1. _____是指建筑生产过程中要避免人员、财产的损失及对周围环境的破坏。
2. 新职工上岗前的教育培训内容主要包括_____、_____、_____、_____和_____。
3. 施工单位的主要负责人、项目负责人、专职安全生产管理人员的教育培训和考核主要是对_____的考核。
4. 安全生产许可证有效期满需要延期的,企业应当于期满前_____向原安全生产许可证颁发管理机关办理延期手续。
5. 建筑施工企业负责人要定期带班检查,每月检查时间不少于其工作日的_____。
6. 在城市市区内的建设工程,施工单位应当对施工现场实行封闭围挡。位于一般路段的围挡应高于_____,在市区主要路段的围挡应高于_____。
7. 工程建设事故一般分为_____、_____、_____和_____四类。

二、选择题

1. 建设工程安全生产包括( )。
   A. 建筑生产过程中的施工现场人身安全、财产设备安全
   B. 施工现场及附近道路、管线
   C. 房屋的安全
   D. 施工现场和周围的环境保护
   E. 工程建成后的使用安全

2. 建筑施工企业取得安全生产许可证,应当具备( )安全生产条件。
   A. 建立、健全安全生产责任制,制定完备的安全生产规章制度和操作规程
   B. 保证本单位安全生产条件所需资金的投入
   C. 设置安全生产管理机构,按照国家有关规定配备专职安全生产管理人员
   D. 主要负责人、项目负责人、专职安全生产管理人员经建设主管部门或者其他有关部门考核合格
   E. 管理人员和作业人员每年至少进行3次安全生产教育培训并考核合格

3.《建筑施工特种作业人员管理规定》规定,建筑施工特种作业包括( )。
   A. 建筑电工   B. 建筑架子工

C. 建筑起重机械司机　　　　　　　　D. 建筑消防机械设备
E. 建筑起重机械安装拆卸工

4. 负有安全生产监督管理职责的部门的工作人员,有下列行为之一的,给予降级或者撤职的行政处分;构成犯罪的,依照刑法有关规定追究其刑事责任(　　)。
A. 对不符合法定安全生产条件的涉及安全生产的事项予以批准或者验收通过的
B. 发现未依法取得批准、验收的单位擅自从事有关活动或者接到举报后不予取缔或者不依法予以处理的
C. 对已经依法取得批准的单位不履行监督管理职责,发现其不再具备安全生产条件而不撤销原批准或者发现安全生产违法行为不予查处的
D. 特种作业人员未按照规定经专门的安全作业培训并取得特种作业操作资格证书,上岗作业的
E. 危险物品的生产、经营、储存单位以及矿山、建筑施工单位的主要负责人和安全生产管理人员未按照规定经考核合格的

5. 专职安全生产管理人员的安全责任主要包括(　　)。
A. 对安全生产进行现场监督检查
B. 对施工单位资质等证明的检查
C. 发现安全事故隐患,应当及时向项目负责人和安全生产管理机构报告
D. 对于违章指挥、违章操作的,应当立即制止
E. 对施工组织方案的核查

三、简答题

1. 建设工程安全生产的管理机构与职责有哪些?
2. 简述建设工程安全生产的基本方针。
3. 《安全生产法》规定,生产经营单位的主要负责人,对本单位的安全生产负有哪些责任?
4. 《安全生产法》规定,从业人员应承担的主要责任与义务有哪些?
5. 简述重大事故隐患治理挂牌督办制度。
6. 《建设工程安全生产管理条例》对建设单位的安全责任规定有哪些?
7. 施工单位在施工现场应采取哪些安全措施?
8. 施工现场的消防安全要求有哪些?

四、案例分析

某建筑安装公司承担一住宅工程施工。该公司原已依法取得安全生产许可证,但在开工5个月后有效期满。因当时正值施工高峰期,该公司忙于组织施工,未能按规定办理延期手续。当地政府监管机构发现后,立即责令其停止施工,限期补办延期手续。但该公司为了赶工期,既没有停止施工,到期后也未办理延期手续。

问题
(1)本案中的建筑安装公司有哪些违法行为?
(2)违法者应当承担哪些法律责任?

第十章 建设工程环境保护与节能法规

知识目标

1. 了解环境保护法规的概念、环境保护法的立法目的与适用范围、环境监督管理、防治环境污染和其他公害及违规处罚。
2. 熟悉施工现场噪声污染防治的规定，施工现场废弃、废水污染防治的规定，施工现场固体废弃污染防治的规定；掌握违法行为应承担的法律责任。
3. 了解节能的概念，民用建筑节能。

能力目标

1. 能运用所学的环境保护与节能法规的知识，采取相关的措施保护环境。
2. 能做好建筑节能的监督管理。

第一节 建设工程环境保护法规

一、环境保护法规的概念

环境是指影响人类生存和发展的各种天然的和经过人工改造的自然因素的总体，其包括大气、水、海洋、土地、矿藏、森林、草原、野生生物、自然遗迹、人文遗迹、自然保护区、风景名胜区、城市和乡村等。

环境保护法有广义和狭义之分。广义的环境保护法指的是与环境保护相关的法律体系；狭义的环境保护法指的是 1989 年 12 月 26 日实施的《中华人民共和国环境保护法》。由于工程建设与环境保护息息相关，因此，本部分将在《中华人民共和国环境保护法》的基础上，在广义的环境保护法的范畴进行论述。其中主要涉及《中华人民共和国水污染防治法》《中华人民共和国固体废物污染环境防治法》和《中华人民共和国环境噪声污染防治法》。

二、环境保护法的立法目的与适用范围

《中华人民共和国环境保护法》(以下简称《环境保护法》)的立法目的是为了保护和改善生活环境与生态环境,防治污染和其他公害,保障人体健康,促进社会主义现代化建设的发展。它主要适用于中华人民共和国领域和中华人民共和国管辖的其他海域。

三、环境监督管理

(1)国务院环境保护行政主管部门,对全国环境保护工作实施统一监督管理。

(2)县级以上地方人民政府环境保护行政主管部门,对本辖区的环境保护工作实施统一监督管理。

(3)国家海洋行政主管部门、港务监督、渔政渔港监督、军队环境保护部门和各级公安、交通、铁道、民航管理部门,依照有关法律的规定对环境污染防治实施监督管理。

(4)县级以上人民政府的土地、矿产、林业、农业、水利行政主管部门,依照有关法律的规定对资源的保护实施监督管理。

四、保护和改善环境

(1)地方各级人民政府,应当对本辖区的环境质量负责,采取措施改善环境质量。

(2)各级人民政府对具有代表性的各种类型的自然生态系统区域,珍稀、濒危的野生动植物自然分布区域,重要的水源涵养区域,具有重大科学文化价值的地质构造、著名溶洞和化石分布区、冰川、火山、温泉等自然遗迹,以及人文遗迹、古树名木,应当采取措施加以保护,严禁破坏;还应当加强对农业环境的保护,防治土壤污染、土地沙化、盐渍化、贫瘠化、沼泽化、地面沉降和防治植被破坏、水土流失、水源枯竭、种源灭绝以及其他生态失调现象的发生和发展,推广植物病虫害的综合防治,合理使用化肥、农药及植物生长激素。

(3)在国务院、国务院有关主管部门和省、自治区、直辖市人民政府划定的风景名胜区、自然保护区和其他需要特别保护的区域内,不得建设污染环境的工业生产设施;建设其他设施,其污染物排放不得超过规定的排放标准。已经建成的设施,其污染物排放超过规定的排放标准的,限期治理。

(4)国务院和沿海地方各级人民政府应当加强对海洋环境的保护。向海洋排放污染物、倾倒废弃物,进行海岸工程建设和海洋石油勘探开发,必须依照法律的规定,防止对海洋环境的污染损害。

(5)编制城市规划,应当确定保护和改善环境的目标和任务。城乡建设应当结合当地自然环境的特点,保护植被、水域和自然景观,加强城市园林、绿地和风景名胜区的建设。

五、防治环境污染和其他公害

产生环境污染和其他公害的单位,必须把环境保护工作纳入计划,建立环境保护责任制度;采取有效措施,防治在生产建设或者其他活动中产生的废气、废水、废渣、粉尘、恶臭气体、放射性物质以及噪声、振动、电磁波辐射等对环境的污染和危害。

(1)新建工业企业和现有工业企业的技术改造，应当采用资源利用率高、污染物排放量少的设备和工艺，采用经济合理的废弃物综合利用技术和污染物处理技术。

(2)建设项目中防治污染的设施，必须与主体工程同时设计、同时施工、同时投产使用。防治污染的设施必须经原审批环境影响报告书的环境保护行政主管部门验收合格后，该建设项目方可投入生产或者使用。

防治污染的设施不得擅自拆除或者闲置，确有必要拆除或者闲置的，必须征得所在地的环境保护行政主管部门同意。

(3)排放污染物的企业事业单位，必须依照国务院环境保护行政主管部门的规定申报登记。

(4)排放污染物超过国家或者地方规定的污染物排放标准的企业事业单位，依照国家规定缴纳超标准排污费，并负责治理。水污染防治法另有规定的，依照水污染防治法的规定执行。

征收的超标准排污费必须用于污染的防治，不得挪作他用，具体使用办法由国务院规定。

(5)对造成环境严重污染的企业事业单位，限期治理。中央院或者省、自治区、直辖市人民政府直接管辖的企业事业单位的限期治理，由省、自治区、直辖市人民政府决定。市、县或者市、县以下人民政府管辖的企业事业单位的限期治理，由市、县人民政府决定。被要求限期治理的企业事业单位必须如期完成治理任务。

(6)禁止引进不符合我国环境保护规定要求的技术和设备。生产、储存、运输、销售、使用有毒化学物品和含有放射性物质的物品，必须遵守国家有关规定，防止污染环境。任何单位不得将产生严重污染的生产设备转移给没有污染防治能力的单位使用。

(7)因发生事故或者其他突发性事件，造成或者可能造成污染事故的单位，必须立即采取措施处理，及时通报可能受到污染危害的单位和居民，并向当地环境保护行政主管部门和有关部门报告，接受调查处理。可能发生重大污染事故的企业事业单位，应当采取措施，加强防范。

(8)县级以上地方人民政府环境保护行政主管部门，在环境受到严重污染威胁居民生命财产安全时，必须立即向当地人民政府报告，由当地人民政府采取有效措施，解除或者减轻危害。

六、违规处罚

违反《中华人民共和国环境保护法》规定，有下列行为之一的，环境保护行政主管部门或者其他依照法律规定行使环境监督管理权的部门可以根据不同情节，给予警告或者处以罚款：

(1)拒绝环境保护行政主管部门或者其他依照法律规定行使环境监督管理权的部门现场检查或者在被检查时弄虚作假的。

(2)拒报或者谎报国务院环境保护行政主管部门规定的有关污染物排放申报事项的。

(3)不按国家规定缴纳超标准排污费的。

(4)引进不符合我国环境保护规定要求的技术和设备的。

(5)将产生严重污染的生产设备转移给没有污染防治能力的单位使用的。

对违反规定,造成环境污染事故的企业事业单位,由环境保护行政主管部门或者其他依照法律规定行使环境监督管理权的部门根据所造成的危害后果处以罚款;情节较重的,对有关责任人员由其所在单位或者政府主管机关给予行政处分。造成重大环境污染事故,导致公、私财产重大损失或者人身伤亡的严重后果的,对直接责任人员依法追究刑事责任。造成土地、森林、草原、水、矿产、渔业、野生动植物等资源的破坏的,依照有关法律的规定承担法律责任。

环境保护监督管理人员滥用职权、玩忽职守、徇私舞弊的,由其所在单位或者上级主管机关给予行政处分;构成犯罪的,依法追究刑事责任。

第二节　施工现场环境保护制度

一、施工现场噪声污染防治的规定

环境噪声是指在工业生产、建筑施工、交通运输和社会生活中所产生的干扰周围生活环境的声音。环境噪声污染则是指产生的环境噪声超过国家规定的环境噪声排放标准,并干扰他人正常生活、工作和学习的现象。在工程建设领域,环境噪声污染的防治主要包括两个方面:一是施工现场环境噪声污染的防治;二是建设项目环境噪声污染的防治。

【提示】　后者主要是解决建设项目建成后使用过程中可能产生的环境噪声污染问题,前者则是要解决建设工程施工过程中产生的施工噪声污染问题。

1. 施工现场环境噪声污染的防治

施工噪声是指在建设工程施工过程中产生的干扰周围生活环境的声音。随着城市化进程的不断加快及工程建设的大规模开展,施工噪声污染问题日益突出,尤其是在城市人口稠密地区的建设工程施工中产生的噪声污染,不仅影响周围居民的正常生活,而且损害城市的环境形象。施工单位与周围居民因噪声而引发的纠纷也时有发生,群众投诉日渐增多。因此,应当依法加强施工现场噪声管理,采取有效措施防治施工噪声污染。

(1)排放建筑施工噪声应当符合建筑施工场界环境噪声排放标准。《中华人民共和国环境噪声污染防治法》(以下简称《环境噪声污染防治法》)规定,在城市市区范围内向周围生活环境排放建筑施工噪声时,应当符合国家规定的建筑施工场界环境噪声排放标准。

噪声排放是指噪声源向周围生活环境辐射噪声。2011年12月经修改后颁布的《建筑施工场界环境噪声排放标准》(GB 12523—2011)中规定,建筑施工过程中场界环境噪声不得超过规定的排放限值。建筑施工场界环境噪声排放限值,昼间70 dB(A),夜间55 dB(A)。夜间噪声最大声级超过限值的幅度不得高于15 dB(A)。"昼间"是指6:00至22:00之间的时段;"夜间"是指22:00至次日6:00之间的时段。县级以上人民政府为环境噪声污染防治的需要(如考虑时差、作息习惯差异等)而对昼间、夜间的划分另有规定的,应按其规定执行。

【提示】　dB是英文Decibel的缩写,是噪声分贝单位。(A)是指频率加权特性为A,

A 计权声级是目前世界上噪声测量中应用最广泛的一种。

(2)使用机械设备可能产生环境噪声污染的申报。《环境噪声污染防治法》规定,在城市市区范围内,建筑施工过程中使用机械设备,可能产生环境噪声污染的,施工单位必须在工程开工 15 日以前向工程所在地县级以上地方人民政府环境保护行政主管部门申报该工程的项目名称、施工场所和期限、可能产生的环境噪声值以及所采取的环境噪声污染防治措施的情况。

国家对环境噪声污染严重的落后设备实行淘汰制度。国务院经济综合主管部门应当会同国务院有关部门公布限期禁止生产、禁止销售、禁止进口的环境噪声污染严重的设备名录。

(3)禁止夜间进行产生环境噪声污染施工作业的规定。《环境噪声污染防治法》规定,在城市市区噪声敏感建筑物集中区域内,禁止夜间进行产生环境噪声污染的建筑施工作业,但抢修、抢险作业和因生产工艺上要求或者特殊需要必须连续作业的除外。因特殊需要必须连续作业的,必须有县级以上人民政府或者其有关主管部门的证明。以上规定的夜间作业,必须公告附近居民。

所谓噪声敏感建筑物集中区域,是指医疗区、文教科研区和以机关或者居民住宅为主的区域。所谓噪声敏感建筑物,是指医院、学校、机关、科研单位、住宅等需要保持安静的建筑物。

(4)政府监管部门的现场检查。《环境噪声污染防治法》规定,县级以上人民政府环境保护行政主管部门和其他环境噪声污染防治工作的监督管理部门、机构,有权依据各自的职责对管辖范围内排放环境噪声的单位进行现场检查。

夜间施工噪声扰民案例

被检查的单位必须如实反映情况,并提供必要的资料。检查部门、机构应当为被检查的单位保守技术秘密和业务秘密。检查人员进行现场检查,应当出示证件。

2. 建设项目环境噪声污染的防治

城市道桥、铁路(包括轻轨)、工业厂房等,其建成后的使用可能会对周围环境产生噪声污染。因此,建设单位必须在建设前期就规定环境噪声污染的防治措施,并在建设过程中同步建设环境噪声污染防治设施。

《环境噪声污染防治法》规定,新建、改建、扩建的建设项目,必须遵守国家有关建设项目环境保护管理的规定。

建设项目可能产生环境噪声污染的,建设单位必须提出环境影响报告书,规定环境噪声污染的防治措施,并按照国家规定的程序报环境保护行政主管部门批准。环境影响报告书中,应当有该建设项目所在地单位和居民的意见。

建设项目的环境噪声污染防治设施必须与主体工程同时设计、同时施工、同时投产使用。例如,建设经过已有的噪声敏感建筑物集中区域的高速公路和城市高架、轻轨道路,有可能造成环境噪声污染的,应当设置声屏障或者采取其他有效的控制环境噪声污染的措施;在已有的城市交通干线的两侧建设噪声敏感建筑物的,建设单位应当按照国家规定间隔一定距离,并采取减轻、避免交通噪声影响的措施等。

【注意】 建设项目在投入生产或者使用之前,其环境噪声污染防治设施必须经原审批环境影响报告书的环境保护行政主管部门验收;达不到国家规定要求的,该建设项目不得投入生产或者使用。

3. 交通运输噪声污染的防治

建设工程施工有着大量的运输任务，还会产生交通运输噪声。所谓交通运输噪声，是指机动车辆、铁路机车、机动船舶、航空器等交通运输工具在运输时所产生的干扰周围生活环境的声音。

《环境噪声污染防治法》规定，在城市市区范围内行使的机动车辆的消声器和喇叭必须符合国家规定的要求。机动车辆必须加强维修和保养，保持技术性能良好，防治环境噪声污染。

警车、消防车、工程抢险车、救护车等机动车辆安装，使用警报器，必须符合国务院公安部门的规定；在执行非紧急任务时，禁止使用警报器。

二、施工现场废气、废水污染防治的规定

(一)大气污染的防治

按照国际标准化组织(ISO)的定义，大气污染通常是指由于人类活动或自然过程引起某些物质进入大气中，呈现出足够的浓度，达到足够的时间，并因此危害了人体的舒适、健康和福利或环境污染的现象。如果不对大气污染物的排放总量加以控制和防治，将会严重破坏生态系统和人类生存条件。

1. 施工现场大气污染的防治

《中华人民共和国大气污染防治法》(以下简称《大气污染防治法》)规定，城市人民政府应当采取绿化责任制、加强建设施工管理、扩大地面铺装面积、控制渣土堆放和清洁运输等措施，提高人均占有绿地面积，减少市区裸露地面和地面尘土，防治城市扬尘污染。

在城市市区进行建设施工或者从事其他产生扬尘污染活动的单位，必须按照当地环境保护的规定，采取防治扬尘污染的措施。运输、装卸、贮存能够散发有毒有害气体或者粉尘物质的，必须采取密闭措施或者其他防护措施。

在人口集中地区存放煤炭、煤矸石、煤渣、煤灰、砂石、灰土等物料，必须采取防燃、防尘措施，防止污染大气。严格限制向大气排放含有毒物质的废气和粉尘；确需排放的，必须经过净化处理，不超过规定的排放标准。施工现场大气污染的防治，重点是防治扬尘污染。2007年9月建设部颁发的《绿色施工导则》中规定：

(1)运送土方、垃圾、设备及建筑材料等，不污损场外道路。运输容易散落、飞扬、流漏的物料的车辆，必须采取措施封闭严密，保证车辆清洁。施工现场出口应设置洗车槽。

(2)土方作业阶段，采取洒水、覆盖等措施，达到作业区目测扬尘高度小于1.5 m，不扩散到场区外。

(3)结构施工、安装装饰装修阶段，作业区目测扬尘高度小于0.5 m。对易产生扬尘的堆放材料应采取覆盖措施；对粉末状材料应封闭存放；场区内可能引起扬尘的材料及建筑垃圾搬运应有降尘措施，如覆盖、洒水等；浇筑混凝土前清理灰尘和垃圾时尽量使用吸尘器，避免使用吹风器等易产生扬尘的设备；机械剔凿作业时可用局部遮挡、掩盖、水淋等防护措施；高层或多层建筑清理垃圾应搭设封闭性临时专用道或采用容器吊运。

(4)施工现场非作业区达到目测无扬尘的要求。对现场易飞扬物质采取有效措施，如洒水、地面硬化、围挡、密网覆盖、封闭等，防止扬尘产生。

(5)构筑物机械拆除前,做好扬尘控制计划。可采取清理积尘、拆除体洒水、设置隔挡等措施。

(6)构筑物爆破拆除前,做好扬尘控制计划。可采用清理积尘、淋湿地面、预湿墙体、屋面敷水袋、楼面蓄水、建筑外设高压喷雾状水系统、搭设防尘排栅和直升机投水弹等综合降尘。选择风力小的天气进行爆破作业。

(7)在场界四周隔挡高度位置测得的大气总悬浮颗粒物(TSP)月平均浓度与城市背景值的差值不大于0.08毫克/立方米。

2. 建设项目大气污染的防治

《大气污染防治法》规定,新建、扩建、改建向大气排放污染物的项目,必须遵守国家有关建设项目环境保护管理的规定。

建设项目的环境影响报告书,必须对建设项目可能产生的大气污染和对生态环境的影响做出评价,规定防治措施,并按照规定的程序报环境保护行政主管部门审查批准。例如,新建、扩建排放二氧化硫的火电厂和其他大中型企业,超过规定的污染物排放标准或者总量控制指标的,必须建设配套脱硫、除尘装置或者采取其他控制二氧化硫排放、除尘的措施;炼制石油、生产合成氨、煤气和燃煤焦化、有色金属冶炼过程中排放含有硫化物气体的,应当配备脱硫装置或者采取其他脱硫措施等。

建设项目投入生产或者使用之前,其大气污染防治设施必须经过环境保护行政主管部门验收,达不到国家有关建设项目环境保护管理规定的要求的建设项目,不得投入生产或者使用。

3. 对向大气排放污染物单位的监管

《大气污染防治法》规定,地方各级人民政府应当加强对建设施工和运输的管理,保持道路清洁,控制料堆和渣土堆放,扩大绿地、水面、湿地和地面铺装面积,防止扬尘污染。

从事房屋建筑、市政基础设施建设、河道整治以及建筑物拆除等工程的施工单位,应当向负责监督管理扬尘污染防治的主管部门备案。

企业事业单位和其他经营者在生产经营活动中产生恶臭气体的,应当科学选址,设置合理的防护距离,并安装净化装置或者采取其他措施,防治排放恶臭气体。

企业事业单位和其他生产经营者违反法律法规规定排放大气污染物,造成或者可能造成严重大气污染,或者有关证据可能灭失或者被隐匿的,县级以上人民政府环境保护主管部门和其他负有大气环境保护监督管理职责的部门,可以对有关设施、设备、物品采取查封、扣押等行政强制措施。

(二)水污染的防治

水污染是指水体因某种物质的介入,而导致其化学、物理、生物或者放射性等方面特性的改变,从而影响水的有效利用,危害人体健康或者破坏生态环境,造成水质恶化的现象。水污染防治包括江河、湖泊、运河、渠道、水库等地表水体以及地下水体的污染防治。

1. 施工现场水污染的防治

《中华人民共和国水污染防治法》(以下简称《水污染防治法》)规定,水污染防治应当坚持预防为主、防治结合、综合治理的原则,优先保护饮用水水源,严格控制工业污染、城镇生活污染,防治农业面源污染,积极推进生态治理工程建设,预防、控制和减少水环境污染和生态破坏。

直接或者间接向水体排放污染物的企业事业单位和个体工商户,应当按照国务院环境保护主管部门的规定,向县级以上地方人民政府环境保护主管部门申报登记拥有的水污染物排放设施、处理设施和在正常作业条件下排放水污染物的种类、数量和浓度,并提供防治水污染方面的有关技术资料。

禁止向水体排放油类、酸液、碱液或者剧毒废液。禁止在水体清洗装贮过油类或者有毒污染物的车辆和容器。禁止向水体排放、倾倒放射性固体废物或者含有高放射性和中放射性物质的废水。向水体排放含低放射性物质的废水,应当符合国家有关放射性污染防治的规定和标准。

禁止向水体排放、倾倒工业废渣、城镇垃圾和其他废弃物。禁止将含有汞、镉、砷、铬、铅、氰化物、黄磷等的可溶性剧毒废渣向水体排放、倾倒或者直接埋入地下。存放可溶性剧毒废渣的场所,应当采取防水、防渗漏、防流失的措施。禁止在江河、湖泊、运河、渠道、水库最高水位线以下的滩地和岸坡堆放、存贮固体废弃物和其他污染物。

在饮用水水源保护区内,禁止设置排污口。在风景名胜区水体、重要渔业水体和其他具有特殊经济文化价值的水体的保护区内,不得新建排污口。在保护区附近新建排污口,应当保证保护区水体不受污染。

禁止利用渗井、渗坑、裂隙和溶洞排放、倾倒含有毒污染物的废水、含病原体的污水和其他废弃物。禁止利用无防渗漏措施的沟渠、坑塘等输送或者存贮含有毒污染物的废水、含病原体的污水和其他废弃物。

城镇排水主管部门实施监督检查时,有权采取下列措施:

(1)进入现场开展检查、监测。

(2)要求被监督检查的排水户出示排水许可证。

(3)查阅、复制有关文件和材料。

(4)要求被监督检查的单位和个人就有关问题做出说明。

(5)依法采取禁止排水户向城镇排水设施排放污水等措施,纠正违反有关法律、法规和本法规定的行为。

被监督检查的单位和个人应当予以配合,不得妨碍和阻挠依法进行的监督检查活动。城镇排水主管部门委托的专门机构,可以开展排水许可审查、档案管理、监督指导排水户排水行为等工作,并协助城镇排水主管部门对排水许可实施监督管理。城镇排水主管部门实施排水许可不得收费。

2. 发生事故或者其他突发性事件的规定

《水污染防治法》规定,企业事业单位发生事故或者其他突发性事件,造成或者可能造成水污染事故的,应当立即启动本单位的应急方案,采取应急措施,并向事故发生地的县级以上地方人民政府或者环境保护主管部门报告。

三、施工现场固体废弃污染防治的规定

固体废弃是指在生产、生活和其他活动中产生的丧失原有利用价值或者虽未丧失利用价值但被抛弃或者放弃的固态、半固体和置于容器中的气态的物品、物质以及法律、行政法规规定纳入固体废物管理的物品、物质。固体废物污染环境,是指固态废物在产生、收集、贮存、运输、利用、处置的过程中产生的危害环境的现象。

《中华人民共和国固体废物污染环境防治法》(以下简称《固体废物污染环境防治法》)中规定,国家对固体废物污染环境的防治,实行减少固体废物的产生量和危害性、充分合理利用固体废物和无害化处置固体废物的原则,促进清洁生产和循环经济发展。

1. 一般现场固体废物污染环境的防治

收集、贮存、运输、利用、处置固体废物的单位和个人,必须采取防扬散、防流失、防渗漏或者其他防止污染环境的措施;不得擅自倾倒、堆放、丢弃、遗撒固体废物。禁止任何单位或者个人向江河、湖泊、运河、渠道、水库及其最高水位线以下的滩地和岸坡等法律、法规规定禁止倾倒、堆放废弃物的地点倾倒、堆放固体废物。

转移固体废物出省、自治区、直辖市行政区域贮存、处置的,应当向固体废物移出地的省、自治区、直辖市人民政府环境保护行政主管部门提出申请。移出地的省、自治区、直辖市人民政府环境保护行政主管部门应当在接受地的省、自治区、直辖市人民政府环境保护行政主管部门同意后,方可批准转移该固体废物出省、自治区、直辖市行政区域。未经批准的,不得转移。

2. 危险废物污染环境防治的特别规定

对危险废物的容器和包装物以及收集、贮存、运输、处置危险废物的设施、场所,必须设置危险废物识别标志。以填埋方式处置危险废物不符合国务院环境保护行政主管部门规定的,应当缴纳危险废物排污费。危险废物排污费用于污染环境的防治,不得挪作他用。

禁止将危险废物提供或者委托给无经营许可证的单位从事收集、贮存、利用、处置的经营活动。运输危险废物,必须采取防止污染环境的措施,并遵守国家有关危险货物运输管理的规定。禁止将危险废物与旅客在同一运输工具上载运。

收集、贮存、运输、处置危险废物的场所、设施、设备和容器、包装物及其他物品转作他用时,必须经过消除污染的处理,方可使用。

产生、收集、贮存、运输、利用、处置危险废物的单位,应当制定意外事故的防范措施和应急预案,并向所在地县级以上地方人民政府环境保护行政主管部门备案;环境保护行政主管部门应当进行检查。因发生事故或者其他突发性事件,造成危险废物严重污染环境的单位,必须立即采取措施消除或者减轻对环境的污染危害,及时通报可能受到污染危害的单位和居民,并向所在地县级以上地方人民政府环境保护行政主管部门和有关部门报告,接受调查处理。

3. 建设项目固体废物污染环境的防治

《固体废物污染环境防治法》规定,在国务院和国务院有关主管部门及省、自治区、直辖区人民政府划定的自然保护区、风景名胜区、饮用水水源保护区、基本农田保护区和其他需要特别保护的区域内,禁止建设工业固体废物集中贮存、处置的设施、场所和生活垃圾填埋场。

四、违法行为应承担的法律责任

1. 施工现场噪声污染防治违法行为应承担的法律责任

《环境噪声污染防治法》规定,未经环境保护行政主管部门批准,擅自拆除或者闲置环境噪声污染防治设施,致使环境噪声排放超过规定标准的,由县级以上地方人民政府环境保护行政主管部门责令改正,并处罚款。

排放环境噪声的单位违反规定，拒绝环境保护行政主管部门或者其他依照本法规定行使环境噪声监督管理权的部门、机构现场检查或者在被检查时弄虚作假的，环境保护行政主管部门或者其他依照本法规定行使环境噪声监督管理权的监督管理部门、机构可以根据不同情节，给予警告或者处以罚款。

建筑施工单位违反规定，在城市市区噪声敏感建筑物集中区域内，夜间进行禁止进行的产生环境噪声污染的建筑施工作业的，由工程所在地县级以上地方人民政府环境保护行政主管部门责令改正，可以并处罚款。

机动车辆不按照规定使用声响装置的，由当地公安机关根据不同情节给予警告或者处以罚款。

受到环境噪声污染危害的单位和个人，有权要求加害人排除危害；造成损失的，依法赔偿损失。赔偿责任和赔偿金额的纠纷，可以根据当事人的请求，由环境保护行政主管部门或者其他环境噪声污染防治工作的监督管理部门、机构调解处理；调解不成的，当事人可以向人民法院起诉。当事人也可以直接向人民法院起诉。

2. 施工现场大气污染防治违法行为应承担的法律责任

《大气污染防治法》规定，违反本法规定，以拒绝进入现场等方式拒不接受环境保护主管部门及其委托的环境监察机构或者其他负有大气环境保护监督管理职责的部门的监督检查，或者在接受监督检查时弄虚作假的，由县级以上人民政府环境保护主管部门或者其他负有大气环境保护监督管理职责的部门责令改正，处2万元以上20万元以下的罚款；构成违反治安管理行为的，由公安机关依法予以处罚。

在人口集中地区和其他依法需要特殊保护的区域内，焚烧沥青、油毡、橡胶、塑料、皮革、垃圾以及其他产生有毒有害烟尘和恶臭气体的物质的，由县级人民政府确定的监督管理部门责令改正，对单位处1万元以上10万元以下的罚款，对个人处500元以上2 000元以下的罚款。

施工单位有下列行为之一的，由县级以上人民政府住房和城乡建设等主管部门按照职责责令改正，处1万元以上10万元以下的罚款；拒不改正的，责令停工整治：①施工工地未设置硬质密闭围挡，或者未采取覆盖、分段作业、择时施工、洒水抑尘、冲洗地面和车辆等有效防尘降尘措施的；②建筑土方、工程渣土、建筑垃圾未及时清运，或者未采用密闭式防尘网遮盖的。

运输煤炭、垃圾、渣土、砂石、土方、灰浆等散装、流体物料的车辆，未采取密闭或者其他措施防止物料遗撒的，由县级以上地方人民政府确定的监督管理部门责令改正，处2 000元以上2万元以下的罚款；拒不改正的，车辆不得上道路行驶。

有下列行为之一的，由县级以上人民政府环境保护等主管部门按照职责责令改正，处1万元以上10万元以下的罚款；拒不改正的，责令停工整治或者停业整治：①未密闭煤炭、煤矸石、煤渣、煤灰、水泥、石灰、石膏、砂土等易产生扬尘的物料的；②对不能密闭的易产生扬尘的物料，未设置不低于堆放物高度的严密围挡，或者未采取有效覆盖措施防治扬尘污染的；③装卸物料未采取密闭或者喷淋等方式控制扬尘排放的；④存放煤炭、煤矸石、煤渣、煤灰等物料，未采取防燃措施的；⑤码头、矿山、填埋场和消纳场未采取有效措施防治扬尘污染的；⑥排放有毒有害大气污染物名录中所列有毒有害大气污染物的企业事业单位，未按照规定建设环境风险预警体系或者对排放口和周边环境进行定期监测、排查环境安全隐患并采取有效措施防范环境风险的；⑦向大气排放持久性有机污染物的企业事业单位和其他生产经营者以及废弃物焚烧设施的运营单位，未按照国家有关规定采取有利于减少持久性有机污染物排放的技术方法和工艺，配备净化装置的；⑧未采取措施防止排放恶臭气体的。

3. 施工现场水污染防治违法行为应承担的法律责任

《水污染防治法》规定，排放水污染物超过国家或者地方规定的水污染物排放标准，或者超过重点水污染物排放总量控制指标的，由县级以上人民政府环境保护主管部门按照权限责令限期治理，处应缴纳排污费数额2倍以上5倍以下的罚款。限期治理期间，由环境保护主管部门责令限制生产、限制排放或者停产整治。限期治理的期限最长不超过1年；逾期未完成治理任务的，报经有批准权的人民政府批准，责令关闭。

在饮用水水源保护区内设置排污口的，由县级以上地方人民政府责令限期拆除，处10万元以上50万元以下的罚款；逾期不拆除的，强制拆除，所需费用由违法者承担，处50万元以上100万元以下的罚款，并可以责令停产整顿。

除上述规定外，违反法律、行政法规和国务院环境保护主管部门的规定设置排污口或者私设暗管的，由县级以上地方人民政府环境保护主管部门责令限期拆除，处2万元以上10万元以下的罚款；逾期不拆除的，强制拆除，所需费用由违法者承担，处10万元以上50万元以下的罚款；私设暗管或者有其他严重情节的，县级以上地方人民政府环境保护主管部门可以提请县级以上地方人民政府责令停产整顿。未经由行政主管部门或者流域管理机构同意，在江河、湖泊新建、改建、扩建排污口的，由县级以上人民政府水行政主管部门或者流域管理机构依据职权，依照以上规定采取措施、给予处罚。

有下列行为之一的，由县级以上地方人民政府环境保护主管部门责令停止违法行为，限期采取治理措施，消除污染，处以罚款；逾期不采取治理措施的，环境保护主管部门可以指定有治理能力的单位代为治理，所需费用由违法者承担：①向水体排放油类、酸液、碱液的；②向水体排放剧毒废液，或者将含有汞、镉、砷、铬、铅、氰化物、黄磷等的可溶性剧毒废渣向水体排放、倾倒或者直接埋入地下的；③在水体清洗装贮过油类、有毒污染物的车辆或者容器的；④向水体排放、倾倒工业废渣、城镇垃圾或者其他废弃物，或者在江河、湖泊、运河、渠道、水库最高水位线以下的滩地、岸坡堆放、存贮固体废弃物或者其他污染物的；⑤向水体排放、倾倒放射性固体废物或者含有高放射性、中放射性物质的废水的；⑥违反国家有关规定或者标准，向水体排放含低放射性物质的废水、热废水或者含病原体的污水的；⑦利用渗井、渗坑、裂隙或者溶洞排放、倾倒含有毒污染物的废水、含病原体的污水或者其他废弃物的；⑧利用无防渗漏措施的沟渠、坑塘等输送或者存贮含有毒污染物的废水、含病原体的污水或者其他废弃物的。有以上第③项、第⑥项行为之一的，处1万元以上10万元以下的罚款；有以上第①项、第④项、第⑧项行为之一的，处2万元以上20万元以下的罚款；有以上第②项、第⑤项、第⑦项行为之一的，处5万元以上50万元以下的罚款。

企业事业单位有下列行为之一的，由县级以上人民政府环境保护主管部门责令改正；情节严重的，处2万元以上10万元以下的罚款：①不按照规定制定水污染事故的应急方案的；②水污染事故发生后，未及时启动水污染事故的应急方案，采取有关应急措施的。

4. 施工现场固体废物污染环境防治违法行为应承担的法律责任

《固体废物污染环境防治法》规定，违反有关城市生活垃圾污染环境防治的规定，有下列行为之一的，由县级以上地方人民政府环境卫生行政主管部门责令停止违法行为，限期改正，处以罚款：①随意倾倒、抛撒或者堆放生活垃圾的；②擅自关闭、闲置或者拆除生活垃圾处置设施、场所的；③工程施工单位不及时清运施工过程中产生的固体废物，造成环境污染的；④工程施工单位不按照环境卫生行政主管部门的规定对施工过程中产生的固体废物进行利用或者处置的；⑤在运输过程中沿途丢弃、遗撒生活垃圾的。单位有以上第①项、第③项、第⑤项行为之一的，处5 000元以上5万元以下的罚款；有以上第②项、第④项行为之一的，处1万元以上10万元以下的罚款。个人有前款第①项、第⑤项行为之一的，处200元以下的罚款。

违反有关危险废物污染环境防治的规定，有下列行为之一的，由县级以上人民政府环境保护行政主管部门责令停止违法行为，限期改正，处以罚款：①不设置危险废物识别标志的；②不按照国家规定申报登记危险废物，或者在申报登记时弄虚作假的；③擅自关闭、闲置或者拆除危险废物集中处置设施、场所的；④不按照国家规定缴纳危险废物排污费的；⑤将危险废物提供或者委托给无经营许可证的单位从事经营活动的；⑥不按照国家规定填写危险废物转移联单或者未经批准擅自转移危险废物的；⑦将危险废物混入非危险废物中贮存的；⑧未经安全性处置，混合收集、贮存、运输、处置具有不相容性质的危险废物的；⑨将危险废物与旅客在同一运输工具上载运的；⑩未经消除污染的处理将收集、贮存、运输、处置危险废物的场所、设施、设备和容器、包装物及其他物品转作他用的；⑪未采取相应防范措施，造成危险废物扬散、流失、渗漏或者造成其他环境污染的；⑫在运输过程中沿途丢弃、遗撒危险废物的；⑬未制定危险废物意外事故防范措施和应急预案的。有以上第①项、第②项、第⑦项、第⑧项、第⑨项、第⑩项、第⑪项、第⑫项、第⑬项行为之一的，处1万元以上10万元以下的罚款；有以上第③项、第⑤项、第⑥项行为之一的，处2万元以上20万元以下的罚款；有以上第④项行为的，限期缴纳，逾期不缴纳的，处应缴纳危险废物排污费金额1倍以上3倍以下的罚款。

危险废物产生者不处置其产生的危险废物又不承担依法应当承担的处置费用的，由县级以上地方人民政府环境保护行政主管部门责令限期改正，处代为处置费用1倍以上3倍以下的罚款。

造成固体废物严重污染环境的，由县级以上人民政府环境保护行政主管部门按照国务院规定的权限决定限期治理；逾期未完成治理任务的，由本级人民政府决定停业或者关闭。

造成固体废物污染环境事故的，由县级以上人民政府环境保护行政主管部门处2万元以上20万元以下的罚款；造成重大损失的，按照直接损失的30%计算罚款，但是最高不超过100万元，对负有责任的主管人员和其他直接责任人员，依法给予行政处分；造成固体废物污染环境重大事故的，并由县级以上人民政府按照国务院规定的权限决定停业或者关闭。

收集、贮存、利用、处置危险废物，造成重大环境污染事故，构成犯罪的，依法追究刑事责任。

拒绝县级以上人民政府环境保护行政主管部门或者其他固体废物污染环境防治工作的监督管理部门现场检查的，由执行现场检查的部门责令限期改正；拒不改正或者在检查时弄虚作假的，处 2 000 元以上 2 万元以下的罚款。

《城市建筑垃圾管理规定》中规定，施工单位将建筑垃圾交给个人或者未经核准从事建筑垃圾运输的单位处置的，由城市人民政府市容环境卫生主管部门责令限期改正，给予警告，处 1 万元以上 10 万元以下罚款。

第三节　建设工程节约能源法规

一、节能的概念

节能是指加强用能管理，采取技术上可行、经济上合理以及环境和社会可以承受的措施，减少从能源生产到消费各个环节中的损失和浪费，更加有效、合理地利用能源。

为了推进全社会节约能源，提高能源利用效率和经济效益，保护环境，保障国民经济和社会的发展，满足人民生活需要，我国于 1997 年 11 月 1 日发布了《中华人民共和国节约能源法》(以下简称《节约能源法》)，并自 1998 年 1 月 1 日起开始实施；2007 年 10 月 28 日第十届全国人民代表大会常务委员会第三十次会议对该法做了修订，修订后的《节约能源法》于 2008 年 4 月 1 日施行；2016 年 7 月 2 日第十二届全国人民代表大会常务委员会第二十一次会议通过的《全国人民代表大会常务委员会关于修改〈中华人民共和国节约能源法〉等六部法律的决定》修改。2006 年施行的《民用建筑节能规定》和 2008 年施行的《民用建筑节能条例》与 2016 年修正的《节约能源法》一起构成了关于节能的法律体系。

二、民用建筑节能

(一)新建建筑节能

1. 对新技术、新工艺、新材料和新设备的要求

国家推广使用民用建筑节能的新技术、新工艺、新材料和新设备，限制使用或者禁止使用能源消耗高的技术、工艺、材料和设备。国务院节能工作主管部门、建设主管部门应当制定、公布并及时更新推广使用、限制使用、禁止使用目录。

国家限制进口或者禁止进口能源消耗高的技术、材料和设备。建设单位、设计单位、施工单位不得在建筑活动中使用列入禁止使用目录的技术、工艺、材料和设备。

2. 编制城镇规划的节能要求

编制城市详细规划、镇详细规划，应当按照民用建筑节能的要求，确定建筑的布局、形状和朝向。城乡规划主管部门依法对民用建筑进行规划审查，应当就设计方案是否符合民用建筑节能强制性标准征求同级建设主管部门的意见；建设主管部门应当自收到征求意见材料之日起 10 日内提出意见。征求意见时间不计算在规划许可的期限内。对不符合民用建筑节能强制性标准的，不得颁发建设工程规划许可证。

3. 施工图设计文件的节能要求

施工图设计文件审查机构应当按照民用建筑节能强制性标准对施工图设计文件进行审

查；经审查不符合民用建筑节能强制性标准的，县级以上地方人民政府建设主管部门不得颁发施工许可证。

建设单位不得明示或者暗示设计单位、施工单位违反民用建筑节能强制性标准进行设计、施工，不得明示或者暗示施工单位使用不符合施工图设计文件要求的墙体材料、保温材料、门窗、采暖制冷系统和照明设备。

按照合同约定由建设单位采购墙体材料、保温材料、门窗、采暖制冷系统和照明设备的，建设单位应当保证其符合施工图设计文件要求。

4. 对施工材料的节能要求

设计单位、施工单位、工程监理单位及其注册执业人员，应当按照民用建筑节能强制性标准进行设计、施工、监理。施工单位应当对进入施工现场的墙体材料、保温材料、门窗、采暖制冷系统和照明设备进行查验；不符合施工图设计文件要求的，不得使用。工程监理单位发现施工单位不按照民用建筑节能强制性标准施工的，应当要求施工单位改正；施工单位拒不改正的，工程监理单位应当及时报告建设单位，并向有关主管部门报告。

墙体、屋面的保温工程施工时，监理工程师应当按照工程监理规范的要求，采取旁站、巡视和平行检验等形式实施监理。未经监理工程师签字，墙体材料、保温材料、门窗、采暖制冷系统和照明设备不得在建筑上使用或者安装，施工单位不得进行下一道工序的施工。建筑的公共走廊、楼梯等部位，应当安装、使用节能灯具和电气控制装置。对具备可再生能源利用条件的建筑，建设单位应当选择合适的可再生能源，用于采暖、制冷、照明和热水供应等；设计单位应当按照有关可再生能源利用的标准进行设计。

建设可再生能源利用设施，应当与建筑主体工程同步设计、同步施工、同步验收。国家机关办公建筑应当安装、使用节能设备。其中，大型公共建筑是指单体建筑面积 2 万平方米以上的公共建筑。

5. 竣工验收管理

建设单位组织竣工验收，应当对民用建筑是否符合民用建筑节能强制性标准进行查验；对不符合民用建筑节能强制性标准的，不得出具竣工验收合格报告。

（二）既有建筑节能改造

既有建筑节能改造是指对不符合民用建筑节能强制性标准的既有建筑的围护结构、供热系统、采暖制冷系统、照明设备和热水供应设施等实施节能改造的活动。

既有建筑节能改造应当根据当地经济、社会发展水平和地理气候条件等实际情况，有计划、分步骤地实施分类改造。具体规定如下：

(1)国家机关办公建筑、政府投资和以政府投资为主的公共建筑的节能改造，应当制定节能改造方案，经充分论证，并按照国家有关规定办理相关审批手续方可进行。

各级人民政府及其有关部门、单位不得违反国家有关规定和标准，以节能改造的名义对前款规定的既有建筑进行扩建、改建。国家机关办公建筑的节能改造费用，由县级以上人民政府纳入本级财政预算。居住建筑和教育、科学、文化、卫生、体育等公益事业使用的公共建筑节能改造费用，由政府、建筑所有权人共同负担。国家鼓励社会资金投资既有建筑节能改造。

(2)县级以上地方人民政府建设主管部门应当对本行政区域内既有建筑的建设年代、结构形式、用能系统、能源消耗指标、寿命周期等组织调查统计和评价分析，制订既有建筑节能改造计划，明确节能改造的目标、范围和要求，报本级人民政府批准后组织实施。中央国家机关既有建筑的节能改造，由有关管理机关事务工作的机构制订节能改造计划，并组织实施。

(3)实施既有建筑节能改造，应当符合民用建筑节能强制性标准，优先采用遮阳、改善通风等低成本改造措施。既有建筑围护结构的改造和供热系统的改造，应当同步进行。

(4)对实行集中供热的建筑进行节能改造，应当安装供热系统调控装置和用热计量装置；对公共建筑进行节能改造，还应当安装室内温度调控装置和用电分项计量装置。

(三)建筑用能系统运行节能

《民用建筑节能条例》对建筑用能系统运行节能作出了具体的规定：

1. 用电节能

国家机关办公建筑和大型公共建筑的所有权人或者使用权人应当建立健全民用建筑节能管理制度和操作规程，对建筑用能系统进行监测、维护，并定期将分项用电量报县级以上地方人民政府建设主管部门。

县级以上地方人民政府节能工作主管部门应当会同同级建设主管部门确定本行政区域内公共建筑重点用电单位及其年度用电限额。

县级以上地方人民政府建设主管部门应当对本行政区域内国家机关办公建筑和公共建筑用电情况进行调查统计和评价分析。国家机关办公建筑和大型公共建筑采暖、制冷、照明的能源消耗情况应当依照法律、行政法规和国家其他有关规定向社会公布。

2. 供热节能

县级以上地方人民政府建设主管部门应当对本行政区域内供热单位的能源消耗情况进行调查统计和评价分析，并制定供热单位能源消耗指标；对超过能源消耗指标的，应当要求供热单位制定相应的改进措施，并监督实施。供热单位应当建立健全相关制度，加强对专业技术人员的教育和培训。

供热单位应当改进技术装备，实施计量管理，并对供热系统进行监测、维护，提高供热系统的效率，保证供热系统的运行符合民用建筑节能强制性标准。

(四)法律责任

1. 建设单位的法律责任

建设单位有下列行为之一的，由县级以上地方人民政府建设主管部门责令改正，处20万元以上50万元以下的罚款：

(1)明示或者暗示设计单位、施工单位违反民用建筑节能强制性标准进行设计、施工的。

(2)明示或者暗示施工单位使用不符合施工图设计文件要求的墙体材料、保温材料、门窗、采暖制冷系统和照明设备的。

(3)采购不符合施工图设计文件要求的墙体材料、保温材料、门窗、采暖制冷系统和照明设备的。

(4)使用列入禁止使用目录的技术、工艺、材料和设备的。

建设单位对不符合民用建筑节能强制性标准的民用建筑项目出具竣工验收合格报告的，由县级以上地方人民政府建设主管部门责令改正，处民用建筑项目合同价款2%以上4%以下的罚款；造成损失的，依法承担赔偿责任。

2. 设计单位的法律责任

设计单位违反《民用建筑节能条例》规定，未按照民用建筑节能强制性标准进行设计，或者使用列入禁止使用目录的技术、工艺、材料和设备的，由县级以上地方人民政府建设主管部门责令改正，处 10 万元以上 30 万元以下的罚款；情节严重的，由颁发资质证书的部门责令停业整顿，降低资质等级或者吊销资质证书；造成损失的，依法承担赔偿责任。

3. 施工单位的法律责任

施工单位未按照民用建筑节能强制性标准进行施工的，由县级以上地方人民政府建设主管部门责令改正，处民用建筑项目合同价款 2% 以上 4% 以下的罚款；情节严重的，由颁发资质证书的部门责令停业整顿，降低资质等级或者吊销资质证书；造成损失的，依法承担赔偿责任。

施工单位有下列行为之一的，由县级以上地方人民政府建设主管部门责令改正，处 10 万元以上 20 万元以下的罚款；情节严重的，由颁发资质证书的部门责令停业整顿，降低资质等级或者吊销资质证书；造成损失的，依法承担赔偿责任：

(1) 未对进入施工现场的墙体材料、保温材料、门窗、采暖制冷系统和照明设备进行查验的。

(2) 使用不符合施工图设计文件要求的墙体材料、保温材料、门窗、采暖制冷系统和照明设备的。

(3) 使用列入禁止使用目录的技术、工艺、材料和设备的。

4. 工程监理单位的法律责任

工程监理单位有下列行为之一的，由县级以上地方人民政府建设主管部门责令限期改正；逾期未改正的，处 10 万元以上 30 万元以下的罚款；情节严重的，由颁发资质证书的部门责令停业整顿，降低资质等级或者吊销资质证书；造成损失的，依法承担赔偿责任：

(1) 未按照民用建筑节能强制性标准实施监理的。

(2) 墙体、屋面的保温工程施工时，未采取旁站、巡视和平行检验等形式实施监理的。

对不符合施工图设计文件要求的墙体材料、保温材料、门窗、采暖制冷系统和照明设备，按照符合施工图设计文件要求签字的，依照《建设工程质量管理条例》的相关规定处罚。

注册执业人员未执行民用建筑节能强制性标准的，由县级以上人民政府建设主管部门责令停止执业三个月以上一年以下；情节严重的，由颁发资格证书的部门吊销执业资格证书，五年内不予注册。

本章小结

本章主要介绍了建设工程环境保护法规、施工现场环境保护制度及建筑工程节约能源法规；通过本章的学习能够正确应用环境保护、节约能源的法律法规的基本知识解决工程建设过程中的相关法律问题，依法从事工程建设活动。

思考与练习

一、填空题

1. 防治污染的设施不得擅自拆除或者闲置,确有必要拆除或者闲置的,必须征得_____同意。

2. 排放污染物的企业事业单位,必须依照国务院环境保护行政主管部门的规定_____。

3. 排放污染物超过国家或者地方规定的污染物排放标准的企业事业单位,依照国家规定缴纳_____,并负责治理。

4. 县级以上地方人民政府环境保护行政主管部门,在环境受到严重污染威胁居民生命财产安全时,必须立即向_____报告。

5. _____是指在工业生产、建筑施工、交通运输和社会生活中所产生的干扰周围生活环境的声音。

6. 环境保护监督管理人员滥用职权、玩忽职守、徇私舞弊的,由其_____给予行政处分。

7. 警车、消防车、工程抢险车、救护车等机动车辆安装、使用警报器,必须符合_____的规定。

二、选择题

1. 土方作业阶段,采取洒水、覆盖等措施,达到作业区目测扬尘高度小于(　　)m,不扩散到场区外。
   A. 1.2　　　　B. 1.3　　　　C. 1.4　　　　D. 1.5

2. 按照民用建筑节能的有关规定,国务院节能工作主管部门和建设主管部门按照有关技术、工艺、材料和设备的能耗状况制定和发布专门的目录,这些目录不包括(　　)。
   A. 推广使用　　　　　　　　B. 限制使用
   C. 允许使用　　　　　　　　D. 禁止使用

3. 按照民用建筑节能的有关规定,合同约定由建设单位采购墙体材料、保温材料、门窗、采暖制冷系统和照明设备的,建设单位应当保证符合(　　)的要求。
   A. 施工图设计文件　　　　　B. 企业标准
   C. 地方标准　　　　　　　　D. 施工

4. 根据《环境影响评价法》的规定,建设项目的环境影响评价文件未经依法审批或审查后未经批准,该项目不得(　　)。
   A. 立项　　　　　　　　　　B. 批准建设
   C. 竣工验收　　　　　　　　D. 投产使用

三、简答题

1. 简述环境保护法的概念。
2. 简述环境保护法的立法目的与适用范围。
3. 简述建设项目环境噪声污染的防治措施。

4. 城镇排水主管部门实施监督检查时，有权采取哪些措施？
5. 施工现场噪声污染防治违法行为应承担哪些法律责任？

四、案例分析

某市环保局接到居民投诉，城区二环路一处建筑工地正进行施工，尘土飞扬，还传来阵阵刺鼻味道，严重影响了当地居民生活。市环保局随即对该工地进行检查，发现该工地堆放的大量沙石、灰土等物料及建筑垃圾。由于冬期施工天气干燥，经风一吹尘土飞扬，而且该地交通繁忙，车辆经过也激起大量扬尘。同时，屋面防水工程使用的沥青，在熬制过程中未采取任何防护措施，大量刺激(刺鼻)性气体直接挥发到空气中，对周围小区居民生活造成了严重影响。

市环保局要求该施工单位进行限期整改。但是，该施工单位未采取任何整改措施，依然照常进行施工作业。

问题

(1)施工单位违反了《大气污染防治法》的哪些规定？
(2)市环保局应当对其作如何处罚？

参考文献

[1] 陈东佐. 建筑法规概论[M]. 4版. 北京：中国建筑工业出版社，2013.
[2] 生杰青. 工程建设法规[M]. 北京：科学出版社，2011.
[3] 李青立. 建设工程监理[M]. 北京：机械工程出版社，2011.
[4] 高玉兰. 建设工程法规[M]. 北京：北京大学出版社，2010.
[5] 徐占发. 建设法规与案例分析[M]. 2版. 北京：机械工业出版社，2011.
[6] 李永福. 建设工程法规[M]. 北京：中国建筑工业出版社，2011.
[7] 李春亭，李燕. 工程招投标与合同管理[M]. 北京：中国建筑工业出版社，2007.
[8] 张培新. 建筑工程法规[M]. 3版. 北京：中国电力出版社，2014.